国家文化产业资金支持媒体融合重大项目

浙江省高职院校"十四五"重点立项建设教材

职业教育教学改革融合创新型教材·市场营销

Xiaofei Xinli Yu Xingwei Fenxi

消费心理与行为分析

（第三版）

徐盈群　郑文新　主编

姚水琼　戴佩慧　副主编

东北财经大学出版社
Dongbei University of Finance & Economics Press

大连

U0648893

图书在版编目（CIP）数据

消费心理与行为分析/徐盈群，郑文新主编. —3版. —大连：东北财经
大学出版社，2024.1（2025.1重印）
（职业教育教学改革融合创新型教材·市场营销）
ISBN 978-7-5654-5094-5

Ⅰ.消…　Ⅱ.①徐…②郑…　Ⅲ.①消费心理学–高等职业教育–教材
②消费者行为论–高等职业教育–教材　Ⅳ.F713.55

中国国家版本馆CIP数据核字（2024）第003783号

东北财经大学出版社出版
（大连市黑石礁尖山街217号　邮政编码　116025）
网　　　址:http://www.dufep.cn
读者信箱:dufep@dufe.edu.cn

大连日升彩色印刷有限公司印刷　　东北财经大学出版社发行
幅面尺寸：185mm×260mm　字数：434千字　印张：17.5　插页：1
2024年1月第3版　　　　　　　　　2025年1月第2次印刷
责任编辑：张旭凤　赵宏洋　　　　　　责任校对：赵　楠
封面设计：原　皓　　　　　　　　　　版式设计：原　皓

定价：49.80元

教学支持　售后服务　　联系电话：（0411）84710309
版权所有　侵权必究　　举报电话：（0411）84710523
如有印装质量问题，请联系营销部：（0411）84710711

富媒体智能型教材出版说明

"财经高等职业教育富媒体智能型教材开发系统工程"是"国家文化产业资金支持媒体融合重大项目"。项目以"融通""融合""共建""共享"为特色，是东北财经大学出版社积极落实国家推动传统媒体与新媒体融合发展的重要举措之一。

"财济书院"智能教学互动平台是该工程项目建设成果之一。该平台通过系统、合理的架构设计，将教学资源与教学应用集成于一体，具有教学内容多元呈现、课堂教学实时交互、测试考评个性设置、用户学情高效分析等核心功能，是高校开展信息化教学的有力支撑和应用保障。

富媒体智能型教材是该工程项目建设成果之二。该类教材是我社供给侧结构性改革探索性策划的创新型产品，是一种新形态立体化教材。富媒体智能型教材秉持严谨的教学设计思想和先进的教材设计理念，为财经职业教育教与学、课程与教材的融通奠定了基础，有助于教学质量的提高和教学效果的提升。

从教材资源的呈现形式来说，富媒体智能型教材实现了传统纸质教材与数字技术的融合，通过二维码建立链接，将VR、微课、视频、动画、音频、图文和试题库等富媒体资源丰富呈现给用户；从教材内容的选取整合来说，其实现了职业教育与产业发展的融合，不仅注重专业教学内容与职业能力培养的有效对接，而且很好地解决了部分专业课程学与训、训与评的难题；从教材的教学使用过程来说，其实现了线下自主与线上互动的融合，学生可以在有网络支持的任何地方自主完成预习、巩固、复习等，教师可以在教学中灵活使用随堂点名、作业布置及批改、自测及组卷考试、成绩统计分析等平台辅助教学工具。

富媒体智能型教材设计新颖，一书一码，使用便捷。使用富媒体智能型教材的师生进入"财济书院"（www.idufep.com）平台完成注册后，登录"财济书院"输入教材封四学习卡中的激活码找到与教材对应的课程，就可以开启个性化教与学之旅。

"重塑教学空间，回归教学本源！""财济书院"平台不仅仅是出版社提供教学资源和服务的平台，更是出版社为作者和广大院校创设的一个自主选择和自主探究的教与学的空间，作者和广大院校师生既是这个空间的使用者和消费者，也是这个空间的创造者和建设者，在这里，出版社、作者、院校共建资源，共享回报，共创未来。

东北财经大学出版社

第三版前言

　　消费心理最终会表现为消费行为，只学消费心理而不研究消费行为、只学消费行为而不研究消费心理都会失之偏颇。本教材以教育部财经商贸大类专业教学标准为指导，根据市场营销专业和电子商务类专业岗位能力和课程标准要求，整合了消费心理学和消费者行为学的基本理论，围绕"掌握消费心理和行为分析的基本理论，能运用传统方法和大数据方法进行市场分析，引导学生树立正确的消费观、义利观、人本观、网络观和创业观，培养学生的民族自豪感、社会责任感、职业敬畏感和团队归属感"这一课程目标，设计了四个情境十一个子情境，分析消费者为什么购买以及如何购买。

　　情境一主要概括介绍学习"消费心理与行为分析"课程的重要性、主要内容以及基本方法；情境二主要立足于消费者个体，分析每个消费者本质上都会反映出的消费心理规律与行为特征；情境三主要立足于消费者群体，分析消费者作为社会人，在人生舞台上扮演着不同的角色，其消费心理与行为或多或少地会受到所处群体的影响，具体地说，会受到年龄、性别、家庭、社会阶层、参照群体、社会文化与消费习俗等的影响，从而呈现群体性、相似性的变化；情境四主要立足于线上线下消费者的购买决策是如何做出的，分析消费者的购买决策过程及其决策中的影响因素。

　　本教材根据高技术技能人才的培养要求，结合专业岗位职业能力和职业素养要求，理论知识按照必需、够用的原则力求简明、实用。在内容编写中，还插入了"想一想""资料链接""典型案例"等链接，提供了视频、图片、文档等多种形式的数字化资源，同时以在线开放课程为辅助，以新形态体现教改新理念。

　　本教材在编写体例上，采用易教易学的设计。在每一情境的开始，以一段生活化的情境设计导入，引出该情境需要解决的问题和主要内容。各情境都设计了"情境结构""关键概念""挑战自我""情境训练"等环节。"情境结构"明确了该情境的主要内容；"关键概念"明确了该情境中涉及的重要概念或名词；"挑战自我"中"分同步测试"和"案例分析"；"情境训练"则提供了一套完整的实操方案。子情境则由案例导入，案例后提出的问题不仅是解析案例的关键，更明确了子情境学习的主要内容和任务，导入案例的分析也可布置为课后作业进行，以检查和巩固对该子情境的学习效果。每个子情境设置了"子情境目标""子情境导入""学一学""做一做""效果评价"等环节，边学边做，学以致用，使理论学习与实践运用相结合，锻炼和提高对市场的观察能力、分析归纳能力和实际应用能力。

本教材始终着眼于学生消费心理与行为分析能力的提高。教材一开始就介绍了消费心理与行为分析的方法，每个子情境都训练学生使用这些方法完成"做一做"中的各项任务，所有内容学完后安排了一个综合训练项目，要求完整分析某类人群对某类产品的消费需求与购买情况，完成其间的问卷设计和调查报告，引导学生利用观察法、实验法、调查法等基本方法将所学理论与实践结合起来。

本次教材修订力求体现以下几个特点：

一是目标上强化立德树人和双创人才培养理念。教材将党的二十大报告提到的新发展格局、中华优秀传统文化、人民至上、健康中国、共同富裕、培育创新文化、社会主义核心价值观、法治社会、新时代好青年等精神与消费者研究相结合，以中国消费变迁、中国文化、中国品牌、中国商人为主线；引导学生树立正确的消费观、义利观、人本观、网络观和创业观，培养学生民族自豪感、社会责任感、职业敬畏感和团队归属感，将"五观四感"作为思政总目标，落实到各情境的编写中。

首先，在每个子情境的素质目标中结合教学内容明确提出素质目标，如结合消费感知觉规律，在巧妙经营的同时提出"树立正确的价值观、义利观"。其次，在每个子情境的导入案例和练习案例的充实调整中融入思政元素和创业教育。一方面增加国内新晋品牌成功创业的案例，以中国品牌、中国商人的奋斗经历激发学生的民族自豪感和社会责任感；另一方面在案例分析中增加诸如"史玉柱的三次创业对你有什么启示""方便面市场应如何应对消费升级？""消费升级如何推动国内国际双循环战略的实施"等，引导学生树立正确的创业观和网络观，培养学生的社会责任感、职业敬畏感。最后，在每个情境的"做一做"和"情境训练"中融入思政元素和创新创业培养。例如，情境三的"情境训练"中，开展以"我为家乡共同富裕献良策"为主题的团队合作创业模拟，为家乡农产品市场开拓献计献策，在提高学习者市场分析能力和创新创业能力的同时，助力家乡共同富裕，彰显青年人的使命担当。此外，教材编写考虑到职业教育的教学规律与特点，对学生创业意识和创业能力的培养，从课程初期的观察、关注一家企业到课程后期思考创建一家企业，由浅入深、循序渐进。

二是内容上充分体现"互联网+"时代的消费心理与行为的改变。新技术催动了人类一场新的"迁徙"，人们的生存与生活方式开始由线下向线上迁移，消费心理与行为规律研究也由物理空间向网络空间延伸。首先，编写内容充分体现新技术相关内容。情境一突出了大数据分析的方法；情境二介绍了互联网对消费者的注意和记忆的影响、互联网时代新的驱力模型等；情境三设置了"基于互联网的群体消费心理与行为分析"子情境；情境四结合线上（虚拟店）线下（实体店）分别开展"基于决策的消费心理与行为分析"。其次，加大"互联网+"案例比重。在充实更新的41个案例中，30个案例是涉及互联网或互联网时代的，体现"互联网+"的经营理念与策略。最后，呼应"互联网+"内容的增加，"做一做""同步测试""情境训练"中均充实了"互联网+"内容的配套训练。

三是资源上充分利用信息化技术增强"教""学"有效互动。贯彻落实国家有关推进教育信息化的文件精神，在原教材案例分析、"想一想"、"做一做"和"情境训练"的基础上，完善配套的信息化教学资源，借助"财济书院"平台采用扫描二维码方式，增加了心理测试、视频播放、案例文档阅读等教学互动资源；同时引入主编团队在浙江省高等学校在线开放课程平台（在浙学 App）上线的、与教材配套的"消费心理与行为分析"在线开放课程，增加了可听、可视、可测、可互动的配套资源，使教材更显立体化和趣味性。

四是开发主体上进一步体现校企双元合作。为响应党的二十大推进产教融合的号召，编写教材邀请了商业领域的企业专家参与，使学校老师的理论知识优势与企业专家的实际应用优势互补。在合作编写中，企业专家一方面对内容框架进行共同商议讨论，参与教材编写；另一方面提供最新行业案例，增强了教材的前沿性和应用性。

本教材由徐盈群、郑文新任主编，姚水琼、戴佩慧任副主编。本次教材修订分工如下：情境一、情境二由浙江工商职业技术学院徐盈群和郑文新、宁波飞凡电子商务有限公司叶挺总经理编写；情境三由浙江经贸职业技术学院姚水琼、浙江盘石信息技术股份有限公司杨可明副总裁编写；情境四由温州科技职业技术学院戴佩慧、宁波灿里贸易有限公司唐高波总经理编写。全书由徐盈群总纂定稿。

本教材的修订得到了浙江工商职业技术学院、浙江经贸职业技术学院、温州科技职业技术学院同仁的大力支持，更得到了东北财经大学出版社张旭凤主任的悉心指导，在此表示真诚的感谢！本教材引用的部分相关教材、著作以及网络文章，除少数无法查询到作者外，绝大部分已注明出处，在此向这些作者一并表达感谢。

因为编者水平有限和行文仓促，书中难免存在不足之处，敬请读者批评指正！

浙江工商职业技术学院

徐盈群　郑文新

2023 年 10 月

目 录

二维码资源目录

情境一

走近消费心理与行为

每个人生活离不开吃、穿、住、用、行，不同的人也有各自不同的需求。中华饮食文化源远流长，从消费需求来看，有人只要吃饱就好，有人要吃得精致才满足，有人讲健康，有人喜美味，有人好新奇，有人重环境，不一而足。随着我国人民生活水平的提高，消费呈现个性化、多样化和新颖化的发展趋势。面对庞大的消费市场，作为经营者，怎样才能把握消费潮流，吸引消费者购买呢？这就需要弄清消费心理与行为分析的基本理论框架和方法这一底层逻辑。

情境结构

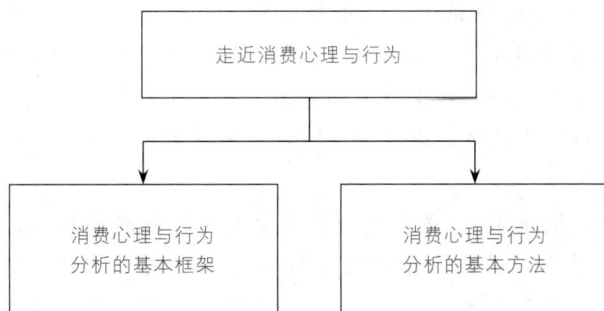

子情境1　消费心理与行为分析的基本框架

子情境目标

　　知识目标：了解消费心理与行为的区别与联系，正确理解消费心理与行为分析的重要意义，掌握消费心理与行为分析的基本内容。

　　能力目标：提高对消费心理与行为分析的理解和设计能力。

　　素质目标：围绕分析框架，树立消费者第一的职业意识，培养理性消费的习惯；通过案例讨论激发民族自豪感。

子情境导入

冰墩墩缘何"一墩难求"？

　　2022年2月4日，举世瞩目的北京第二十四届冬季奥林匹克运动会开幕式在国家体育场隆重举行。"一叶知秋"的火炬照亮了鸟巢，也照亮了冰雪运动飞入寻常百姓家的梦想。

　　随着冬奥会开幕式拉开大幕，吉祥物冰墩墩随之火了起来，甚至成为现象级"顶流"。其憨态可掬的大熊猫套着冰晶外壳的造型，不仅成为不少媒体关注的焦点，还"萌杀"万千网友。线下特许销售门店排起了长队，部分商品还没来得及摆上货架就被抢空，而线上的官方旗舰店也经常"一秒抢光"，冰墩墩引发抢购热潮。事实上，冰墩墩除了受到国人喜欢外，不少外国领导人、外国运动员、外国媒体记者也都被其圈粉，就连外国观众也请媒体记者"带货"，"一墩难求"已然成了冬奥赛场外的另一场冰雪浪漫和全民狂欢。

　　冰墩墩火到"一墩难求"，是冬奥全民"参与感"强烈的体现。国家体育总局发布的报告显示，目前全国居民冰雪运动参与率为24.56%，冰雪运动的参与人数已经高达3.46亿人。而关注冬奥会的人更多，热情高涨的全国人民通过购买冰墩墩来表达冬奥的"参与感"。

　　"一墩难求"，也是中国文化与奥运精神融合的绝妙演绎。冰墩墩以熊猫为原型进行设计创作，墩墩意喻敦厚、敦实、可爱，契合熊猫的整体形象，象征着冬奥会运动员强壮有力的身体、坚韧不拔的意志和鼓舞人心的奥林匹克精神。从中我们可以看出中华文化源远流长、博大精深。作为北京冬奥会的吉祥物，自然要彰显中国文化和奥运精神。如此融合，更能让人直观地了解中国文化，感受到冬奥会最直观的印象。"活泼、好玩、有趣、机智、充满正能量"，国际奥委会奥运会部主任克里斯托夫·杜比以一系列形容词表达了其对冰墩墩的喜爱。他说，"冰墩墩一定是我的收藏品，也将是全世界所有孩子都想要拥有的收藏品"。

　　一方面，诚如专家所言，但凡奥运会的标志性产品或吉祥物纪念意义非常强，销售都比较好。况且，奥运会是四年一次，从经济学上讲是极为稀缺的资源。而冰墩墩憨态可掬，又迎合了"萌经济"浪潮，关注度势必高，销售业绩自然火爆。另一方面，冰墩墩俨然已经成为北京冬奥会乃至中国文化的一个新元素，设计者的匠心背后是中国和世界对话方式的不断推陈出新，也是讲好中国故事的鲜活体现，并在冰雪运动当中传播爱与温暖，走红并非无缘无故，完全顺理成章，"一墩难求"，可谓意料之中，情理之中。

资料来源：佚名．冰墩墩缘何"一墩难求"？［EB/OL］．［2022-02-07］. https://baijiahao.baidu. com/s?id=1724113348373126971&wfr=spider&for=pc.

问题：

1. 为什么奥运会的标志性产品或吉祥物容易激发消费者的购买？

2. 冰墩墩为什么"一墩难求"？

3. 中国文化元素为什么能助力文创产品受到市场热捧？试举例说明。

问题讨论提示

学一学

一、消费心理与消费行为

（一）消费与消费者

消费是指消费者出于生存和发展的需要，有意识地消耗物质资料和精神资料的能动行为。消费有广义和狭义之分。广义的消费指生产消费和生活消费。生产消费是生产者在生产过程中，工具、原材料、燃料、人力等物化资料和活化劳动的消耗；生活消费是人们为满足个人和家庭的需要而对各种物质生活资料、劳务和精神产品的消耗，是人类社会最大、最普遍的经济现象和行为活动。狭义的消费专指生活消费，亦称个人消费。本书所称消费指的是狭义的消费。

消费是人类通过消费品满足自身需求的一种经济行为。具体说来，消费包括消费者消费需求产生的原因、消费者满足自己的消费需求的方式、影响消费者选择的有关因素。

消费者是指那些购买、使用、持有、处理产品或服务的个人。消费者购买商品主要是出于个人或家庭的需要，而不是经营或销售，这是消费者区别于生产者或经营者最本质的一个特点。对消费者概念的界定也有广义与狭义之分。

广义的消费者是指所有从事物质资料和精神资料消费活动的人。在一定意义上，社会中的每个人，无论其身份、地位、职业、年龄、性别、国籍如何，都需要对衣、食、住、行等物质资料和精神资料进行消费，因而都是消费者，从这个意义上说，消费者是等同于总人口的最大社会群体。

狭义的消费者是从市场需求的角度来界定的。狭义的消费者是指那些对某种商品或服务有现实需求和潜在需求的人，包括现实消费者和潜在消费者。现实消费者是指消费者对某种商品或服务有现实需求，实际从事商品购买或使用活动的消费者；潜在消费者是指当前未购买、使用或需要某种商品或服务，但未来可能产生需求并付诸购买及使用的消费者。例如，青少年消费者大多对厨房炊具用品缺乏现实需求，但独立生活后便会产生购买需求，故青少年消费者对厨房炊具用品来说，只是潜在消费者，而非现实消费者。

显然对企业来说，更有实际意义的是狭义的消费者。因为没有一个企业能够面对所有消费者并满足其全部消费需要，所以只能从中选取对本企业特定产品或服务有现实或潜在需求的消费者，通过不断向他们提供能够满足其需求的产品，促进潜在需求向现实需求转化，从而求得自身的生存和发展。

（二）消费心理与消费行为

消费者心理是指人们在消费过程中产生的心理活动或心理现象，即消费时的所思所想，简称消费心理。消费心理具有内隐性、关联性、变化性、个性鲜明等特点。内隐性是指消费心理是看不见、摸不着的，俗话说"知人知面不知心"；关联性是指消费心理变化往往与外部环境和个体条件紧密相关；变化性是指现代社会发展和变化速度极快，新生事物不断涌现，消费心理受这种趋势带动，稳定性降低；个性鲜明主要体现在产品极为丰富的时代，处于这个时代的消费者不仅仅关注商品的使用价值，而且会关注商品的延伸价值，而延伸价值往往因人而异，因此从理论上看，几乎没有消费者的心理是完全一样的。

消费者行为是指消费者在一系列心理活动的支配下，为实现预定消费目标而采取的各种反应、动作、活动和行动，简称消费行为。消费行为具有外显性、习惯性、示范性、复杂性等特点。消费行为相对消费心理而言，可以被观察，可测可量，具有外显性；消费行为往往受过去习惯的影响，这体现的是消费行为的习惯性；每个人的消费行为既会受到他人的影响，也会影响他人，这便是消费行为的示范性；消费行为会受到多种因素变化的影响，这些因素既有自身的收入、年龄、职业、受教育程度等个人特征，也有心理特征差异或变化，具有复杂性。

典型案例 1-1　　　　　　　　　　　　　　**从一夜爆红到回归平淡**

2021年7月中旬起，河南多地遭受千年难遇的暴雨的袭击，一方有难、八方支援，社会各界纷纷捐赠支援。7月22日，有记者曝出鸿星尔克向河南捐赠5 000万元物资的善举，网友们纷纷为这一家"自身难保"的良心企业所感动，所以连续几日都登上了热搜，直播间涌入大量的顾客，鸿星尔克的线下门店也是挤满了顾客。一场"野性消费"就此开始。

鸿星尔克的一场淘宝直播，201万人观看，2 000多万点赞，销售额近百万元。冲上淘宝热搜主播榜第一（往常鸿星尔克的直播观看人次，不过三五千）。抖音上的一场直播，观看量高达1.6亿次，涨粉569万，还创造了不少抖音直播的纪录。

线下门店同样火爆。不管几线城市，只要有鸿星尔克的地方，都人满为患。衣服，不分款式；鞋子，不论尺码——统统抢购一空。有的店连人形模特上的产品都卖了。在南京，还有人买了500元钱的东西，结果扔下1 000元钱就跑，不为别的，就为支持。

但实际上，热度并没有维持多久。有媒体记者专门访问了多家鸿星尔克线下店，并整理了线上平台的数据发现：

这样的客流高峰，只在七八月份出现了一段时间。后来，店里准备了齐全的货品，也没见多少人再来。即便是周末下午，疯狂打折的店内也只有零星几位顾客，显得颇为冷清。某平台数据显示，最近30天，鸿星尔克在抖音上的粉丝数，掉了近30万，几乎每天都有1万人在取关；快手上，也以平均每天2 000人的速度在掉粉。

最近一个月，鸿星尔克在抖音开了55场直播，销售额是1 294万元。但对比同样是国产品牌的李宁，粉丝还不到鸿星尔克的零头，近一个月63场直播销售额却有8 158万元，是鸿星尔克的6倍还多。

从寂寂无闻到成为"顶流"，鸿星尔克只用了一天。可当声势浩大的"野性消费"过去，它又慢慢回归了平淡。

消费者为什么"野性消费"？企业要赢得消费者，除了品牌形象还需要什么？

资料来源：作者根据央视网资料整理而成.

典型案例1-2 　　　　　　　　　　　　　　牙膏口径的故事

某牙膏公司，生产一种泡沫丰富的牙膏，投放市场后很受欢迎，因为当时不少消费者认为泡沫丰富的牙膏就是好牙膏。可是几年以后，其销售业绩仅能维持。董事会对这样的业绩感到不满，随即召开全国高层会议商讨对策。会议决定：有偿征集建议，谁的建议能让销售额翻一番，就奖励谁10万元。翌日，有人将建议写在一张纸条上，交给了总裁，总裁看后当即叫好，兑现承诺，奖励此人10万元。随后按此人的建议去实施，更换新包装，牙膏的销售额果然翻了一番。其实，此人的建议很简单：将现有的牙膏口径扩大1毫米。因为大多数消费者挤牙膏都有一个相同的习惯，挤出与牙刷前端相同的长度，口径粗1毫米，每天牙膏的用量自然会多出不少。

资料来源：仪征百姓生活. 最不靠谱的牙膏营销故事［EB/OL］.［2018-03-02］. http：//www.jinciwei.cn/d99316.html.

消费心理决定消费行为，消费行为表现消费心理。

任何一种消费活动，都既包含了消费者的心理活动，又包含了消费者的消费行为。准确把握消费心理，是准确理解消费行为的前提。而消费行为是消费心理的外在表现，消费行为比消费心理更具有现实性。

二、消费心理与行为分析的重要性

市场是商家必争之地，而市场是由消费者组成的。要想赢得市场，就意味着要赢得消费者，要赢得消费者，就必须对消费者的心理与行为进行分析。

二维码1-1

出租车司机给我上的MBA课

1.可以发现市场机会

从营销角度看，市场机会是指市场上存在的尚未满足的需要。要了解消费者的需要，就要了解消费者需要的形成过程，了解消费者的心理活动过程和行为规律，洞察消费者不同的需要、动机，捕捉消费趋势。

资料链接1-1

小企业应该抓住的四个机会

对小企业来说，"到敌人力量薄弱甚至空白的地方去"，无疑是最好的选择。市场并不是一块铁板，看似成熟的市场，里面也有一定的机会；看似强大的对手，其自身也有破绽和软肋。关键就在于能否发现机会。

1. 市场空白点就是机会

中国市场最可爱之处，就是还有很多行业仍处于初级市场。初级市场的最大特征，就是存在很多市场空白点。这种空白点主要包括以下三种：

其一，新行业的空白点。新行业的空白点有两种可能：一种可能是这个行业以前从来没有出现过，这是一个全新的行业或产品门类；另一种可能是虽然这个行业已经存在了，但没有任何一个品牌率先来主打这个门类，它也可以算是新行业。

其二，区域空白点。很多国际大品牌如可口可乐等，其主力市场几乎都在大中城市，而对于广大的乡镇市场鞭长莫及，这就给非常可乐、娃哈哈等众多中国企业提供了机会，它们深入二三线城市，取得了巨大的发展。

其三，消费者需求空白点。在中国市场上，还有一些消费者的需求没有被满足，这样的需求空白点也是机会。曾经出现的音乐手机等，就是因为发现了消费者新的需求，所以才卖得大火特火。

2. 趋势就是机会

二维码1-2

200秒，一起看懂首届消博会

中国共产党革命早期，党内有很多同志认为中国革命也应该走苏联的道路，举行城市武装暴动。毛泽东同志花32天时间考察了湖南5个县，完成了《湖南农民运动考察报告》，大胆断言："很短的时间内，将有几万万农民从中国中部、南部和北部各省起来，其势如暴风骤雨，迅猛异常，无论什么大的力量都将压抑不住。"（《毛泽东选集》第1卷，人民出版社1991年版，第13页）以后的中国革命实践，证实了毛泽东同志的英明论断。

正所谓"天下大势，浩浩荡荡，顺之者昌，逆之者亡"。中国共产党顺应了社会大趋势，所以取得了胜利。

我们创建新品牌，也要顺应消费大趋势。趋势就是市场机会，我们要学会主动借势。

主动借势是指主动发现社会或消费趋势，并主动把它与产品创新或者品牌结合起来，创造出一个新的市场机会。在现代社会，趋势有很多，如环保、健康、运动、营养等，都可以被主动利用来打造品牌。

3. 市场（消费）升级也是机会

市场（消费）升级也是机会，是新品颠覆市场、行业重新排座次的机会。

中国作为新兴大众市场，在整体消费板块内部发生的结构性位移将带来跳跃性的消费浪潮，这是中国市场不成熟的特征提供给后来者的机会。

市场发展到一定阶段就会有一个临界点出现，此时就会迎来产业升级。产业升级或市场升级就是企业的机会。

4.能够规模化的才是真机会

对于很多行业来说，没有规模就没有竞争力，就没有效益，就不能满足企业做大的需要。当竞争进入白热化阶段时，规模化便成为一个很重要的砝码。

义乌小商品城就是规模化经营的典范，人口不足百万的小县城，现已成为万商眷恋的财富宝地，无论是一双袜子、一副手套，还是一个挂件，都以专业街市的形式不断延伸壮大。规模经营使义乌小商品城成为全球最具价格优势的商品采购市场。

资料来源：佚名.小企业应该抓住的四个机会［EB/OL］.［2007-03-17］. http://www.chinairn. com/doc/4090/110880.html.

2.有利于制定营销策略

根据消费心理与行为的特点，指导设计新产品和改进现有产品。例如，海尔根据山东农民用洗衣机洗地瓜的行为，推出了可以洗地瓜的洗衣机。企业还可以根据消费者需求的变化，组织生产经营活动，包括市场细分、广告、包装、商标、价格、零售渠道等，以提高市场营销活动的效果，增强市场竞争力。

3.有利于提高消费者自身素质

了解一般的消费心理与行为规律，可以科学地进行个人消费决策，改善消费行为，识别欺骗消费者的行为，实现理性消费，避免进入消费误区。

三、消费心理与行为分析的主要内容

消费心理与行为分析的内容千头万绪，应从哪里入手进行分析呢？市场营销学家归纳出了以下7个主要问题：

第一，消费者市场由谁构成（Who），即购买者（Occupants）。

第二，消费者市场购买什么（What），即购买对象（Objects）。

第三，消费者市场为何购买（Why），即购买目的（Objectives）。

第四，消费者市场的购买活动有谁参与（Who），即购买组织（Organizations）。

第五，消费者市场怎样购买（How），即购买方式（Operations）。

第六，消费者市场何时购买（When），即购买时间（Occasions）。

第七，消费者市场何地购买（Where），即购买地点（Outlets）。

取英文字母的首字母，上述7个主要问题也称为消费者的6W1H（7O）研究法。

消费问题既是一个经济问题，又是一个社会问题。在市场经济活动中，消费者作为个体，其心理活动过程、个性心理特征、需要和动机及其他影响消费者行为的心理因素，将直接影响消费者的购买行为；消费者作为群体，其年龄、性别、家庭等消费对象属性，职业、社会地位、习俗与流行等社会文化属性，以及互联网带来的变化与群体效应，也直接影响消费者的心理及行为。除上述两个方面外，消费者在购买终端还会直接受商品、购物环境、营销沟通等因素的影响。因此，本书对消费心理与行为的分析主要侧重以下三个方面。

（1）基于个体的消费心理与行为分析

①消费者一般心理活动分析。

② 消费者的个性心理特征分析。

③ 消费者的需要与动机分析。

④ 消费者的学习和态度分析。

（2）基于群体的消费心理与行为分析

① 基于消费对象的消费群体的心理与行为分析。

② 基于社会文化的消费群体的心理与行为分析。

③ 基于互联网的消费群体的心理与行为分析。

（3）基于决策的消费心理与行为分析

① 基于实体店决策的消费心理与行为分析。

② 基于互联网决策的消费心理与行为分析。

资料链接1-2

消费者研究（Consumer Research）也称消费者市场研究，是消费品市场研究中最基础、最重要的组成部分，是消费品生产企业，特别是民用消费品生产企业经常实施的一项市场调研。消费者市场研究是指在对市场环境（政治、法律、社会、文化、技术等）、人口特征、生活方式、经济水平等基本特征进行研究的基础上，运用各种市场调研技术和方法，对消费群体通过认知、态度、动机、选择、决策、购买、使用等实现自身愿望和需要的研究。

消费者研究包括消费者需求研究、消费行为与态度研究、客户满意度研究三个方面。

1. 消费者需求研究

通过问卷、访谈、座谈、讨论、观察、写实等调查形式和手段，对目标消费者（包括个体和组织）进行全面研究，挖掘出消费者的潜在需求，帮助企业正确地进行产品定位和目标市场定位，减少企业在产品选择和市场选择上的失误。在充分调查研究的基础上，进一步评估潜在市场的吸引力，评估企业在该市场的竞争力，并制定相应的营销策略。

2. 消费行为与态度研究

通过研究不同群体的消费者对某一类产品（或场所）的消费心理、消费行为、消费需求、消费动机、消费决策过程以及信息获取渠道等，将其作为企业产品市场定位以及营销决策的重要依据。消费者研究模型可以帮助企业深入了解自己的消费者，为产品定位、需求分析和确立核心竞争力奠定基础。

3. 客户满意度研究

客户满意度研究（Consumer Satisfaction Research，CSR）是近年来新兴的一种调查技术。这种调查的目的是考察消费者对企业产品和服务的满意程度，包括满意率、顾客忠诚度、顾客投诉率以及他人推荐率等重要评价指标。通常，该项调查是连续性的定量研究，采用的调查方法包括电话调查、入户调查、神秘顾客和邮寄调查等。

做一做

1. 回忆你目前使用手机的购买经过和手机充值消费经历，分析出现过哪些心理现象和行为规律。

2. 回忆你自己最近一次的购买行为，并用6W1H（7O）研究法记录当时的购买过程。

3. 如果手机厂商在新手机的研发和推广前想了解用户需求，你会建议手机厂商调查哪些内容（以问题形式罗列）？

效果评价

走近消费心理与行为的效果评价参考表见表1-1。

表1-1　　　　走近消费心理与行为的效果评价参考表

序号	评价内容	分值
1	列出的心理现象和行为规律数量	20分
2	明确记录具体的购物时间、地点，购买过程记录翔实，购买对话记录详细	40分
3	罗列的调查问题涵盖面广	40分
合计		100分

子情境2　消费心理与行为分析的基本方法

子情境目标

知识目标：掌握消费心理与行为分析中市场调研的基本方法，了解消费心理与行为分析中大数据分析的基本方法。

能力目标：能区别不同的消费心理与行为分析的基本方法，能说出观察法、询问法等基本方法的运用要点。多观察和分析生活中的消费现象，提高学生的观察能力和分析能力。

素质目标：围绕分析的基本方法，改变凭经验、拍脑袋的经验主义思维，养成注重调研分析、科学决策的职业习惯；通过案例讨论，树立正确的价值观、义利观，培养良好的职业道德；增强创业意识，培养敢于担当的精神和高度的责任感。

子情境导入

靠脑白金东山再起的创奇商人——史玉柱

从一无所有到亿万富翁，他是一个著名的成功者；从亿万富翁到一无所有，他是一个著名的失败者；再从一无所有到亿万富翁，他是一个著名的东山再起者，他书写了一个中国乃至全球经济史上绝无仅有的传奇故事。

二维码1-3

史玉柱再创业

第一次创业：巨人倒塌

27岁那年，史玉柱借债4 000元，开始创业。他利用报纸《计算机世界》先打广告后收钱的时间差，用全部的4 000元，为其耗费九个月心血开发出来的M-6401桌面排版印刷系统，做了一个8 400元的广告。13天后，史玉柱赚到15 820元；1个月后，4 000元广告已换来10万元收益；4个月后，新的广告投入又为他赚回100万元。珠海巨人新技术公司迅速升格为珠海巨人高科技集团公司，到1993年7月，巨人集团下属全资子公司已经发展到38个，是仅次于北京四通集团公司的全国第二大民营高科技企业。

1994年年初，号称当时中国第一高楼的巨人大厦动土，同时，史玉柱开始了多元化扩张之路，他将自己未来的产业集中在三个领域———软件、药品、保健品。由于巨人大厦资金告急、脑黄金销售的烂账过多，1997年史玉柱成了背负2.5亿元债务的"中国首负"，黯然离开了广东。

第二次创业：卖保健品

幸运的是，受到重创的史玉柱，除了缺钱，似乎什么都不缺———公司20多人的管理团队，在最困难的时候依然不离不弃，没有一个人离开。而且史玉柱手上已经有两个项目可供选择，一个是保健品脑白金，另外一个是他赖以起家的软件。

1998年，山穷水尽的史玉柱找朋友借了50万元，开始运作脑白金。

手中只有区区50万元，已容不得史玉柱再像以往那样高举高打。最终，他把江阴作为东山再起的根据地。江阴是江苏省的一个县级市，地处苏南，购买力强，离上海、南京都很近。在江阴启动，投入的广告成本不会超过10万元，而10万元在上海不够1个版的广告费用。

启动江阴市场之前，史玉柱首先做了一次"江阴调查"。他戴着墨镜走村串镇，挨家挨户寻访。由于白天年轻人都出去工作了，在家的都是老人，半天见不到一个人。史玉柱一去，他们特别高兴，史玉柱就搬个板凳坐在院子里跟他们聊天。

在聊天中，这些老人告诉史玉柱："你说的这种产品我想吃，但我舍不得买。我等着我儿子买呐！"

史玉柱敏感地意识到其中大有名堂，他因势利导，推出了家喻户晓的广告"今年过节不收礼，收礼只收脑白金"。

2000年，公司创造了13亿元的销售奇迹，成为保健品的状元，并在全国建立了拥有200多个销售点的庞大销售网络，规模超过了鼎盛时期的巨人集团。这一年，他悄悄还清了所欠的全部债务。

这则广告无疑成为中国广告史上的一个传奇，尽管无数次被人诟病为功利和俗气，但已被播放了20多年，累计带来了100多亿元的销售额。

第三次创业：开发网游

靠卖软件起家的史玉柱，自然对电脑游戏不会陌生，但他真正喜欢上电脑游戏是在1996年，当时公司出现资金危机，债主接连登门，搞得史玉柱无法正常办公，于是，关起门来的史玉柱把电脑游戏当成了唯一的消遣方式。

2002年年末，史玉柱开始玩陈天桥的盛大公司开发的在线游戏《传奇》，并很快上了瘾。那时，他每天要花四五个小时泡在《传奇》里，平均每月的开支超过5万元，在一个拥有顶级装备的账号上先后共投入了几十万元。

在游戏里，史玉柱是个沉湎其中的玩家，但他从来没有失去作为一个商人的嗅觉，他意识到：这里流淌着牛奶和蜂蜜！

2004年春节后的一天，史玉柱把几个高管召集在一起开会，讨论投入网络游戏行业晚不晚。当时中国的网络游戏行业已经高速发展了三年，国内的盛大、网易、九城三家公司呈现三足鼎立之势，来自日本、韩国的游戏也有不小的市场份额，市场竞争激烈。但史玉柱还是说服了大家。2004年11月，史玉柱的征途公司正式成立。

2005年11月《征途》推出，两年来，在线人数一路飙升，成为全球第三款同时在线人数超过100万的中文网络游戏。2006年，《征途》的销售额达到6.26亿元，2007的月销售收入突破1.6亿元，月利润直逼亿元大关。

"他（史玉柱）经常不分昼夜地把自己关起来打游戏，然后突然召开紧急会议，告诉研发部游戏里还有什么缺陷需要补救。"巨人网络副总裁汤敏说，"他总能在游戏中发现各种各样的问题，一些是他自己发现的，一些是他与其他玩家讨论的结果。"

2008年《福布斯》全球互联网富豪排行榜中，史玉柱以28亿美元的身价位列第7位。

资料来源：佚名. 靠脑白金东山再起的创奇商人——史玉柱［EB/OL］. ［2017-12-15］. http：//www.sohu.com/a/210794924_100008991.

问题：

1. 脑白金产品投入以前，史玉柱是如何开展市场调查的？

2. 《征途》游戏广受欢迎，除了史玉柱有力、独到的推广策略外，你认为还有什么原因？怎么做到这样？

问题讨论提示

3. 从法律的角度看，作为一个有限责任公司，只要把巨人申请破产，个人就无须承担偿还的责任，但史玉柱在2000年悄悄地还清了所欠的2.5亿元债务，对此，你如何评价？

4. 史玉柱的三次创业对你有什么启示？

▣ 学一学

消费心理与行为分析有2种基本方法：一种是通过市场调研，另一种是通过大数据分析。

二维码1-4

爱一行，干一行

一、市场调研的方法

消费心理与行为分析中用到的市场调研方法，除了采用从各类文献资料、网站收集分析第二手资料等文案调研方法以外，还可以采用获得第一手资料的调研分析方法，分为观察法、实验法、询问法和投射法四种。

（一）观察法

观察法是消费心理与行为分析的一种最基本的研究方法。在市场营销活动中，观察者依靠自己的视听器官，通过消费者的外部表现（动作、行为、谈话），有目的、有计划地观察了解消费者的言语、行动和表情等，把观察结果按时间顺序系统地记录下来并分析原因，用以研究消费者心理活动的规律。

观察法的具体形式有以下3种：

1. 直接观察法

直接观察法是指调研人员到现场观察发生的情形，以收集信息的方法，这是一种使用最方便方法。例如，在进行商店调查时，调研人员并不访问任何人，只是观察基本情况，然后记录备案。一般而言，调研的内容包括某段时间的客流量、顾客在各柜台的停留时间、各组的销售状况、顾客的基本特征、售货员的服务态度等。

典型案例1-3

曾经有研究者在一家超级市场的谷物食品、糖果、洗衣粉等柜台前进行了600小时的观察。从消费者进入这些柜台的通道开始，直到离开为止，观察消费者的各种活动，并做了1 500余条记录。他们通过对观察记录的分析，研究消费者的构成、决策等。例如，男性和女性所占的比例，儿童和成人所占的比例；几个人在一起时，谁是决策者，谁是影响者；消费者在购买时，对商品包装、商标、价格的注意程度等。

2. 仪器观察法

在科学技术高度发达的今天，许多电子仪器和机械设备成了对消费者进行心理调研的工具。例如，TakeGo无人智能店的其中一个核心技术是整个无人智能店对购买物品的监测、识别与跟踪。用户走进无人智能店，无论拿了什么商品，无人智能店快猫系统都能实现监测与识别，顾客出门时会收到相对应的账单，并被系统自动扣款，系统还会提供数据分析。通过定向声源原理和算法，TakeGo无人智能店还可以通过人店对话系统向顾客一对一地进行语音产品推荐。

3. 实际痕迹测量法

实际痕迹测量法是指调研人员不是直接观察消费者的行为，而是通过一定的途径来了解他们的痕迹和行为的方法。例如，某公司为了评价各种广告媒介的效果，在广告中附有回条，顾客凭回条可到公司购买折扣的商品。根据回条的统计结果，公司就可以找出最佳的广告媒介。再如，某商店为了调查顾客购买电器后的反应，到各维修点调查哪些产品维修次数最多、哪些部件更换最快、消费者的评价等。国外有一家饮料公司，曾根据垃圾站旧饮料瓶的回收状况来分析消费者的口味偏好。

这种方法的优点是比较直观，观察所得到的数据一般也比较真实。这是因为消费者是在没有被施加任何影响、没有干扰的情况下被观察的，是真实想法的自然流露。其不足之处在于具有一定的被动性、片面性和局限性，观察所得到的数据本身不能区分哪些是偶然现象，哪些是规律性的反映。

（二）实验法

实验法是一种在严格控制的条件下，有目的地给予应试者一定的刺激，从而引发应试者的某种反应，进而加以研究，找出有关心理活动规律的调查方法。

实验法又可分为室内实验法和自然实验法两种。

1. 室内实验法

室内实验法是指在实验室里借助各种仪器进行研究的方法。此外，也可以在实验室里模拟自然环境条件或工作条件进行研究。应用这种方法研究的结果一般比较准确。例如，消费者对产品广告理解与否、记忆率高低等，就可以在实验室里运用音像、图片、文字等广告媒体来测定。

2. 自然实验法

自然实验法是指企业有目的地创造某些条件或变更某些条件，给消费者的心理活动施加一定的刺激或诱导，从中了解消费者心理活动的方法。自然实验法的应用范围很广。例如，某一种食品在改变品质、包装、设计、价格、广告、陈列方法等因素时，可应用自然实验法先进行小规模的实验性改变，以调查消费者的反应。由于这种方法是人们有目的地创造或变更某些条件，因而具有主动性。这种方法的特点是实验研究者不介入消费对象的自然活动，了解、收集的信息真实可靠，能够反映消费活动的实际情况，减少人为因素，具有较高的可信度。

（三）询问法

询问法是指企业采取各种手段获取有关材料，间接地了解消费者心理活动的方法。调查的方式分为面谈调查、电话调查、邮送调查以及问卷调查四种，可以根据调查目的灵活选择。例如，若想了解消费者的消费需要和购买动机，可以召开消费者代表座谈会，也可以采用发放调查问卷、设置意见箱等形式。《征途》游戏的老板兼开发者史玉柱，在开发这款游戏的过程中，与2 000个玩家聊天，每人至少2小时，如果按一天10小时计算，要聊400天，在聊天过程中，他感受到了网游的乐趣、激情、义愤、郁闷、欢畅、紧张、张狂、好奇、窃喜、嫉妒、悔恨、无奈等，所有这些复杂的甚至对立的情绪，他先前没有体验过，有些甚至连想象都不可能，而通过聊天却了如指掌，而且他还喜欢做客服，帮助游戏玩家解决碰到的问题，那也是游戏更新的意见来源。

在消费心理与行为分析中，被广泛采用的询问法是问卷法。问卷法又分为口头问卷法和书面问卷法两种。这两种形式都要求调研者必须事先充分考虑到收集信息的内容，设计好调查表，并依据考察对象的不同特征和个性特点，突出调查表设计的合理性，强调所收集信息的可靠性。

1. 口头问卷法

口头问卷法也称访谈法，即由企业派出调研者，采用交谈、询问或访问的方法，了解事先设计好的需要收集的消费信息的内容，并通过对这些信息资料的分析研究，对消费者的心理与行为表现做出科学的推论和解释。采用这种方法的一个最重要的影响因素就是调研者与被调查者之间实际存在着相互作用，而这种相互作用本身就是一种非常重要的心理现象。但这种作用又必然会影响到信息资料的质量，使信息本身或多或少地夹杂某种"主观性"，从而给分析研究带来困难。这就要求调研者应尽可能减少这种相互作用的负面效应，使调查对象能够比较客观地反映其实际情况和心理活动状态。

2. 书面问卷法

书面问卷法是指由企业向消费者发放问卷调查表，由被调查者答卷，回收后进行统计、汇总、分析的方法。与口头问卷法相比，书面问卷法更准确具体，系统性更强。书面问卷法也是消费心理与行为分析中最常用的方法之一。

书面问卷法的关键是问卷的设计。一份好的问卷设计应按步骤回答以下问题：

（1）基本决定

需要收集哪些信息？

向哪些人收集信息？

（2）确定所问的问题与内容

这一问题确实需要吗？

被调查者能正确回答这一问题吗？

是否存在外部事件使得被调查者的回答具有倾向性？

（3）决定应答方式或形式

这个问题是以自由回答式、多重选择式，还是以两分式的形式提出来？

（4）决定提问的措辞

所用的词语是否对所有被调查者都只有一种含义？

问题是否包含全部备选答案？

被调查者能从研究者所期待的参照角度回答这一问题吗？

（5）决定问题的排列顺序

所有问题都是以一种合乎逻辑且避免产生偏差的方式排列吗？

（6）预试与修正

最终问卷的确定是否取决于运用少量样本的预试？

预试中的应答者是否与最终要调查的被调查者类似？

例如，某超市想要了解自己的公众形象，决定采用书面问卷法。

首先，设计问卷的指导语，交代本次调查的目的，并对被调查者表示感谢。

其次，问卷题目应该主要包括商品因素、价格因素、柜台摆放因素、品种丰富情况、营业员的服务态度、商场的卫生状况、超市的知名度和美誉度等。例如，你听说过××超市吗？你认为××超市的服务怎么样？

最后，询问被调查者的年龄、性别、文化程度、职业等方面的个人信息，但要保证问卷的匿名性。

（四）投射法

投射法也称投射测试，在心理学上的解释是，个人把自己的思想、态度、愿望、情绪或特征等，不自觉地反映于外界事物或他人身上的一种心理作用。投射法主要用于测量消费者在一般情况下不愿或不能披露的情感、动机或态度。

投射法的具体方式是，提供被试者一种无限制的、模糊的情景，要求其做出反应，让被试者将其真正情感、态度投射到"无规定的刺激"上，绕过其心底的心理防御机制，透露其内在情感。常用的投射法包括词语联想法、句子和故事完形测试法、漫画测试法、照片归类法、绘图法等，见表1-2。

表1-2　　　　　　　　　　　　　　　常用的投射法

投射法	描述	典型应用
词语联想法	提供一个词，要求迅速（3秒内）说出脑海中出现的一串词语	考察消费者对某一产品的印象、品牌意象
句子和故事完形测试法	提供一个不完整的句子或故事，要求将其补充完整	购买××款式手机的人是……
漫画测试法	提供漫画或其他图像，要求补充画面说明或人物对话等	测试对两种设计的不同态度
照片归类法	出示一组与测试目的相关的照片，让被试者进行归类	将××产品的照片与可能使用该类产品的用户对应起来
绘图法	要求被试者画出自己的感受或者对事物的认知	请画出您使用该产品的场景

投射法的最大优点在于主试者的意图藏而不露，这样就创造了一个比较客观的外界条件。采用投射法可以测试出被试者真实的一面，使得测试结果比较真实。此外，投射法真实性强，比较客观，对被试者心理活动的了解比较深入，有利于提高调查的科学性。其缺点是分析比较困难，需要有经过专门培训的主试者。

典型案例1-4　　　　　　　　　　　上海力波啤酒的广告调查

故事完形测试法需要先给出故事的前半段，说清楚故事的场景，从而引出一个话题，然后让被试者讲述接下来怎么做，最终结论是什么。例如，某广告公司曾经用故事完形测试法帮力波啤酒做了一个品牌塑造项目，其给出的场景是："进入一个长长的走道，两边有很多门，其中一扇门上写着××（运动用品）。推门进入，你会看到很多运动明星、很多运动器材、很多球迷，但这不是你要去的地方。关上门，另有一扇门上写着××（香烟），你会发现一望无际的崇山峻岭，有牛仔、有骏马，但这也不是你要去的地方。关上门，现在你发现有一扇门上写的是力波啤酒，这是你要去的地方，推开门，走进去，仔细观察，把你看到的一切记在心中，告诉我们。"

广告公司根据这个研究结果发现了平凡男人身上很多闪光的品质，比如爱、分享、陪伴等。因此制作了以"上海男人的故事"来演绎"上海男人本色"的系列电视广告（那时候力波啤酒主打上海市场）。其中一条广告片是元宵节父亲为小孩扎兔子灯，孩子为有一位心灵手巧的好父亲而倍感自豪。广告使用了"有了你，生活更有味道"，"力波啤酒，男人本色"等双关语同时赞美主人公的美德和产品。

通过这种方法，研究者开始进入消费者的内心，了解到他们和品牌相处时的感受，也了解到他们对品牌的期望和改善的要求。

资料来源：王高飞.『用研面面观』之投射技术在用户访谈中的应用［EB/OL］.［2016-11-09］. https://www.woshipm.com/user-research/442277.html.

二、大数据分析的方法

市场调研由于调研方法的问题,调查结果的代表性、准确性以及研究的效率等面临不同程度的挑战。随着大数据的发展,大数据分析在消费心理与行为分析中得到了广泛的运用。虽然大数据分析应用于市场和用户研究仍处于探索阶段,也面临着诸多的挑战,如数据采集不全面、数据质量低以及数据处理和分析技术有待加强等。

大数据分析是指对规模巨大的数据进行分析。大数据分析可以分为大数据和分析两个方面。如今"大数据"一词已经经常出现在报纸新闻当中,但大数据与大数据分析并不是同一概念。假如没有数据分析,再多的数据都只能是一堆储存维护成本高且毫无用处的IT库存。大数据分析更注重分析,从分析出发去找数据,然后再将从数据中得到的信息有效利用。

(一) 大 数 据

大数据是一种规模大到在获取、存储、管理、分析等方面大大超出传统数据库软件工具能力范围的数据集合。它不仅仅包括数字,还包括图片、文本、视频、交互记录等。它的最小单位是bit,按从小到大的顺序的所有单位有:bit、Byte、KB、MB、GB、TB、PB、EB、ZB、YB、BB、NB、DB。

大数据具有海量的数据规模(Volume)、快速的数据流转速度(Velocity)、多样的数据类型(Variety)和价值密度低(Value)四大特征,一般称为4V。

1.海量的数据规模

大数据的特征首先就体现为"大"。企业所面对的传统数据主要是交易数据,而互联网和物联网的发展,带来了诸如社交网站、传感器等多种来源的数据。随着信息技术的高速发展,数据开始爆发性增长。大数据中的数据不再以几个GB或几个TB为单位来衡量,而是以PB、EB、ZB为计量单位。百度资料表明,其新首页导航每天需要提供的数据超过1.5PB(1PB=1024TB),这些数据如果打印出来将超过5千亿张A4纸。

2.快速的数据流转速度

大数据的产生主要通过互联网的传输。数据以秒为单位生成,每个人每天都在向大数据提供大量的资料。对于一个平台而言,也许保存的数据只有过去几天或者一个月之内产生的数据,再远的数据就要及时清理,不然代价太大。基于这种情况,大数据对处理速度有非常严格的要求,服务器中大量的资源都用于处理和计算数据,很多平台都需要做到实时分析。数据无时无刻不在产生,谁的速度更快,谁就有优势。

3.多样的数据类型

广泛的数据来源,决定了大数据形式的多样性,如网络日志、视频、图片、地理位置信息等,手机、平板电脑、PC以及遍布地球各个角落的各种各样的传感器,无一不是数据来源。如淘宝、今日头条等都会通过对用户的网络日志数据进行分析,从而进一步推荐用户喜欢的东西。

4.价值密度低

现实世界所产生的数据中，有价值的数据所占比例很小。以视频为例，连续不间断的监控中，可能有用的数据仅有一两秒。相比于传统的小数据，大数据最大的价值在于从大量不相关的各种类型的数据中，挖掘出对未来趋势与模式的预测分析有价值的数据，并通过机器学习方法、人工智能方法或数据挖掘方法深度分析，发现有用信息。

（二）大数据分析

大数据分析，就是对大量数据进行推理并从中分析出有用的信息。大数据分析的6个基本方面：

1.可视化分析

不管是对数据分析专家还是对普通用户，数据可视化是对数据分析工具最基本的要求。可视化可以直观地展示数据，让数据自己说话，让用户看到结果。

2.数据挖掘算法

可视化是给人看的，数据挖掘就是给机器看的。集群、分割、孤立点分析还有其他的算法让我们深入数据内部，挖掘价值。

3.预测性分析能力

数据挖掘可以让分析人员更好地理解数据，而预测性分析可以让分析人员根据可视化分析和数据挖掘的结果做出一些带有预测性的判断。

4.语义引擎

语义引擎即对非结构化数据用一系列的工具去解析、提取、分析数据，使系统能够从"文档"中智能提取各类信息。

5.数据质量和数据管理

数据质量和数据管理即通过标准化的流程和工具对数据进行处理，以保证得出高质量的分析结果。

6.数据仓库

数据仓库是为了便于多维分析和多角度展示数据，按照特定模式进行存储所建立起来的关系型数据库。

大数据分析正在被越来越多的企业用于指导和引导消费者购买和消费。

（1）沃尔玛的搜索。这家零售业巨头为其网站 Walmart.com 设计了最新的搜索引擎 Polaris，利用语义数据进行文本分析、机器学习和同义词挖掘等。根据沃尔玛的说法，语义搜索技术的运用使得在线购物的完成率提升了10%到15%。对沃尔玛来说，这就意味着数十亿美元的收入。

（2）京东用大数据技术构建用户画像。用户画像提供统一数据服务接口供网站其他产品调用，提高与用户间的沟通效率、提升用户体验。比如提供给推荐搜索调用，针对不同用户的属性特征、性格特点或行为习惯，在用户搜索或点击时展示符合该用户特点和偏好的商品，给用户以友好舒适的购买体验，能很大程度上提高用户的购买转化率甚至使其重复购买，对提高用户忠诚度和用户黏性有很大帮助；提供给网站智能机器人 JIMI，可以基于用户画像为用户量身定制咨询应答策略，如快速理解用户意图，有针对性地进行商品评测、商品推荐、个性化关怀等，大幅提升 JIMI 智能水平和服务力度，赢得用户欢迎和肯定。

（3）美特斯邦威借助 SQL Server 优化管理与运营。美特斯邦威作为中国销售量最高的服饰品牌之一，也在积极寻求如何利用大数据在线上线下实现零售业务增长。借助微软 SQL Server 2012 商业解决方案，美特斯邦威能够掌握客户店内走动情况以及与商品的互动，将丰富的输入数据与交易记录相结合开展实验，以便指导选择商品种类、摆放货品、调整售价与优化库存。

（4）爱奇艺大数据分析工具绿镜通过收集、分析用户对《高科技少女喵》每一分钟收视喜好及用户对每个内容片段的不同反应，协助创作方对剧集进行优化，使该剧网络播放量直线飙升。

资料链接 1-3

雷鸟

中国著名电视机品牌 TCL 在 2019 年推出了针对年轻消费者的子品牌电视雷鸟。雷鸟电视将目标用户群定为"新世代"，推出了一系列智能电视产品。通过对年轻消费者的扎实调研，雷鸟产品团队围绕年轻人的喜好做了一系列设计，比如外观方面，雷鸟采用一体化设计，将金属超窄边框、独特的三角金属镂空底座、曲面屏幕这几个元素融合起来，打造电视的"颜值之王"。

该款电视机面世后，果然顺利吸引了年轻人下单，广受好评。但是品牌在采集全网用户反馈数据并进行分析后，意外发现被提及最多的称呼为"父母"，相当一部分实际使用电视机的用户为"中老年"，如图 1-1 所示。

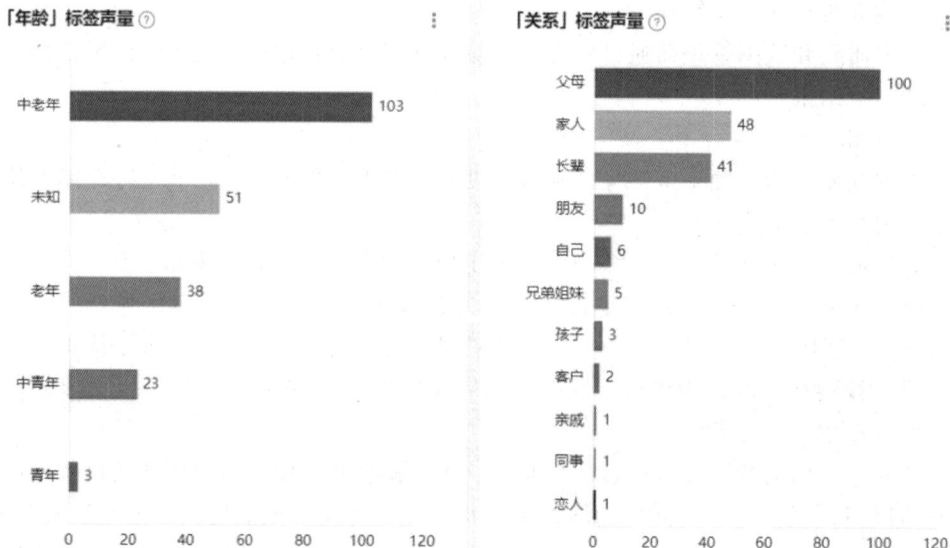

图 1-1　用户反馈数据分析

这一洞察结果令雷鸟团队颇为惊诧。通过数据挖掘与分析，雷鸟团队发现电视机的使用场景中，"父母"和"中老年"重复出现。关键词云中，"爸妈很喜欢"和"老人很满意"也被收录，如图1-2所示。

图1-2 用户反馈关键词云

数阔云听CEM通过AI、NLP技术进行意见提取，得出关键词云。通过关联分析发现：雷鸟互联网电视产品确实准确触达年轻用户，但是作为主力消费者的年轻人，有一部分人为父母而买，所以电视须同时满足老年人使用场景，以及年轻用户对影音娱乐和游戏需求。

这个过程中，年轻用户是购买者，而父母是受益者，两代人的使用需求更多由年轻人购买决策主导。雷鸟根据此洞察，在产品设计、品牌宣传等环节做出调整，迎合客户，提升体验。

由雷鸟的案例可见，虽然当代客户拥有强自主性，但是也不是绝对的"无迹可寻"。对客户的体验反馈数据的挖掘、清洗、分析等一系列大数据手段，可以帮助企业洞察到一些被忽略、超出经验判断范围的，散落在盲区的点。

资料来源：作者根据网络资料整理.

（三）消费者大数据的类型

从不同角度，消费者大数据的类型可分为以下几类：

1. 按照大数据的产权划分，可以分为组织内大数据和组织外大数据

组织内大数据是消费者（用户）在接受企业的产品和服务的过程中所产生的大数据。如网购平台、企业官网上留下的消费者数据为组织内大数据。组织外大数据即企业各种外部数据。

在大数据时代，应当把不同来源的数据整合在一起，包括企业内部和外部数据、线上行为痕迹与线下购买数据等。

典型案例1-5　　　　　　　　　　海尔大数据分析与精准营销的故事

2012年，海尔推出帝樽空调。因其外形由方到圆的颠覆性创新，被ICEC评为"影响世界的十大创意产品"。同时，帝樽空调有很多特点：健康，除PM2.5；舒适，3D立体送风；智能，Smart风随人动。

为了可以精准地预测还有哪些用户可能选购以及及时提供个性化服务方案，2013年4月，海尔通过SCRM会员大数据平台，提取数以万计的海尔帝樽用户数据，与中国邮政的名址数据库匹配，建立"look-alike"模型。这个模型可以将已经购买帝樽

空调的几万名用户所在的小区分成几类，并打上标签，再把这些数据标签映射回中国邮政的名址数据库，找到有相似特点的所有小区。

同时海尔SCRM会员大数据平台同旅游、健康类杂志也有合作，不仅可以为北京地区杂志订户提供购买帝樽空调的优惠，实现双赢，还可以通过用户订阅的杂志类型来判断用户消费特点，并以此来进行精确营销。

通过这种方法，海尔找到了陈然，一位订阅旅游杂志的北京景泰西里小区住户。显然，他是对环境、自然感兴趣的。海尔SCRM会员大数据平台由此预测：陈然极有可能对帝樽空调除PM2.5这一功能感兴趣。几天后，陈然收到了海尔投递的一封直邮单页，除了送去公益环保知识之外，重点介绍了帝樽空调的除PM2.5功能。

5月1日，陈然带着收到的直邮单页，来到北京杨桥国美店。现场体验海尔帝樽空调后，他付款购买了一套。成交后，陈然登录海尔官方网站（www.haier.com），自主注册成为海尔梦享会员。

5月6日，通过陈然留下的手机号码，海尔对陈然进行了回访，告知他不仅可以通过购买获得会员"消费积分"，而且可以通过互动获得会员"创新积分"。交流中，陈然还透露出打算购买彩电。

当天，陈然关注了海尔官方微博。相应的，SCRM会员大数据平台获取了他在微博上的公开数据，并且利用智能语义分析工具，从陈然的微博中不断出现的格隆（格隆是厄瓜多尔的一位足球名将）推测出：陈然是一名足球爱好者，他一定常看电视体育节目，也一定十分看重画面的流畅度。很快，海尔SCRM会员大数据平台将海尔智能电视高速画面无拖尾的特点精准地推送给了陈然。5月12日，陈然再次消费，购买了一台海尔彩电。

海尔通过数据分析预测用户需求，优化用户体验，就如帮助陈然省下四处寻找满意的空调和彩电的时间。通过海尔大数据分析后的精准营销，顾客陈然也享受到了个性化服务。

资料来源：佚名.大数据应用案例——海尔大数据营销的真实故事［EB/OL］.［2025-01-03］.https://www.sohu.com/a/156018325_99916602.有删改。

2.按照大数据的结构化程度划分，可以分为结构化数据、半结构化数据以及非结构化数据

结构化数据即行数据，存储在数据库里，是可以用二维表结构来逻辑表达实现的数据，如数字、符号等。非结构化数据，包括所有格式的办公文档、文本、图片、XML、HTML、各类报表、图像、音频和视频信息等。半结构化数据，就是介于结构化数据（如关系型数据库、面向对象数据库中的数据）和非结构化数据（如声音、图像文件等）之间的数据，它是结构化的数据，但是结构变化很大，如存储的员工简历，有的员工的简历很简单，有的员工的简历却很复杂，还有可能有一些没有预料到的信息。

3.按照大数据的客户行为性质划分，可以分为交易行为类数据、个人偏好类数据、社交互动类数据和人口统计类数据

交易行为类数据包括交易时间、搜索、收藏、加购等数据；个人偏好类数据包括兴趣、需要、习惯、风险偏好、价格敏感度等数据；社交互动类数据包括社交网站的

互动信息、评价与点评、活动参与信息、各种传感器及RFID信息等数据；人口统计类数据包括年龄、收入、家庭构成、职业、居住条件等数据。

　　王永庆卖米的故事经常会被作为营销学的经典案例来讲解。在大数据时代，大数据技术可以实现将消费者线上与线下信息相连接、动态与静态信息相联系，将消费者的各种碎片化的个人信息重聚，得到消费者整体画像。例如在Zara门店内，每天顾客向导购反映的意见都会被店员收集起来，"这个衣领图案很漂亮""我不喜欢口袋的拉链"等这些细微的喜好偏差，都会被店经理统一收集起来汇总，通过Zara内部网络每天至少两次传递资讯给总部设计人员，总部接到这些意见后很快做出设计决策，之后立刻传送到生产线，改变服装款式。结束一天的门店营业后，销售人员还会盘点每天货品上下架情况，并对客人购买与退货率进行统计，再结合柜台现金资料、交易系统做出当日成交分析报告，分析当日产品热销排名，根据这些数据，Zara分析出相似的"区域流行"，在颜色、版型的生产中，做出最贴近客户需求的市场区隔。

资料链接1-4

用户画像（User Profile）

　　用户画像作为大数据的根基，它完美地抽象出一个用户的信息全貌，为进一步精准、快速地分析用户行为习惯、消费习惯等重要信息，提供了数据基础，奠定了大数据时代的基石。

　　用户画像，即用户信息标签化，是企业通过收集与分析消费者的社会属性、生活习惯、消费行为等主要信息的数据之后，完美地抽象出一个用户的商业全貌，是企业应用大数据技术的基本方式。用户画像为企业提供了足够的信息基础，能够帮助企业快速精准找到用户群体以及用户需求等更为广泛的反馈信息。

　　用户画像是根据用户在互联网留下的种种数据，主动或被动地收集的，然后尽可能全面细致地抽象出一个用户的信息全貌，从而帮助解决如何把数据转化为商业价值的问题，比如用户是男是女，哪里人，工资多少，有没有谈恋爱，喜欢什么，准备"剁手"购物吗等。

　　1.虚拟用户画像

　　早期的用户画像是通过对用户多方面信息的调研和了解，将多种信息分类聚合，产出几个有典型特征和气质的虚拟用户。这种用户画像没有数据参与构建，自然粒度也就比较粗，只是用虚拟的用户画像代表真实的用户。

　　比如，用户画像会用如图1-3所示的文档描述。

　　2.数据用户画像

　　随着互联网的不断发展，积累的用户信息、行为记录越来越丰富，大数据处理和分析技术也越来越成熟，数据用户画像可以计算出每一个用户的特征。特征是从用户基本属性、社会属性、生活习惯、消费行为等信息抽象出来的一个个具体的标签，标签是某一用户特征的符号化表示。

年轻的80后妈妈

"上班的时候没啥事就逛逛，晚上回家早也逛逛。省得跑到国外去，省心省力还省钱。这次给宝宝买的奶粉够他喝好一阵子了。"

简介

任盈盈是一个苏州姑娘，大学毕业后进入位于北京朝阳区的一家外企工作，担任招聘模块的HR。前两年刚刚和老公在北京五环外买了60平的房子，每个月有一定压力的贷款，今年意外怀孕了，但还是准备好好迎接新生命。

任妈妈是一个对事对物都要求很高的人，比如，宝宝要用的尿不湿、奶粉、奶瓶……她都希望能够使用国外的产品，对国内的产品质量很不放心。本来她对这些国外的品牌就不是很了解，并且在淘宝买也不放心。怀孕之后她就和身边有经验的同事取经，同事告诉她可以去一些海淘网站或APP上面购买，那里面还可以认识一些有共同需求的人，不仅能买到物美价廉的商品，还能和妈妈们一起交流育儿经。她使用过的海淘产品有：洋码头、蜜淘、海蜜全球购、亚马逊等等。但是这些还是存在一定问题，比如语言、支付、运送时间等等。任妈妈希望能够使用到简单方便的海淘产品。

个人信息

姓名：**任盈盈（任妈妈）**
年龄：**28**
籍贯：**江苏苏州**
居住地：**北京**
家庭情况：**已婚、和老公在五环外有一套60平房子，有一定月供压力**
爱好：**唱歌、看书**
性格：**谨慎、仔细、对事对物要求高、有耐心、注重细节**

工作信息

职业：**外企HR，负责招聘模块**
地点：**北京朝阳**
工作年限：**5年**
工作压力：**成熟企业，招聘模块完善、工作压力一般**

计算机网络使用

设备：**工作电脑、个人笔记本、iPhone**
使用方式：**email、Office办公软件、QQ、微信、各种购物、音乐、视频、趣味小游戏、母婴app等等**

注：照片应使用真实照片，涉及用户信息，不方便使用真实照片。

图1-3　用户画像描述图

为每个用户构建用户画像，这样更加贴近真实的世界，每个人都是独一无二的，不能随随便便被其他人代表，用户画像精准到人。

数据用户画像用标签集合来表示，例如：王某，男，33岁，河南人，北京工作，银行业，投资顾问，年收入50万元，已婚，两套房，有孩子，喜欢社交，不爱运动，爱喝白酒，消费力强等。

基础信息可以通过用户的注册信息获得，但有孩子、喜欢社交、爱喝白酒、消费能力强等信息，用户不会告诉我们，需要构建标签体系、建立数据模型才能计算出来。

资料来源：Chance. 如何进行精准化的用户画像？〔EB/OL〕.〔2018-07-23〕. http://www.woshipm.com/user-research/1145326.html.

尤瓦尔·赫拉利在《今日简史》中预测：2050年我们将迎来数据霸权的时代，无论是医疗领域、娱乐行业还是汽车领域，到处都是人工智能的身影，算法可以预测一切，算法可以自己迭代，算法可以代替我们进行决策。但是，无论是基于大数据统计，还是基于机器学习算法，我们得到的都只是一个结果，用户行为路径，也只是用户的行为结果，通过大数据似乎无法解释用户的心理决策过程。

大数据擅长的是理性分析，而人类的决策过程中往往掺杂着直觉与感性，所以当涉及用户深层的感知与动机时，大数据便显得有些捉襟见肘。目前，大数据的应对方法是通过贴标签对用户进行标识，但仅有行为标签还远远不够，如何提取出感性标签是一直困扰着大数据的难题。而市场调研在用户深层特性和动机的研究上有着一定优势，因此，大数据分析与市场调研的"小数据"分析有机结合，将使消费心理与行为分析更加准确、细致、深入、有效。

做一做

1.去百货店或超市观察一位顾客购买家用电器（如电视机、冰箱、洗衣机等）的过程，记录营业员与顾客之间的对话，并指出这位顾客表现出的购买心理现象与行为特点。

2.A饮料公司为成功推出一种新口味饮料，计划先了解消费者的反应。为此，该公司计划做一次新口味饮料的试饮。如果你是该公司市场部实验项目人员，你将如何组织这次试饮？请写出新口味产品的实验组织方案。

3.收集一个企业运用大数据分析深耕市场的案例。

效果评价

消费心理与行为分析的基本方法的效果评价参考表见表1-3。

表1-3　　　　　消费心理与行为分析的基本方法的效果评价参考表

序号	评价内容	分值
1	观察仔细，记录详细	30分
2	试饮方案设计合理、考虑周到，具有可操作性	40分
3	收集的案例针对性强、资料翔实	30分
合计		100分

关键概念

消费者　消费心理　消费行为　6W1H（7O）　观察法　实验法　询问法　投射法　大数据　大数据分析

挑战自我

一、同步测试

（一）选择题

1.消费者区别于生产者的最本质的特点是购买商品的目的是用于（　　　　）。

A.个人或家庭消费　　　　　　　　B.销售

C.生产　　　　　　　　　　　　　D.组织消费

2.从市场需求的角度界定，消费者是（　　　　）。

A.等同于总人口的最大社会群体　　B.现实消费者和潜在消费者

C.居民、生产商和制造商　　　　　D.实际从事商品购买或使用的个人

3.从营销角度看，市场机会就是市场上存在尚未满足的（　　　　）。

A.需要 　　　　　　B.消费 　　　　　　C.动机 　　　　　　D.行为

4.6W1H研究法中的"1H"是指（　　　　）。

A.购买对象 　　　　B.购买组织 　　　　C.购买方式 　　　　D.购买时间

5.消费心理与行为分析最基本的研究方法是（　　　　）。

A.观察法 　　　　　B.实验法 　　　　　C.调查法 　　　　　D.投射法

6.了解消费者不愿或不能披露的需要和动机，一般采用（　　　　）。

A.观察法 　　　　　B.实验法 　　　　　C.调查法 　　　　　D.投射法

7.在消费心理与行为分析中，被广泛采用的调查法是（　　　　）。

A.面谈调查 　　　　B.电话调查 　　　　C.邮送调查 　　　　D.问卷调查

8.在消费心理与行为分析中，最方便使用的方法是（　　　　）。

A.观察法 　　　　　B.实验法 　　　　　C.调查法 　　　　　D.投射法

9.市场调研的优点是（　　　　）。

A.调研结果的代表性 　　　　　　　　B.调研结果的准确性

C.调研的效率 　　　　　　　　　　　D.调研深入细致

10.市场调研的缺点是（　　　　）。

A.调研结果的代表性 　　　　　　　　B.调研结果的准确性

C.调研的效率 　　　　　　　　　　　D.调研不够深入细致

11.大数据分析的优点是（　　　　）。

A.调研结果的代表性 　　　　　　　　B.调研结果的准确性

C.调研的效率 　　　　　　　　　　　D.调研深入细致

12.大数据分析的缺点是（　　　　）。

A.调研结果的代表性 　　　　　　　　B.调研结果的准确性

C.调研的效率 　　　　　　　　　　　D.调研不够深入细致

13.大数据是相对于（　　　　）而言的。

A.传统数据 　　　　B.传统数据库 　　　C.海量数据 　　　　D.小数据

14.以下属于大数据的是（　　　　）。

A.数字 　　　　　　B.图片 　　　　　　C.文本 　　　　　　D.视频

E.交互记录 　　　　F.地理位置

15.大数据分析工具最基本的要求是（　　　　）。

A.可视化分析 　　　B.数据挖据 　　　　C.预测性分析 　　　D.语义引擎

16.6W1H研究法中的"6W"是指（　　　　）。

A.购买对象 　　　　B.购买组织 　　　　C.购买方式 　　　　D.购买时间

E.购买者 　　　　　F.购买地点 　　　　G.购买原因

17.下列活动属于消费心理的是（　　　　）。

A.对色彩的联想 　　　　　　　　　　B.情绪的好坏

C.购买频率 　　　　　　　　　　　　D.挑选方式

18.下列活动属于消费行为的是（　　　　）。

A.对色彩的联想 　　　　　　　　　　B.情绪的好坏

C.购买频率　　　　　　　　　　　D.挑选方式

（二）判断题

1.任何一种消费活动，都既包含了消费者的心理活动，又包含了消费者的消费行为。　　　　　　　　　　　　　　　　　　　　　　　　　　（　　）

2.消费行为是消费心理的外在表现，消费心理比消费行为更具有现实性。（　　）

3.消费问题既是一个经济问题，又是一个社会问题。　　　　　　　　（　　）

4.书面问卷法是消费心理与行为分析中最常用的方法之一。　　　　　（　　）

5.投射法是观察法的一种。　　　　　　　　　　　　　　　　　　　（　　）

6.随着大数据的广泛应用，市场调研将被取代。　　　　　　　　　　（　　）

7.大数据和大数据分析是同一概念。　　　　　　　　　　　　　　　（　　）

8.从目前看，大数据已无所不能、所向披靡。　　　　　　　　　　　（　　）

二、案例分析

农夫山泉用大数据卖矿泉水

这里是上海城乡接合部九亭镇新华都超市的一个角落，农夫山泉的矿泉水静静地摆放在这里。来自农夫山泉的业务员每天例行来到这个超市，拍摄10张照片：水怎么摆放、位置有什么变化、高度如何……每个业务员一天要跑15个这样的超市，按照规定，下班之前150张照片就被传回了杭州总部。每个业务员，每天会产生的数据量为10M，这似乎并不是个大数字。

但农夫山泉全国有10 000个这样的业务员，这样每天的数据就是100G，每月为3TB。当这些图片如雪花般进入农夫山泉在杭州的机房时，这家公司的CIO胡健就会有这么一种感觉：守着一座金山，却不知道从哪里挖下第一锹。胡健想知道的问题包括：怎样摆放水堆更能促进销售？什么年龄的消费者在水堆前停留更久，他们一次购买的量多大？气温的变化会让购买行为发生哪些改变？竞争对手的新包装会对销售产生怎样的影响？不少问题目前也可以回答，但更多是基于经验，而不是基于数据。

从2008年开始，业务员拍摄的照片就这么被收集了起来，如果按照数据的属性来分类，"图片"属于典型的非关系型数据，非关系型数据还包括视频、音频等。要系统地对非关系型数据进行分析是胡健设想的下一步计划，这是农夫山泉在"大数据时代"必须迈出的一步。如果超市、金融公司与农夫山泉有某种渠道来分享信息，如果图像、视频和音频资料可以系统分析，如果人的位置有更多的方式可以被监测到，那么摊开在胡健面前的就是一幅基于消费者消费行为的画卷，而描绘画卷的是一组组复杂的"0、1、1、0"。

SAP全球执行副总裁、中国研究院院长孙小群接受《中国企业家》采访时表示，"企业对于数据的挖掘使用分三个阶段，第一阶段是把数据变得透明，让大家看到数据，能够看到数据越来越多；第二阶段是可以提问题，可以形成互动，有很多支持的工具来帮我们做出实时分析；第三阶段，信息流来指导物流和资金流，数据要告诉我们未来，告诉我们往什么地方走。"

SAP从2003年开始与农夫山泉在企业管理软件ERP方面进行合作。彼时，农夫山泉仅仅是一个软件采购和使用者，而SAP还是服务商的角色。2011年6月，SAP和农夫山泉开始共同开发"饮用水"这个产业形态中运输环境的数据场景。关于运输环境的数据场景到底有多重要呢？将自己定位成"大自然搬运工"的农夫山泉，在全国有十多个水源地。农夫山泉把水灌装、配送、上架，一瓶超市售价2元的550ml饮用水，其中3角钱花在了运输上。在农夫山泉内部，有着"搬上搬下，银子哗哗"的说法。如何根据不同的变量因素来控制自己的物流成本，成为问题的核心。基于上述场景，SAP团队和农夫山泉团队开始了场景开发，他们将很多数据纳入了进来：高速公路的收费情况、道路等级、天气、配送中心辐射半径、季节性变化、不同市场的售价、不同渠道的费用、各地的人力成本，甚至突发性的需求（比如某城市召开一次大型运动会）。在没有数据实时支撑时，农夫山泉在物流领域花了很多冤枉钱。比如某个小品项的产品（350ml饮用水），在某个城市的销量预测不到位时，公司以往通常的做法是通过大区间的调运，来弥补终端货源的不足。"华北往华南运，运到一半的时候，发现华东实际有富余，从华东调运更便宜。但很快发现对华南的预测有偏差，华北短缺更为严重，华东开始往华北运。此时如果太湖突发一次污染事件，很可能华东又出现短缺。"这种没头苍蝇的状况让农夫山泉头疼不已。在采购、仓储、配送这条线上，农夫山泉特别希望大数据能够解决三个顽症：首先是解决生产和销售的不平衡，准确获知该产多少，送多少；其次，让400家办事处、30个配送中心能够纳入体系中来，形成一个动态网状结构，而非简单的树状结构；最后，让退货、残次等问题与生产基地能够实时连接起来。也就是说，销售的最前端成为一个个神经末梢，它的任何一个痛点，在大脑这里都能快速感知到。

"日常运营中，我们会产生销售、市场费用、物流、生产、财务等数据，这些数据都通过工具定时抽取到SAP BW或Oracle DM，再通过Business Object展现。"胡健表示，这个"展现"的过程长达24小时，也就是说，在24小时后，物流、资金流和信息流才能汇聚到一起，彼此关联形成一份有价值的统计报告。当农夫山泉的每月数据积累达到3TB时，这样的速度导致农夫山泉每个月财务结算都要推迟一天。更重要的是，胡健等农夫山泉的决策者们只能依靠数据来验证以往的决策是否正确，或者对已出现的问题做出纠正，仍旧无法预测未来。2011年，SAP推出了创新性的数据库系统SAP Hana，农夫山泉则成为全球第三家、亚洲第一家上线该系统的企业，并在当年9月宣布系统对接成功。胡健选择SAP Hana的目的只有一个：快些，再快些。采用SAP Hana后，同等数据量的计算速度从过去的24小时缩短到了0.67秒，几乎可以做到实时计算结果，这让很多不可能的事情变为可能。

这些基于饮用水行业实际情况的分析结果反映到孙小群这里时，这位SAP全球研发的主要负责人非常兴奋。基于饮用水场景的数据处理，SAP并非没有经验，雀巢就是SAP在全球范围长期的合作伙伴。但是，欧美发达市场的整个数据采集、梳理、报告系统已经相当成熟，上百年的运营经验让这些企业已经能从容应对任何突发状况，其对新数据解决方案的渴求远不如中国本土公司强烈。

对农夫山泉董事长钟睒睒而言，精准管控物流成本将不再局限于已有的项目，也可以针对未来的项目。这位董事长将手指放在一台平板电脑显示的中国地图上，随着手指的移动，建立一个物流配送中心的成本随之显示出来。数据在不断飞快地变化，好像手指移动产生的数字涟漪。以往，钟睒睒的执行团队也许要经过长期的考察、论证，再形成一份报告，给他几个备选方案，到底设在哪座城市，还要凭借经验再做判断。但现在，起码成本方面已经一览无余。剩下的可能是当地政府与农夫山泉的友好程度等，这些无法测量的因素。

有了强大的数据分析能力做支持后，农夫山泉近些年以30%~40%的年增长率，在饮用水方面快速超越了原先的三甲——娃哈哈、乐百氏和可口可乐。根据国家统计局公布的数据，饮用水领域的市场份额，农夫山泉、康师傅、娃哈哈、可口可乐（冰露），分别为34.8%、16.1%、14.3%、4.7%，农夫山泉几乎是另外三家之和。对胡健来说，下一步他希望那些业务员搜集来的图像、视频资料可以被利用起来。

获益的不仅仅是农夫山泉，在农夫山泉案例中积累的经验，SAP迅速将其复制到神州租车身上。"我们客户的车辆使用率在达到一定百分比之后出现瓶颈，这意味着还有相当比例的车辆处于闲置状态，资源尚有优化空间。通过合作创新，我们用SAP Hana为其特制了一个算法，优化租用流程，帮助其打破瓶颈，将车辆使用率再次提高了15%。"

资料来源：Cashcow. 大数据的大价值：大数据五大成功案例深度解析［EB/OL］. [2023-04-11]. https://www.ctocio.com/industry/retail/14238.html.

问题：

1.农夫山泉用大数据卖矿泉水经历了哪几个阶段？

2.农夫山泉的大数据中有哪些数据类型？运用了什么分析方法？

3.农夫山泉的大数据分析发挥了哪些作用？

二维码1-6	二维码1-7

三只松鼠爆品的极致设计	海尔冰箱进入美国市场的产品策略

情境训练

生鲜电商市场调查问卷设计

一、实训目标

综合运用消费心理和行为分析的基本框架、书面调查方法等基本知识，初步学会特定行业（或产品）的问卷设计和分析方法，提高分析能力，逐步培养消费者第一的人本观。

二、背景资料

生鲜电商和半成品食材电商的用户需求是否存在？用户为何选择在网上购买生鲜，又因为什么而产生过不好的体验？

企鹅智酷发起了关于生鲜电商和半成品食材电商的在线调查，共有9 645名网友参与。为提高数据的精准性和代表性，企鹅智酷根据CNNIC公布的中国网民结构对样本进行了抽样匹配。以下是这次调查的发现和结论。

（1）生鲜电商普及率不足三成，但增长空间可观

生鲜电商尚未进入到大规模普及阶段，在网上购买过生鲜的用户仅占24.5%，但却有将近半数的用户表示未来有兴趣尝试，这部分用户是生鲜电商的潜在用户，完全不感兴趣的用户不足三成，如图1-4所示。可以说，生鲜电商在用户规模和市场规模上还存在较大增长空间。

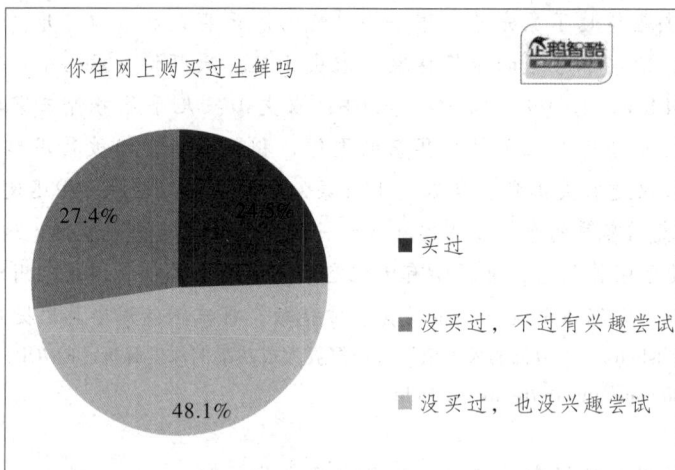

你在网上购买过生鲜吗

- 买过
- 没买过，不过有兴趣尝试
- 没买过，也没兴趣尝试

27.4%　24.5%　48.1%

图1-4　关于是否在网上购买过生鲜的用户调查

（2）进口水果最受用户青睐

在各种生鲜品类中，进口水果最受生鲜电商用户的青睐，40.3%的用户优先考虑购买进口水果，紧随其后的分别是海鲜水产、国产平价水果和奶制品，购买意愿最低的则是蔬菜，如图1-5所示。

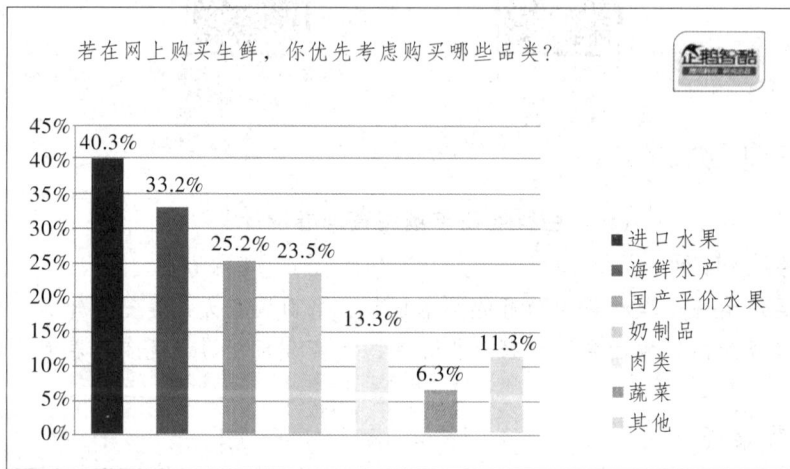

若在网上购买生鲜，你优先考虑购买哪些品类？

40.3%　33.2%　25.2%　23.5%　13.3%　6.3%　11.3%

- 进口水果
- 海鲜水产
- 国产平价水果
- 奶制品
- 肉类
- 蔬菜
- 其他

注：此项调查为多选，因此各选项之和大于100%。

图1-5　关于在网上购买生鲜的品类调查

从调查结果可以看出，生鲜电商用户的需求集中在水果和海鲜这两大品类中，尤其是水果。而从生鲜电商的运营来看，天猫、京东等部分电商确实都将水果（尤其是进口水果）作为第一项分类置于生鲜频道的第一屏，或将部分进口水果和海鲜作为推荐商品

置于第一屏。除此之外，水果也是单品类生鲜电商创业者的首选，如天天果园、许鲜等。

（3）天猫约占生鲜电商市场半壁江山

虽然目前生鲜电商市场上商家众多，但天猫占据了明显的份额优势，其渗透率达到43.8%，其后三名分别是京东、天天果园和顺丰优选，渗透率介于11%到15%之间，如图1-6所示。

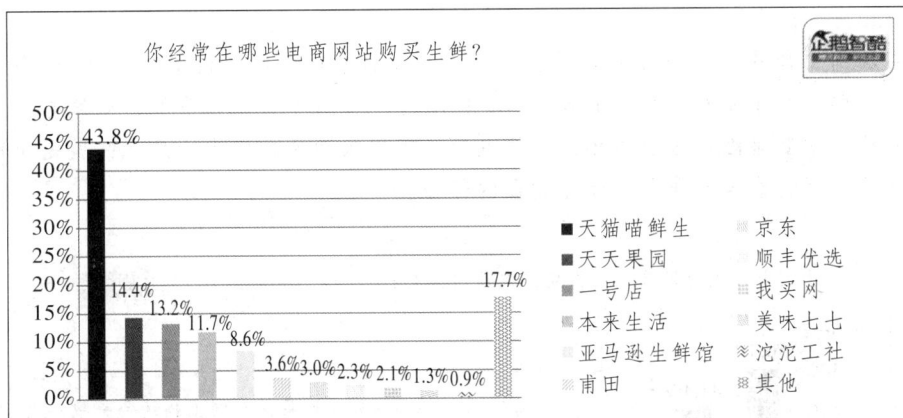

注：此项调查为多选，因此各选项之和大于100%。

图1-6 关于在网上购买生鲜的电商网站调查

从数据可见，用户渗透率的前五席几乎都被综合型电商占据。综合型电商做生鲜有几个明显的优势，包括流量积累带来的入口优势、品牌积累带来的信任感以及用户使用习惯的沉淀等，这些都是大部分垂直型生鲜电商短时间内难以企及的。

值得一提的是，垂直生鲜电商中用户渗透率最高的天天果园刚刚获得来自京东的7 000万美元C轮融资，两者也将在水果品类上展开深度合作。京东要在生鲜市场上发力已是路人皆知，其O2O项目京东到家也在推动生鲜业务。

（4）用户对生鲜电商的最显著诉求是"低价"

45.2%的用户在网上购买生鲜的主要原因是价格更实惠，如图1-7所示。

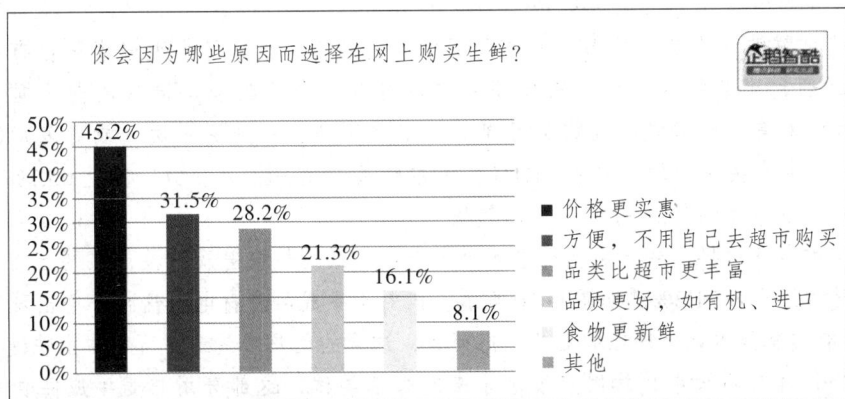

注：此项调查为多选，因此各选项之和大于100%。

图1-7 关于在网上购买生鲜的原因调查

然而生鲜本身却面临比其他品类更高的运营成本，其成本主要来自于冷链物流。

因此，在自身的高运营成本和用户的低价预期之间，生鲜电商还需要找到解决方法，如销售高毛利的品类，如海鲜、冻肉、进口水果等。

另外，因为"方便，不用自己去超市购买"和"品类比超市更丰富"而选择网购生鲜的用户分别占31.5%和28.8%。因有机、进口等生鲜电商力推的食品概念而为之买单的用户并不占主流，可见生鲜电商的商品溢价能力还没有形成。

（5）用户最介意的是生鲜的变质与损坏

半数用户最忌讳的是买到与网上描述不一致的生鲜菜品，41.4%的用户则介意其收到的生鲜菜品不新鲜，如图1-8所示。排除过度营销和售假等情况，生鲜与网上描述不一致的主要原因是变质损坏，生鲜电商一直以来面临的最大问题之一就是生鲜的高损耗率，而这恰恰又是用户最为看重的部分。

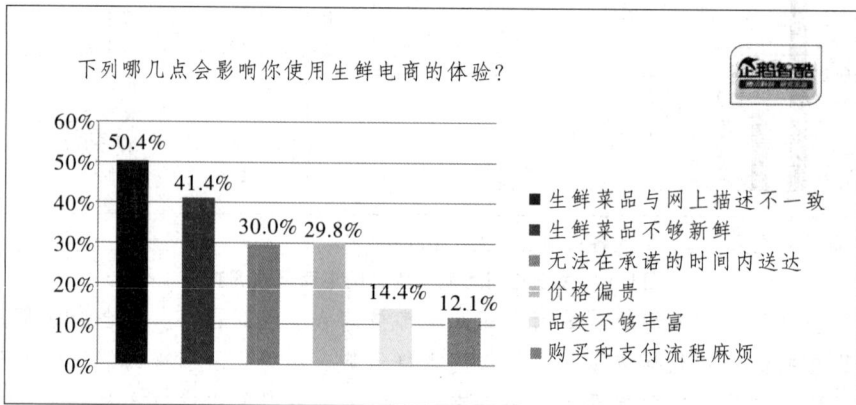

下列哪几点会影响你使用生鲜电商的体验？

- 生鲜菜品与网上描述不一致
- 生鲜菜品不够新鲜
- 无法在承诺的时间内送达
- 价格偏贵
- 品类不够丰富
- 购买和支付流程麻烦

注：此项调查为多选，因此各选项之和大于100%。

图1-8 关于影响消费者在电商网站购买生鲜体验的因素调查

值得一提的是，介意价格贵的用户仅占三成。可以说，用户虽然期望能够买到低价的生鲜，但如果能够保证生鲜的品质和新鲜程度，偏高的价格并不会对用户的体验造成太大伤害。

（6）生鲜电商用户的高频购买习惯尚未形成

虽然生鲜被认为是黏性高、重复购买率高的品类，很多综合型电商平台布局生鲜也是希望通过生鲜的这些特点来提高用户对自身平台的黏性。但从调查数据（如图1-9所示）来看，已形成高频购习惯的用户并不多：一周买一次（或更多）的用户占12.4%；半月买一次的用户占11.1%；偶尔购买的用户占大多数，高达65.7%。

（7）半成品食材电商的用户渗透较快

与生鲜电商一样，半成品食材电商也尚未进入到大规模普及阶段，在网上购买过半成品食材的用户占21.3%，如图1-10所示。但对于半成品食材电商这样一个出现仅不到2年且具有非常强本地化特征的业务形态而言，这样的用户渗透速度可称得上快速。

另外，还有超过半数的用户表示未来有兴趣尝试，这部分用户是半成品食材电商的潜在用户。但由于用户购买半成品食材跟"做饭"这一行为直接相关，所以用户的购买行为并不完全由购买意愿决定。相比生鲜电商，这些表达出购买意愿的用户在未来的购买转化率上会偏低。

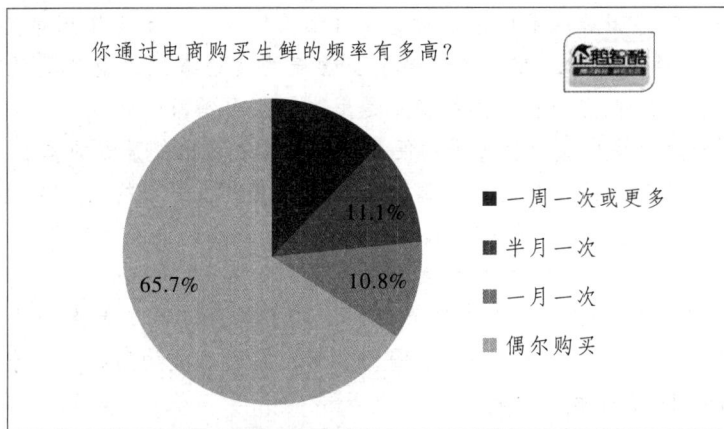

图1-9　关于通过电商网站购买生鲜的频率调查

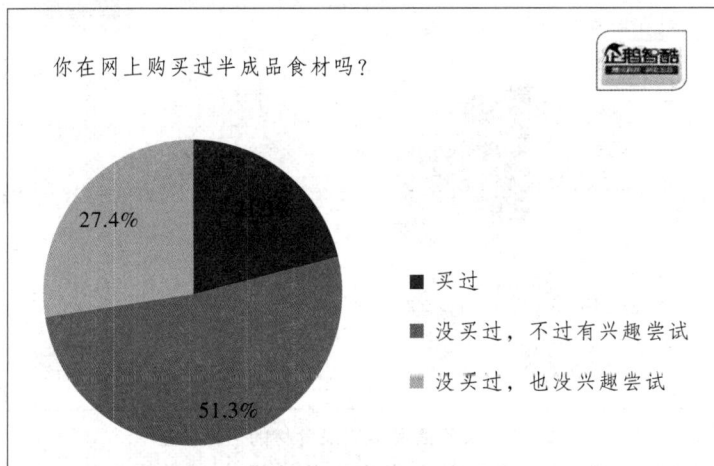

图1-10　关于是否在网上购买过半成品食材的用户调查

（8）"食谱化配餐"的价值尚未被认可

37.6%的用户在网上购买半成品食材是因为能买到附近没有的食材，这也是用户对半成品食材电商最主要的诉求，其次是价格便宜，如图1-11所示。

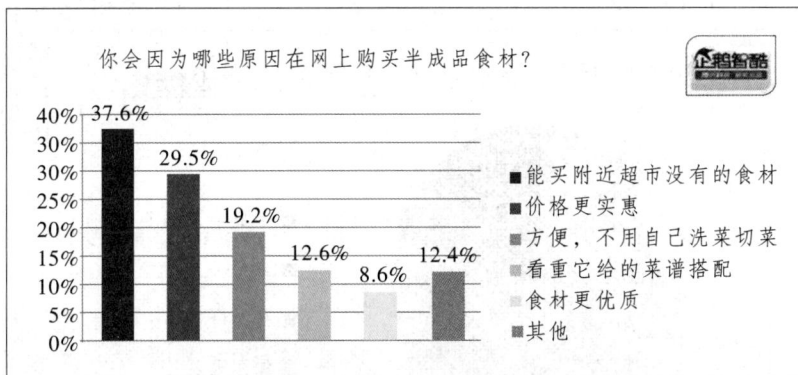

注：此项调查为多选，因此各选项之和大于100%。

图1-11　关于在网上购买半成品食材的原因调查

目前，一些定位高端的半成品食材电商（如绵绵生活、新味等）都在主打高端餐食的"食谱化配餐"概念，希望通过科学、营养的食谱搭配以及优质的食材产生溢价，提高客单价。但目前来看，这些都不是用户的主要需求。

另外，用户对于半成品食材带来的便利性也没有表现出很强烈的需求。可以猜测，目前会在网上购买半成品食材的人大部分还是那些有做饭习惯的人，而通过便利性和食谱来降低门槛、提供增值价值等方式来挖掘潜在用户的做法还没有明显的效果。

（9）用户尚未形成规律的食材购买习惯

在购买习惯方面，8.3%的用户按天订购，即当天预订第二天的食材；7.5%的用户则是按周订购，即一次性预订一周所需的食材；超过八成的用户并没有形成规律的订购习惯，如图1-12所示。

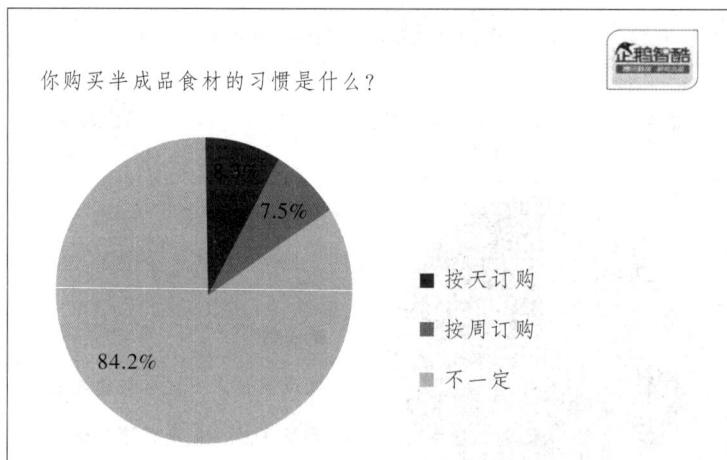

你购买半成品食材的习惯是什么？

- 按天订购
- 按周订购
- 不一定

7.5%

84.2%

图1-12　关于购买半成品食材的习惯调查

在国外，按周订购是半成品食材电商中比较重要的一种模式，采用这种模式的代表就是刚刚迈入独角兽俱乐部的Blue Apron，它每周给用户配送三顿饭所需的食材。然而在国内，尚未有半成品食材电商采用这一模式。另外，已形成高频购买习惯的用户也比较少，半月内至少会购买一次半成品食材的用户占20.7%，超过七成用户仅是偶尔购买，如图1-13所示。

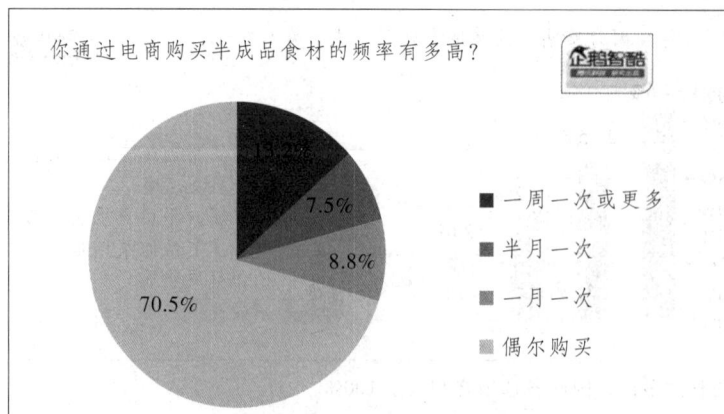

你通过电商购买半成品食材的频率有多高？

- 一周一次或更多
- 半月一次
- 一月一次
- 偶尔购买

13.2%

7.5%

8.8%

70.5%

图1-13　关于通过电商购买半成品食材的频率调查

（10）关于"最后一公里"，接受自提模式的用户仅三成

如何解决"最后一公里"是让大部分生鲜和半成品食材电商都头疼的问题。为降低配送成本，部分生鲜电商和半成品食材电商选择在社区或地铁站旁自建自提点或自提柜，通过让用户自提的方式来取代"最后一公里"的人力配送。而水果电商许鲜的创始人更是说过："'最后一公里'是一个巨大的障碍，不应在早期考虑解决它。"

而从调查结果来看，有71.2%的用户更希望能够享受配送到家的服务，其余三成用户表示更喜欢或不排斥自提的方式，如图1-14所示。所以目前来看，用户对"最后一公里"的服务还是有着比较高的要求。

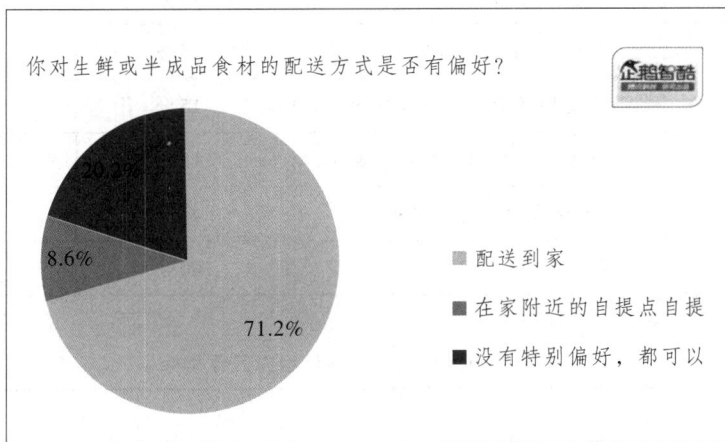

图1-14　关于生鲜或半成品食材配送方式的偏好调查

在这方面，京东在加大"最后一公里"配送服务的力度，京东到家承诺购买的生鲜在两小时内送达。但对于大部分创业公司来说，他们不像京东已在物流配送领域积累多年，其提供"最后一公里"配送服务的成本也将不可避免地转嫁到用户身上。

资料来源：企鹅智酷.生鲜电商怎么做？十张图洞察用户需求［EB/OL］．［2023-06-25］．https：//www.sohu.com/a/20050255_117816.

三、实训要求

根据提供的分析报告，推理还原该调查报告的问卷设计，并提出问卷设计优化的建议，形成一份规范、有价值的"生鲜电商市场调查问卷"。文档排版要求：左右页边距2.5厘米，标题为宋体三号，正文宋体小四，行间距1.5倍。

四、实训步骤

步骤一：学生2~4人一组，完成分组。

步骤二：老师演示《生鲜电商怎么做》报告中第一个问题的复原。

步骤三：每组学生完成报告中其他问题的复原，形成生鲜电商调查问卷文档。

步骤四：以小组为单位讨论，提出生鲜电商调查问卷可增补的问题。

步骤五：交流共享每个小组提出的增补问题。

步骤六：借鉴吸收其他小组合理建议，完善本组生鲜电商调查问卷设计文档。

步骤七：小组互评、组内互评、教师点评。

五、实训成果

"生鲜电商市场调查问卷"电子文档一份。

六、实训评价

实训成绩=小组互评×20%+组内互评×20%+教师评定×60%

（一）小组互评指标（见表1-4）

表1-4   生鲜电商市场调查问卷设计小组互评指标

序号	评价指标	分值	得分
1	复原问卷的问题准确性	15分	
2	复原问卷的问题完整性	15分	
3	问卷问题增补的共享数量	15分	
4	问卷问题增补的共享质量	15分	
5	优化后问卷的质量	40分	
合　计		100分	

（二）组内互评（见表1-5）

表1-5   生鲜电商市场调查问卷设计组内互评指标

序号	评价指标	分值	得分
1	积极承担组内任务	20分	
2	优质完成分工任务	40分	
3	团队合作意识强	20分	
4	开拓创新意识强	20分	
合　计		100分	

基于个体的消费心理与行为分析

　　同龄的小张和小李是某公司的白领。小张热衷于买服装和化妆品，对国内外名牌如数家珍，为人热情，性格外向；小李注重服装面料和穿着的舒适性，专注少数几个品牌，为人真诚，性格内向，两人在许多方面有诸多不同。可见，从某种程度上看，每个消费者作为独立的个体，都有其不同的偏好和固有的特征。不同的消费者个体不同的感知模式、不同的动机和价值观、不同的信息贮存模式和不同的个性特征等，构成了基于个体的消费心理与行为分析。

情境结构

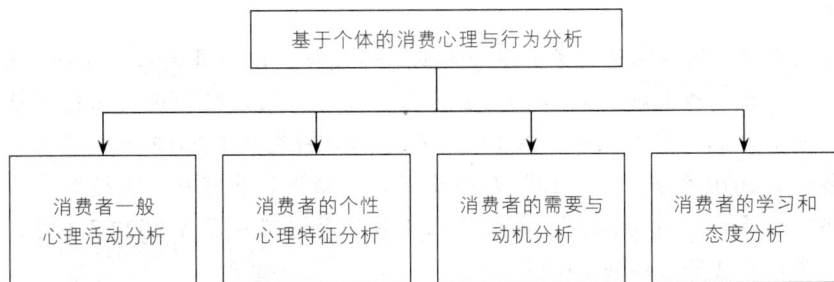

子情境1 消费者一般心理活动分析

子情境目标

知识目标：熟悉消费者一般心理活动的认识过程、情感过程和意志过程，掌握消费者在认识过程中的感知规律，了解消费者在认识过程中注意和记忆的类型，掌握引起消费者注意和增强消费者记忆的方法。

能力目标：能结合消费者一般心理活动过程对消费行为进行分析，能识别消费者的感知觉规律，注意记忆规律在商场布局、商品陈列、市场营销中的运用实例，在此基础上学会运用的方法。

素质目标：通过消费者心理规律的研究，树立科学分析的方法意识，敬畏市场、敬畏法律；通过情绪的重要性，正确理解爱国主义，学习情绪管理，理性行事；通过学习国货品牌创新实例，激发民族自豪感。

子情境导入

网红麦片王饱饱打造流量爆款的组合拳

近些年来，我国的轻食代餐市场日渐火热起来。王饱饱则是国内轻食代餐市场上的一匹黑马。

王饱饱是杭州饱嗝电子商务有限公司创立的品牌，该公司成立于2016年9月，从2018年5月产品上线天猫，到2019年9月已经成为天猫二级冲调类目排名第一的品牌；2019年首次正式参加天猫"双11"，不到70分钟突破1 000万元成交额，成为麦片品类第一；2020年拿下"6·18"天猫冲调麦片品类销售冠军，王饱饱在线上已经甩开桂格、卡乐比等外资品牌，成为线上麦片的第一名；截至2020年6月，王饱饱2020年上半年销售额已远超2019年全年。

短短两年时间把一个新品牌运营成为广大年轻女性追捧、明星网红"种草""打CALL"的一线网红，王饱饱是怎么做到的呢？

一、抓住痛点，单点做深

食用冲调麦片源自西方，比较知名的有雀巢、桂格等，在国内也有越来越多的麦片品牌。国内麦片产品按照制作工艺大致可分为2类：

一类是西式裸燕麦，年轻人不喜欢这类麦片的口感，当然也有调配好配料的麦片产品，但是一方面这种冲调好的麦片产品口味不能满足大众化需求，另一方面大众对其配方是否健康有所担心。

另一类是膨化型麦片，比如日本卡乐比，为了使麦片达到酥脆的口感，会在膨化的加工过程中添加淀粉和大米粉，高油、高热量，这也让麦片失去了原本所含的纤维，味道更好了，吃了却容易发胖。

麦片作为一种代餐产品，其本身是无法与健康因素割裂开的，为了在"健康"二字上做到足够深，王饱饱专注于做麦片，而且摒弃了西式裸燕麦、膨化型麦片这两种传统品类，采用低温烘焙技术。同时，为了保证品质，王饱饱严格控制工艺，比如烘焙时间严格控制在140分钟，不光解决了口感问题，也更好地保留了麦片的纤维和营养，为消费者提供每日所需的膳食纤维，促进肠道健康。

为了迎合市场需求，王饱饱对自己的品牌进行了精准定位，其精准的定位主要体现在2个方面：

一方面，王饱饱将年轻女性定位成自己的目标群体。一是年轻女性，特别是90、95后年轻女性消费观念前卫开放，乐于接受新鲜事物，追求个性敢于尝试，对于这样的消费群体，只要产品有特点、有实力、符合她们的胃口，就很容易被其所接受；二是这部分消费者经济独立、消费自由，一人吃饱全家不饿，因此在吃什么、怎么吃方面有很大的选择权，可以全凭个人喜好决定，消费观念不固定，易受环境影响，容易"种草"和被市场教育；三是这部分消费者更加关注产品的口感、健康特点，与主打健康、安全、养生的王饱饱是非常契合的；四是王饱饱的主创也是三名爱吃的年轻女性，她们除了懂得怎样享受美食之外，更重要的是她们作为年轻女性更加懂得和她们一样的女性内心深处追求的是什么样的产品，更加懂女人。

另一方面，产品定位精准。"保温杯里泡枸杞，燃烧我的卡路里。"这句爆火的网络用语成了当下年轻人真实的生活写照，也体现了当下年轻人内心在追求享受同时对健康问题的关注，既想无拘无束地享受休闲食品带来的舌尖快感，又希望能对自己的健康无忧无虑。王饱饱就是在这样的市场背景下成长起来的互联网麦片品牌，将自己的产品定位为安全健康食品，选用富含膳食纤维的燕麦为主料，辅以营养丰富、色彩鲜艳的各色水果，打造既减肥又好吃的产品形象。这个定位可以说非常符合当下年轻女性的"好吃又塑身"的诉求，因此能够得到广大年轻女性的追捧。

二、有口碑又好玩，抓住年轻人的胃和心

作为一个新生品牌，要让消费者记住，必须有和传统产品不一样的特点。

第一，好吃。致力产品创新，打造爆款。

王饱饱能够在短期内迅速爆火，除了主创深谙网红打造之道外，致力于产品创新功不可没。王饱饱在产品创新方面可以用"三用"来概括，即用情、用心、用料。

1.用情。王饱饱对主创团队选地设立自有工厂和从原来的100多种配方预案中筛选出4款优秀配方等各个环节的大力宣传及及时与粉丝互动，就是为了向粉丝和广大消费者传递：品牌创始人对消费者的重视和关心，打的就是感情牌，以实现与粉丝及消费者的情感共鸣，让消费者从认可品牌开始进而认可产品，树立良好的品牌形象。

2.用心。一是对产品配方的选择，为了找到最适合的产品，王饱饱创始人珍妮、天美和溪溪三人找了10多种美国速食燕麦片的配方，分析研究，最终自己研发出了100多种新配方，针对100多种配方，紧锣密鼓地进行生产加工，像神农尝百草一样，三个人把生产出的"试验品"尝了个遍。甜的、不甜的、脆的、不脆的、高温的和低温烘焙的等，每周做20多个版本，剔除掉她们不喜欢的，最后确定了4款配方。这个过程把创始人对产品的用心体现得淋漓尽致。二是对消费者诉求的满足。为了满足年轻女性消费者对安全健康以及对产品颜值的诉求，王饱饱围绕消费者对休闲食品"健康美味""安全营养""便携快捷""个性时尚"的情感诉求进行了强有力的工具连接和个性化的产品创新，先后推出了酸奶果然多、果然多、坚果墙、抹茶逗、肉松控等干吃麦片，抹茶魔芋羹、果然多魔芋羹等热量更低的冲泡麦片，芒果膏、肉松脆、酸奶冻等衍生产品，以丰富的产品种类不断满足不同种类客户的需求。

3.用料。一方面是主料的选择，王饱饱选用了富含膳食纤维的燕麦作为主料，燕麦能促进肠胃蠕动，既营养又不会使人发胖，完全符合健康养生的产品定位；另一方面是辅料的选择，王饱饱选用葡萄干、苹果干、草莓干、南瓜子、扁桃仁等水果、干果作为辅料，辅料的含量甚至达到了王饱饱产品配方的60%以上，好吃、营养、健康还高颜值，可以说是用料十足。

王饱饱虽然成立时间不长，但是已经拥有自己独立完整的供应链，并且麦片配方全部自研。其搜罗来自全球不同的优质食材，首创了酸奶果然多烘焙麦片、草莓优脆乳烘焙麦片、蜜桃乌龙烤燕麦等产品，并且为了持续满足更多消费者的健康需求，王饱饱还不断丰富产品线，推出奶茶燕麦粥、高纤黑燕麦等系列。可以说，在做麦片这条道路上，王饱饱不光是越做越深，而且也是越做越有心得，已经有了自己的打法。

第二，好潮。利用粉丝经济，打造网红。

1.打造社群，进行粉丝运营。王饱饱品牌创始人之一的溪溪是自媒体达人，对粉丝运营非常有经验，她们在品牌创立之前先做了两个微博号（一个是彩妆号，一个是美食号），经过半年的运营，积累了大量的粉丝（30万）。随后在产品配方选择阶段也在原来的微博上进行了活动征集，通过把4款麦片打折销售给粉丝试吃的方式，充分调动粉丝的参与热情，提高粉丝的参与感与忠诚度，同时她们还通过淘内私域的内容运营帮她们沉淀粉丝，提高粉丝黏性。

王饱饱玩得最溜的是微淘，她们专门成立了3人团队把微淘像微博一样运营，发布的内容包括娱乐圈资讯、减肥方法、产品功能介绍、淘宝的活动、食品营养资讯以及优惠券的放置等，通过短视频及有趣的内容制作和粉丝形成互动。根据粉丝反馈的信息生产或调整产品，提高粉丝黏性。

2.借势明星网红效应，铺天盖地式"种草"。王饱饱自成立以来先后与200多位网红达人有过合作关系，覆盖粉丝达4000多万。其中最典型的就是与流量明星欧阳娜娜的合作。网上有一句流行语："谁不想活成欧阳娜娜"，可见欧阳娜娜在年轻女性心目中的位置，是众多年轻女性羡慕和关注的对象，她的一言一行、一举一动都会对其粉丝及年轻女性带来巨大的影响，因此王饱饱与欧阳娜娜合作，借助欧阳娜娜的影响力在自己的微博等社交平台上"种草"，为王饱饱大量圈粉、成为网红产品起到了很好的推动作用。

3.布局抖音、小红书等新零售渠道，制造爆款。对于很多用户来说，王饱饱就是一个新产品。对于这样的产品，如果直接走淘内付费流量渠道投放，想必转化率一定不会很高，因为用户对你的产品并不了解，就不会有较高的转化率。所以王饱饱在最开始，就选择了在小红书上投放大量KOL、网红"种草"的方式，将产品品牌打入目标消费者内心。

而在小红书KOL的投放选择上，王饱饱也尽可能做到高、中、低档全覆盖，打出"金字塔组合"。比如在2018年8月份，王饱饱共投放18位KOL，包括：2位粉丝近200万的顶级美食大V；9位粉丝20万~70万的中档厨艺、美妆网红；7位粉丝1万~15万的底部分享、才艺达人。而在2018年9月份，王饱饱共投放14位KOL：1位粉丝80万的头部美妆大V；4位粉丝15万~30万的腰部美妆网红；9位粉丝1万~10万的美食、分享达人。

通过小红书的大V们制作以王饱饱产品为主的优质产品内容，粉丝们被"种草"后，转而开始在小红书搜索品牌的关键词，以寻求阅读产品更多的相关内容，那用户就会搜到王饱饱在腰部KOL、达人、资深用户投放的更多的"种草笔记"。

王饱饱的三位创始人一方面凭借丰富的自媒体经验以及大量的网红资源，借助自己网红圈朋友的活跃度，在A站、B站、抖音、微博等平台迅速将制造爆款的"种草"环节打通；另一方面与微博、小红书、抖音、B站的达人合作，通过自媒体平台进行站外推广，仅花费30多万元的推广费用。王饱饱果然多烘焙麦片还在站外的各个自媒体大号"露面"，成交额也随着推广有了爆发式增长。通过对新零售渠道的拓展，王饱饱在开张的第一个月销量突破200万元，"双11"当天销售额达到了300万元。短短6个月，其淘宝店迅速积累了23.5万粉丝，成为一家5皇冠的店铺。

第三，好玩。

王饱饱携手伊利打造了一款联名的潮玩礼盒产品，做了一个精致的浴缸碗，用来装麦片和牛奶，可食可玩。这样的搭配，脑洞不可谓不大，同时也非常契合互联网用户对内容及产品的趣味需求。

王饱饱还联合国产IP进一步与年轻人拉近距离。比如，与头部国漫罗小黑联合，借助罗小黑萌、酷等元素，结合王饱饱食用场景，推出国风CP产品大饱杯、挖饱勺、百饱袋，一边增加对产品食用场景的融合性，另一边实现了对二次元用户的精准引导。

同时，王饱饱还和天猫美食大牌日开展合作，完成了以麦片为主体、"潮玩元素"为延伸的整合营销电商campaign。并且，王饱饱的合作对象风格也很多样化，其针对年轻人"朋克养生"的痛点，联合线上烧烤品牌大肆撸串，推出夏日限时冰饮——大满足饱饱燕麦冰杯，为消费者打造享受与健康结合的全新消费场景，又抓住了一个细分人群的胃和心。

第四，好看。

第一，投放的内容好看。有大量的内容都在教大家怎么去吃王饱饱，怎么吃比较好吃，重点强调"酸奶+王饱饱"的无敌搭配组合，大量的KOL都会附上做法，干水果切片，铺上燕麦，倒上酸奶，王饱饱酸奶水果杯就完成了。

除了强调与酸奶的无敌搭配以及具体做法，王饱饱的整体投放内容非常注重视觉的表达，精美的视觉表达让王饱饱的每一篇投放内容都充满食欲。

它不仅宣传出了产品的卖点（健康、天然、营养丰富），还给到了超级简单却又完美的食用技巧（加酸奶），同时投放的内容令人炫目（酸奶加麦片后五颜六色，非常好看，堪比水果冰激凌）。

第二，找明星代言。代言人无疑是一个不光有流量而且能带货的好选择。在传播触点上，王饱饱更做了一个精心的策划，同样是与年轻人的一切紧密贴合。其与明星以及近百位KOL合作打造爆款内容，内容涵盖了职场、生活、恋爱等场景，原因很简单，这些场景几乎精准覆盖了年轻人的全部。同时协同食品品牌营销场景全能IP——天猫美食大牌日，联动微淘、百亿补贴、聚划算等多种渠道进行引爆，实现品牌力爆发。

三、结语

代餐市场在快速增长，麦片作为一个重要品类备受年轻消费者青睐。但在整个电商平台上，能够搜到的麦片商家有数千家，SKU数量上万件，其中，只有那些愿意并善于挖掘消费者需求和习惯、专注打磨产品的品牌，才有机会脱颖而出。

通过对网红麦片王饱饱的分析，我们不难发现，任何一款网红产品都是商业英雄们因势利导的结果。"势"即市场需求，以市场需求为导向，进行精准品牌定位，生产能满足消费者诉求的产品。当然更重要的还是如何"利导"，运用全新的互联网和新零售思维，通过粉丝运营、新零售渠道拓展、网红爆款打造等方式，让自己的产品成为新零售时代的网红。

资料来源：作者根据网络相关资料总结.

问题：

1. 王饱饱是怎么发现和满足消费者需要的？
2. 王饱饱的哪些做法让消费者印象深刻？
3. 王饱饱为什么能快速让消费者喜爱？
4. 王饱饱的创业经历对你有什么启示？

问题讨论提示

学一学

一、消费者一般心理活动概述

心理活动是消费者行为的基础，是影响其行为诸因素中的首要因素。消费者心理过程可分为认识过程、情感过程、意志过程三个方面。

（一）消费者的认识过程

消费者的认识过程是指消费者通过大脑对外部信息加以接收、整理、加工、贮存，从而形成对商品或劳务的认知的过程。

1. 认识过程中的心理活动

认识过程主要是通过感觉、知觉、注意、记忆、想象、思维等心理活动完成的。

感觉是人脑对直接作用于感觉器官的客观事物的个别属性的反映。消费者的感觉主要是消费者在购买商品和使用商品的过程中对于商品个别属性的反映。人对客观世界的认识过程，是从感觉开始的。人的感觉主要有5种类型，以5种感觉器官命名，分别是：视觉、听觉、嗅觉、味觉、肤觉。比如，人用眼睛看到漂亮的色彩，用耳朵听到美妙的声音，用鼻子嗅到诱人的香味，用手抚摸到柔软舒适的物体等。消费者正是通过各种感觉器官来分辨商品的色彩、气味、温度、重量、形状、质地等各种具体特征，然后通过神经系统将信息从感觉器官传递到大脑，从而形成对商品的个别的、表面的初步印象。图2-1为人的感觉器官及相应的传感器示意图。

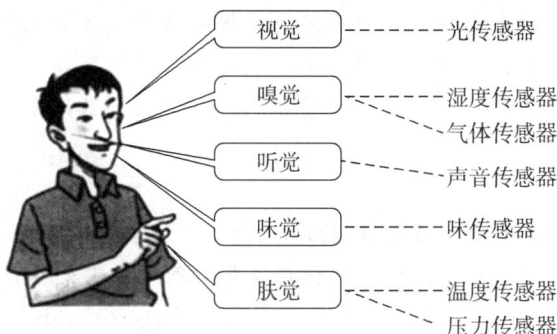

图2-1　人的感觉器官及相应的传感器

资料来源：佚名. 感觉器官［EB/OL］.［2017-08-24］. http://baike.sogou.com/v6588384.htm; jsessionid=3981D9942 FCB1AD907DF4B35669C50CF.n2.

　　知觉是人脑对直接作用于感觉器官的客观事物的整体反映。知觉和感觉实际上是完全分不开的。知觉是在感觉的基础上形成的，是感觉的深入。感觉是知觉的前提，没有感觉就没有知觉。感觉到的个别属性越丰富，对事物的知觉就越全面。例如，当消费者对某件衣服的色彩、大小、手感等个别属性有所反映时，就可以说他对这件衣服有了感觉；当他对这件衣服形成了比较完整的印象时，衣服的色彩、大小、手感等属性在他的头脑中已经有了综合的反映，我们称这一过程的心理活动为知觉过程。知觉过程并不是对感觉的简单相加，例如，对同一件衣服的知觉，普通消费者和服装专家会产生不同的整体反映。

　　注意是心理活动对客观事物的指向和集中。注意与认识、情感、意志等一切心理活动紧密相连，并贯穿于认识活动的全过程。可以说，没有注意，人的一切认识活动都无法进行。

　　记忆是人的大脑对过去经历过的事物的再现。人们感知过的事物、思考过的问题、体验过的情感，都能以经验的形式在大脑中保存下来，并能够在一定条件下再现出来，这就是记忆过程。例如，消费者买了某品牌的化妆品，使用这种化妆品会给她留下一个整体的印象，一旦再购买这类商品，过去的印象便会重现出来，这种重现出来的记忆可以指导她重新购买，并成为她选择商品与品牌的依据。

　　人们在生活实践中，不仅能够感知和记忆客观事物，还能够在已有知识经验的基础上，在大脑中构建自己从未接触过的事物的形象，或者根据别人口头语言或文字的描述形成相应事物的形象，这就是想象。在消费购买行为中，消费者看到一件款式新颖的衣服，会想象穿在自己身上如何高雅时髦。

　　思维是通过分析和概括，对客观事物的本质进行间接反映的过程。也就是说，人们对客观事物的认识不会停留在感知和记忆的水平上，而总是利用已经感知和记忆的材料，进行分析、综合、抽象、概括等思考活动，把感性认识升华到理性认识阶段，从而获得对事物本质和内在规律的认识。

【想一想2-1】

上海第一百货商店在1982年夏天进了一批玻璃花酒具，6只高脚酒杯为一套，产品造型美、质量好。但是上柜后，一天只能卖掉两三套。后来几个青年营业员在一起研究，想出了一个点子，即在酒杯中盛上水，再滴几滴红墨水。这样一来，原来白色的酒具被映衬得晶莹动人，好似装上了葡萄酒，一下吸引了许多顾客，每天的销售量上升到三四十套。

问题：

1.为什么这几个青年营业员选择用红墨水？

2.从这个小案例可以看出，认识过程在消费心理活动中处于什么样的地位？

2.认识过程的作用

认识过程是消费心理过程的起点和第一阶段，也是消费行为的主要心理基础。认识过程不是单一的、瞬时的心理活动。消费者对商品或劳务的认识，通常经过由现象到本质、由简单到复杂的一系列过程。

感觉和知觉使消费者获得了对商品的第一印象，在消费者的购物活动中有着很重要的先导作用。第一印象的好与坏、深与浅，直接影响消费者的购物态度和行为。对商品的生产商和销售商来讲，要有"先入为主"的意识和行为，在色彩、大小、形状、质地、价格等方面精心策划自己的商品，要做到第一次推出就能牢牢抓住消费者的目光。今天，大多数商场都能运用"感觉"进行销售活动，如给消费者创造幽雅的购物环境，用灯光、音响、色彩、气味来刺激消费者，从而达到招揽顾客和促进销售的目的。

想象能提高消费者购买活动的自觉性和目的性，对引起情绪过程和完成意志过程有重要的推动作用。消费者在形成购买意识、选择商品、评价商品的过程中都有想象参加。例如，看到漂亮的布料，会想到漂亮布料制做出来的衣服，想到穿着漂亮衣服的愉快与满足；买一台空调，会想象拥有它能给家庭带来四季如春的感受，还能起到美化家居的作用等。通过想象，消费者能深入认识商品的实用价值、欣赏价值和社会价值，其结果是能增强商品对消费者的诱惑，激发消费者的购买欲望。

（二）消费者的情感过程

二维码2-1

江铃汽车青春
不止北上广话题
事件营销

消费者的情感过程包括情绪和情感两个方面。情绪一般是指短时间内与生理需要相联系的一种体验，如喜欢、气愤、忧愁等。情感是指长时间内与社会性需要（社交的需要、精神文化生活的需要等）相联系的一种稳定的体验，如道德感、理智感、美感等。情绪一般有较明显的外部表现，不太稳定；而情感相对来说比较稳定，冲动性小，外部表现很不明显。但是情绪的各种变化一般都受已形成的情感所制约，而人们的情感又总是在变化着的情绪中得到体现。例如，某企业的商品质量好、信誉高，在消费者心目中树立了良好的形象，消费者对它产生了信任感、亲切感，当消费者买到这种商品，并在实际使用中需要得到满足时，就会产生喜悦和满意的情绪。

1. 情绪与情感的表现形式

情绪与情感的表现形式是多种多样的。

（1）根据情绪的性质，可将情绪分为快乐、悲哀、愤怒、恐惧、挫折等。

（2）根据情绪与情感发生的强度、速度、持续时间的长短和外部表现等，可以将它们分为激情、心境和热情。

① 激情。激情是指人们在一定场合爆发出来的强烈情绪，如狂喜、暴怒、绝望等。激情出现的时候，会对消费者的行为造成巨大的影响，甚至可以改变消费者的理智状态，使理智变得模糊或难以控制。消费者在购物场所受到强烈刺激而发怒的时候，就有可能出现这种情况，消费者在抢购风潮中也会出现类似激情状态的情绪。对生产商和销售商来讲，要尽可能地避免对消费者产生强烈的不良刺激，削弱消费者的对抗情绪，引导消费者产生积极的激情，愉快地进行购买活动。

② 心境。心境是指人们在长时间内保持的一种比较微弱而平静的情感状态，如心情舒畅或郁郁寡欢等。心境的好坏，对消费行为具有很重要的影响。良好的心境能使消费者发挥主动性和积极性，容易引起消费者对商品的美好想象，促进购买行为；不良的心境则会使消费者心灰意懒，抑制消费者的购买欲望，阻碍购买行为。在市场营销活动中，一方面要创造舒适雅致的购物环境，建立轻松愉快的气氛；另一方面，营销人员应当努力把自己培养成快乐活泼、富有表现力和感染力的人，以乐观的情绪感染消费者，"动之以情，晓之以理"，引导和帮助消费者排除不良心境。

③ 热情。热情是一种强有力的、稳定而深刻的情感，如对祖国、人民深厚的爱，对事业的执着追求等。热情虽不如激情强烈，但比激情深刻而持久。热情有时虽不如心境那样平静，但比心境强烈而深刻。热情不仅仅是简单的情绪体验，也是一种情感状态，还是意志行动的组成部分。积极的热情蕴蓄着坚强的意志力量，给人们以鼓舞，激励人去实现和达到伟大的目标。

消费者的热情总是有一定的方向和目标的，为了达到目标，乐意做出努力和奋斗。例如，一个热爱音乐的人，为了达到购买钢琴的目的，哪怕省吃俭用，也要如愿以偿。许多消费者就是在这种热情的推动下购买某种商品的。市场营销者要想方设法了解消费者的心理、兴趣和爱好，利用各种营销推广手段，唤起消费者的热情，培养消费动机。

（3）根据情感的社会内容，可以将情感分为道德感、理智感、美感。

① 道德感。道德感是指根据社会行为标准评价自己或别人的思想、言论和行为时产生的情感。道德感是一种高级的社会情感，直接体现了客观事物与主体的道德需要之间的关系。如果自己的思想意图和行为举止符合这些道德行为准则，就会产生肯定的情感，心安理得；反之，则痛苦、不安。

② 理智感。理智感是人在认识和评价事物的过程中产生的情感。它是人们学习科学知识、认识和掌握事物发展规律的动力。理智感是与人的求知欲、兴趣、解决问题等社会需要相联系的，如人在认识活动中有新的发现会产生喜悦感。

③ 美感。美感是人在接触到美的事物时产生的一种感觉，是一种怡情悦性的心理状态。美感是人对事物美的体验，是客观事物与人对美的需要之间关系的反映。

资料链接 2-1

情感营销

物质经济时代已经过去，我们正步入一个情感经济时代。感动在创造购买力，商业的经济学原则正在被情感原则取代。情感营销成为营销界最有效和持久的营销方式。

情感营销是指通过心理的沟通和情感的交流，赢得消费者的信赖和偏爱，进而扩大市场份额，取得竞争优势的一种营销方式。情感营销的目标是创造情感体验，通过产品认知、品牌感受和文化渗透，以温和的正面情绪与一个品牌相连，表达欢乐、自豪与品位的体验享受。现代营销方式中，情感是关键因素，应将情感导入品牌与消费者之间，使企业关注品牌与消费者之间的感情原则，即企业需要寻找一个能把人们吸引过来，并且吸住不放的"情感魔棒"。

这个魔棒的核心秘密就是：企业必须全力以赴去创造一种令客户和员工非常满意的感情纽带，以此来确保得到消费者的忠诚。必胜客作为全球著名的快餐品牌，其打造的"欢乐面孔"有三大主要举措："欢乐美食""欢乐环境""欢乐服务"。"欢乐美食"为顾客提供了数十种不同口味、卫生可口、品质优良的比萨；"欢乐环境"以突出用餐环境的欢乐气氛为主题对餐厅进行重新装修，墙壁以大幅抽象派西式壁画进行装饰，还有壁炉状的出饼台、随处可见的精美小摆设等，无不向顾客传达着欢乐的信息；"欢乐服务"，服务员从着装到服务态度都有新的变化，向顾客提供全程的微笑服务。必胜客通过为顾客创造一系列的欢乐体验，使它的品牌精神得到了细节上的体现，打造了一种以"欢乐、休闲、情趣、时尚、品位"为主题的餐饮模式。

资料来源：魏玉祺，喻蓉. 情感营销的四大策略 [J]. 数字商业时代，2008（1）.

2. 情绪与情感的作用

简单地讲，情绪与情感对于消费行为有积极的一面，也有消极的一面。人的情绪本身包含两种极性，即愉快与不愉快、喜欢与不喜欢等。愉快的情绪及对商品所持有的喜欢的态度，都会对消费行为产生积极的作用，推动消费行为进行的速度，愉快的情绪还会增加消费者的勇气，克服购买行为中可能出现的各种困难。而不愉快的情绪及对商品所持有的不喜欢的态度，只能对消费行为产生消极的作用。如果不愉快的情绪来源于商品，消费者就会拒绝购买这种商品；如果不愉快的情绪来源于购物场所，消费者就会尽快离开这个购物场所；如果不愉快的情绪来源于营业人员，有的顾客会尽量躲避这个令他讨厌的营业员，有的顾客可能会同营业员发生矛盾和冲突。

消费者在购物场所中，一般会表现出一些情绪性的反应，而消费者在长期的购物过程中，又会形成一些稳定的情感体验，这些情感体验以及相应的态度必然会被带到每一次购物行为中去，在每一次购物行为中表现为当时的情绪。商场和营业人员应从两个方面来处理顾客的情绪情感问题：一是要尽量创造出优美的购物环境，以优良的服务质量和热情的态度来接待每一位消费者，尽量使每一位消费者拥有愉快的心情，正所谓"乘兴而来，高兴而归"；二是花大力气在消费者心目中树立商业企业的良好形象，使消费者能够长久地对该企业抱有良好的情感。

典型案例2-1 　　　　　　　农夫山泉的"故宫瓶""撩"人心

　　在饮料行业，农夫山泉是发展速度最快，而且一直创新的企业。2017年，在饮料行业整体趋势下行的时期，农夫山泉却逆市上扬实现营收162.5亿元，令行业叹服！除了业绩全线飘红外，近年农夫山泉的"瓶子营销"也是开了挂，日渐炉火纯青。先有"乐瓶水"狠狠走了一波心，后有"高铁瓶"牢牢圈了一波粉。2018年8月，农夫山泉再度打响"瓶子营销"战役，联手故宫文化服务中心推出了9款限量版"故宫瓶"，如图2-2所示。

图2-2　农夫山泉"故宫瓶"

　　好姐姐招商网从企业内部了解到，此番推出"故宫瓶"并不是借热时下大火的《延禧攻略》，而是早有"预谋"，在2018年年初农夫山泉就已经着手筹划，只是近日才将调整好的产品推向市场。无论是否借势《延禧攻略》，对于农夫山泉来说，现在无疑是推出"故宫瓶"最好的时机。

　　近年来，由于《宫》《步步惊心》《甄嬛传》等清宫剧的火爆，大众对其中的帝后妃嫔等一众角色再熟悉不过，因此农夫山泉此时推出"故宫瓶"完全不需要对包装上的人物进行解释，更无须做过多的宣传，消费者对产品就已经有很高的接受度。

　　这款限量版"故宫瓶"以康熙、雍正、乾隆三代帝王以及后妃的人物画像为设计主体，配以凸显人物性格的真切文案，就如同一幅清宫画卷，古典韵味十分浓厚。农夫山泉用"这不是一瓶水，而是朕为你打下的一瓶江山""吃惯了山珍海味，朕最怀念的还是额娘做的绿豆糕"等一段段幽默的语言，将清宫皇帝、太后、妃子的内心独白与产品特点相结合，传递产品卖点给消费者，拉近与消费者之间的距离，让产品变得好玩有趣，深受年轻人的喜爱。企图通过这种幽默撩人的语言风格，不断传播，继而提升品牌热度，诠释农夫山泉版"土味儿情话"，直"撩"人心。

　　此外，在人物和文案的正后方还有用简笔勾勒出的故宫形象图，配以倒影竟与农夫山泉经典的山水倒影图如出一辙，在右上角还有呈现出古代印章图像的二维码，搭配"宫廷前世，瓶水相逢"的文字。

　　一部剧能火，因为它的内容成功牵动了观众的情绪，形成了情感上的共鸣，情绪上的共振。产品也是如此，一款产品能否成为爆款，不仅在于产品自身的质量，如今能够爆火的产品无一不带有互动属性，能够连接消费者的情感，使消费者也成为产品宣传的手段，因为在当今人人都是自媒体的时代，大众消费者所呈现出的裂变式传播效果完全超过各类媒体推广，并且做出来的都是十足的口碑。

一次又一次，农夫山泉都成功将自己的产品打造为"话题"策源地，用生命在验证老板钟睒睒的那句经典台词，"企业不炒作就是木乃伊！""故宫瓶"的推出，让农夫山泉又一次手握良机。

资料来源：作者根据相关资料整理而成.

（三）消费者的意志过程

消费者在购物活动中不仅表现出对商品和劳务的认识和情感体验，还表现出意志的心理过程。因为消费者认知与购买商品时，需要消费者心理机能的保证，使消费者能够自觉地为实现既定的购买目的排除各种干扰，从而保证购买活动的正常进行。

消费者的意志过程就是消费者在购买活动中有目的地、自觉地支配和调节自己的行动，克服各种困难，实现既定的购买目标的心理过程。意志过程是指人们在社会实践中，为达到既定目的而采取的自觉行动，包括自觉地确定行动的目的、有意识地支配和调节其行动以实现预定目的的心理现象。意志受情感的影响，也是认识过程进一步发展的结果，对人们的社会实践具有积极的促进作用。

1. 意志与意志过程的特征

（1）意志的概念

意志是人特有的心理现象，是人自觉地确定目的，并且根据目的调节支配自身的活动，以排除干扰、克服困难，达到预定目的的心理过程，它是人的意识能动作用在消费行为中的表现。人的活动是有意识、有目的、有计划地实现的。人在活动之前，活动的结果已经作为行动的目的存在于人的头脑之中，并以这个目的指导行动。如果说感觉是外部刺激向内部意识的转化，那么意志则是内部意识向外部行动的转化。因此，只有预先确定目的，由目的所支配与调节的行动才是一致行动。

消费者在经历认识过程与情感过程以后，是否能够采取实际的购买行动，还有赖于消费者心理活动的意志过程。它是消费者在确定了购买目标以后，自觉支配和调节自己的行动，努力排除各种困难，从而实现购买的心理活动，是消费者由确定购买动机转变为购买行动的心理保证。

（2）意志过程的特征

①目的性。意志和目的是分不开的。离开了自觉的目的，就没有意志可言，所以盲目的行动、冲动的行动都是缺乏意志的行动。目的越明确，意志就越坚定。当然，这个目的是受客观条件限制的。

消费者购买商品是为了满足自己的需要，要经过思考并明确购买目的，然后有意识、自觉地调节购物行为。为了实现购物目的，消费者还要根据自己的主观条件加以确定。例如，同样购买彩电，是购买大型号的，还是购买小型号的呢？这就需要消费者根据自己的使用条件做出决定。

②选择性。人的意志行动是由一定的动机引起的，但由动机过渡到行动的过程可以是不同的。在简单的意志行动中，动机可以直接过渡到行动；但在较复杂的意志行动中，人的动机常常是非常复杂的，在许多场合会同时出现引导不同行动的动机。

在现实生活中，常常出现这种情况，在同一时期内，消费者同时有多种需要，这就会产生多种购买动机。有时这些购买动机的方向是一致的，有时这些购买动机的方向则可能完全相反。对于多数消费者来说，不可能同时满足所有需要，否则就会产生动机冲突。因此，意志就表现为排除干扰，解决这些冲突。消费者必须对许多自己需要的商品进行选择，根据自己的经济条件和需要的轻重缓急，在比较的基础上做出理智的购买决定。当然，外界的信息如其他人购买此物，尤其是名人的购买效应，也会强化这种购买动机。消费者在购物的选择上也非一帆风顺的，有时要承担很大风险，发生激烈的思想冲突，尤其是购买那些有异于传统习惯、具有时代感的产品，有可能会遭到某种非议。能否克服这种压力和困难，则取决于消费者的意志。

③行动性。意志行动往往与克服困难相联系。这一特点表明，消费者在经过成品选择后，才采取实际的购买行动。实行购买是真正表现出意志的重要环节，它不仅要求消费者克服内部困难，而且要排除外部的干扰，通过意志的努力，实现既定的购买目的。在消费者的购买过程中，如果能得到营业员的热情接待和帮助，就会强化消费者的购买决定，使消费者满意地买下商品。经营者精心策划购物环境，也能强化消费者的意志。某些商场不仅别出心裁地设计广场晨练及列队迎客仪式，以吸引八方来客，同时为了解决消费者携带小孩购物不便的问题，还专门在大厅设立一个儿童游乐场所，并有服务人员热情接待，以此塑造商场良好的形象。

在购物活动中，由于多种因素的影响，有时可能导致积极的情绪反应，有时可能引起消极的情绪反应。消除消费者的消极情绪有赖于意志行动的心理过程。

2. 消费者意志过程的实现

在购头活动中，消费者对商品的意志过程可分为两个阶段。

（1）购买决定阶段

消费者的购买活动是有目的的。消费者对商品的意志过程，可以在有目的的购买行动中表现出来。有时这个目的可能是具体的，如对商品的价格、样式、质量有一个具体的印象；但也可能是不够具体的，如对某种商品购买什么牌子没确定，经过思考或在购物现场通过对商品的比较而明确购买目的，并做出购买决定。

（2）购买决策阶段

意志过程的这一阶段是消费者做出购买决定后实施的阶段。消费者对所需商品进行分析、比较和选择后，一旦决定，就会采取购买行动。当然，消费者从决定到行动，并不都是十分顺利的。消费者为实现购买目的，必须付出一定的意志努力。

消费者购买商品后，通过使用及大家的品评，往往会对自己的购买决定进行反思，重新考虑购买的商品是否令人满意，形成购后感受。这一阶段往往决定了消费者会对这种商品进行重复购买还是终止购买。

在消费者购买行为的上述两个阶段中，第一阶段比较关键和复杂，常常要进行大量的心理活动才能最后完成，而且在这一阶段中，消费者的意志品质，即自觉性、果断性和自制性得到了具体、生动的体现。因此，培养良好的意志品质对消费者的行为方式具有重要的作用。

二维码 2-2

夜里更容易冲动消费吗？

通过对消费者的认识过程、情感过程和意志过程的分析，我们可以知道，消费者的心理活动过程是这三个过程的统一，并且是相互联系、彼此渗透、相互影响的。这三个过程统一协调、互为作用地影响着消费者的购买活动。认识过程是情感过程与意志过程的基础，情感过程与意志过程又促进了消费者认识过程的发展和深化；情感过程是认识过程中必不可少的阶段，对购买行为的实现有决定性的作用，而且消费者对所选购商品情感上的喜爱程度决定了意志过程执行购买决定的坚决程度；意志过程有赖于情感过程，又在一定程度上能够调节情感过程的发展和变化，是认识过程、情感过程的保证。

二、消费者的感知觉

（一）消费者的感觉规律

1. 感觉的种类

按刺激的来源不同，感觉可以分为外部感觉和内部感觉。外部感觉有视觉、听觉、嗅觉、味觉和肤觉五种，这类感觉的感受器位于身体表面，或接近身体表面的地方；内部感觉有运动觉、平衡觉和机体觉，能够反映机体本身各部分运动或内部器官发生的变化，这类感觉的感受器位于各有关组织的深处（如肌肉）或内部器官的表面（如胃壁、呼吸道）。感觉的介绍见表2-1。

表2-1　　　　　　　　　　　　　　感觉的介绍

感觉的种类	适宜刺激	感受器	反映属性
视觉	380～780纳米的电磁波	眼睛视网膜上的感光细胞	黑色、白色、彩色
听觉	16～20 000赫兹	内耳的柯蒂氏器官内的毛细胞	声音
嗅觉	有气味的挥发性物质	鼻腔黏膜的嗅细胞	气味
味觉	可溶于水或液体的物质	舌表面、咽后部和腭上的味蕾	甜、酸、苦、咸等味道
肤觉	物体机械的、温度的作用或伤害性刺激	皮肤和黏膜上的冷点、温点、痛点、触点	冷、温、痛、压、触
运动觉	肌肉收缩，身体各部分位置的变化	肌肉、肌腱、韧带、关节中的神经末梢	身体运动状态、位置的变化
平衡觉	身体位置、方向的变化	内耳、前庭和半规管的毛细胞	身体位置的变化
机体觉	内脏器官活动变化时的物理化学刺激	内脏器官壁上的神经末梢	身体疲劳、饥渴和内脏器官活动不正常

下面主要介绍五种外部感觉。

（1）视觉

以眼睛为感觉器官，辨别外界物体明暗、颜色等特性的感觉称为视觉。

产生视觉的适宜刺激是波长为380～780纳米的电磁波，即可见光。光是具有一定频率和波长的电磁波。宇宙中存在各种电磁波，而其中只有一小部分是可见光。

接收光波刺激的感受器是眼睛视网膜上的感光细胞。当适宜的光透过眼睛到达视网膜后，视网膜中的感光细胞就会产生神经冲动，神经冲动沿视神经传导到大脑皮层的视觉中枢时，视觉就产生了。

光波的基本特性表现在三个方面，即强度、波长、纯度。与物理属性相对应，人对光波的感知也有三种特性，即明度、色调与饱和度。

明度是指由光线强弱决定的视觉经验，是对光源和物体表面的明暗程度的感觉。

色调是指物体的不同色彩。不同波长的光作用于人眼会引起不同的色调感觉，如700纳米的光波引起的色调感觉是红色；620纳米的光波引起的色调感觉是橙色；70纳米的光波引起的色调感觉是蓝色。

饱和度反映的是光的成分的纯度。例如，浅绿色是饱和度较小的颜色，而鲜绿色是饱和度较大的颜色。

根据研究，在人所获取的所有信息中，85%的信息是通过视觉获得的，10%左右的信息是通过听觉获得的，其余通过其他感觉获得。

视觉的刺激主要是颜色、外形、大小等。

颜色具有重要的感官内涵，它直接影响消费者的情绪感受。心理学家研究了颜色与人的心理健康的关系，发现颜色可以影响人的情绪。一般情况下，红色表示快乐、热情；它使人情绪热烈、饱满，激发爱的情感。黄色表示快乐、明亮，使人兴高采烈，充满喜悦之情。绿色表示和平，使人的心里有安定、恬静、温和之感。蓝色给人以安静、凉爽、舒适之感，使人心胸开阔。灰色使人感到郁闷、空虚。黑色使人感到庄严、沮丧和悲哀。白色使人有素雅、纯洁、轻快之感。总之，不同颜色会给人的情绪带来不同的影响，使人的心理活动发生变化。人们对颜色的心理感觉还受社会文化因素的影响。例如，红色在中国很受欢迎，而在非洲（如尼日利亚）则被认为是一种不吉利的颜色。

二维码2-3

摘掉"美颜"滤镜，宁波规范农贸市场生鲜灯

颜色有时还会引起物理性的心理错觉。冷色与暖色是依据人的心理错觉对色彩的物理性分类。波长长的红色光、橙色光、黄色光，有暖和的感觉；相反，波长短的紫色光、蓝色光、绿色光，有寒冷的感觉。夏日，我们关掉室内的白炽灯，打开日光灯，就会有一种变凉爽的感觉。颜料也是如此，在冷冻食物的包装上使用冷色，视觉上会引起你对这些食物冰冷的感觉。冷色与暖色除了会给我们在温度上带来不同的感觉外，还会给我们带来一些其他感受，如重量感、湿度感等。比方说，暖色偏重，冷色偏轻；暖色有密度强的感觉，冷色有稀薄的感觉；暖色的透明感较弱，冷色的透明感较强；暖色显得干燥，冷色显得湿润；暖色有接近的感觉，冷色有很远的感觉。有一个生动的例子，1940年，美国纽约码头工人曾因搬运太重的弹药箱而举行大罢工，

根据当时的条件，满足工人的任何一项要求都是不可能的。于是，色彩学家贾德教授出了一个主意，连夜把弹药箱的墨绿色改成了浅绿色，然后告诉工人弹药箱的重量减轻了2千克。工人们信以为真，而且确实也觉得轻了很多，一次可能造成严重后果的大罢工停止了。

产品的外形和大小也会影响消费者的感知。例如，苹果计算机将个人计算机赋予彩色透明的外壳，转变了过去个人计算机给消费者的冰冷呆板的形象。又如，消费者在选择商品时，倾向于选择包装比较大的商品，因为在消费者的感觉中，包装大的商品一般分量较大。

【想一想2-2】

日本东京有一座小茶馆，店主为招徕顾客，特意将四壁装饰成浅绿色，并点缀了名人字画。不料，这个装饰一新的茶馆，尽管天天座无虚席，但是月末结账时收入却少了一半。于是，老板又把房间装饰成了暗红色，茶馆依旧门庭若市，收入也增加了。

资料来源：佚名．色彩的作用［EB/OL］．［2015-06-02］．https://www.taodocs.com/p-26439271.html.

问题：为什么会出现这样的现象呢？

（2）听觉

声波振动鼓膜产生的感觉就是听觉。

引起听觉的适宜刺激是频率（发声物体每秒钟振动的次数）为16～20 000赫兹的声波。低于16赫兹的振动是次声波，高于20 000赫兹的振动是超声波，都是人耳不能接收到的。接收声波刺激的感受器是内耳的柯蒂氏器官内的毛细胞。当声音刺激经过耳朵传达到内耳的柯蒂氏器官内的毛细胞时，会引起毛细胞的兴奋，毛细胞的兴奋沿听神经传达到大脑的听觉中枢，就产生了听觉。

听觉器官对声波的反应表现为音高、响度和音色。

音高是指听起来声音的高低，如通常成年男性说话的音高要低于成年女性说话的音高。响度是指声音的强弱程度，测量响度的单位是分贝，如生活中耳语声的响度是20分贝；普通谈话的响度是60分贝；繁忙街道的响度是80分贝；响雷的响度是120分贝。长时间处于85分贝以上环境中的人会产生听力损失。音色是指声音的特色，如即使胡琴和小提琴发出的声音音高、响度相同，但听起来还是两种不同的声音，这种差别就是音色的差别。由于声音具有不同的特色，我们才可能辨别出不同的发声体。

声音会影响消费者的感知、情绪与行为。心理学家曾经做过一个实验，在两个月的时间内，在一家超级市场里，每天随机播放两种背景音乐（一种是每分钟108节的快节奏音乐，另一种是每分钟60节的慢节奏音乐）。结果发现：播放快节奏音乐时消费者的平均行走速度比在慢节奏音乐下的平均行走速度快17%，没有音乐播放时的平均行走速度介于两者之间；相同时间内，播放慢节奏音乐时的营业额比播放快节奏音乐时的营业额高出38%。

（3）嗅觉

某些物质的气体分子作用于鼻腔黏膜时产生的感觉称为嗅觉。

二维码2-4

一场纯科技推动的艺术展，在帮"洋葱"集体洗白！

引起嗅觉的适宜刺激是有气味的挥发性物质，接收嗅觉刺激的感受器是鼻腔黏膜的嗅细胞。有气味的气体物质作用于嗅细胞，使嗅细胞产生兴奋，经嗅束传至嗅觉的皮层部位（位于颞叶区），因而产生嗅觉。

许多动物要借助嗅觉来寻找食物、躲避危险、寻求异性。人的嗅觉已退居较次要的地位。例如，德国牧羊犬的嗅觉比人类的嗅觉敏锐100万倍。但即使这样，人的嗅觉仍为我们的生存提供了重要的信息。例如，有毒的、腐烂的物质常伴有难闻的气味，这对于想食用它们的人来说是一种警告。人的嗅觉受多种因素的影响，如刺激物的作用时间、机体的生理状态、空气的温度和湿度等。温度太高或太低、空气湿度太低、机体感冒等，都会降低嗅觉的敏感性。

研究表明，嗅觉刺激可以唤起人们的记忆和情绪。芳香的气味可以使人心情愉悦，能够增强自信，提高工作效率。

在1915年巴拿马万国博览会上，茅台酒"一摔成名"，弥漫在展馆的酒香吸引了众多参观者，"酒香为媒"成了经典的嗅觉营销案例。

【想一想2-3】

把两双完全一样的运动鞋分别放在两个相同的房间，一个房间喷洒花香，另一个房间则不做任何变动。结果，去过两个房间的被访者中，84%的人更喜欢有香味房间中的运动鞋，并且平均估价也比另一双运动鞋高出10.33美元。

在拉斯维加斯一家赌场进行的实验显示，刻意喷洒香水后，"香味区"的收入要比其他区域高出45%。之后，该赌场投入大量成本净化空气，而这一做法也被其他赌场效仿。

资料来源：林斯特龙. 感官品牌 [M]. 赵萌萌，译.天津：天津教育出版社，2011.

问题：这两个实验对你有何营销借鉴？

（4）味觉

可溶性物质作用于味蕾产生的感觉称为味觉。

如果用干净的手帕将舌头擦干，然后将冰糖或盐块在舌头上摩擦，这时你不会感觉到任何味道，甚至可以把奎宁撒在干舌头上，只要唾液不溶解它，就不会感觉到苦味。引起味觉的适宜刺激是可溶于水或液体的物质，接收味觉刺激的感受器是位于舌表面、咽后部和腭上的味蕾。

基本的味觉有酸、甜、苦、咸四种，其他味觉都是由这四种味觉混合而来的。舌尖对甜味最敏感，舌中对咸味最敏感，舌的两侧对酸味最敏感，舌后对苦味最敏感。食物的温度对味觉的敏感性有影响。一般来说，食物的温度在20℃～30℃时，味觉的敏感性最高。机体状态也会影响味觉的敏感性。饥饿的人对甜、咸较敏感，对酸、苦不太敏感。

很多酒商、饮料或食品制造厂商会提供免费品尝的样品给消费者，希望通过试吃活动刺激消费者的"舌头"，说服消费者的"心"。

事实上，味觉并不是独立的，它常常与其他感觉互相影响。比如，吃东西的时候，经常是既有味道刺激舌头，又有气味刺激鼻孔，更有颜色刺激眼睛，即所谓的"色、香、味俱全"。

（5）肤觉

刺激作用于皮肤引起的各种各样的感觉称为肤觉。

引起肤觉的适宜刺激是物体机械的、温度的作用或伤害性刺激。

肤觉的基本形态包括触压觉、温度觉、痛觉。其他各种肤觉都是由这几种基本形态构成的复合体。

由非均匀的压力在皮肤上引起的感觉称为触压觉。触压觉包括触觉和压觉。机械刺激作用于皮肤表面而未引起皮肤变形时产生的感觉是触觉；机械刺激使皮肤表面变形但未达到疼痛时产生的感觉是压觉。

温度觉是指皮肤对冷、温刺激的感觉。温度觉包括冷觉和温觉两种。冷觉和温觉的划分以生理零度为界限。生理零度是指皮肤的温度，皮肤的温度随外界温度的变化而变化。温度刺激高于生理零度，引起温觉；温度刺激低于生理零度，引起冷觉；温度刺激与生理零度相同，则不能引起冷觉或温觉。人体不同部位的生理零度不同，通常面部为33℃，舌下为37℃，前额为35℃。当温度刺激超过45℃时，会使人产生热甚至烫的感觉，这种感觉是温觉和痛觉的复合。

痛觉是对伤害有机体的刺激所产生的感觉。引起痛觉的刺激很多，包括机械的、物理的、化学的、温度的以及电的刺激。因此，痛觉既可以是外部感觉，也可以是内部感觉。

对于某些产品而言，消费者往往会用触感来评估产品的品质。例如，购买衣服时，摸一摸它的质地，柔软和光滑的感觉往往是高品质的表现。

2. 感觉的特性

（1）感觉的感受性

感受性即感觉器官对适宜刺激的感觉能力。不同的人对同等强度刺激物的感觉能力是不一样的。感受性高的人能感觉到的刺激，不一定能被感受性低的人感觉到。例如，品酒师能品出葡萄酒的葡萄品种、产地、年份，而大多数普通消费者只能品出葡萄酒的酸涩味。

感受性是用感觉阈限值的大小来度量的。感觉阈限值低，感受性高；感觉阈限值高，感受性低。感觉阈限是用于测量感觉系统感受性大小的指标，用刚能引起感觉的刺激量来表示，可分为绝对感觉阈限和差别感觉阈限两类。

在生活中，并不是任何强度的刺激都能引起人们的感觉。例如，灰尘掉在脸上，人通常感受不到，说明人的感觉是在一定限度内起作用的。心理学上把能引起感觉的最小刺激的最小强度称为绝对感觉阈限，把这种能觉察出最小刺激强度的能力称为绝对感受性。在生活中，人们还能体会到，有时引起感觉的刺激在强度上发生了变化，但人们的感觉并不一定发生变化。例如，一件重量为100克的物体，再加上1克重量，人们觉察不出两者重量的差别，这是差别阈限在起作用。心理学上把能够引起感觉差别的最小变化量称为差别阈限，把能区别出同种刺激最小差别的能力称为差别感受性。

资料链接2-2

差别阈限的相关定律

1834年，德国生理学家韦伯（E.H.Weber）在研究感觉的差别阈限时发现，如果以I表示原刺激的强度，以ΔI表示差别阈限，那么在一定范围内，每一种感觉的差别阈限都是一个相对常数。用公式表示如下：

$K=\Delta I/I$

上述公式被称为韦伯公式，也叫韦伯定律。韦伯定律表明，当I的大小不同时，ΔI的大小也会不同，但K是一个常数。所以，上述K值又称为韦伯常数。由于这个常数小于1，因此K值亦称韦伯分数。例如，重量的K值为1/30，这意味着对一个30克重的物体来说，至少31克的重量才能被人们感到它略重一些，这里的差别阈限是1克。如果原来物体的重量是60克，那么至少62克的重量才能被人们觉得略重一些，这里的差别阈限是2克。

可见，差别阈限值是相对的。我们可以把韦伯分数称为相对差别阈限，不同感觉的韦伯分数是不同的。例如，重量感觉的韦伯分数为1/30，听觉为1/10，视觉为1/10。不过，韦伯分数只有在中等刺激强度的范围内才是正确的，在接近绝对阈限或刺激过分强烈时，相对差别阈限会有明显变化。费希纳（G.T.Fechner，1801—1887）确定了接近绝对阈限时韦伯分数所发生的变化，进一步假设一个绝对差别阈限为一个感觉单位，并在韦伯定律的基础上推导出下列公式：

$S=K\lg R+C$

式中：S是感觉强度；R是刺激强度；K和C是常数。也就是说，刺激强度按几何级数增加，而感觉强度只按算术级数增加。这就是费希纳定律。

（2）感觉的适应性

这是相同的刺激物持续地作用于某一特定感受器，而使感受性发生变化的现象。在生活中，感觉的适应是很普遍的。俗话说，"入芝兰之室，久而不闻其香；入鲍鱼之肆，久而不闻其臭"，说的就是这个道理。

适应可以引起感受性的提高，也可以引起感受性的降低，这在视觉的适应中表现得特别明显。例如，一个人由亮处到暗处，开始时什么也看不清，过一会儿之后，能逐渐分辨身边的物体，这是对暗的适应过程，称为暗适应；相反的过程是对光的适应，称为明适应。

此外，各种感觉的适应速度和程度也表现出了明显的差异性。

（3）感觉的对比性

这是两种不同的刺激物作用于某一特定感受器，而使感受性发生变化的现象。感觉的对比可以分为两种：同时对比和继时对比。

同时对比：两种刺激物同时作用于某种特定的感受器时，会产生同时对比。例如，同样的灰色图形，放在白色的背景上会显得暗些，放在黑色的背景上则显得亮些。

二维码2-5

陪同参观实验

二维码2-6

可口可乐联觉效应小实验

继时对比：两种刺激物先后作用于某种特定的感受器时，会产生继时对比。例如，凝视红色物体后，再看白色物体就显得带有青绿色。

（4）联觉

当某种感官受到刺激时，会出现另一种感官受到刺激的感觉和表象，这种现象叫联觉。例如，用刀子沿着玻璃边擦出来的吱吱声，往往使人的皮肤产生寒冷的感觉；微弱的听觉刺激能提高视觉对颜色的感受性；咬紧牙关或握紧拳头，会使人感到身体某一部位的痛苦似乎减轻了一些。可见，对某种刺激的感受性，不仅取决于对该感受器的直接刺激，还取决于同时受刺激的其他感受器的机能状态。这种不同感觉相互作用的一般规律是：较弱的刺激能提高另一感觉的感受性；较强的刺激则使这种感受性降低。

（二）消费者知觉的特性与类别

1. 知觉的特性

（1）知觉的选择性

人所处的环境复杂多样。在某一瞬间，人不可能对众多事物进行感知，而总是有选择地把某一事物作为知觉对象，与此同时把其他事物作为知觉背景，这就是选择性。分化对象和背景的选择性是知觉最基本的特性，背景往往衬托着、弥漫着、扩展着，对象往往轮廓分明、结构完整。

知觉的对象从背景中分离，与注意的选择性有关。当注意指向某种事物的时候，这种事物便成为知觉的对象，而其他事物便成为知觉的背景。当注意从一个对象转向另一个对象时，原来的知觉对象就会成为背景，而原来的背景就会转化为知觉对象。因此，注意选择性的规律同时也是知觉对象从背景中分离的规律。

有时人可以依据自身目的进行调整，使对象和背景互换。例如，双关图（如图2-3所示）中的少女与老妪、花瓶与人脸。选择一部分作为对象时，图片的内容是少女、花瓶；选择另一部分作为对象时，图片的内容是老妪、人脸。

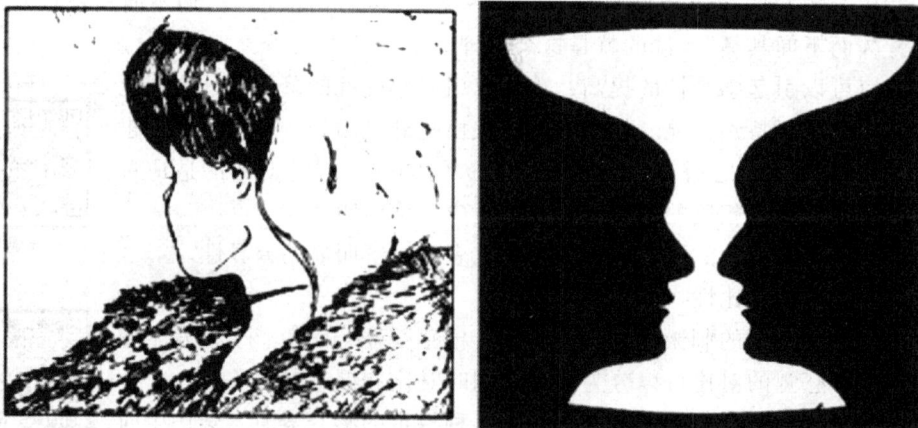

图2-3 双关图

资料来源：佚名. 知觉的基本特征［EB/OL］.［2010-05-12］. http://www.pep.com.cn/xgjy/xlyj/

xlshuku/xlsk1/jcxlx/201008/t20100818_663106.htm.

（2）知觉的整体性

虽然事物有多种属性，由不同部分构成，但是人们并不把知觉对象感知为个别的、孤立的几个部分，而是倾向于把它们组合为一个整体。例如图2-4，同样一个图形"13"，当它处在数字序列中时，我们把它知觉为"13"；而当它处在字母序列中时，我们又把它知觉为"B"。这些都反映了知觉把对象组合为整体的特性。

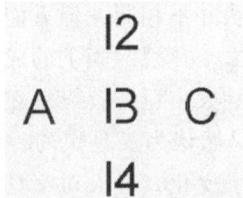

图2-4 知觉的整体性

知觉对象作为一个整体，它不是各部分机械均等地堆砌，而是取决于关键性强的部分（如歌曲中的旋律与歌词），非关键部分（如音调与音色）一般被遮蔽。这里，知识经验是识别关键部分、准确把握知觉对象的重要因素。

（3）知觉的理解性

知觉的理解性是指在知觉过程中，人们用过去获得的有关知识经验，对感知对象进行加工理解，并以概念的形式标示出来。其实质是旧经验与新刺激建立多维度、多层次的联系，以保证理解的全面和深刻。在理解的过程中，知识经验是关键。例如，面对一张X光片，不懂医学的人很难获得有用的信息，而放射科的医师却能获知是否存在病变。

如图2-5所示，当第一次看隐匿图形时，人并不是消极地观看图片上的黑白斑点，而是力求理解这些斑点的关系，提出种种假设，对它做出合理的解释。例如，这是一片雪地吗？雪地里有什么？中间好像有个动物！它是什么？是熊吗？不像！是狼吗？也不像！哦，对，我看出来了，它是一条狗！

图2-5 隐匿图形

资料来源：佚名. 知觉的基本特征［EB/OL］.［2010-05-12］. http://www.pep.com.cn/xgjy/xlyj/xlshuku/xlsk1/jcxlx/201008/t20100818_663106.htm.

可见，人在知觉的过程中，不是被动地把知觉对象的特点登记下来，而是以过去的知识经验为依据，力求对知觉对象做出某种解释，使它具有一定的意义。

（4）知觉的恒常性

当知觉条件发生变化时，知觉的印象仍然保持相对不变，这就是知觉的恒常性。在知觉中，视知觉的恒常性十分明显。

视知觉的恒常性包括形状恒常、大小恒常、亮度恒常、颜色恒常。从不同的角度看同一扇门，视网膜上的投影形状并不相同，但人们仍然把它知觉为同一扇门，这就是形状恒常；一个人由近及远而去，在视网膜上的成像是越来越小的，但是人们并不会认为这个人在慢慢变小，这就是大小恒常；煤块在日光下反射的光亮是白墙在月色下反射的光量的5万倍，但我们仍然认为煤是黑的，墙是白的，这就是亮度恒常；家具在不同灯光的照射下颜色发生了变化，但人对家具的颜色的知觉保持不变，这就是颜色恒常。

资料链接 2-3

消费者对产品质量的知觉

消费者对产品质量的知觉或认识，既与产品本身内在的特性与品质相联系，又受到很多主观因素的影响。我们把消费者对产品的适用性和其他功能特性适合其使用目的的主观理解称为知觉质量或认知质量（Perceived Quality）。认知质量以产品的内在质量为基础，但又不与后者相等同。也就是说，两种产品的内在质量完全一样，但消费者对它们的质量认知可能相差很远。我国很多产品只有在使用外国著名品牌之后，才能在国际市场上以数倍甚至数十倍于制造成本的价格出售，就反映了这一事实。那么，消费者如何形成对质量的认知呢？

一种观点认为，消费者是根据产品的内在特性或内在线索（Intrinsic Cues）形成对产品质量的认知，或形成对产品质量的总体印象。持这种观点的学者包括贝特曼（Bettman）、霍华德（Howard）、谢恩（Sheth）、恩格尔（Engel）、布莱克威尔（Blackwell）等。产品的内在线索对不同的产品可能是不同的。一般而言，产品的特征，如外形、所用原料或材料、光洁度等都可作为形成认知质量的内在线索。以服装为例，消费者可能根据所用的布料、烫工、边角的缝合、扣子等判断服装的优劣，并形成总体质量感受。上述这些产品特征有的对决定服装的内在质量有很大影响，有的则具有相对较小的重要性。但消费者在形成对产品质量认知的过程中，可能通过那些对决定产品内在质量具有较小重要性的线索来评价产品质量。例如，决定汽车内在质量最重要的产品特征是汽车的发动机和操作系统，但消费者可能以坐垫所用牛皮的柔软程度、车门把手的精细程度等较为次要的产品特征作为质量认知的线索。鲍勒（P. G.Bonner）和尼尔逊（Richard Nelson）的研究表明，在食品领域，消费者对产品质量的认知与产品属性密切相关，口感和新鲜程度被认为是影响认知质量最重要的两个因素。影响力大的商标，在主要产品属性上也处于强势地位。该研究还发现，包装也是影响消费者质量认知的重要因素。同样的食品，新鲜的被认为质量最好，冷冻和瓶装的次之，对罐装和干货食品的质量评价最低。

另一种观点认为，消费者主要根据产品的外在线索（Extrinsic Cues），如价格、原产地、商标或企业声誉等形成对产品质量的整体认知。皮特森（Robert A.Peterson）的研究表明，当购买低价产品面临很大的质量风险时，消费者倾向于用价格高低作为认知质量好坏的线索；当购买低价产品质量风险较小时，消费者不一定以价格高低作为认知质量好坏的指示器。斯道克斯（Raymond C. Stokes）的研究发现，当购买风险比较高，消费者对所购买产品的商标不太熟悉时，消费者倾向于用价格作为质量判断的线索。同样，产品包装和商标熟悉程度也和价格一样，常常被消费者作为质量感知的依据。该研究还进一步发现，商标熟悉程度对购买意向（Purchase Intention）具有直接影响，而包装和价格不具有这一影响。该研究得出的结论是，认知质量和价格的相对比例而不是认知质量水平决定消费者的选择意向。拜尔登（William O.Bearden）和辛普（TerenceA.Shimp）运用外部线索分析新产品的选用，结果发现，产品的外部线索，尤其是保障条款方面的信息，对消费者减少质量方面的认知风险具有重大影响。

实际上，上述两种观点是从不同侧面探讨认知质量，本身并不必然矛盾。消费者在选择产品和品牌时，一般都需要根据某些线索对产品质量形成整体印象。当产品本身的特征能够在较大程度上预示产品的内在质量时，消费者可能主要依据内在线索而不是外在线索来判断和评价产品的质量。比如，对凭眼看手摸就能大体对质量好坏做出判断的商品，消费者通常是根据某些产品特征做出购买取舍。当产品特征对产品质量的预示作用比较小，消费者对购买又缺乏信心时，消费者可能更多地依赖产品的外在线索，形成对产品质量的认知。消费者之所以在很多情况下根据外在线索评价质量高低，除了产品的内在线索有时不具有太大的指示作用外，另外两个很重要的原因是购买风险的存在和消费者本身知识的局限与信息的不足。大宗耐用品以及法律服务之类的产品，由于消费者在这方面的消费知识非常有限，加上这些产品和服务的风险比较高，因此在购买时，消费者不得不借助于声誉、价格、服务人员的仪表和态度等外部线索来推断其质量。

2.知觉的类别

（1）空间知觉

对物体的形状、大小、远近、方位等空间特性获得的知觉，即空间知觉。空间知觉是多种感觉器协同活动得到的产物，包括视觉、听觉、触觉、运动觉等的活动及相互联系，其中视觉系统起主导作用。空间知觉包括形状知觉、大小知觉、距离知觉、深度知觉（立体知觉）、方位知觉等。

（2）时间知觉

时间知觉也称时间感，是指在不使用任何计时工具的情况下，个人对时间的长短、快慢等变化的感受与判断。

（3）运动知觉

运动知觉是人对空间物体运动特性的知觉，它依赖于对象运行的速度、距离以及观察者本身所处的状态。例如，当物体由远而近或由近而远运动时，物体在视网膜上成像大小的变化，向人脑提供了物体"逼近"或"远去"的信息。物体运动太快或太慢都不能使人形成运动知觉。

二维码2-7

估计身高

（4）错觉

知觉经验虽然是由环境中的刺激物引起的，但知觉经验中对客观性刺激物所作的主观性解释，以其真实性的标准来看，却有很大的差距。以知觉对比现象为例，凭知觉经验所作的解释显然是失真的，甚至可以说是错误的。这种完全不符合刺激本身特征的、失真的或扭曲事实的知觉经验，就是错觉，如图2-6所示。

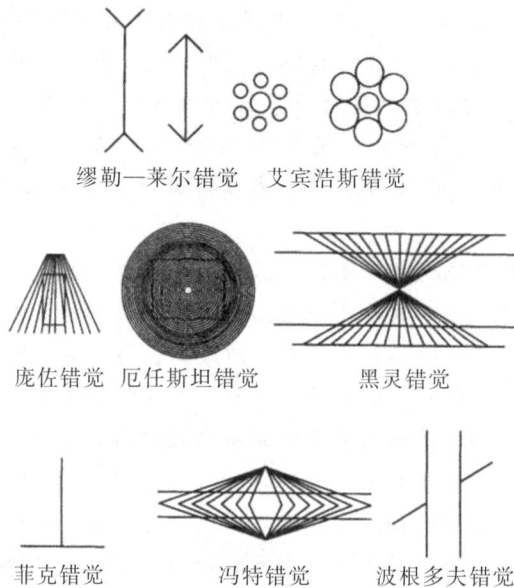

缪勒—莱尔错觉 艾宾浩斯错觉

庞佐错觉 厄任斯坦错觉 黑灵错觉

菲克错觉 冯特错觉 波根多夫错觉

图2-6 错觉图

资料来源：佚名. 演绎"错觉"的精彩 桌面3D技术原理解析［EB/OL］.［2011-05-14］. http://tech.hexun.com/2011-05-14/129603423.html.

三、消费者的注意和记忆

（一）消费者的注意

1. 注意的含义

注意是心理活动对一定对象的指向和集中，是伴随着感知觉、记忆、思维、想象等心理过程的一种共同的心理特征。注意是伴随着心理过程的心理现象，但不属于心理过程。注意有两个基本特征：一个是指向性，是指心理活动有选择地反映一些现象而离开其他对象。二是集中性，是指心理活动停留在被选择对象上的强度或紧张度。指向性表现为对出现在同一时间的许多刺激的选择；集中性表现为对干扰刺激的抑制。注意的产生及其范围和持续时间，取决于外部刺激的特点和人的主观因素。

由于认识能力的限制，在某一特定时点，消费者不可能同时注意和处理所有展露在他面前的信息，而只能部分地对某些信息予以注意。

2. 注意的类型

（1）根据注意功能的不同，可以把注意分为选择性注意、集中性注意和分配性注意

选择性注意是指把注意指向一项或一些任务，而忽视与之相竞争的其他任务；集中性注意是指注意不仅指向一定的刺激，还集中于一定的刺激；分配性注意是指个体能对不同的任务给予关注或能操作几项任务。

（2）根据产生和保持注意时有无目的以及意志努力程度的不同，可以把注意分为无意注意、有意注意和有意后注意

无意注意也称不随意注意，是指事先没有预定的目的，也不需要意志努力的注意。有意注意也称随意注意，是指有预定目的，需要一定努力的注意。有意后注意也称随意后注意，是指有自觉的目的，但不需要意志努力的注意。有意后注意是注意的一种特殊形式。从特征上讲，有意后注意同时具有无意注意和有意注意的某些特征。

3. 影响注意的因素

一般而言，影响注意的因素主要有三类，即刺激物因素、个体因素和情境因素。

（1）刺激物因素

刺激物因素是指刺激物本身的特征，如大小、颜色、状态、位置等。

①刺激物的大小。一般来说，大的刺激物较小的刺激物容易引起注意。例如，一则全页广告较半页广告或1/4页广告更容易被注意到。同样，刺激强度越大，如更大的声音、更明亮的色彩，越容易引起注意。另外，插入频率，即在同一期杂志或同一天的报纸上刊载同一则广告的数目，具有和广告版面大小相类似的影响。在一项研究中，多次插入使受众的回忆率提高了20%。

②刺激物的颜色。彩色画面通常较黑白画面更易引起注意。一项涉及报纸广告色彩效果的研究发现，减价品新增销售的41%是由于零售商在黑白报纸广告中增加了一种颜色。另外，某些颜色如红色和黄色，较其他颜色更加引人注目。例如，环卫工人多穿红色或黄色服装，就与这两种颜色更引人注目有关。

③刺激物的状态。具有动感的刺激物较静止的刺激物更容易引起人们的注意。街上的霓虹灯广告及其他一些具有动感的广告，均是运用此原理来吸引受众注意的。

④刺激物的位置。物体处于个体视线范围内的位置不同，其吸引注意的能力也会不同。通常，处于视野正中的物体较处于边缘的物体更容易被人注意。这就是为什么制造商为取得与视线平行的货架位置而展开激烈争夺的重要原因。同理，报纸左上角的信息较右下角的信息更多地被注意到；电视广告插播时段里，如果广告播出的顺序由最先移至最后，其收视率就会显著下降。

⑤刺激物的隔离。将某些特定刺激物与其他物体分隔开，称为隔离（Isolation）。隔离有助于吸引注意力。例如，在报纸或其他印刷媒体上，将大部分版面空下来而不是用文字或图画填满整个版面，就是运用隔离原理吸引注意力。同样，广播广告之前的片刻沉默，或电视广告之前画面的片刻消失，均是基于类似的原理和目的。

二维码2-8

猴子实验，传球实验

二维码2-9

荣威RX5；网红密码

⑥刺激物的背景。相对于那些与背景融为一体的刺激物，人们倾向于更多地注意那些与背景形成明显反差的刺激物。原因是后一种情况会造成人们认知上的冲突，从而提高信息处理水平。基于对比原理的技术在广告中得到了广泛运用。例如，黑白广告紧随众多彩色广告之后会更引人注目；声音的骤然增强会提高听众或受众的注意力。

⑦刺激物的新颖性。与人们预期大相径庭的画面和内容、带音乐或声音的印刷广告，均有助于吸引受众的注意。

⑧刺激物的格式。这是指信息展示的方式。通常，简单、直接的信息展示方式较复杂的信息展示方式会更多地受到注意。那些缺乏明晰的视点，或者移动不当的广告，会增加人们处理信息的难度，难以吸引大多数人的注意。同样，晦涩的文字、难懂的口音、不当的背景杂音等，均会降低人们的注意力。应当指出，刺激物的格式所产生的影响，与个体因素有密切的联系。对某些人来说缺乏吸引力的格式，对另一些人来说可能是非常具有吸引力的。因此，如同其他刺激因素一样，刺激物格式的设计应充分考虑目标消费者的特征。

⑨刺激物的量。给消费者提供过多的信息，会使其处于信息超载状态。在信息超载状态下，消费者可能会滋生受挫感和沮丧感，从而降低信息处理水平。研究发现，随着收到的商品目录数的增加，消费者购买的商品也在增加，但到一定阶段后，商品目录数的进一步增加反而会使消费者购买商品的数量减少。原因是此时发生了信息超载现象，在此状态下，消费者停止阅读商品目录。

（2）个体因素

个体因素是指个人的特征，这通常是企业不能直接控制的。个体因素主要有需要、态度、适应程度。

①需要。消费者在处于某种需要状态时，会主动关注能够满足这种需要的刺激物。例如，饥肠辘辘的人会对与食品有关的信息给予更多的注意；计划外出度假的消费者可能更注意与度假有关的广告；喜欢户外运动的消费者对有关运动器材的广告可能格外注意。因此，当消费者的某种需要被激发时，与满足该需要相联系的刺激物会格外受到注意。

②态度。根据认知一致性理论，人们倾向于保持一套一致的信念和态度。认知系统中的不一致将引发心理不安和紧张。出于趋利避害的考虑，消费者更倾向于接纳那些与其态度相一致的信息。比如，吸烟者对香烟广告或对宣传吸烟有助于增加个人魅力的信息可能更注意，而不吸烟的人或对吸烟有反感的人可能对这类信息没有兴趣或视而不见。换句话说，当消费者对某种产品有好感时，与此相关的信息更容易被注意，反之则会出现相反的结果。

③适应程度。人们对非常习惯的事物可能习以为常，不再注意。典型的事例是当你从安静的乡村搬到喧闹的市区时，起初你可能会对噪声不适应，但过一段时间后，你就慢慢适应了，对噪声也不再那么敏感了。这种现象同样发生在营销领域。虽然广告很新颖，但老是重复该广告，时间一长，其效果可能会下降。只有在内容和形式上不时做些变动，才能使消费者在较长时期内保持对该广告的注意。

（3）情境因素

情境因素既包括环境中独立于中心刺激物的那些成分，又包括暂时性的个人特征，如个体当时的身体状况、情绪等。一个十分忙碌的人较一个空闲的人可能更少注意到呈现在其面前的刺激物。处于不安或不愉快情境中的消费者，会注意不到很多展露在他面前的信息，因为他可能想尽快从目前的情境中逃脱。

4.互联网对消费者注意力的影响

大脑是神经系统最高级的部分，由左、右两个大脑半球组成，大脑的左右脑又可细分为：额叶、顶叶、颞叶、枕叶、岛叶（如图2-7所示）。额叶是大脑发育中最高级的部分，几乎涉及所有的心理功能：记忆、语言、智力等，主要的三大功能是集中和保持高级注意力、负责协调监督全脑、控制情绪。顶叶则具有集中注意力和控制视觉观察能力两项功能，实验证明，当我们将注意力集中到某个事物时，我们大脑的处理能力就达到了极限，这时顶叶皮层将只负责集中注意力，而丧失了控制视觉观察这一功能，于是我们往往会忽视周围环境中的一些变化，甚至一些巨大的变化，也就是所谓的"视而不见"。互联网带来的信息泛滥不断地调整我们的注意力，使大脑的额叶与顶叶部分的负担日益加重。与注意力有关的还有扣带回（位于大脑半球内侧面的扣带沟与胼胝体沟之间的脑回，属于边缘系统的皮质部分），我们上网时，要决定是否点击，就要产生决策，而扣带回就是专门负责决策的部分，例如面临选择还是不选择，产生一种矛盾心理时，扣带回部分就会被激活。

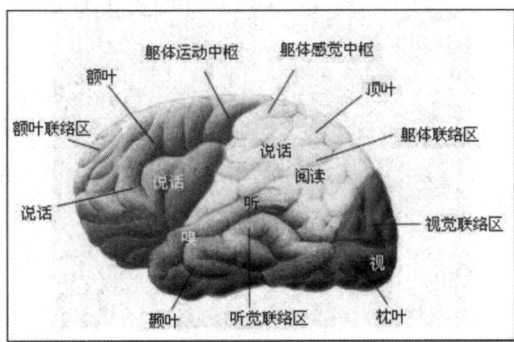

图2-7　大脑皮层图

资料来源：佚名. 神外科普——神秘大脑不神秘［EB/OL］.［2019-09-06］. https：//www.sohu. com/a/339342279_120051946.

神经科学家发现，一个人读书时调动的是大脑中负责语言、记忆和视觉处理的区域，而做决定时则要调动大脑的额前叶区，所以说网上阅读从硬件层面改变了人的大脑。现在，我们只要睁开眼睛，每秒钟都有几千万比特的信息沿着视神经流向大脑。人的大脑只是选择性地注意其中极小一部分，而略去其余的绝大部分，以此解决信息超载问题。十年前的研究成果表明，人的注意力能维持20分钟，2012年英国著名的TSB保险公司研究表明，人的注意力只能维持5分7秒。

从传播角度看，互联网的信息常常具有传播速度快但有效时间短的特点，需要企业经常用"话题"和"事件"来博眼球。

典型案例2-2　　　　　　　　　　　　　《黑神话：悟空》引爆山西文旅

　　中国首款3A游戏《黑神话：悟空》于2024年8月20日正式上线，游戏一经发售，热度节节攀升，而且还登顶中、美、意、法、日等多个国家的热销榜单。该游戏中有36个取景地，其中山西独占27处。随着游戏的火爆，各地文旅借势游戏取景地展开传播，其中，最引人注目的当属山西。

　　8月22日，在2024数字文旅品牌创新大会开幕式上，山西省文化和旅游厅正式启动"跟着悟空游山西"活动，推出3条主题线路及一条8日游"重走西游 土木华章 山西古建自驾游线路"。同时，发布了"天命人集结令"，邀请《黑神话：悟空》首批通关者免费体验"跟着悟空游山西"主题线路，游客可以自行选择古建华章与彩塑满堂晋北线、楼阁飞云与神仙洞天晋南线、神奇上党与绝美造像晋东南线三条线路，活动将于9月1日正式启动（如图2-8所示）。

图2-8　"跟着悟空游山西"活动宣传

图片来源：山西省文化和旅游厅.

　　为了吸引游客到景区游览打卡，活动还设置了与游戏"梦幻联动"环节，各个古建景区将搭建打卡装置。在崇福寺、佛光寺、小西天、玉皇庙4个景区内，游客用微信扫描二维码填写问卷后，一人可领取一本"通关文牒"；在云冈石窟、双林寺等12个景区内，游客向工作人员出示关注山西省文化和旅游厅任一社交媒体账号即可领取通关信物主题明信片，分享打卡内容至社交媒体，还有机会赢主题周边套盒。以线下活动打卡的方式，让游客访古建、赏文物、品文化。

　　"跟着悟空游山西"活动启动后，山西各大景区游客接待量实现"井喷式"增长。据统计，8月23日，27个涉文物景点（其中观音堂不开放）共接待游客12.66万人次，环比增长21.86%，门票收入552.8万元，环比增长16.18%。

资料来源：作者根据网络资料整理.

（二）消费者的记忆

1. 记忆的含义

记忆是过去的经验在人脑中的反映。凡是人们感知过的事物、体验过的情感以及练习过的动作，都可以以映像的形式保留在人的头脑中，在必要的时候又可把它们再现出来，这个过程就是记忆。记忆不同于感觉和知觉。感觉和知觉反映的是当前作用于感官的事物，离开当前的客观事物，感觉和知觉均不复存在。记忆总是指向过去，它出现在感觉和知觉之后，是人脑对过去经历过的事物的反映。

记忆是一个复杂的心理过程，它包括识记、保持、再认或回忆三个基本环节。识记是记忆的开端，它是主体识别和记住事物，从而积累知识和经验的过程。保持是巩固已获得的知识和经验的过程。再认或回忆是主体从头脑中提取知识和经验的过程。经历过的事物再度出现时，能把它认出来称为再认；经历过的事物不在面前时，能把它回想起来称为回忆或再现。从信息加工的观点看，记忆就是对输入信息进行编码、贮存和提取的过程。其中，对信息的编码相当于识记过程，对信息的贮存相当于保持过程，对信息的提取则相当于再认或回忆过程。记忆过程中的三个环节是相互联系和相互制约的，没有识记就谈不上对经验的保持，没有识记和保持就不可能有对经历过的事物的再认或回忆。

2. 记忆的系统

人的记忆系统不仅包括短时记忆和长时记忆，还包括感觉记忆。外部信息首先进入感觉记忆系统，信息在感觉记忆系统保持的时间极其短暂，通常在1秒钟左右。其中，一部分信息受到特别注意进入短时记忆系统，若信息给人的刺激极为强烈、深刻，也可能直接进入长时记忆系统；那些没有受到注意的信息则很快变弱直至消失。短时记忆中的信息一部分来自感觉记忆，另一部分则来自长时记忆。短时记忆的信息保持时间一般不超过1分钟，受到干扰就会消失。短时记忆中的信息一部分经复述进入长时记忆系统，另一部分则被遗忘。

（1）感觉记忆

感觉记忆又称瞬时记忆，它是指个体凭视、听、味、嗅等感觉器官，感应到刺激时所引起的短暂记忆，其持续时间往往按几分之一秒计算。感觉记忆只留存在感官层面，如不加注意，转瞬便会消失。乘车经过街道，对街道旁的店铺、标牌、广告和其他景物，除非有注意，否则大多是即看即忘，此类现象即属于感觉记忆。感觉记忆按感觉信息原有形式贮存，它反映的内容是对外界刺激的简单复制，尚未经加工和处理，因此感觉记忆的内容最接近于原来的刺激。

（2）短时记忆

短时记忆是指记忆信息保持的时间在1分钟以内的记忆。例如，我们从电话簿上查一个电话号码，然后立刻就能根据记忆去拨号，但事过之后，再问这个号码是什么，就记不起来了。此类记忆就是短时记忆。

感觉记忆中的信息如果被注意和处理，就会进入短时记忆系统，而且这些信息可以保持在一种随时被进一步处理的状态。也就是说，短时记忆系统中的信息可以自动而迅速地被提取，一旦需要对新输入的信息予以解释，长时记忆系统中的信息也可带入到短时记忆系统中来。实际上，短时记忆是这样一种即时的信息处理状态：从感觉记忆和长时记忆系统中获取的信息被带到一起同时处理。短时记忆系统中的信息经适当处理，一部分会转移到长时记忆系统，另一部分则会被遗忘。

（3）长时记忆

长时记忆是指记忆信息保持时间在1分钟以上，直到数年乃至终生的记忆。人们日常生活中随时表现出的动作、技能、语言、文字、态度、观念，甚至有组织、有系统的知识等，均属于长时记忆。

长时记忆系统被认为是语意和视听信息的永久贮存所。各种事件、物体、处理规则、事物的属性、感觉方式、背景资料等，均可贮存在长时记忆系统中。与短时记忆相比，长时记忆的容量是相当大的，甚至被认为是无限的。不仅如此，长时记忆系统中的信息是以类似于网络结构的方式有组织地贮存的。科林斯（A.M.Collins）等学者提出了层次网络模型、集合论模型、特征比较模型、人的联想记忆模型来解释这种信息的贮存。

3.记忆规律——遗忘及其影响因素

遗忘是对识记过的内容不能再认和回忆，或者表现为错误的再认和回忆。从信息加工的角度看，遗忘就是信息提取不出来，或提取出现错误。

最早对遗忘现象进行实验研究的是德国心理学家艾宾浩斯（H.Ebbinghaus）。艾宾浩斯以自己为被试对象，以无意义音节作为记忆材料，用时间节省法计算识记效果。艾宾浩斯曲线表明了遗忘变量与时间变量之间的关系：遗忘进程是不均衡的，在识记的最初一段时间遗忘很快，以后逐渐缓慢，过了一段时间后，几乎不再遗忘。可以说，遗忘的发展历程是先快后慢，呈负加速型。

除了时间以外，识记材料对消费者的意义、识记材料的性质、识记材料的数量、识记材料的位置、学习的程度、学习时的情绪等均会对遗忘的进程产生影响。

（1）识记材料对消费者的意义。不能引起消费者兴趣，不符合消费者需要，对消费者购买活动没有太多价值的材料或信息，往往遗忘得快；相反，则遗忘得较慢。例如，同是看有关计算机的宣传材料，对于准备购置计算机的消费者与从未想到要购置计算机的消费者，两者对所记信息的保持时间将存在明显差别。

（2）识记材料的性质。一般来说，熟练的动作遗忘得最慢。贝尔（Bell）发现，一项熟练技能在一年后只遗忘了29%，而且稍加练习即能恢复。有意义的材料较无意义的材料、形象突出的材料较缺乏形象性的材料遗忘得慢。莱斯托夫效应（Restoff Effect）则从一个侧面反映了学习材料的独特性对记忆和遗忘的影响。所谓莱斯托夫效应，是指在一系列类似或具有同质性的学习项目中，最有独特性的项目最易获得保持和被记住。对于广告主来说，要使广告内容被消费者记住并长期保持，广告主题、情境、图像等应当具有独特性或显著性，否则广告内容可能很快被遗忘。广告中经常运用对比、新奇性、色彩变化、特殊规模等表现手法，目的就是突出宣传材料的显著性。

（3）识记材料的数量。识记材料的数量越多，识记后遗忘的就越多。实验表明，识记5个材料的保持率为100%，10个材料的保持率为70%，100个材料的保持率为25%。

（4）识记材料的位置。一般而言，系列性材料的开始部分最容易被记住，其次是末尾部分，中间偏后的内容最容易被遗忘。之所以如此，是因为前后学习材料相互干扰，前面的学习材料受后面的学习材料干扰，后面的学习材料受前面学习材料的干扰，中间学习材料受前、后两部分学习材料的干扰，所以更难记住，也更容易遗忘。

（5）学习的程度。一般来说，学习强度越高，遗忘的内容越少。学习强度达到150%时（即过度学习），记忆效果最佳；低于或超过这个限度，记忆的效果都将下降。所谓过度学习，是指学习一种材料在达到恰好能背诵后仍继续学习的状况。

（6）学习时的情绪。心情愉快时习得的材料，保持时间更长；而焦虑、沮丧、紧张时所学习的内容，更容易被遗忘。

资料链接2-4

两项试验

美国学者斯鲁尔（T.Srull）通过将被试者置于过去的某些经历中，使被试者处于三种情绪状态，即积极的情绪、消极的情绪和中性的情绪。随后向被试者呈现一则关于马自达跑车的印刷广告，并要求被试者在阅读该广告时形成对该跑车的整体印象。48小时后，这些被试者被要求对这种跑车做出评价。结果发现，阅读广告时处于积极情绪状态的被试者对该跑车的评价最高，其次是处于中性情绪状态的被试者，而处于消极情绪状态的被试者对该跑车的评价最低。由此说明，信息获取时的情绪状态对信息如何被编码具有直接影响。在戈德伯格（M.Goldberg）和戈恩（G.Gorn）所做的一项试验中，一些被试者看喜剧类电视片，另一些被试者看悲剧类电视片，两则电视片中均插播同一内容的广告。结果发现，看喜剧片的被试者较看悲剧片的被试者能回忆起更多的广告内容。这一结果的一种可能解释是，积极的情绪状态会使消费者从记忆中提取出更为广泛和更加完整的各类知识，从而有助于对当前输入信息进行编码。

4.互联网对记忆的影响

（1）网络改变了人的记忆模式。一个成年人并非完全通过遗传确定个性和智力水平的；相反，神经是可塑的。实验证明：某人从事某个特定活动的频率越高，神经通路负责执行这项活动的能力就越强；忽略其他区域，其他神经回路将会相应变得衰弱。互联网时代新"阅读"方式是用户们在标题、内容页和摘要之间进行着一视同仁的"海量浏览"，以求快速得到结果，匆忙地阅读，草率并浅层次地进行思考。因此科学家认为，网络已经改变了人类思维方式，降低了大脑集中精力的能力，减少了深度思考的频率。

资料链接2-5

谁在制造朋友圈"标题党"

"速看，马上停播！""内部资料，多少钱都买不到""名人离世，原因让人震惊！"……在微信群、搜索引擎以及各类信息平台上，时不时就会遇到这类标题夸张的文章链接，而点击进入后，文章内容往往名不副实，有所夸大，甚至一些文章内容为谣言。

究竟是谁在制造这些"标题党"文章。近日，新京报记者随机抽样收集了30条标题用词夸张，并在微信、朋友圈流传的公众号文章，这些文章中，有22条内容夸大、5条谣言、3条文不对题。发送这些文章的公众号运营者中，21个为公司运作，9个则为个人所有。

记者穿透多个运营"标题党"文章的公司股权发现，不少公众号的实控人名下控制有多家小微公司，每个公司旗下均有不同的公众号，这些公众号互相推送，通过多级跳转互相增加点击量，最终通过发布广告、软文或导流至自己名下的充值小说站获利。

根据"腾讯网络安全与犯罪研究基地"发布的文章，目前依然沿用这些套路在网络上散播"标题党"内容的人，主要是通过违法广告进行流量变现。

夸张、惊悚的标题：从低俗暗示到养生谣言，夸张标题引诱点击

"每次打开家族群，总会有长辈发送各式各样的'标题党'文章，大部分都是各类伪科学。"有网友向记者抱怨。

根据该网友提供的公众号链接，记者发现确实有不少公众号发布的文章标题夸大，甚至有不实内容。例如一篇题目为《5颗就能要人命？正大量上市，你肯定吃过！赶紧看》的文章，其内容为转载某地方电视台的新闻报道，讲的是吃樱桃核中毒的一则案例，但该文章将此断章取义为"5颗（樱桃核）就能要人命"。记者查询小程序"微信辟谣助手"发现，该条信息为谣言。

夸大是标题党文章的最典型特征，而夸大与生活息息相关的事情，更易获得读者关注。

记者在一个主要成员为城市老年人的微信群中看到一则名为《央视沉痛播放，住电梯房的都看看吧》的微信公众号文章，文章内容是由一起电梯坠落事故引出的安全乘坐电梯指南，但该文章全篇没有提及央视，更未有"沉痛播放"的桥段。

新京报记者统计发现，这些公众号除了文章标题夸大外，公众号名称也往往向"高大上"的方向走，如"高层内部参考精选""学习兴国""世界时政网"等。但据记者调查，这些颇具政府色彩的公众号背后的运营者往往是个人或小公司，如"高层内部参考精选"的运营者显示为"平阳县林培添理发店"。

"这类公众号和低俗文章大多有一些共同特点：公众号名称大都与'政商''养生''保健'有关，比如'政商参考''政史大爆料''健康排毒'等，关注了公众号会发现其文章大体雷同，不少属于低俗标题党，打开后经常只是一个跳转链接，或者是一个二维码，有的会提示'因文章内容过于敏感，需要入群才可浏览'；有的使用一些性暗示、低俗标题吸引眼球，但点开进入后往往没有具体内容，有时在文章末尾或者标题下方显眼处提示'只有关注才可以看到具体内容'。"腾讯方面表示。

此外，记者发现，目前使用直接插入视频，再配一段文字的方式发文成了不少

"标题党"公众号运营者喜爱的发文章方式。但公众号配上的文字往往曲解夸大了原视频的内容。

公众号的"接文案"变现之路：一万粉丝200元，可用诱导性标题

记者发现，这些文章往往只是吸引粉丝的手段，公众号吸引流量，为的是变现。

在记者随机选取的10个发布"标题党"文章的公众号中，有9个公众号存在变现痕迹，变现方式包括接文案推广、微信自带广告和书城充值导流等。

上述多种变现方式中，接广告主文案推广是这类公众号最直接的变现形式。值得注意的是，这类广告主花钱推广的文章本身往往也是"标题党"，因此读者很难将其与微信公众号底端注明"推广"字样的广告区分开来。

例如，一家日常推送生活服务类文章的公众号，某日发布了一篇题为《千万不能再乱喝蜂蜜了，知情人士远赴深山，揭开行业真相！》的文章，记者发现，该文章并未提供任何能够"揭开行业真相"的证据，但却在文章最后附上了一个蜂蜜销售的二维码。

这类广告推广形式在业内被简称为"接文案"。7月7日，记者联系某公众号经营者咨询后得知，其可以通过"接文案"的方式为广告主发布推广文案，且在发布后并不会注明"推广"字样。发布文案的价格为"订阅号200元每一万粉丝，服务号700元每一万粉丝"。

7月7日，记者向某"标题党"公众号表示出"商务合作"意向后，对方表示，其运营有数量较多的小型公众号，"粉丝数量大多1万到3万，都是中老年活跃粉，几百元即可做一次推广"。当被问及何种广告转化率较高时，其表示"针对中老年的保健滋补品效果比较好"。

与正规媒体发软文时往往要注明"推广"字样不同，绝大多数此类公众号发布的推广文案均没有"推广"标识。"只要条件符合，我们还能给你的文案标原创，价格是4000元。"7月7日，一名拥有13万粉丝的健康类公众号运营者对记者表示。

背后的利益链条：一个团队控制19家公司，互相导流

除了卖广告以及做软文推广外，还有一些拥有多个公众号的运营团队通过互相导流，多级跳转的方式最终将这些有夸张、惊悚标题的文章的流量吸引到了自己的小说站，通过阅读小说充值的方式实现流量变现。

在记者随机抽选的10个公众号"标题党"文章里，有7家公众号为公司运营。记者查询工商信息发现，这些公司的实控人往往旗下拥有多家类似小微公司，形成"公众号矩阵"，而每个"标题党"文章的背后，均会导流到自家小说站实现变现。

例如《5颗就能要人命？正大量上市，你肯定吃过！赶紧看》的"标题党"文章，其运营团队为广州一家网络传媒有限公司。记者对该公司进行股权穿透发现，这家公司的实控人旗下共有19家注册资本在3万元左右的小微公司，且这些公司旗下大多有公众号。

记者发现，这些公众号的首页一般会设置一些颇具诱惑性的点击选项，如"粉丝福利"等，选项的背后往往是情节精彩的小说，而在小说末页，则会弹出"扫描图片二维码，关注公众号继续阅读"的选项，将读者导流至拥有充值功能的小说站公众号。根据工商资料，记者发现该小说站公众号与上述"标题党"公众号的运营团队实控人为同一人，这就形成了多个"标题党"公众号向一个小说站公众号导流，并最终变现的一条"标题党变现产业链"。

"实际上，由于接外部广告的不稳定性，导流给自己的产品是'标题党'们生财的最稳定渠道，而对没有产品的新媒体运营人员，做小说站和漫画站是最省事、见效最快的变现渠道。"有熟悉公众号运营的人士对记者表示。

新京报记者点击某"标题党"公众号导流跳转的小说站发现，在该小说站阅读一章小说要花费33"书币"，而充值的方式为"30元3 000书币"。这意味着看三章小说就要花费1元钱。而在该站排名靠前的小说有700多章，如果读者充值看完全部小说，可能要花费超过230元钱。

腾讯方面表示，在对2018年腾讯关停的低俗公众号和文章抽样分析时发现，大多数低俗、时政类文章同标题、同内容，其背后是数千个批量注册、互有关联、注册资金不足10万元的小微公司。2018年12月，某地方网信办联合腾讯公司安全管理部，封停发布低俗和政治谣言信息的"秘史纵览""密案揭露"等公众号。查证发现，这些公众号的实际运营团伙，共控制了12家小微公司，注册了104个公众号。

"2019年至今，微信团队处理违规小说账号6.6万个以上。其中永久封禁3 900个。"7月5日，微信团队对记者表示。

资料来源：罗亦丹. 速看、紧急、震惊……谁在制造朋友圈"标题党"文章？[EB/OL]. [2019-07-12]. http://www.xinhuanet.com/local/2019-07/12/c_1124742204.htm.

（2）互联网下大脑工作模型对生活的颠覆。加州大学记忆与衰老研究中心主任盖瑞曾经对"60后""70后""80后""90后"这些不同年代的人进行大脑扫描研究，结果发现："60后"至"80后"擅长真实的交往，用面部传递信息，互相猜测对方心里的想法；"90后"这一代人尤其是"95后"的特点是擅长虚拟的交往，需要你直接告诉他"你在想什么"，而不是让他去猜"你在想什么"。这导致他们的生活方式、恋爱方式、沟通方式的不同。过去的大脑工作机制：先产生兴趣，再维持注意力，最后充分体验。互联网下大脑工作机制：去掉前奏，直接到中枢神经，直接到大脑快感中枢。商家发现最好的挣钱工具是把握人们喜欢美好事物的本性，并对此进行刺激。更多实验表明，人的记忆更多的是分布式存储（大脑某一地方受伤之后，大脑的其他区域很快会补偿这块），大脑呈网状联系，100亿神经细胞会产生联网效应。这种分布式储存，意味着在互联网上的每一个人，都在替互联网储存着一些东西——就是所谓的痛点，或者称群体记忆。某一事件如果能与人们平时储存着的痛点相呼应，就会吸引他的注意力，产生涌现现象，一涌现就火了。如关于北京交通的《五环之歌》这么火，与北上广的交通痛点直接相关，激起了人们对交通拥堵的群体记忆。因此，要想产品设计受欢迎，信息能广泛有效地传播，关键是刺激人们大脑中储存的痛点。

此外，网络已变成了一个"个人记忆银行"。一项哈佛大学的研究表明，如果我们对于互联网共享信息的高度依赖越来越严重，我们极有可能将来自互联网的外部信息误认为我们自发产生的信息。这不是对我们记忆力的直接损伤，而是更可怕的对我们"记忆源头"的影响。互联网上大量存在的信息会让我们产生一种"知晓感"，事实上，很多时候我们对于某种信息只有很模糊的概念，根本称不上是"知晓"。有这么一个实验：被试者被要求完成一个小测试，一半的人可以使用谷歌搜索答案，另一半的人没有辅助资料。测试有三种难度的题型：简单题、中等题和难题。完成测试之后，被试者被告知会进行二次测验，需要对自己的表现做出预估。除了基本无须搜索的简单题，使用谷歌的实验组对中等难度和高难度题型的成绩的预估都要比没网的对照组要高。随着人脑计算机接口逐渐成为世界范围内广泛研究的课题，科技的快速进步，人脑植入芯片开始在相关领域研发实验，这将更是颠覆性的改变。

做一做

一、感知觉规律在商店布局、商品陈列、包装和定价中的运用

（一）感知觉规律在商店布局中的运用

商店布局是指商店运营不在营业面积的大小，关键在于如何充分利用销售空间，争取更大的经济效益。商店布局不仅是营业场地的平面布局，还有相当大的立体空间布局。商店布局是否合理，对商店生意的好坏是至关重要的。

1.观察每种商业业态（百货店、超市、便利店）两家以上，根据观察分析，尝试回答以下问题：

（1）百货店的化妆品销售区域一般在商店的什么位置？

你认为商家选择这一区域主要基于哪些理由？

（2）超市特价促销的堆头（促销商品堆放）一般放置在何处？

你认为商家如此安排主要基于哪些理由？

（3）便利店货架除了靠墙外，如需放在中间，一般是横向放还是纵向放？

你认为商家如此安排主要基于哪些理由？

2.观察每种商业业态（百货店、超市、便利店）两家以上，找出商店布局中利用感知觉规律的三种做法。

（1）

（2）

（3）

（二）感知觉规律在商品陈列中的运用

商品陈列是指以产品为主体，运用一定的方法和技巧，借助一定的道具，将产品按销售者的经营思想及要求，有规律地摆设、展示，以方便顾客购买、提高销售效率的重要宣传手段，是销售行业广告的主要形式。合理地陈列商品可以起到展示商品、刺激销售、方便购买、节约空间、美化购物环境等重要作用。据统计，店面如能正确运用商品的配置和陈列技术，销售额可以在原有基础上提高10%。

1.观察各类商店的商品陈列，尝试回答下列问题：

（1）超市面包陈列区与其他区域使用的灯光（或灯罩）有何不同？

你认为商家如此安排主要基于哪些理由？

（2）超市（或商店）陈列的电视通常是何种状态（开或关）？

这种状态陈列利用了何种感知觉规律？

哪些商品的陈列也可采用这种方式（请列举三种)？

2.调研：

（1）与服装导购员进行一次沟通，了解利用模特出样的衣服与只挂（或放）在货架上的衣服的销售情况是否相同？为什么？服装导购员通常如何安排衣服？

（2）任选超市的一类商品，观察超市货架的高层、中层、底层摆放商品的品牌（或品种）是否有区别？有何规律？为什么？

（三）感知觉规律在商品包装和定价中的运用

包装是指为了在流通过程中保护产品、方便储运、促进销售，而采用的容器、材料及辅助物等的总体名称，也指为了达到上述目的而在采用容器、材料和辅助物的过程中施加一定技术方法的操作活动。一般来说，商品包装包括商标或品牌、形状、颜色、图案、规格和材料等要素。

定价是企业的市场营销策略之一，主要研究商品和服务的价格制定和变更策略，以期获得最佳效益。

在超市任选洗衣粉、牙膏等日化用品，或味精、酒、饮料等食品，回答下列问题：

（1）观察不同品牌相似规格（重量或容量）商品包装上的重量或容量的标注有何不同？

（2）观察同一品牌不同规格（重量或容量）商品包装上的重量或容量的标注有何不同？

你认为商家如此安排主要基于哪些理由？

（3）任选一种商品，写出该商品不同品牌的销售价格：

如果某品牌（任选）想降价促销，你的建议价格是：

如果某品牌（任选）因成本因素想提价，你的建议价格是：

为什么如此建议？

（四）感知觉规律在网店店铺设计中的运用

网店店铺设计包括店铺的标志、店铺的风格、宝贝的分类设计、店铺公告等，涉及模板、背景色、主题色的选择搭配和宝贝页面设计等。

（1）选择两家网店，对网店主页面截图并分析点评其店铺标志和店铺风格。

（2）结合感知觉规律，选择这两家网店中你认为设计比较好和一般的宝贝页面，截图并进行点评分析。

二、注意和记忆在商标设计、商品陈列中的运用

商标是用来区别一个经营者和其他经营者的商品或服务的标记，由文字、图形、字母、数字、三维标志、声音、颜色等组成，一般包括商标名称和标志。根据消费者的认知规律，商标名称要易认、易读、易懂、易记，要有寓意；商标标志要醒目，易于识别，富于联想。

（一）注意和记忆在商标设计中的运用

1.在众多消费品品牌（或商标）中，找出你认为最容易记的三个商品商标的名称：

最容易记的原因主要是：

2.在众多消费品品牌（或商标）中，找出你认为最容易识别的三个商品商标的标志：

最容易识别的原因主要是：

3.如果你要在校园创业场所或学校附近开一家小吃店，分析目前各小吃店的类型、店名、规模、店面设计，为你的小吃店设计一个店名（商标名称）和店面标志（商标标志），并说出理由：

（二）注意和记忆在商品陈列中的运用

1. 观察超市的促销（有优惠或推广活动的）商品，商家采用什么方法吸引消费者注意该促销商品？

2. 北京王府井百货大楼最近亮出新招，把南京羽绒厂的充绒"车间"搬进了商场。这个现场充绒"车间"有15平方米，透过全封闭铝合金玻璃窗，3位工人称绒、充绒、缝纫的一举一动，顾客一目了然。含绒量有50%、70%、90%三种，重量可多可少，高密度防绒布袋有七种颜色和图案可供选择，"车间"外围满了顾客。有的人说："这家厂真会做生意！"也有的人说："生意就该这么做！"实践证明，羽绒被的日销售额是原来的6倍。北京王府井百货大楼卖羽绒被是靠什么来吸引消费者注意？

这一思维还可以运用到哪些商品的布局和陈列中？

请对其中一种商品进行类似的方案设计。

效果评价

消费者一般心理活动分析的效果评价参考表见表2-2。

表2-2　　　　　　消费者一般心理活动分析的效果评价参考表

评价形式	评价内容	分值
态度	认真按要求独立完成观察	20分
能力	观察仔细并能正确归纳不同业态的布局规律	50分
	能正确分析不同业态布局规律的依据	10分
	能正确理解感知觉规律，并学以致用	20分
合　计		100分

子情境2 消费者的个性心理特征分析

子情境目标

知识目标：了解消费者气质、性格、能力的定义，熟悉消费者气质、性格、能力的类型及其特征，正确理解不同消费者气质、性格、能力表现出的消费行为特点。

能力目标：能根据消费者不同气质、性格、能力的类型特征，识别特定消费者主导的气质、性格、能力类型，采用合适的沟通方法，引导消费者的购买行为。

素质目标：通过对气质、性格类型的判别，培养对人的观察能力和分析能力。通过小组学习和汇报，提高沟通能力；正确认识自我，勇于正视自己的优势与不足，谦虚谨慎，扬长避短；学会与人相处，培养团队归属感。

子情境导入

从站姿看客户性格

1. 双手习惯性地插入裤兜。客户保持这个姿势，并不是为了装酷，而是警觉性较高的表现。这类人一般具有较深的城府，性格方面偏内向、保守，不轻易向人表露内心的情绪，不善言辞。如果客户在保持这个站姿的同时还伴有弯腰的动作，则表明其当前心情苦恼或沮丧。这时候，如果没有十足的把握，销售员最好不要滔滔不绝地向客户进行推销，而应该换个时机再来。

2. 一只手插入裤兜，而另一只手放在身旁。这类客户一般情绪不稳定，性格复杂多变，在对待他人的时候情绪也会不断变化。因此，在实际交往中，他们有时会亲密地与你倾心交谈，推心置腹，有时却冷若冰霜，表现出一副让人难以接近的样子。这类客户的自我保护意识很强，像是给自己装了一道"防火墙"，因此，这类人的人缘一般都不是特别好。

3. 屈背弯腰、站立姿势略显佝偻。一般来说，这种客户属于比较封闭、保守甚至有点自闭的类型，他们自我防卫意识非常强，经常惶恐不安，他们对生活很难抱有较大的兴趣，精神上也非常消沉。因此，在对待这类客户的时候，销售员要想办法将自己的产品和积极向上的生活、情趣制造联系，让他们感觉到你卖的不是商品，而是希望。

4. 双目平视站立。这种站立姿势非常标准，表明这种客户性格比较开朗，信心充足，会让人感觉气场很强。这类人通常比较注意个人形象，如果客户在保持这种站姿的同时再配合胸部挺起、背脊挺直的动作，则说明他们属于乐天派，对自己的生活充满积极的向往。对待这类客户的时候，销售员应该以真诚的话语打动他们，更多地去考虑客户的需求和意愿。

5. 站立时双手交叠于胸前。这种客户面对陌生人时的自我保护意识比较强，与非常熟的朋友也会保持距离，经常给人一种难以接近的感觉。但与第一种情况不同的是，这类人一般非常坚强，他们具有很强的韧性，即便遭受很大打击，他们也能迅速振作起来，因为他们认为没有迈不过去的坎。但这类人也有不足之处，他们对于自己的利益过分看重，集体意识不强，往往因此而对集体利益造成损害。总而言之，这是一类不太好接近的人，这类客户如果在与你谈话时身体微微向一边倾斜，则表明他对你不感冒，你最好赶紧找个理由离开。

6.双手叉腰而立。这种客户有非常强的自信，他们对身边发生的事情往往能随时做好准备应对。这是一种开放型的动作，没有一定气魄的人并不容易做到习惯性地双手叉腰而立。在面对这类客户的时候，销售员最好给客户留下足够的选择空间，让客户感觉销售决定是自己做出的，这样他们才会对销售过程有满意的评价。

7.双手置于臀部站立。这种客户有非常强的自我意识，他们处事小心谨慎，绝对不会有马虎之举，对自己认定的事情也绝对不会轻易改变，这类人一般都具有出色的领导能力。但这类人的缺点就是有时主观性太强，性格倔强，甚至有些顽固，因此销售员需要用足够的耐心来对待这类客户。

8.双手握于背后站立。这种客户一般具有较强的纪律性，看重权威的力量，在工作方面认真负责，最不能容忍的就是欺诈隐瞒等行为。这类人极富耐心，而且对于新观点和新思想比较容易接受，但这类人的缺点就在于他们遇到事情时的情绪波动会比较大。

9.双脚合并，双手垂置身旁站立。这种客户诚实可靠，比较保守、传统，甚至有些古板，墨守成规，不会有太大的突破，对新鲜事物的接受理解能力有些欠缺。但他们很有毅力，绝对不会轻易向困难低头。因此，面对这类客户时，销售员要对客户进行耐心、积极的引导，在确定他们真正需求的基础上为其推荐合适的产品。

10.双手相握于胸前站立。客户的这种站立姿势一般是对现状满意的表现，一般来说，他们对正在做的事情成竹在胸，非常有把握，或者是对自己所做的一切踌躇满志，信心十足。这种客户通常是公司的业务骨干，他们对将要发生的事情有很好的预估和掌控能力。与这类客户接触时，销售员要尊重客户的意愿，尽量不要试图去与他们辩论或争辩。

11.双腿交叉站立。如果客户采用这种站姿，则说明其持有保留态度或稍有拒绝的意思，同时也能暴露出这个人感到拘束，缺乏自信心；如果对方是初次见面的陌生客户，应当选择轻松的话题开始谈话，并尽量用产品突出的优势去获得他们的信任。

12.双脚并拢，双手交叉站立。这种站立姿势的客户大多谨小慎微，缺乏进取心。但他们的优点就是韧性非常强，追求完美，往往是平静而顽强的人。在与这类客户接触时，销售员要尽量给他们提供性能较好的产品，而对于存在瑕疵的产品，销售员也最好提前告知，因为，一旦被他们自己发现，就会失去这次交易机会。

13.站立时倚着其他的东西。有这种表现的客户多是因为一时失意而心情不好的人，但他们在对待别人时一般比较友好，说话比较坦白，也较容易接受别人的观点。对待这类客户的时候，如果销售员能够给他们推荐最适合他们的产品，他们会对销售员很感激。

14.站立时姿态不断改变。这种客户一般来说性格急躁，他们身心可能经常处于紧张状态，另外，他们的思想观念也会经常发生改变，没有一个固定的想法，是个不折不扣的行动主义者。但在生活方面，他们喜欢接受新的挑战，具有创新精神。面对这类客户，销售员不妨为他们推荐一些有创新元素、新款的产品，这样的产品更容易获得他们的青睐。

资料来源：佚名. 帮你一眼看穿客户性格的销售技巧和话术心理学［EB/OL］.［2023-03-17］.https：//jingyan.baidu.com/article/2c8c281db6a2960008252aac.html.

问题：

1.性格通常有哪几种类型？各有什么特征或表现？

2.上述站姿如果进行性格归类，分别属于哪些类型？

3.除站姿外，还可以从哪些方面入手来判定一个人的性格？

问题讨论提示

■ 学一学

消费者之间的行为存在着明显差异。面对同一种消费刺激，即使处于同一社会环境中，属于同一民族、年龄、职业和社会阶层，不同的消费者也经常会表现出相异的反应方式和行为表现。这说明消费者个体对外部因素的作用具有选择性，这种选择性来自个体心理的差异性因素，即个性心理因素。个性是指个人带有倾向性的、本质的、相对稳定的心态特征，包括气质、性格、能力等方面。它的形成基础很复杂，体现了消费者个体的独特风格和心理活动。正是因为不同的消费者有不同的个性心理特征，才使得其购买行为复杂多样、变化多端，同时也显示出了不同的消费者独有的风格和特点。例如，面对消费时尚，有的消费者亦步亦趋，从众逐流；有的消费者固守己见，不为潮流所动。选购商品时，有的消费者审慎思考，独立决策；有的消费者盲目冲动，缺乏主见。

心理学认为，人的个性是在先天生理因素的基础上，在后天社会环境的影响下，通过其本身的实践活动逐步形成和发展起来的。

一、消费者的气质

（一）气质的含义及基本特征

心理学中的"气质"与日常生活中所讲的"气质"是两个完全不同的概念。在日常生活中，我们评价某人"气质优雅"或"毫无气质"，一般是指一个人办事的风格和风度。

心理学中的气质是指个体心理活动典型而稳定的动力特征，是一种人类高级神经活动类型。气质主要表现为三个方面的内容：一是心理活动的速度和稳定性，如知觉的速度、思维的灵活程度、注意力集中时间的长短等；二是心理活动的强度，如情绪的强弱、意志努力的程度等；三是心理活动的指向性，如倾向于外部事物，从外界获得新印象，或是倾向于内部事务，喜欢体验自己的情绪等。

气质具有以下基本特征：

1. 先天性

先天性是指每个人一出生就表现出的某种气质特点。

2. 差异性

受先天遗传因素的不同以及后天生活环境的差异影响，不同的气质类型存在着很大的差异。

3. 稳定性

气质一经形成，受其他因素的影响不大，有一定的稳定性。

4. 变化性

气质并非不发生变化，受后天环境和教育等实践因素的影响，也会发生某些变化，但变化缓慢且渐进。

（二）气质的类型

公元前5世纪，古希腊医生希波克拉底提出了气质的血液学说，随后又相继产生了各种气质理论。但是，最具有代表性的还是希波克拉底的血液学说和巴甫洛夫的高级神经活动学说。

1. 气质的血液学说

希波克拉底认为，人体内有黄胆汁、血液、黏液、黑胆汁四种液体，而人的行为方式是由这四种液体在人体内所占的比例决定的。据此把人的气质分为四种类型：在液体的混合比例中，黄胆汁占优势的人属于胆汁质；血液占优势的人属于多血质；黏液占优势的人属于黏液质；黑胆汁占优势的人属于抑郁质。他们的典型特征表现如下：

（1）胆汁质者：直率、热情、精力旺盛，但易冲动，心境变化剧烈，脾气暴躁。

（2）多血质者：活泼、好动、敏感、反应迅速，但注意力容易转移，兴趣广泛却不持久，情绪变化快。

（3）黏液质者：安静、稳重、沉默寡言，善于克制忍耐，情绪不易外露，注意力稳定，但惰性较强、反应缓慢。

（4）抑郁质者：情绪体验深刻，善于细心觉察别人不易觉察的事物和人际关系，但性格孤僻、行动迟缓、敏感多疑。

图2-9为一顶帽子的漫画。

胆汁质

黏液质

抑郁质

多血质

一顶帽子（漫画）　　　　　　　　[丹麦]　皮特斯特鲁普　作

图2-9　一顶帽子的漫画

资料来源：佚名. 人的四种气质类型和四种血型性格辨析［EB/OL］.［2012-12-25］. http：// blog.sina.com.cn/s/blog_b384243f01017zlh.html.

2. 气质的高级神经活动学说

20世纪20年代末，著名心理学家巴甫洛夫利用条件反射法揭示了高级神经活动的规律性和神经过程的基本特征，对气质进行了科学的阐述，提出了气质的高级神经活动学说，为气质学说的研究提供了生理学基础。他发现，人的高级神经活动的兴奋过程和抑制过程在强度、平衡性、灵活性等方面具有不同的特点，这些特点的不同组合就形成了人的不同神经活动类型，表现在人的行动方式上就是气质。巴甫洛夫划分出的高级神经活动类型有四种：

（1）强而不平衡型（兴奋型）：容易兴奋而难以抑制。这种人的情绪发生快而强，易于激动，自制力差，言谈举止和表情神态都会有暴躁、狂热的表现。

（2）强而平衡的灵活型（活泼型）：兴奋和抑制基本平衡，灵活性强。这种人的行为敏捷、反应迅速，兴奋与抑制之间的转换也快，对环境的适应性较强，但浮躁、轻率。

（3）强而平衡的迟缓型（安静型）：兴奋和抑制基本平衡，但灵活性弱。这种人反应较慢，行动迟缓，惰性较强，不易受环境因素的影响，坚毅而执拗。

（4）弱型（抑制型）：兴奋和抑制都很弱。这种人胆小而易伤感，心理承受能力差，言行谨小慎微，孤僻。

巴甫洛夫指出，这四种类型就是传统划分胆汁质、多血质、黏液质、抑郁质四种气质类型的神经生理机制。

（三）不同气质类型消费者的购买行为表现以及接待注意事项

气质是典型而稳定的个性心理特征，对人的行为活动方式的影响比较深远，特别是气质的四种类型，在购买活动中被充分地表现出来，使得消费者的购买行为丰富多彩、各具特色。

二维码2-10

不同气质人群的
个性配色方案

1. 胆汁质类型的消费者

这类消费者感受性弱而耐受性高，情绪变化剧烈而抑制力差，对外界事物反应速度快但不灵活，可塑性差，外倾性明显，表现为直率、热情、易冲动、暴躁。这类消费者的神经过程呈现稳定性、均衡性，往往产生冲动型购买，在购物中喜欢标新立异，追求新款、奇特、具有刺激性的流行商品，一旦决定购买就不会动摇，只要见到这种商品，就会毫不犹豫地迅速要求成交，而不善于比较和思考，缺乏深思熟虑。如果购物时需要等待或者服务人员言行怠慢，就会激起烦躁的情绪甚至激烈的反应，体现出冲动型的购物行为特点。接待这类消费者，要求服务人员眼疾手快，及时应答，并迅速递上他们所需要购买的商品，做好必要的解释，如商品性能、使用方法等，多向他们介绍一些新产品的使用功能，以引起他们的注意和兴趣。总之，服务人员要以同样充沛的精力快而准地接待他们，并辅以柔和的语言和目光，做到礼让三分，使消费者的购物情绪达到最佳状态。

2. 多血质类型的消费者

这类消费者感受性弱而耐受性较高，情绪兴奋性高，外部表现明显，对外界事物反应快，灵活性、可塑性强，表现为活泼、好动、开朗、善交际、注意力易分散、兴趣和感情变化快。这类消费者对购物环境及周围人物的适应能力强，因此有时在嘈杂的人声和较多的顾客中也能应付自如，并乐于向服务人员咨询所需购买的商品，甚至言及他事，他们一般谈吐风趣，并不会使对方反感。这类消费者的购买目标往往容易转移，因为某种商品又吸引了他们，使之"移情别恋"，富于想象，体现出想象型和不定型的购物行为特点。接待这类消费者，服务人员要分两种情况：一种是他们询问商品价格、质量、性能时要有问必答，不厌其烦，使他们能高兴而来，满意而归；另一种是如果他们的聊天有些离题，应礼貌风趣地进行指点，使他们专注于商品。服务人员应尽量帮助他们缩短购买商品的过程，当好参谋，以博得顾客的好感。这类消费者比较容易听取意见和转变态度，因此如果处理得当，就不会引起不悦。

3. 黏液质类型的消费者

这类消费者感受性差而耐受性高，情绪兴奋性低而抑制性较强，内倾性明显，反应速度慢且不够灵活，具有稳定性，表现为行动迟缓、少言、细致、固执而有惰性。这类消费者的神经过程呈现均衡性，自制力较强。他们在购买行为中表现得心中有数，对商品比较了解，不屑于过多地询问，更不会与对方谈论与商品无关的话题。在挑选商品时，表情不明显，态度、动作比较认真，很少受外界的影响，对自己喜欢和熟悉的商品会产生连续购买的行为，体现出理智型的购物行为特点。接待这类消费者时，服务人员要有的放矢，避免过多的语言和过分的热情，因为这样会引起反感。同时，要适当允许这类消费者有自己思考和挑选的余地，对他们的谨慎小心应给予充分理解、支持和信赖，用文明和礼貌构筑起信任的桥梁，使他们再次惠顾。

4.抑郁质类型的消费者

这类消费者感受性强而耐受性低，严重内向，反应速度慢且不灵活，情绪兴奋性高，内心体验深刻，表现为刻板、羞涩、敏感、孤僻、防御性强。这类消费者在购买行为中的心理状态比较复杂、矛盾，对周围事件很敏感，哪怕是对方无意的动作或眼神，都会对其有影响。因此，他们购买动作拘谨，有时对服务人员的介绍表示过多的附和与信赖，有时则对服务人员的介绍犹豫不决，甚至不信任，全凭自我的心理评价定夺，体现出谨慎、敏感的购物行为特点。面对这类消费者，服务人员应更加温和细致，打消他们的顾虑，鼓励他们大胆试穿、试用商品，迅速拿定主意。如果他们优柔寡断或放弃购买，也应以礼相待，欢迎他们再来购买。总之，接待中要善于察言观色，捕捉他们反映的细枝末节的问题并做好应对准备，使他们在平和愉快的气氛中购物。

以上分析的是具有典型气质特征的消费者在购买活动中的行为表现，但实际情况远比上述四种类型要复杂得多。因为消费者的气质多介于各种类型之间，再加上外界条件的影响，使得气质显露出的特征各不相同。我们研究消费者的气质，主要是观察和判定消费者具有哪些气质特征，从而揭示其购买活动规律，有针对性地提供各种服务，更好地满足消费者的需求。

二、消费者的性格

（一）性格的含义及其形成

性格是人的个性中最主要的心理特征，人和人之间的差别首先表现在性格上。性格是人们在对待客观事物的态度和社会行为方式中，表现出来的稳定倾向。性格是在个人生理素质的基础上，在家庭、集体、社会的影响下，在和周围环境相互作用的过程中，通过个人的认识、情感和意志活动逐渐形成的个人一定的态度体系。

性格是一个人本质属性独特、稳定的结合，比气质更能反映出一个人的心理面貌。性格和气质存在着互相渗透、互相作用的关系，两者都是以高级神经活动类型为生理学基础，气质可以影响性格，性格则在一定程度上能掩盖和改造气质。两者的区别主要是：第一，存在的客观基础条件不同。气质的形成直接取决于人的高级神经活动类型，具有自然的性质；而性格的生理基础是神经类型特征和后天因素所引起的各种变化的"合金"，即性格更多地受社会生活环境的制约。第二，稳定的时间长短不同。气质为先天禀赋，在相当长的时间内，甚至人的一生中都不变动；性格是后天形成的，虽具有相对稳定性，但可能由于生活中的突发事件、重大挫折而变化。

由此可见，性格不是天生的，是客观环境的作用和主体自我教育要求相结合的产物。

（二）性格的类型

在企业的营销活动中，消费者千差万别的性格特点，往往表现在他们习惯化的购买行为方式上。因此，可以通过对消费者购买态度、购买情绪、购买方式的观察、分析、判断，来认识和区分消费者的性格类型。

1. 按占优势的心理机能，可分为理智型、情绪型、意志型、中间型

理智型消费者的购买行为往往受其理智支配。是否购买商品和劳务、购买何种类型、如何购买、什么时候购买，往往是经过周密思考、反复权衡各种利弊因素之后才作决定的。在现实的购买活动中，经常有这种情况，商店出售低价处理的商品，许多人贪图价格便宜，纷纷抢购、争购。但理智型消费者不盲从，而是根据获得的信息，冷静分析商品是否急需、价值多少、为什么降价等，然后得出结论，是否真正便宜，经过这一系列活动，才做出是否购买的决策。

二维码2-11

你第一眼从图中
看到的是什么？

情绪型消费者的购买行为往往受到感情的支配，他同冲动型消费者类似。但冲动型消费者往往是在短时间内激情涌起就采取购买行动，冷静下来之后又后悔不迭。情绪型消费者则不完全相同，他们购买商品一般是在喜欢、赞赏等各种感情的支配下进行的，感情形成的时间可能较长或较短，也可能受当时现场的气氛影响或受过去购买经验的影响，还有可能受商品广告、其他人的消费经验的影响，总之感情是左右购买行为的重要因素。

意志型消费者的购买行为受其意志支配。他们的购买目的明确，识别商品积极主动，购买决策迅速果断，并且能克服各种干扰和困难，完成购买活动。

中间型消费者是以上三种类型消费者的过渡类型，如理智–意志型消费者等。

2. 按心理活动的倾向性，可分为外倾型、内倾型、内外平衡型

外倾型消费者的性格特点是心理活动倾向于外部，购买商品时热情较高，喜欢提问题，不掩饰自己的喜怒哀乐，喜欢与人交往，能较快地适应各种购买环境，比较容易和营业员交流信息，能够通过购买活动获得某种心理上的满足。这种类型的消费者虽然购买决策果断，但比较轻率，缺乏自我分析。

内倾型消费者同外倾型消费者正好相反，其性格特点是稳重、谨慎，喜欢自己观察体验，自己分析判断，不轻易提出问题、发表意见，也不轻易相信他人的意见。这种类型的消费者不善于与人交往，不善于沟通信息，但往往有自己的独立见解与主张。

消费者行为研究专家指出：内倾型消费者与外倾型消费者重要的外显行为差别是：内倾型消费者判断事物往往依靠自己的"内在"价值或标准，而外倾型消费者判断事物主要依靠他人的标准。所以，在购买新产品时，内倾型的消费者可能成为新产品的消费带头人，外倾型消费者则更多是新产品购买的追随者。也有资料表明，内倾型消费者与外倾型消费者对广告的偏爱也不相同。内倾型消费者相信强调产品特征和作用的广告，因为这会使他们更好地运用自己的价值标准评价产品；外倾型消费者则喜欢显示产品受欢迎、销路广等表明社会接受性特征的广告，因为这可以使他们有参照标准来评价产品。

二维码2-12

性格色彩测试

内外平衡型消费者介于内倾型消费者与外倾型消费者之间。这种类型的消费者，由内部过渡到外部与由外部过渡到内部都比较容易且平衡。

3. 按个体活动独立性的程度，可分为顺从型和独立型

顺从型消费者在购买商品时缺乏独立性主见，易受暗示，购买时犹豫不决，需他人帮助后才能做出购买决策。决策过程时断时续，持续时间较长，而且碰到突发情况时，应变能力差。

独立型消费者善于独立思考，并且有个人信念，判断的坚定性和行动的独立性都比较强，往往是家庭购买决策的关键人物。他们在购买活动中处于主动地位，积极提出问题、思考问题，有自信心，谨慎从事，不盲从，但难免带有一定的主观性、片面性。国外一些研究资料表明，独立性较强的人会表现出固执的个性特点，对待不熟悉的事物采取的是防卫性的态度并带有较大的不安和疑虑，不轻易相信产品及有关信息。但是不太固执的消费者对不熟悉的事物会表现出较为开明的态度，乐意扩大个人的商品选择范围，对抛弃老产品、购买新产品，他们会比固执的消费者有更小的心理负担。需要指出的是，如果对新产品的宣传具有较大的权威性，那么固执的消费者可能会更快地接受它。

消费者的性格除了按以上几种标准划分外，还可根据社会生活方式以及由此形成的价值观的不同划分为理论型、经济型、审美型、社会型、权力型和宗教型等。

事实上，消费者在购买活动中所表现的性格特征是受多方面的因素影响的，其性格类型的表现也不一定具有典型性，大多数人的性格属于中间型或混合型。因此，在观察、判断、分析消费者的性格特征时，必须充分考虑性格的稳定性、整体性，而不能凭一时的购买态度和偶然的购买行为来判断。我们研究消费者的性格类型，是为了更好地了解和掌握消费者性格表现的某些特点，进而把握消费者的各种购买心理和购买行为产生、发展、变化的一般规律，以便做好营销工作，提高经营水平和服务质量。

（三）对不同性格消费者的营销策略

1. 对待选购商品快或慢的消费者的营销策略

消费者选购商品的速度有快有慢。一般来说，对待慢性子的消费者，营业人员不能因为他们选购商品时间长而沉不住气，更不能急躁，显出不耐烦的表情；对待急性的消费者，营业人员对他们没有经过充分思考而匆忙做出的决定应谨慎稳重，防止他们后悔退货。此外，接待较敏感的消费者，营业人员应根据他们的要求，需要买什么就拿什么，不要过多介绍商品性能和特点，因为这类消费者对需要购买的商品的性能和特点早已心中有数。

2. 对待言谈多或寡的消费者的营销策略

在购买活动中，有的消费者爱说话，有的消费者则沉默寡言。对待爱说话的消费者，营业人员应掌握分寸，多用纯业务性语言，多讲营销行话；对待沉默寡言的消费者，营业人员要根据其不明显的举动、面部表情和目光注视方向等因素，摸清他们挑选商品的重点是在商品质量上，还是在商品价格上，或是在商品的花色外观上，用客观的语言来介绍商品。这样就会使营业人员和消费者很快找到共同语言，促使购买行为尽快实现。

3. 对待轻信或多疑的消费者的营销策略

轻信型的消费者对商品的性能不太了解和熟悉，因此，营业人员应主动帮他们出主意，检验和查证商品的质量，不要弄虚作假；对待多疑型的消费者，营业人员应让他们自己去观察和选定商品。

4. 对待购买行为积极或消极的消费者的营销策略

购买行为积极的消费者深知自己要买什么，购买意图清楚明确，行为举止和语言表达毫不费力，营业人员应主动和他们配合，促使购买行为迅速实现；购买行为消极的消费者没有明确的购买目标，进店以后能否成交，在很大程度上取决于营业人员能否积极、主动、热情地接待他们，激发他们购买的热情，引发他们的购买行为。

5. 对待不同情感的消费者的营销策略

对待不爱交际的消费者，营业人员应注意对他们使用的语言语气，不能随便开玩笑，否则他们会难以接受；对待腼腆的消费者，营业人员不要看不起他们，以免伤害他们的自尊心；对待温厚的消费者，营业人员应主动向他们介绍商品，为他们选择符合需要的商品。

三、消费者的能力

（一）能力概述

1. 能力的含义

能力是个性的组成部分，是指能够直接影响人们在实践中的活动效率并能促使活动顺利完成的个性心理特征。

人们进行任何一项社会活动，都需要一定的能力作保证。例如，读书需要理解力、记忆力。能力总是存在于人的具体活动之中，离开了具体活动便无所谓能力。人的实践活动是复杂多样的，人们进行每一项具体活动时，都要有一定的能力作为保证，有时还需要同时具备多种能力，以便更好地从事和完成一定的活动。例如，营业人员要想成功地完成营销任务，除了要有运算能力和应变能力外，还必须具备语言表达能力、观察能力、交际能力和记忆能力等。

2. 能力与知识、技能

（1）能力与知识、技能的区别

第一，知识、技能获得的生理机制是暂时神经联系和动力定型，而能力的神经基础则是暂时神经联系形成与巩固过程中表现出来的某些特征。例如，甲、乙同时学习一项知识或技能，尽管他们最终都学会了，神经联系和动力定型都形成并建立了，但甲比乙学得快，运用得好，这说明甲比乙能力高，在神经联系和动力定型的形成与建立过程中，他们的神经生理活动的特性表现有所不同。

第二，个体所拥有的知识、技能是对前人生活经验和科学经验的继承和发展，而能力则是在继承与发展中不断表现出来的提高了的个性心理特征，它表现为对继承与发展过程中行为的调节，影响着行为的质量。

第三，个人的知识、技能随着不断地学习与实践日益增长，而能力则是一个逐步形成、发展并相对衰退或停滞的过程。

第四，知识、技能的迁移范围比较窄，只能在类似的活动、行为或情境中发生迁移作用，而能力可以有相当广的迁移范围。这是因为，能力是心理活动过程反映出来的个性心理特征，这种心理特征能渗透到心理活动的各个方面，并且能够发挥作用。

第五，从个体间最简单的比较来看，即使知识、技能相同的人，他们的能力也可能会不同；而能力大致相近的人，他们的知识、技能也可能很不相同。

总之，能力与知识、技能是不能画等号的。

（2）能力与知识、技能的联系

能力与知识、技能虽有根本区别，但又是互相联系的。

一方面，能力是掌握知识、技能的必要前提。很明显，人的感性知识是因为人有观察力、记忆力而获得的，而人的理性知识则是因为人有分析、比较、抽象、概括等能力而促成了对理性知识的领会、理解和掌握。此外，知识、技能掌握的快慢、深浅，也受能力水平高低的直接影响。例如，智障儿童由于缺乏必要的能力前提，因此他们在掌握知识、技能方面落后于正常儿童。

另一方面，掌握知识、技能的过程也会促成能力的提高。例如，人在系统掌握科学与技能知识的同时，可以发展观察能力，提高综合分析能力和抽象概括能力等。当然，需要指出一点，那就是知识、技能的掌握过程和能力的发展过程有可能不一致。在掌握知识和技能时，如果方法得当，就能够促进能力的发展，使人们在知识、技能的积累中变得聪慧、灵巧；如果方法不得当，不仅不能促进能力的发展，还会使人由于知识、技能的积累而变得刻板、僵化、笨拙。我们常说"死读书无益而有害"，就是这个道理。简而言之，能力的形成和发展并不是在掌握知识、技能的过程中自然而然实现的，它还需要有正确的方法和主观努力。

（二）能力结构

在现实生活中，由于人们面对着不同的环境条件和要实现的目标任务不同，因此人们会采用不同的方式和手段，以显示其面对现实客观世界的各种能力。也就是说，不同类型的活动所需要的能力结构各不相同。只有各种能力互相结合，共同发挥作用时，才能完成各种类型的活动。

心理学家认为，人的能力是由一般能力和特殊能力、再造能力和创造能力、活动能力和社会交往能力三部分构成的。

1. 一般能力和特殊能力

一般能力是指大多数活动所必需的、带有共同性的基本能力，它适合于多种活动的要求。从最复杂的活动到最简单的活动，都不能脱离这种一般能力。人的一般能力的有机结合通常称为智力，它主要包括：观察能力，是指观察的速度、广度和精细度等；思维能力，是指对事物的分析、综合、抽象和概括能力；表达能力，包括语言表达能力和文字表达能力，特别是语言表达能力的高低，标志一个人的概括水平和思想水平的高低；记忆能力，是指人的心理活动在时间上保持连续性的长短，包括记忆的速度、准确性、持久性等。

特殊能力是指为某项专门活动所必需的知识和技能，它属于专业技术方面的能力，如专业鉴赏能力、定向能力、运算能力、色彩辨别能力、音乐能力、绘画能力、平衡能力等。购买珍贵毛皮、珠宝时的鉴别能力，购买各类文物、字画时的鉴赏能力等均属于特殊能力。特殊能力主要靠后天的锻炼和培养，特别是早期培养。

在现实生活中，一般能力和特殊能力是有机联系在一起的，一般能力和特殊能力的区分不是绝对的。在人们的每次具体活动中，一般能力和特殊能力总是共同起作用，很难将它们彻底分开。

2. 再造能力和创造能力

再造能力是指根据别人的指导和积累的经验、知识和技能进行一系列活动的能力，如幼儿咿呀学语的过程。创造能力则是指根据一定的目的，创造出有社会价值的、新的独特的东西的能力。这两种能力也是相互联系的，再造性活动一般都包含创造性因素，创造性活动也包含再造性活动，而且创造能力是在再造能力的基础上产生飞跃并发展的。

3. 活动能力和社会交往能力

活动能力是指人们完成某种活动的能力，它也是由一些基本能力构成的，如组织能力、计划能力、适应能力以及实际操作能力等。社会交往能力是指参加社会群体生活，并与周围的人相互交往协调的能力。在营销活动中，营销人员需要具有一定的人际交往能力，这种能力在现代社会中更是不可缺少的。活动能力和社会交往能力是密切联系、相互制约、相互促进的。人们在实践活动和交往活动中认识客观世界，不断提高自己的认识能力；同时，人们又依靠自身对客观世界的认识去调节自己的实践活动和交往活动。

因为先天素质的差异，特别是后天条件的不同，如社会环境、所受的教育、所从事的实践活动以及主观努力程度等因素的差异，个体的活动能力和社会交往能力具有较大的差异。

（三）在购买活动中消费者能力的组成

消费者的购买活动是一种范围广泛、内容复杂的社会实践活动，它需要消费者具备多方面的能力。例如，消费者在购买商品时，首先要运用观察力、注意力感知商品；然后要对各种商品进行对比分析，了解它们的不同性质，这就需要分析能力、判断能力、思维能力；最后要用鉴别能力、决策能力，顺利完成自己的购买行为，从而买到满意的商品。

二维码2-13

为什么会有冲动消费？

1. 对商品的观察能力

观察能力是指个体对事物进行准确而又迅速的感知的能力，它属于知觉品质的范围。观察能力比较强的消费者往往一进商店，就能在琳琅满目的商品中迅速观察到他们所要购买的商品，或者迅速发现他们感兴趣的商品；而观察力差的人却不能。在购买活动中，两个人具有同样的购买目的，先后到同一家商场，前者买到了心仪的商品，后者却没有买到心仪的商品，这说明人的观察能力是有区别的。一般情况下，消费者的购买经验越丰富，观察能力越强。观察能力强的人比较容易迅速做出正确的购买决策；反之，其做出购买决策的速度就慢。

2. 对商品的感知辨别能力

感知辨别能力是指消费者识别、辨认商品的能力。消费者感知辨别能力的强弱与个人的经验密切相关。如果消费者的商品知识渊博，购买经验丰富，那么其感知辨别能力就比较强，特别是对于一些特殊用途商品的购买。例如，在购买微波炉时，有一定专业技术知识的顾客不仅能从商品的外观造型、生产厂家、规模、型号上识别商品，更主要的是能根据专业知识识别微波炉内在质量的好坏；而普通顾客只能通过外观或者售货员的介绍了解个大概。消费者识别能力的差别，可以体现在识别方法上。一些重传统经验的消费者的识别方法比较单调，他们习惯用手摸、嘴尝、耳听；而受教育水平较高、接受新事物较快的消费者的识别方法比较灵活、科学，他们不仅靠自己的感官感知商品，而且会利用各种形式收集相关商品的信息，鉴别商品的性能和质量，如查看商品说明书或商品质量、性能鉴定书，关注商品生产日期或有效日期等。

3. 对商品的分析评价能力

分析评价能力主要反映在对商品信息的收集能力、对商品信息来源的分析评价能力、对购物场所的评价能力、对商品本质特点的认识和评价能力等，甚至对他人消费行为的评价能力也包括在内。一般说来，消费能力强的人收集商品信息相对要主动一些，尤其是在高档商品信息收集方面，他们对广告有比较全面而准确的认识，对于购物场所中一些正常的和非正常的促销手段有相当的判断能力，也有的消费者对于商品知识的了解相当多。因此，这类消费者在购买商品时有一定的分析评价能力。消费者分析评价能力的高低会直接影响其购买行为。分析评价能力高的消费者在购买商品时，能清楚了解商品的优缺点、利弊关系，并且能做出正确的购买决定。

需要注意的是，分析评价能力是消费者能力中比较复杂的，相对来说包括的因素比较多的一种能力。由于消费者的收入、行为方式、审美情趣等不同，消费者对商品的评价能力，特别是评价标准，就会出现多种多样的形式。当然，也有一个符合社会发展的基本标准或约定俗成的标准。

4. 对商品的鉴赏能力

鉴赏能力主要是指消费者的艺术欣赏能力。大部分商品不仅具有一定的使用价值，也具有一定的欣赏价值。随着人民生活水平的提高，精神生活的日益丰富，人对商品的审美要求也越来越高，但不同的消费者对商品的鉴赏能力是不同的。例如，同是一个花瓶，鉴赏能力较高的消费者，可以看出它是以古典式的美给人以艺术享受，还是以现代派的风格吸引人。而鉴赏能力较低的消费者，会认为这只是插花的瓶子罢了。鉴赏能力的高低，与个人家庭环境的熏陶、所从事的工作以及艺术修养、受教育水平等密切相关。

应该指出，鉴赏能力的高低不能与审美观不同相提并论。审美观不同是由于不同的人从不同的角度、根据不同的标准对美的理解不同。例如，牛仔裤是现代青年人喜欢的流行服装，穿上它给人一种潇洒、朴素、自然的美，而那些追求古典华丽美的人却从不问津。

5. 选购商品时的决策能力

决策能力主要反映在选择商品时能否正确地做出决策，购买到让自己满意的商品。消费者运用观察能力、感知辨别能力、分析评价能力和鉴赏能力等对商品进行综合分析后，便进入购买决策阶段。是否购买？什么时间购买？购买哪种品牌的商品？这些都需要消费者做出最后决断。消费者的气质类型、个性特点是影响其决策能力的重要因素。个性不同的消费者，往往对购买方案的选择、决断截然不同。例如，一个性格内向、反应迟缓、意志力较差的消费者，在进行购买决策时容易犹豫不决，难以果断做出决定；而性格外向、反应灵敏、自信心较强、处理问题迅速果断的消费者，在进行购买决策时会及时做出决定。另外，消费者对该商品的卷入程度和认识程度、使用该商品的经验及习惯，也是影响其决策能力的重要因素。例如，一个消费者认为大屏幕彩电对他很重要，需要仔细考虑是否购买或者购买哪种品牌，在这种情形下，他对该商品的卷入程度就比较高，他的决策能力就会表现出风险体验较高，但又比较谨慎的特点。

6. 选购商品时的应变能力

应变能力主要反映消费者对于突然发生的情况或尚未预料到的情况的适应能力、应对能力。例如，消费者去商店买某品牌的商品，但这种品牌的商品没有了，而其他品牌的同类商品却很多，是买还是不买？买哪一种？再比如，消费者到商店购买熟悉的某种商品，但商品却调价了。要灵活处理这些问题，就需要消费者的应变能力。应变能力强的消费者对突发情况能够冷静分析、思考、权衡利弊关系，进而重新做出正确的选择；而应变能力差的消费者面对新情况，会手足无措，甚至干脆放弃购买行为。

7. 消费者保护自己消费利益的能力

消费者保护自己消费利益的能力，是消费者能力中很重要的一种。在我国，由于市场经济秩序刚刚建立，因此在商品的购买和消费过程中，还存在着许多侵犯消费者权益的问题。而若想解决这些侵犯消费者权益的问题，一方面，必须依靠更加完善的法律制度和消费者协会的工作；另一方面，需要消费者不断增强自我保护能力，在各种侵犯消费者的问题即将或已经发生的时候，能够设法维护自己的消费利益。

企业可以通过各种可能的途径，采用各种方式，有计划、有组织、有目的地对消费者进行影响。例如，向消费者展示商品信息、讲解商品知识、传授保养维修方法、示范使用操作技术等。消费者应掌握挑选、比较、评判、购买以及使用等方面的知识和能力，在学习和训练中促进自己消费能力的提高。企业积极、正确地引导消费，既可以帮助消费者提高消费质量，又可以提高企业的信誉。例如，北京西单商场面向消费者开设了免费的消费学校，还邀请各类专家、学者和科技人员来西单商场讲授商品的使用、保养、维护、识别等方面的知识，将传递信息、指导购物和传播知识结合在一起，融知识性、实用性、趣味性于一体，以引导消费者有效选购商品。

需要指出的是，营销人员应讲究职业道德，绝不能有意利用消费者的能力弱点去推销伪劣商品，欺诈消费者。另外，营销人员也有必要通过实践和理论学习，不断提高自身素质和营销能力，以做好服务接待工作。

气质、性格、能力等个性心理特征是构成消费者购买行为的重要心理特征。一般来说，从个性心理特征与消费者行为的关系来看，气质影响行为活动的方式，性格决定行为活动的方向，能力则标志着行为活动的水平。

◼ 做一做

3~5人为一组，对以下问题进行讨论，并制作PPT进行课堂交流。

1. 分析某一组员的气质类型及其购买商品时的行为表现，在日常生活中如何与胆汁质、多血质、黏液质、抑郁质的人交流和交往？

2. 分析某一组员的性格特征，并说出是如何识别其性格特征的？如果你是服装导购员（可选自己熟悉的商品），你将如何接待不同性格类型的消费者？

3. 每个组员进行能力的自我评价，描述自己的能力水平，分析某一组员作为消费者的购买能力及其优势、弱势，并提出接待该组员的注意要点。

◼ 效果评价

消费者的个性心理特征分析的效果评价参考表见表2-3。

表2-3　　　　　消费者的个性心理特征分析的效果评价参考表

评价形式	评价内容	分值
课件	文字编排简洁明了	10分
	插图有针对性，通俗易懂	10分
	内容完整，分析到位	30分
讲演	声音响亮，口齿清晰	10分
	姿态自然，内容熟悉	30分
	注重互动，设计合理	10分
合　计		100分

子情境3　消费者的需要与动机分析

▦ 子情境目标

知识目标：熟悉消费者需要的分类及特征，正确理解马斯洛需要层次理论，了解动机的作用，掌握各种类型消费者购买动机的特征。

能力目标：能识别和分析特定消费者的需要和动机，以便提出有针对性的解决方案。

素质目标：围绕消费者需要分析，培养商业洞察力，提高语言沟通能力；结合各类消费动机，树立正确的消费观；正确认识当下的网络现象，认清自己人生追求，树立良好的人生观和价值观；通过引导案例分析，激发民族自豪感，增强四个自信。

子情境导入

方便面的破局

曾经，方便面作为我们的"国民之面"，在中国本土市场的销量冠绝全球。

从20世纪90年代开始，方便面在中国的营业额曾有连续18年的增长。世界方便面协会的统计数据显示，2015年全世界共销售方便面977亿份，仅中国人就吃了404.3亿份，位列第一，是排名其后的8个国家销售量的总和。

然而，随着国民经济的发展，人们出现了消费升级的趋向，更加追求美味和健康，再加上外卖的出现，方便面行业不断衰退。

数据显示，2013—2016年，中国方便面销量连续下滑，年销量从462.2亿份跌至385.2亿份，跌幅高达16.66%。

然而，现在的方便面似乎又东山再起了，2017年销量已经开始止跌回升，2018年更是持续上扬。

中国食品科学技术学会的数据显示，2018年上半年，方便面行业销量增长4.5%，销售额增长8.6%，量价齐升，增长提速。

与此同时，康师傅、统一发布的2018年年报也再次证实了行业回暖的判断，两家企业2018年的方便面销售收入分别较上年同期增长5.73%和5.66%。而在众多方便面企业中，康师傅的表现尤为突出，收益高达606.86亿元，毛利187.27亿元，比2017年增长8.01%，毛利率达到了30.86%，比2017年增加1.45%，净利润为27.29亿元，相比2017年增长20.99%。

那么，方便面究竟是如何破局的呢？

一

在哪里跌倒，就在哪里爬起来！

人们为什么不吃方便面了？

就是因为它不健康、太低端、太单一。既然如此，那么方便面企业就在这几方面发力，高端大气上档次、健康美味有活力，把那些"不健康的外卖挤出市场"。

于是，方便面行业展开了一场"自我革命"，开始打"健康牌""高端牌"，最大程度减少"工业味儿"，使产品回归天然。

康师傅推出的一系列新品，无论是主打"营养美味"的豚骨、金汤、胡椒等熬制高汤系列，还是强调零味精、自然提鲜的汤大师系列，还有强调"鲜于口，润于心"的鲜蔬面，皆是瞄准了讲究小资、注重生活格调与品质的年轻消费群体，为消费者提供一种独到的轻奢感受。

为了推广自己的健康形象，康师傅近年来大打"体育营销"牌，不仅为郎平、朱婷等一批中国顶级运动员提供饮食保障，还大规模赞助马拉松赛事，将方便面送到比赛场地，为在跑步中消耗了巨大能量的运动者送上一碗香气四溢的泡面，使他们便捷、快速地获得能量补给。

康师傅甚至还把营销做到了航天业，出现在了2018年古都西安举办的航天科普展中，宣称自己要"对标航天品质"，争取有一天能把方便面卖给宇航员。

只换口味是满足不了消费者的胃的，工艺上也要下功夫。例如今麦郎的非油炸、蒸煮工艺的"面馆面"，就是从传统家庭蒸馒头、煮面条中受到启发，经过反复试验，创造出了非油炸蒸煮工艺方便面——"速食面馆面"，最大程度地保留了中国传统煮面条的口感与营养，让世界各地消费者从方便面中品尝到面馆现煮的味道。

如此一来，方便面就能实现从"油炸"到"蒸煮"的质的飞跃，可以让五湖四海的消费者随时随地吃到，仿佛面馆当场现做的热气腾腾、香气四溢的面条。

甚至有企业将方便面的创新上升到了科学研发层面，还为此专门成立了一个研究院。2017年1月，白象联合浙江工商大学成立国内骨汤研究院，致力于骨汤型方便面的系统化研究，包括骨汤营养价值、骨汤还原技术、骨汤工艺等方面的研究和工业化生产。

科技是第一生产力，创新是第一要素，想必在不断的理论推动与产品创新下，方便面或许有一天真的能成为"健康"的代表。

二

一名知名企业家曾经说过"没有疲软的市场，只有疲软的产品。"

的确，前几年康师傅等方便面之所以卖不动了，并不是因为方便面的需求不存在了，而是你自己的产品不能满足消费者需求了。

因为，在康师傅等业绩败退时，外国方便面的销量却在节节上升。比如来自韩国的三养火鸡面已经在2016年、2017年连续成为线上年销量第一的方便面口味，这种号称"韩国最辣"的方便面成为了中国年轻人的最爱。

据韩国媒体报道，2017年韩国方便面出口再创新高，对外出口额首次突破3亿美元大关。其中，中国占比达25.9%，位居首位，如图2-10所示。这也意味着有近三成的方便面都是中国消费者买走的。

现在，中国消费群体主力已经变成了"90后""00后"，这些新生代消费者们，需要的是更加独特、更加有体验感的产品。而老一套的"中式泡面"显然不能满足他们。

因此，这两年康师傅等品牌痛定思痛，针对年轻人，打造了针对性的特色产品。比如康师傅推出的黑白胡椒方便面，"一黑一白"颠覆了传统的经典"红色"，呈现出符合90后消费群体审美偏好的酷炫感。

黑白胡椒方便面不仅包装华丽，而且味道独特，黑胡椒牛排面讲究口感辛辣而醇香；白胡椒肉骨面突出味道浓郁而辛香，还因此获得了"绝代双椒"的名号。

为了吸引年轻群体的关注，康师傅还将广告植入到了《欢乐颂2》中，大有一言不合就开吃方便面的势头。

为了更加迎合年轻人的需求，方便面还对人群进行了进一步细分。比如康师傅以25～35岁年轻女性为主要目标推出的番茄鲜蔬面以及日清的产品合味道，都强调了可以控制热量、富含食物纤维的概念，让美味与瘦身可以兼得。

2014-2017年线上年销量前5的方便面口味

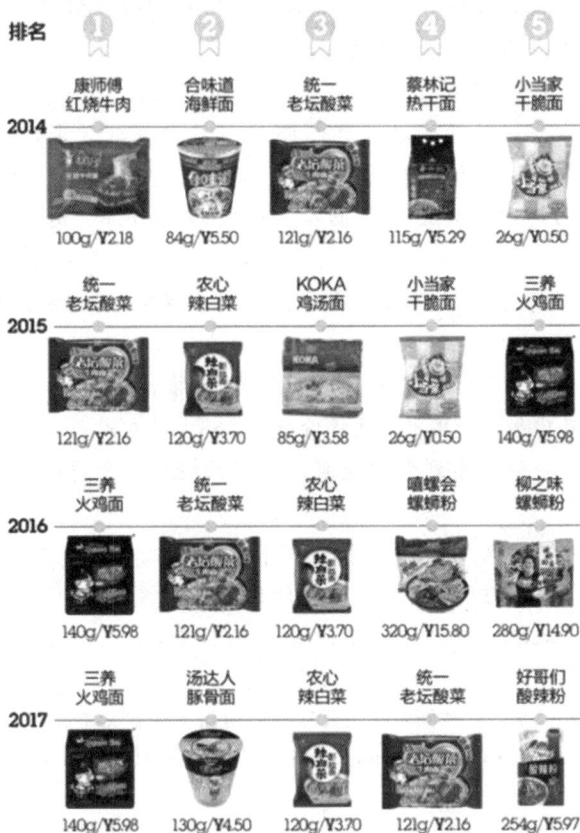

图2-10　2014—2017年线上年销量前5的方便面口味

由此可见，想要抓住消费者的胃，你必须先抓住消费者的心！事实证明康师傅的这种基于消费者深度洞察的产品策略确有效果。公开数据显示，黑白胡椒系列自2016年2月上市，月均销量超越同期所有新品，达到月均70万箱。

三

过去，你对我爱答不理。如今，我让你高攀不起！

曾经的康师傅，因为"低端形象"被消费升级的趋势淘汰，然而要是真"高端"起来，反而可能让你买不起了。

自2016年开始，康师傅就逐渐抛弃了大部分1.5元袋装面市场，转而大力发展5元以上定价的产品，先后推出的黑白胡椒系列、匠汤系列、金汤系列销售额持续走高。

而数据显示，那些高端面的销量反而更好。2018年1月—6月，在方便面的细分门类中，容器面和高价袋面的收入权重比均达到34%，高端面达到14%，远高于中价面的7%、平价面的5%；在2017年7月—2018年6月期间，高端面销量增幅为29.6%，容器面和高价袋面销量分别增长8.1%和9.5%。

方便面商家们尝到了"消费升级"的甜头，于是"高端"的苗头一发不可收拾。

2018年"双11"，康师傅在天猫官方旗舰店推出了四款方便面新品——Express速达面馆典藏版中华红烧牛肋条面、典藏版港式一品鲍鱼面、招牌红烧牛肉面、私房香菇鸡腿面，前两款典藏版定价为68元/盒，后两款普通版定价为25元/盒，并实行限量发售，全国仅发售1111盒。

根据康师傅官方旗舰店的产品介绍，Express速达面馆典藏版系列的港式一品鲍鱼面，配料选取的是5颗鲜活盘鲍、鸡高汤、裙带菜、西兰花、枸杞、虫草花，另一款中华红烧牛肋条面选取的是进口牛肋排，两款面的面饼选用的是高档面馆品质细圆面。

除了面本身，还有高大上的配套餐具：创新斗笠碗、料理包预热托、仿瓷中华筷、高品质汤勺。

2019年春节前，康师傅"Express速达面馆"还推出了四款"福禄寿喜"富贵面，同样也是限量版，只出售1888份，预售价格为268元4盒。

这样的价格，真是让人感到囊中羞涩，曾经被视作"消费降级"的代表，现在却让我们高攀不起了。

不过，水满则溢、月盈则亏，凡事都要讲求适度才好，毕竟我们追求的还是"高端的品质"，而非"高端的价格"，希望方便面企业还要是以产品为本、以消费者为本，这样的营销偶尔玩玩可以，但并不能成为产品常态，千万不要舍本逐末，走上追求"高端包装"的偏路。

资料来源：蒋东文. 27亿！被外卖"杀死"的方便面，现在又杀回来了！[EB/OL]. [2023-03-31]. http://finance.sina.com.cn/money/fund/fundzmt/2019-03-31/doc-ihsxncvh7163186.shtml.

问题：

1.人们对方便面的需求为什么逐渐下降？

2.三养火鸡面为什么会成为网红食品？对三养火鸡面保质期实施双标（在中国销售的产品保质期为一年，但同款产品在韩国销售的保质期为6个月）的做法，你怎么看？

3.你认为方便面市场应如何应对消费升级？

4.我国的消费升级呈现哪些特点？消费升级如何推动国内国际双循环战略的实施？

问题讨论提示

学一学

一、消费者需要

（一）消费者需要的含义及分类

1.消费者需要的含义

消费者需要是指消费者生理和心理上的匮乏状态，即感到缺少些什么，从而想获得它们的状态。个体在其生存和发展过程中会有各种各样的需要，如饿的时候有进食的需要，渴的时候有喝水的需要，在与他人交往的过程中有获得友爱、被人尊重的需要等。

需要是和人的活动紧密联系在一起的。人们购买产品、接受服务，都是为了满足一定的需要。一种需要被满足后，又会产生新的需要。因此，人的需要不会有被完全满足和终结的时候。正是需要的无限发展性，决定了人类活动的长久性和永恒性。

二维码2-14
三大件见证消费升级

需要虽然是人类活动的原动力，但它并不总是处于激活状态。只有当消费者的匮乏感达到了某种迫切程度时，需要才会被激发，并促使消费者有所行动。比如，我国绝大多数消费者可能都有住上更宽敞住宅的需要，但是受经济条件和其他客观因素的制约，这种需要大多只是潜伏在消费者的心底，没有被唤醒，或没有被充分意识到。此时，这种潜在的需要或非主导的需要对消费者行为的影响力自然就比较微弱。

需要一旦被唤醒，就可以促使消费者为消除匮乏感和不平衡状态而采取行动，但需要并不具有对具体行为的定向作用。在需要和行为之间还存在着动机、驱动力、诱因等中间变量。比如，在饿的时候，消费者会为寻找食物而活动，但面对面包、馒头、饼干、面条等众多选择时，到底以何种食品充饥，并不完全由需要本身决定。换句话说，需要只对应某类备选产品，并不为人们为什么购买某种特定产品和服务提供充分解答。

2.消费者需要的分类

作为个体的消费者，其需要是丰富多彩的，这些需要可以从多个角度予以分类。

（1）生理性需要和社会性需要

根据需要的起源，可以分为生理性需要和社会性需要。

① 生理性需要。生理性需要是指个体为维持生命和延续后代而产生的需要，如进食、饮水、睡眠、运动、排泄、性生活等。生理性需要是人类最原始、最基本的需要，它是人和动物共有的，往往带有明显的周期性。比如，受生物钟的控制，人需要有规律地、周而复始地睡眠，需要日复一日地进食、排泄，否则，人就不能正常生活，甚至不能生存。

② 社会性需要。社会性需要是指人类在社会生活中形成的，为维护社会的存在和发展而产生的需要，如求知、求美、友谊、荣誉、社交等需要。社会性需要是人类特有的，它往往被打上时代、阶级、文化的印记。人是社会性的动物，只有被群体和社会所接纳，才会产生安全感和归属感。社会性需要得不到满足，虽不直接危及人的生存，但会使人产生不舒服、不愉快的体验和情绪，从而影响人的身心健康。

二维码2-15
中国餐桌"食"代变迁

（2）物质需要和精神需要

根据需要的对象，可以分为物质需要和精神需要。

①物质需要。物质需要是指对与衣、食、住、行有关的物品的需要。在生产力水平较低的社会条件下，人们购买物质产品，在很大程度上是为了满足生理性需要。但随着社会的发展和进步，人们越来越多地运用物质产品体现自己的个性、成就和地位，因此，物质需要不能简单地对应前面介绍的生理性需要，它实际上已逐渐包含了社会性需要的内容。

②精神需要。精神需要主要是指认知、审美、交往、道德、创造等

二维码2-16
三只松鼠：你为什么学不会？

方面的需要。这类需要不是由生理上的匮乏感引起的，而是由心理上的匮乏感引起的。

（3）马斯洛需要层次理论

根据需要的层次，美国心理学家马斯洛将人类的需要按由低级到高级的顺序分成五个层次或五种基本类型。

① 生理需要（Physiological Need）。生理需要是指维持个体生存和人类繁衍而产生的需要，如对食物、氧气、水、睡眠等的需要。

② 安全需要（Safety Need）。安全需要是指在生理及心理方面免受伤害，获得保护、照顾和安全感的需要，如对人身的健康、安全的环境、稳定的职业和有保障的生活等的需要。

③ 归属和爱的需要（Love and Belongingness Need）。归属和爱的需要是指希望给予或接受他人的友谊、关怀和爱护，得到某些群体的承认、接纳和重视的需要，如对结识朋友，或者融入某些社会团体并参加其活动等的需要。

④ 自尊的需要（Self Esteem Need）。自尊的需要是指希望获得荣誉，受到尊重和尊敬，博得好评，得到一定的社会地位的需要。自尊的需要与个人的荣辱感是紧密联系在一起的，它涉及独立、自信、自由、地位、名誉、被人尊重等多方面内容。

⑤ 自我实现的需要（Self Actualization Need）。自我实现的需要是指希望充分发挥自己的潜能，实现自己的理想和抱负的需要。自我实现的需要是人类最高级的需要，它涉及求知、审美、创造、成就等内容。

（二）消费者需要的特性

1. 多样性和差异性

多样性和差异性是消费者需要最基本的特性，它既表现在不同消费者之间多种需求的差异上，也体现在同一消费者多元化的需要内容中。不同消费者在年龄、性别、民族传统、宗教信仰、生活方式、文化水平、经济条件、个性特征和所处社会环境等方面的主客观条件上千差万别，由此形成了多种多样的需要。而就同一个消费者而言，其需要也是多元的。每个消费者不仅有生理、物质方面的需要，还有心理、精神方面的需要；不仅要满足衣、食、住、行方面的基本要求，也希望得到娱乐、审美、运动健身、文化修养、社会交往等高层次需要的满足。

典型案例2-3　　　　　　　　　　　　　　　　**把冰箱卖到北极去**

中国小伙高弘源2004年听一个经常旅游的客户说因组特人储存食品很简单，随手扔到地上，食用的时候用热水解冻，那里应该有冰箱，但不是用来冷冻食品的，而是用来保温食品的。高弘源听后觉得不错，便带了2台冰箱去北极，准备将这2台冰箱赠送给因组特人。在赠送中，高弘源教会因组特人冰箱的使用方法，和他们一起体会非冷冻食品，并发现因组特人狩猎量大，一般需要2台冰箱。高弘源继续考察，发现北极有冰箱，但都是坏的，因为当地电压不稳定，并且没有人会修理。高弘源随后带上修理工和60台配了温控器和稳压器的冰箱及部分零部件去北极销售。在销售中，高弘源把冰箱的使用方法拍成DV，并赠送了中国的特色调味料，教会因组特人使用冰箱融水清洗食物，用冰箱热手避免开裂，并传授中国厨艺……随后，高弘源将冰箱卖给当地的冰旅馆，并开了几家修理公司，现在还开设了一家冰旅馆，以深入了解冰箱的使用及因纽特人的生活习惯。

资料来源：佚名. 把冰箱卖到北极去［EB/OL］.［2023-05-18］. https://www.chazidian.com/gushi32347/.

2. 层次性和发展性

消费者的需要可以划分为若干个高低不同的层次，同时，消费者的需要也是一个由低级向高级、由简单向复杂不断发展的过程。现代社会，消费者不仅把吃得营养、穿得漂亮、住得舒适、用得高档作为必须满足的基本需要，而且希望通过对某种商品和服务的消费满足社交、尊重、情感、审美、求知、实现自我价值等多方面的高层次需要。

3. 伸缩性和周期性

伸缩性（经济学上称为需求弹性）是指消费者对某种商品的需要，会因某些因素，如支付能力、价格、储蓄利率等的影响而发生一定程度的变化，从而使消费者的需要有限地得到满足，表现出一定的伸缩性，即在需求数量和程度上可多可少、可强可弱。同时，一些消费者的需要在获得满足后，在一定时期内不再产生，但随着时间的推移还会重新出现，并显示出明显的周期性。重新出现的需要不是对原有需要的简单重复，而是在内容、形式上有所变化和更新。因此，消费者需要的周期性循环不仅是需要形成和发展的重要条件，也是社会经济发展的直接推动力。消费者需要的周期性主要是由消费者的生理运行机制及某些心理特征引起的，并受到自然环境变化周期、商品生命周期和社会时尚变化周期等因素的影响。在不同的情形下，消费者需要的周期性呈现出多种不同的表现形式。

4. 可变性和可诱导性

消费者的需要作为消费者个体与客观环境之间不平衡状态的反映，其形成、发展和变化直接受所处环境状况的影响和制约。客观环境包括社会环境和自然环境，它们处在变动、发展之中，所以消费者的需要也会因环境的变化而发生改变。正因为如此，消费者的需要具有可诱导性，即可以通过人为地、有意识地给予外部诱因或改变环境状况，诱使和引导消费者的需要按照预期目标发生变化和转移。

二维码2-17

《打工奇遇》

二、消费者动机

（一）消费者动机的含义及功能

1. 消费者动机的含义

"动机（Motivation）"这一概念是由伍德·沃斯（R.Wood Worth）于1918年率先引入心理学的，他把动机视为决定行为的内在动力。一般认为，动机是"引起个体活动，维持已引起的活动，并促使活动朝向某一目标进行的内在作用"。

人们从事的任何活动都是由一定的动机所引起的。动机的产生有内外两类条件，内在条件是需要，外在条件是诱因。需要经唤醒会产生驱动力，驱动有机体去追求需要的满足。例如，血液中水分的缺乏会使人（或动物）产生对水的需要，从而引起紧张的驱动状态，促使有机体做出喝水这一行为。由此可见，需要可以直接引起动机，使人朝特定的目标行动。

既然如此，为什么不用"需要"直接解释人的行为的动因，而是在需要概念之外引入动机这一概念呢？首先，需要只有处于唤醒状态，才会驱使个体采取行动，而需要的唤醒既可能源于内部刺激，亦可能源于外部刺激，换句话说，仅仅有需要还不一定能引发个体的行动。其次，需要只为行为指明大致的或总的方向，而不规定具体的行动线路。满足同一需要的方式或途径很多，消费者为什么选择这一方式而不选择其他方式，对此，需要并不能提供充分的解释。引进"动机"这一概念，正是试图从能量与具体方向两个方面对行为提供更充分的解释。再次，在有些情况下，需要只引起人体自动调节机制发挥作用，而不一定引起某种行为动机。典型的例子是人的体温，虽然人类的体温只能在很有限的范围内变动，但它却能自动调节，以适应高于体温（如洗热水澡）与低于体温（如冬泳）的环境。当然，人体均衡机制的调节幅度也是有限的，当均衡状态被大大打破且超出了正常的调节幅度时，人体内会自动产生恢复均衡的需要，动机也就由此而生。最后，即使缺乏内在的需要，单凭外在的刺激，有时也能引起动机和产生行为。饥而求食固然属于一般现象，但无饥饿之感时若遇美味佳肴，也可能会使人顿生一饱口福的动机。

2. 消费者动机的功能

作为活动的一种动力，消费者的动机具有以下三种功能：

（1）激发功能

动机能激发机体产生某种活动。有动机的机体对某些刺激，特别是当这些刺激和当前的动机有关时，更易受激发。例如，饥饿者对与食物有关的刺激、干渴者对与水有关的刺激反应特别敏感，易激起觅食活动。

（2）指向功能

动机使机体的活动针对一定的目标或对象。例如，在成就动机的支配下，人们可以放弃舒适的生活条件而到艰苦的地方去工作。动机不同，活动的方向和它所追求的目标也不同。

（3）维持和调节功能

活动开始以后，动机会维持这种活动，并调节活动的强度和持续时间。如果活动达到了目标，动机会促使有机体终止这种活动；如果活动尚未达到目标，动机将驱使有机体维持（或加强）这种活动，或转换活动方向以达到目标。

（二）消费者购买动机的分类

1. 消费者的一般购买动机

根据购买动机形成的主要因素的不同，消费者的一般购买动机可以分为生理性购买动机和心理性购买动机。

（1）生理性购买动机

生理性购买动机又称本能动机或原发性动机，是指由消费者的生理本能引起，旨在购买满足其生理需要而形成的购买动机，如饥思食、渴思饮、寒思衣。生理性动机可分为维持生命的动机、保护生命的动机、延续生命的动机、发展生命的动机等。

由生理性因素引起的购买动机，是消费者本能的、最能促成购买的内在驱动力，一般比较明显、稳定，具有经常性、普遍性、重复性、习惯性和主导性等。这时消费者购买的商品是生活必需品，需求弹性比较小。有时，生理性购买动机也与其他购买动机联系在一起，尤其表现在对所要购买的生活用品的外观、质量、性能和价格的选择等方面。

随着生产力的提高和广大消费者物质生活条件、精神生活条件的改善，消费者的购买行为单纯受生理性动机驱动的情况已经不多了，即使是购买食物充饥，往往也混合着非生理性动机，如对食品的色、香、味、形的要求，就体现了消费者的表现欲、享受欲和审美欲等。

（2）心理性购买动机

心理性购买动机是指消费者由于心理需要而产生的购买动机。心理性购买动机比生理性购买动机更为复杂多样。特别是当经济发展到一定水平，社会信息传播技术越现代化，消费者与社会的联系越紧密，激起人们购买行为的心理性购买动机就越占有重要地位。

从引起消费者心理性购买动机的主要因素来分析，心理性购买动机又可分为感情动机、理智动机和惠顾动机等。

① 感情动机。感情动机是指由消费者的情绪和情感两个方面引起的购买动机。消费者的需要是否得到满足，会引起他对事物的好恶态度，从而产生肯定或否定的感情体验，如求新动机、求美动机、好胜动机、求名动机等。

② 理智动机。理智动机是指消费者在对商品分析、比较的基础上所产生的购买动机，如求实动机、求廉动机等。在消费者队伍中，有相当一部分消费者的购买行为是以理智为主、感情为辅的。这类消费者在采取购买行为之前，喜欢根据自己的经验和对商品的认识，收集与商品有关的信息，了解市场行情，并进行周密的分析和思考，以做到对商品的特性心中有数。这类消费者在选择商品时，比较注重商品的品质，讲究实用、耐久、可靠、使用方便、价质相宜、设计科学、有效率和辅助服务等。理智的本质特性，决定了有理智的消费者常常具有客观性、周密性和自控性。

③ 惠顾动机。惠顾动机是指消费者根据感情和理智上的经验，对特定的商品或商店产生特殊的信任和偏好，形成习惯，重复光顾的购买动机。产生惠顾动机的原因很多，如商店地点便利、售货迅速、服务周到、秩序良好、陈设美观、品种齐全、质量可靠、价格适宜、环境优美等。由于惠顾动机是以信任为基础的，因此消费者具有经常性和习惯性。

2. 消费者的具体购买动机

（1）求实动机

求实动机是指消费者以追求商品或服务的使用价值为主导倾向的购买动机。在这种动机的支配下，消费者在选购商品时，特别重视商品的质量、功效，要求一分钱一分货，相对而言，对商品的象征意义、所显

二维码2-18

卖得比Apple Watch还好的小天才电话手表

示的"个性"、商品的造型与款式等不是特别重视。比如，在选择布料的过程中，当几种布料的价格接近时，消费者更愿选择布幅较宽、质地厚实的布料，而对色彩、是否流行等给予的关注相对较少。

（2）求新动机

求新动机是指消费者以追求商品、服务的时尚、新颖、奇特为主导倾向的购买动机。在这种动机的支配下，消费者在选购商品时，特别注重商品的款式、色泽、流行性、独特性与新颖性，相对而言，产品的耐用性、价格等成为次要的考虑因素。一般而言，在收入水平比较高的人群以及青年群体中，求新动机比较常见。改革开放初期，我国上海等地生产的雨伞虽然做工考究、经久耐用，但在国际市场上的竞争力却不如新加坡等地生产的雨伞，原因是后者生产的雨伞虽然内在质量很一般，但款式新颖、造型别致、色彩纷呈，能迎合欧美消费者在雨伞选择上以求新为主的购买动机。

（3）求美动机

求美动机是指消费者以追求商品欣赏价值和艺术价值为主导倾向的购买动机。在这种动机的支配下，消费者选购商品时特别重视商品的颜色、造型、外观、包装等因素，讲究商品的造型美、装潢美和艺术美。求美动机的核心是讲求赏心悦目，注重商品的美化作用和美化效果，在受教育程度较高的群体以及从事文化、教育等工作的人群中是比较常见的。一项对近400名各类消费者的调查发现，在购买活动中，首先考虑商品美观、漂亮和具有艺术性的人占被调查总人数的41.2%，居第一位。而在这中间，大学生和从事教育工作、机关工作及文化艺术工作的人占80%以上。

（4）求名动机

求名动机是指消费者以追求名牌、高档商品，借以显示或提高自己的身份、地位而形成的购买动机。当前，在高收入人群、大学生中，求名动机比较明显。求名动机形成的原因实际上是相当复杂的。购买名牌商品，除了有显示身份、地位、财富和表现自我等作用以外，还隐含着减少购买风险、简化决策程序和节省购买时间等多方面的因素。

（5）求廉动机

求廉动机是指消费者以追求商品、服务的价格低廉为主导倾向的购买动机。在求廉动机的驱使下，消费者选择商品以价格为第一考虑因素。他们宁肯多花体力和精力，多方面了解、比较产品价格的差异，以选择价格便宜的产品。相对而言，持求廉动机的消费者对商品质量、花色、款式、包装、品牌等不是十分挑剔，而对降价、折让等促销活动有较大兴趣。

（6）求便动机

求便动机是指消费者以追求商品购买和使用过程中的省时、便利为主导倾向的购买动机。在求便动机的支配下，消费者对时间、效率特别重视，对商品本身则不是很挑剔。他们特别关心能否快速方便地买到商品，讨厌过长的等候时间和过低的销售效率，对购买的商品要求携带方便，便于使用和维修。一般而言，成就感比较高、时间机会成本比较大、时间观念比较强的人，更倾向于持有求便动机。

（7）模仿动机

模仿动机是指消费者在购买商品时自觉或不自觉地模仿他人的购买行为而形成的购买动机。模仿是一种很普遍的社会现象，其形成的原因多种多样：有出于仰慕、钦羡和获得认同而产生的模仿；有由于惧怕风险、保守而产生的模仿；有缺乏主见或随波逐流而产生的模仿。不管出于何种原因，持模仿动机的消费者，其购买行为受他人影响比较大。一般而言，普通消费者的模仿对象多是社会名流或其崇拜、仰慕的偶像。电视广告中经常出现某些歌星、影星、体育明星使用某种产品的画面或镜头，目的之一就是刺激受众的模仿动机，促进产品销售。

（8）好癖动机

好癖动机是指消费者以满足个人特殊兴趣、爱好为主导倾向的购买动机。其核心是为了满足某种嗜好、情趣。具有这种动机的消费者，大多出于生活习惯或个人癖好而购买某些类型的商品。比如，有些人喜爱养花、养鸟、摄影、集邮，有些人爱好收集古玩、古董、古书、古画，还有些人好喝酒、饮茶。在好癖动机的支配下，消费者选择商品往往比较理智，比较挑剔，不轻易盲从。

需要指出的是，上述购买动机不是彼此孤立的，而是相互交错、相互制约的。在有些情况下，一种动机居支配地位，其他动机起辅助作用；在另外一些情况下，可能是另外的动机起主导作用，或者是几种动机共同起作用。因此，在调查、了解和研究过程中，对消费者的购买动机切忌作静态和简单的分析。

典型案例2-4　　　　　　宁海渔家女把一个"活"字做到极限

2020年10月，笔者走访宁波市宁海县强蛟镇一家水产养殖场，这里的1 200个网箱相当于30个标准足球场那么大。负责人金彩文边走边指着说："这片是东星斑，边上的是黑鲷，总共养殖10万尾海鱼，其中占最多网箱的就是深水大黄鱼。"

浙江、福建、广东等沿海一带，养殖大黄鱼的人很多，并不稀奇。但大黄鱼出水即死，所以市场流通的多是冰鲜，而金彩文卖的大黄鱼是鲜活的。

利润就在"活"字上

卖海鲜近30年，金彩文越来越想将一个"活"字做到极限。"当年，我卖活鲜虾蛄、鳗鱼时，市场上独我一家。后来红鱼、鲚鱼、鮸鱼等海鲜我都成功做成了活鲜。"细数起来，大黄鱼是她卖的第36种活鲜，也是最难的一种。

"以前没有保鲜设备，也没有冷链运输，做活鲜特别难。"金彩文拿虾蛄为例，她找来特制的圆形竹筐，一筐里放五六斤，留一半空间。可土办法功效有限，就算只送到隔壁梅林镇个把小时的工夫，还是损失了75%的虾蛄。

死的虾蛄每斤只能卖10元，活的能卖到二三十元，这也更坚定了金彩文做活鲜的念头。

"利润就在活的这部分上，提高存活率，就能有更多的利润。"从那时候开始，金彩文便尝试各种方法。她买了辆车自己改造，用两个电瓶供电，带动鼓风机往水里输送空气，海鲜存活率提高到70%。更重要的是，海鲜"走"得更远了。

"卖活海鲜抢的就是时间，那时我一天只能睡两个小时，其他时间都在市场和来往的汽车中度过。"金彩文都是半夜零时出发，凌晨5时多将货送到宁波市场。没几年，她就凭借活鲜在水产市场闯出了名堂。可活鲜做得越多，就越避不开水产市场上的"爆款"——大黄鱼。

2013年，金彩文在自己的养殖场里投下20万尾大黄鱼，开始挑战活鲜大黄鱼。

出水可活24小时

4年前，金彩文的第一批大黄鱼终于长成，有一斤半到两斤左右的块头，但最难的时候也到了。

"那天第一次打捞装运大黄鱼，我的手心全是汗。"即便对活鲜很有经验，但要把大黄鱼活着送到市场，金彩文心里还是没有底。大黄鱼娇弱，躲在幽深的海域，如果捕捞不小心，它们就会因承受不了快速降低的压强而死亡。还有捕捞过程中的碰撞擦伤，甚至太过嘈杂的环境，都能让它们死亡。金彩文不敢掉以轻心，只拿出十几条鱼来试验，运到自家门店。

鱼不能离水，金彩文就买来特殊的塑料袋，直接用海水装袋打包大黄鱼。"我们平时运输黑鲷鱼，是按照5斤水、1斤鱼来配比，而大黄鱼需要更大的空间，我们试了很多次，把比例调整到8斤水、1斤鱼。"光这个配比就颇费脑筋。水太多，不利于运输；太少，大黄鱼的存活率就降低了。"海水装进去之后，还需要精准注入氧气，这可是我们独有的专利包装技术。"金彩文兴致勃勃地说，被撑开的塑料袋就像一个圆形的管道，既控制了体积，又给了大黄鱼充足的空间，模拟出了大黄鱼在海中的环境。

即便为大黄鱼配上最万全的装备，它们还是不怎么"争气"，只能活几小时，送不远。苦恼的金彩文，又把眼光投向捕捞环节。"大黄鱼磕着碰着都容易死亡，所以，每次打捞都是小心再小心，网箱稍稍收一点，就开始用网兜打捞，不让它们互相碰撞挣扎。"

金彩文几乎想尽办法，一点点把大黄鱼的保活期延长。"现在能熬到24小时了。"金彩文说这话时，长长地松了一口气。

"减肥"后溢价3倍

"运输零损耗！"当第一批大黄鱼活着运到客户手里，接到反馈短信的金彩文差点高兴得跳了起来，可她万万没想到，对方给的价格反而比冰鲜大黄鱼还要低。

金彩文实在想不通，抓起电话就询问客户。得到的答复是：大黄鱼太肥，口感不够好。

为了给大黄鱼减肥，金彩文在原来的基地旁边又承包了一块海域，并搭建24米长的"跑道"，就连网箱深度也从8米加深到13米。当鱼长到1斤左右，就把它们赶进"跑道"里运动。

也就几个月时间，金彩文惊喜地发现了变化。"以前，养出的大黄鱼'大腹便便'，现在每一条都精瘦有活力，吃起来很鲜嫩。"当金彩文再次把它们送到客户手中，价格一下提高了3倍。最惊喜的是，体格强健的大黄鱼，在运输过程中存活时间也更长了。

市场很快打开。金彩文在宁波、上海、南京等大城市开设水产门店，还在福建、海南、青岛等地建立水产养殖基地，组建起高效、快捷的网格化海鲜配送车队，并注册了商标。如今，金彩文年销售额已经过亿元，在行业内被称为"海鲜女王"，她还出任中国渔业协会常务理事。

资料来源：陈醉．宁海渔家女把一个"活"字做到极限［EB/OL］．［2020-10-19］．https://zj.zjol.com.cn/news.html?id=154456．

（三）消费者动机的诱导

在现实生活中，由单一动机引起消费者购买行为的情况并不多，消费者的购买行为往往是在多个动机的共同驱使下进行的，是种种有意识和无意识动机总和的结果。动机总和基本上有两种情况：一种是几个动机共同作用于促进购买行为的情况；另一种是有的动机促进购买行为，有的动机阻碍购买行为，即存在方向相反、相互抵消的动机。动机总和不是各个动机之和，要比动机之和小，但只要不为零，就说明动机总和所代表的动机是存在的，这时占上风的动机决定购买行为。如果动机总和处于平衡状态，此时消费者在购买与不买之间徘徊，处于犹豫不定、优柔寡断的状态。

所以说，当作用于消费者头脑中的动机相抵、总和平衡之时，外力的加入——诱导，就显得极其重要了。

资料链接 2-6

如何对消费者的购买动机进行诱导，进而影响其购买行为呢？一般而言，要围绕着影响消费者购买的环境因素进行诱导，也要根据影响购买行为的主要动机类型进行诱导。

1.品牌强化诱导

消费者对购买何种物品已经做出了决定，但是对哪个品牌比较好心里没底，在购买现场，消费者会表现为这个品牌的情况问一问，那个品牌的说明书拿来看一看，可还是下不了决心。此时，应运用品牌强化诱导方式，售货员可以突出介绍一个品牌，详细说明它的好处，以及其他消费者对这个品牌的认识、感受，就可以促进消费者的购买；而如果这个品牌介绍一下，那个品牌也介绍一下，最后消费者还是不知选哪一个品牌好。

2.特点补充诱导

当消费者对某一品牌已有了好感，但是对其产品的优缺点一时还不能做出判断时，应采用特点补充诱导方式，在消费者重视的属性之外，再补充说明其他性能特点，帮助消费者进行决策。比如消费者在购买冰箱时，重视外观的好看与否、容量的大小、噪声的高低，但在对这些因素进行了比较之后还不能决定时，售货员可以提示消费者，××牌的冰箱环保性能好，还可以左右开门，方便在不同的地点使用等来补充产品的优点，以刺激消费者购买。

3.利益追加诱导

消费者对产品带给他的利益是感性的、有限的，这就使得消费者对商品的评价具有局限性，此时应采用利益追加诱导的方式，提高消费者对某一品牌、某一品种商品的认识，以提高消费者的感知价值。以购买冰箱为例，某消费者已对华凌BCD-268W三门冰箱表示了浓厚的兴趣，对于品牌、容量等都比较满意，但是对于中间那个门的作用认识不足，这时厂家推销员过来介绍道："中间那个门里面有一个温度控制开关，可以把温度调高，扩充冷藏室的容积（空间），也可以把温度调低，扩充冷冻室的容积（空间），即可以随您的需要进行调整。还有一个更重要的作用，一般冷冻室的温度过低，把生肉等食物放进去以后会迅速冷冻，使得味道变差一些，但可以保持较长时间；而中间那个门里放进熟食、熟肉，两三天内食用绝对不会改变味道，也不用拿出来化冻，可以作为熟食的专用柜。"这个消费者一听，马上就下定了购买决心。

4.观念转换诱导

消费者对某一品牌的印象较差，往往是由于这个品牌的商品在消费者认为比较重要的属性方面不突出、不具有优势，此时就可以采用观念（信念）转换诱导的方式，改变消费者对商品的观念，这也是心理再定位的方法。以购买冰箱为例，消费者把质量放在第一位，价格放在第二位，容量放在第三位，而××牌的冰箱价格不占优势，使得顾客在购买时难以下定决心。此时售货员可以告诉消费者，价格不是主要的，容量比价格更重要，如果容量选择过小，以后要改变就很难了，而价格不是重要的，即使一次购买时价格略高一点，钱还可以再挣，但要换冰箱就不太容易了。这样就会改变消费者对该品牌冰箱价格高的不好看法，认为容量大比较重要，进而对价格也就不那么敏感了。

5.证据提供诱导

有时消费者对于选择什么样的商品、选择什么品牌的商品都已确定下来了，但是还没有把握，怕风险而犹豫不决。此时可以运用证据提供诱导的方式，告诉消费者什么人买了这种商品，有多少人买了这种商品，以促使从众购买动机的强化，消除消费者的顾虑，促进购买行为的产生。

有效的诱导，除了适宜的方式方法外，还要掌握好时机。一个人说话的内容不论如何精彩，如果时机掌握不好，也无法获得应有的效果。因为听者的内心往往随着时间的变化而变化，要想让对方听你的话或接受你的观点、建议，就要把握适当的时机。

要想使诱导取得成功，还要克服一些不利因素的影响。比如消费者对推销员、售货员的不信任，会造成消费者对产品的不信任。此外，销售现场的环境也会影响诱导的效果。

资料来源：刘志超，白静.消费者购买动机类型及其在市场营销中的应用 [J]. 华南理工大学学报（自然科学版），1999（9）：53-58.

（四）互联网时代的驱力模型

著名管理学家丹尼尔.平克在其著作《驱动力》中指出："没有哪一种力量比人们自发的驱动力更能产生创造力和持久的高效率。"在传统心理学驱力模型的基础上，游戏驱力、群聚驱力、自恋镜像驱力已经成为互联网时代的重要驱力模型。

1.游戏驱力

爱玩游戏是人的天性，而互联网产生以后，众多的游戏更是让人着迷。2018年《中国经济周刊》第44期一文指出：中国游戏行业营收超千亿元，玩家约5.3亿人。利用游戏驱力，通过创造更具参与感的体验来激发内在动机，可使产品（或服务）更加有趣、更加有吸引力。游戏化思维成为最近两年比较火的一个商业词汇。

所谓游戏化，就是利用从游戏中借鉴的科技手段来吸引顾客，把游戏中机械的娱乐应用在非游戏应用当中，促使人们接受并激励他们使用这些应用，同时争取激励使用者沉浸于与此应用相关的行为当中。应用到商业上，游戏化的目的就是要使人们反复购买更多的产品和服务。商业竞争日益激烈的今天，传统的激励方式渐渐失效，游戏化一方面可以很好地提高产品与用户的互动性，增加用户参与性；另一方面帮助建立很好的用户激励机制，给产品注入乐趣，在一定程度上保证了用户的活跃性。可以想象，当玩着游戏机长大的年轻人成为了社会的主流消费人群，开始结婚买房子买家电的时候，一个受欢迎的品牌，一定要会玩，一定要把产品做成玩游戏的感觉，才能让别人跟你不断地互动。

游戏化思维是指把非游戏化的事物分解或抽象为游戏元素，然后把游戏元素巧妙地组合到游戏机制中并系统运作的思维方式。常见的游戏机制包括：挑战、机会、竞争、合作、反馈、资源获取、奖励、交易、回合、胜负制等。游戏元素要根据实际需求进行分解。

在游戏化驱力的背景下，商家应针对喜欢游戏的年轻人进行游戏化的产品设计和营销推广，让产品变得有趣好玩，提升对用户的吸引力，并挖掘核心需求之外的用户需求，强化用户的情感体验和产品的附加价值，使产品游戏化，完成从工具到玩具的蜕变。

典型案例2-5　　　　　　　　BMX小轮车创造玩具蓝海

如今，自行车作为人们出行的重要代步工具，已遍布大街小巷。距历史上第一辆自行车问世已经有200多年，回顾这200多年的自行车演化历程，我们会看到游戏化思维在品牌定位中的重要作用。

1766年，一群修士在修复达·芬奇的手稿的时候，发现了最早的自行车雏形。

1791年，法国人Sivrac发明了自行车，有前后两个木质的车轮，中间连着横梁，上面安了一条板凳，没有传动链条和转向装置。

1818年，德国人Drais在前轮上加上了一个控制方向的车把，可以改变前进的方向。

1840年，苏格兰的铁匠Macmillan在后轮的车轴上装上曲柄，再用连杆把曲柄和前面的脚蹬连接起来，前轮大，后轮小。这样人的双脚终于真正离开地面，由双脚的交替踩动带动轮子滚动车辆前行。

1861年，法国的Pierre父子在前轮上安装了能转动的脚蹬板，车子的鞍座架在前轮上面。

1874年，英国人Roson在自行车上装上了链条和链轮，用后轮的转动来推动车子前进。

1886年，英国机械工程师John Kemp Starley（自行车之父）从机械学、运动学的角度设计出了新的自行车样式，装上前叉和车闸，前后轮大小相同以保持平衡，并用钢管制成了菱形车架，还首次使用了橡胶车轮。

1888年，苏格兰人John Boyd Dunlop把橡胶管粘成圆形并打足气装在自行车上，发明了充气胎。

可以看到，工具化思维贯穿着整个自行车的发展史，从最初的概念引入，到木质原型机制造，再经过后续的迭代：安装脚蹬板、改变鞍座的位置、装备链条和链轮等，以及后期机械学、运动学等角度的创新设计和轮胎的发明，无一不是在强化产品的可用性和易用性，帮助用户更便捷、更舒适地使用。

20世纪70年代，BMX小轮车出现了，它主要用于自行车越野比赛。其实比赛本身就可以看作游戏的一种形式，它运用了游戏化思维中的竞争机制、胜负机制及挑战机制。

到了80年代中期，大多数年轻人深受滑板文化的影响，觉得原来的越野玩法已经没有吸引力了，所以在BMX的前后车轮两旁安装了四根金属管叫作火箭筒并把BMX拿到平地和滑板场地里玩，而且玩的花式比滑板更多、更刺激。

此时的BMX，除了具备比赛运用到的游戏机制外，还引入了目标机制，BMX有成百上千种花式供用户练习，这就给了用户目标，而玩法的练习肯定要先易后难，这样标梯度效应又发挥了作用。奖励机制和随机机制也被引入，用户每成功完成一次动作，都会获得精神上的愉悦，但没人能保证每次都成功，所以这种愉悦是随机的。

BMX脱离了自行车的工具属性，代步并不是BMX目标用户的核心需求，真正让用户爱不释手的是BMX的玩具属性。创立于1974年的Mongoose公司，意识到这点后，开始专注于BMX的生产制造、车手的培养、比赛的推广，在同质化严重的自行车市场中开拓了属于自己的垂直细分市场，跳出了仅限于满足代步需求的自行车红海，跻身世界十大知名自行车品牌。BMX小轮车运动是发展最快的自行车运动，它在2008年北京奥运会成为了正式比赛项目，Mongoose则成为中国BMX国家队的赞助商。

资料来源：少宇．游戏化思维：从工具到玩具［EB/OL］．［2023-03-21］．http://www.woshipm.com/pmd/612672.html

2. 群聚驱力

人是群居动物，人类史前就已经集体狩猎，之后到氏族部落，从农村到城市，聚集是人类的天性，每个人都不可能离开他人而独立存在。人类需要一种群体确认感，否则将不能充分发挥社会属性，这是一种安全感使然，也是寻找利益之所在。在互联网时代，人实际上更加渴望的是群体。成为群体的一部分是互联网时代最主要的一种驱动力，即群聚驱力。

从QQ、MSN、朋友网等在线社交网络，到移动互联网时代的微信，发达的网络为人们更快捷地找到各类群体提供了便利，也更进一步放大了人们对身份的依恋。有人在微信朋友圈晒去哪儿旅游、享用什么美食、发文艺范的感慨，有可能是编造的，但迅速地在自己的朋友圈里给自己塑造了形象、定义了阶层，至少通过这种方式让朋友以为你是那样的人或生活在那样的社会阶层。

基于此，互联网时代的企业，便会考虑怎么使用群体效应，来产生群体操纵，进而为其带来更多的商业利益。互联网社群就应运而生，资源性社群、参谋型社群、职业型社群、兴趣性（专业性）社群、公益性社群、产品型社群、企业型社群、微商型社群等，不一而足。

企业要利用群体开展商业活动，一般从以下三方面入手：

一是如何将特定人群聚集起来。物以类聚，人以群分。建群的一个基本原则就是选择一个兴趣点，把某种类型的人聚集在一起，如旅游、摄影、健身、育婴等。

二是设定群聚规模。英国牛津大学的人类学家罗宾·邓巴（Robin Dunbar）在20世纪90年代提出150定律，即著名的"邓巴数字"。该定律指出，大脑认知能力限制了特定物种个体社交网络的规模。邓巴根据猿猴的智力与社交网络推断，人类智力允许人类拥有稳定社交网络的人数是148人。四舍五入大约是150人。也就是说，人们可能拥有150名好友，甚至更多社交网站的"好友"，但只能维持现实生活中大约150个人的"内部圈子"（"内部圈子"好友在此理论中指一年至少联系一次的人）。美国脸书内部社会学家卡梅伦·马龙表示，脸书社区用户的平均好友人数是120人，女性用户的平均好友人数多于男性用户；不同用户好友的人数差距很大，一些脸书用户拥有超过500位好友；拥有超过500个朋友的男性用户平均只会给其中17位好友留言，女性用户平均会给26位好友留言，男性用户平均会与10个好友通过电子邮件或聊天进行交流，而女性平均进行此类交流的好友人数是16个。目前微信可以加5 000个好友，微信群最多为500人（超过40人，您的邀请需要对方同意；超过100人，对方需要通过实名验证才能接受邀请），当前也可以通过一些小程序扩大合并成千人以上的超大群，但有研究指出，200人的群效果最好。

三是培养群体的消费习惯。当一个群体形成之后，群体的带领者要做的事就是培养习惯，共同的习惯一旦培养出来，这个群体就能产生交易行为，继而产生利益。一旦形成习惯，人便会产生一种本能，以及一种非常强大的惯性，常常称为消费习惯。习惯培养出来之后产生的巨大利润是不可估量的。滴滴前期通过给司机和乘客补贴，让双方都尝到占便宜的甜头，吸引更多的司机入驻和乘客乘坐；支付宝支付后获红包也是在培养人们的支付习惯；如果你是购物狂，肯定知道京东"6·18"周年庆、淘宝"双十一"的抢购活动。

三、自恋镜像驱力

通俗地说，每个人都对自己有一个认可的程度，自我认可的程度比实际程度低，叫自卑；自我认可的程度比实际程度稍高叫自信；而自我认可、自我欣赏程度比自身实际情况超出太多的就叫自恋了。自卑、自信、自恋，都是一种自我认识，属于自我概念。自恋（narcissism）一词源于欧美文学作品，直译成汉语是水仙花。这来自一个凄美的古希腊神话：美少年那西斯在水中看到了自己的倒影，便爱上了自己，每天茶饭不思，憔悴而死，变成了一朵花，后人称之为水仙花。精神病学家、临床心理学家弗洛伊德借用这个词，用以描绘一个人爱上自己的现象。人在刚出生的时候，只会吃、睡和哭。由于母亲对孩子良好的照顾，孩子能够逐渐体会到"亲情"和"爱"。随着心理的发育，在心里会出现这样的感受："妈妈是爱我的，当然我自己也是很棒的"，这种由"母亲爱孩子"的现实转化而来的"我很可爱"的感受，就构成人们心中的"自恋"情感。过高估计自己、经常沉湎于幻想之中、故意寻求别人的赞美等表现都是病态的自恋。

心理学家认为，意识的确立发生在婴儿的前语言期的一个神秘瞬间，即"镜像阶段"。儿童的自我和完整的自我意识由此开始出现。当一个6～18个月的婴儿在镜中认出自己的影像时，看到镜子里的自己是完整的形象，但是自己的身体处于不协调的状态，这使他产生了主体对客体想象性的、虚幻的自我。这是个体对个体的镜像。法国精神分析学家雅克·拉康的镜像阶段理念从婴儿照镜子出发，将一切混淆了现实与想象的情景都称为镜像体验。拉康发现，人进入社会之后，社会就像一面镜子，产生了人和社会之间的镜像。在互联网时代，人们的镜像就变成了一个人和一群人产生镜像，即个体与群体的镜像。

综上所述，自恋是弗洛伊德研究的，镜像则是拉康提出的。弗洛伊德以力比多的投注来解释自恋的现象，并构建了"本我-自我-超我"的主体意识结构；拉康引进结构语言学的象征概念，提出了镜像阶段的理念，将主体的自我意识完全归结为一个"理想自我"，从而取消了"我"的真实性。镜像是对自恋的进一步发展。

互联网的交流常常以自我为中心，而不太考虑别人。自恋需要找一个镜像。我是一个人，互联网是一面镜子，我和互联网产生了一个镜像关系。互联网中的每一个人，都会比他在真实生活中要自恋得多，即人们在互联网中就会拼命展现自恋的一面。网红就是个体和群体之间互为镜像的关系。实际上，你看到的不仅是一个网红，你看到的，实际上也是你自己的一部分，由此就产生了网红经济模式。有人通过给网红购买礼物、打赏，让其按照自己的要求来满足其心里的某种欲望，实际上是在体验生活中所没有的控制感。

拉康的心理分析中还提到，我们每一个人都渴望成为另外一个人。因此，网红背后，实际上在于其满足了我们内心深处渴望成为另一个人的深层需要。"80后"这代人捧红了超女，他们追超女的背后是因为渴望像她们一样从草根走向前台。

利用网红的粉丝进行流量变现是目前不少企业的经营手段。2019年5月17日，蘑菇街上线了视频直播的功能，首日UV提高10倍。主推网红的店铺当天成交增长了67.3%。蘑菇街的直播功能，其实就是利用网红输出内容，带来商业变现的模式。

典型案例2-6　　　　　　　　　**Papi酱的爆红背后符合网红经济引爆点法则**

2016年开年，Papi酱就成为网络热搜词。在2015年，这个自嘲为"贫穷+平胸"，同时"集才华与美貌于一身的女子"，因制作了一系列搞笑短视频在微博上迅速走红，半年内聚集粉丝700万，微信公众号粉丝已达千万，迅速成为现象级自媒体。Papi酱也因此成为短视频网红社交领域的一匹"黑马"。

印象中的网红，应该是那种穿内衣卖萌、大胸锥子脸，且善于自我营销的单身美女们。然而，Papi酱既不性感也不貌美，据说还拖家带口，她为什么红？

美国作家马尔科姆·格拉德威尔（Malcolm Gladwell）曾经在《引爆点》一书中称，许多难以理解的流行潮，背后都是有原因的。掌握这些因素，就有可能推动起另一个流行潮。

Papi酱的爆红遵循了《引爆点》的附着力法则——被传播的信息是容易被注意、记忆的，则容易形成流行。平胸马尾、衣着朴素的Papi酱紧跟新闻热点，诸如"七大姑八大姨逼婚盘问""双11购物狂欢""微信公开课""情人节送女朋友什么礼物"等话题，刚好抓住了人们日常关注的痛点和热点，她甚至用这种戏谑的方式成为了平凡生活中的减压代言人。这种以自黑和吐槽为主要表达方式的意见领袖的崛起，恰恰是网红经济的一个新风口。

从传播学的角度回看近几年的网红，第一代网红代表芙蓉姐姐和凤姐，当时人们看她们的眼光是"审丑"的，无论是前者在清华校园里扭捏的姿态，还是后者号称要海选帅哥男友，与社会常规意义的眼光不同的猎奇性，将她们推到了话题的风口浪尖。再看第二代网红，她们通常有着这样的标配：美丽的容貌、曼妙的身材、奢侈的生活，她们的衣服、口红、包包，都成为很多平凡人追逐的对象，这是社会注意力由"审丑"向"审美"的一种转变。而Papi酱则用语言获取了很多人价值观上的认同感，甚至以大笑的方式为情绪找到了一个发泄渠道，这种"审奇"或许是Papi酱成为如今网红代表的最主要原因。

获得千万融资后，接下来不仅是她自己，更有投资方也会关注，意见领袖的衍生价值如何被发掘？注意力经济如何转变为实际购买？资本追逐的网红流量又如何变现？

网红一直以来做的都是电商导流的事，Papi酱举办了一次广告招标会，类似于传统媒体的广告拍卖。与常规形式的"网红+电商"有本质区别的是，参加招标会的客户是需要付费入场的。与其他网红"先产品化再商业化"的流程也不同的是，Papi酱还没有稳定的产品化改造，就通过拍卖第一支贴片广告的方式获利，其中资本化操作的痕迹十分明显。难道广告是Papi酱最重要的获利方式吗？

当这个类型的网红经济无法实现标准化收益回报，"Papi酱们"必然会面临亟待破局的几个问题：

第一，"Papi酱们"能否成就自身的IP（知识资产）资源品牌？

第二，网络围观如何转化为社群经济？

第三，如何构建壁垒，并产生可持续性生产力？

而Papi酱要想走得更远，要么维持自己的独特性，要么探索一条适合自己的商业模式。但若完全被商业绑架，可能很快就会被粉丝抛弃。

资料来源：创投时报. Papi酱的爆红背后符合网红经济引爆点法则［EB/OL］.［2016-05-15］. http：//www.ctsbw.com/article/5867.html.

做一做

实操分析：消费者的需要与动机的激发。

1.如果你是九阳的导购员，请你对下面一款自动炒菜机器人针对不同消费者的需要设计不同的推销词。

提示：

（1）以小组（或寝室）为单位进行讨论。讨论思路：该款产品与其他产品相比有何特点？不同的特点适合哪些不同的需要？这些需要会引发哪些动机？这些动机通常在哪种情况下对哪种顾客容易激发？

（2）模拟不同角色进行对话。

（3）以对话形式完成推销词。

图2-11为九阳CA950智能炒菜机，具体信息请查阅九阳官方网站。

图2-11　九阳CA950智能炒菜机

图片来源：九阳官方网站，https://www.joyoung.com/details/2289.

针对30多岁的年轻顾客，你的推销词是：

针对70多岁的老年顾客，你的推销词是：

2.如果你是一家小型餐饮店老板，利用游戏驱力原理，为你的店设计一个推广创意。

3.试分析你喜欢的（或时下当红的）网红吸粉手段及依据。

效果评价

消费者的需要与动机分析的效果评价参考表见表2-4。

表2-4　　　　　　　消费者的需要与动机分析的效果评价参考表

评价形式	评价内容	分值
事先准备	准备充分，对话双方事先有排练和模拟	20分
	推销词文字稿思路正确，能体现所学内容	30分
角色模拟	角色模拟到位，表演自然	20分
	角色模拟对话与文字稿基本一致	30分
合　　计		100分

子情境4　消费者的学习和态度分析

子情境目标

知识目标：了解消费者学习的含义和学习理论，正确理解消费者态度在消费者行为中的作用，熟悉消费者态度的形成及因素。

能力目标：能分析消费者对特定商品（或服务）的态度形成过程，提出固化或转变消费者态度的建议和办法。

素质目标：通过案例分析，感受中国文化博大精深和健康中国战略，培养经世济民的职业精神和家国情怀；利用"做一做"中的案例调查，树立敬畏市场、敬畏法律之心；结合知识学习，回顾总结、解剖分析自我习惯，努力完善自我。

子情境导入

脑白金：创造保健品市场的神话

从1997年诞生以来，脑白金创造过多项奇迹。它"拯救"了史玉柱的巨人集团，打破了保健品"火不过3年、活不过5年"的规律，即便是饱受诟病的"今年过节不收礼，收礼只收脑白金"广告，也成了一代人的集体记忆。

在黄金搭档生物科技公司官网上，一则于2016年9月12日发布的宣传片里显示，脑白金累计销量已达4.6亿瓶。

营销，是脑白金销量长盛不衰的重要原因。史玉柱曾经说过，广告是营销驱动型公司的命脉。因此在做脑白金的时候，他重点抓广告，从名字到广告方案都经过了精心设计和反复验证、修改。

1997年8月，脑白金拍了一个电视广告，写了几篇软文，开始在江阴试销，但效果不理想。史玉柱将失败原因总结为宣传太大众化，软文可读性差，电视广告不吸引人。

1998年7月，脑白金以一本精心打磨的名为《席卷全球》的软文书摘合集为主要宣传材料，正式启动市场工作。

依靠初期利润，脑白金拍了后来消费者耳熟能详的"今年过节不收礼，收礼只收脑白金"时长10秒的广告。尽管这段广告刚开始就遭到了从消费者到分公司的不断抵制，但最终销售效果证明它是非常成功的广告。

脑白金的电视广告以创意不佳而享誉业界，但套用脑白金的一则广告语"有效才是硬道理"，脑白金就是靠电视广告，将产品由功效诉求（改善睡眠、肠道）定位转向礼品诉求定位，除定位外，其广告词"孝敬爸妈脑白金"点明受众群——中老年人。其标榜的"年轻态、健康品"标签和"改善睡眠，润肠通便"的作用，点到中老年人痛处，更使其成为逢年过节送长辈礼品的首选。既有效转移了消费者对脑白金功效的过分关注，又使脑白金的直接购买人群大大超过了目标消费群体，使趋于火爆的脑白金市场一次次呈几何级数迅速扩大，培育了礼品市场的大蛋糕。按巨人集团副总裁程晨的说法，脑白金春节销量占全年销量的50%。

另外，脑白金品牌常常通过在新闻版猛打软性文章，用"地球人也可以长生不老？""两颗生物原子弹""98年全球最关注的人""一天不大便等于抽三包烟""女人四十，是花还是豆腐渣？"等摄人心魄的大标题巧妙地取信于民，让人们潜移默化地相信它的真实性。这些新闻蕴含了一般人闻所未闻的信息，无论从内容的新闻性、权威性，还是可读性、通俗性，都能激起消费者的强烈阅读欲望。人们对新闻的"真实性"判断能力较差，很容易受其影响，宁信其有，不信其无。新闻炒作结合典型事件、科学探索、人类命运展望等，不仅彻底消除了消费者的戒备心理，而且强烈震撼了消费者的心灵，期待着科学能够尽快造福自己，形成对脑白金的饥饿心理，具有极强的杀伤力。新闻报道的气势与效果远远超过其他形式的软文。

随后，脑白金通过极高频率的中央电视台黄金时段的广告，进行视听轰炸。这样做有一个好处，高频率的中央电视台广告无疑给人留下了这样一个印象：脑白金真有实力！密集电视广告树立品牌知名度，是中国许多企业能快速做大的一个秘诀。只要你敢在央视高密度投放广告，天天在省级卫视、地方电视台投电视广告，不用了多久就会家喻户晓，家喻户晓就会有尝鲜者。

1999年7月到9月，正值夏季保健品市场淡季，但是脑白金突然要货量猛增，出现全国断货、抢货的情况。通过对1999年广告的复盘，史玉柱发现这个广告起到了重要作用。

2000年春节期间，通过猛砸这段"洗脑"广告，脑白金在当年1月的销量达到21.6万件，收入达2.1亿元。

此后十多年，这段广告，深入消费者头脑，成为了脑白金营销宣传的主打语。广告中的小老头、小老太太在数年间换了多种造型，草裙、婚纱、比基尼、民族服装……不变的是各种"尬舞"以及已成老百姓口头禅的经典广告语。

巨人集团副总裁程晨曾表示："我们一贯认为消费者是最健忘的，要想让消费者记住产品信息，首先要给产品一个准确的定位，比如我们就清楚产品的定位是礼品市场，其次是要传递出稳定的、不变的信息，具体形式就是广告中的符号不变，反复重复，才可以形成记忆。""消费指定型"广告使脑白金在占据送礼场景中的消费者心智方面取得了巨大成功。

2017年，脑白金创始人史玉柱曾在访谈节目里透露了脑白金在超市货架的"黄金位置"，即不高于1.8米、不低于1.2米。他说，脑白金要"放在1.5米的位置，否则消费者看不见"。单从销量看，脑白金无疑是成功的。截至2017年3月13日，脑白金已经累计销售4.6亿瓶。上市20年，带火了保健品、饮料的补脑概念。

资料来源：袁庭岚. 21岁脑白金遇到"烦恼"：史玉柱的"摇钱树"正在失去魔力［EB/OL］. ［2018-02-07］. http://www.sohu.com/a/221439355_221979；老虎财富. 脑白金营销分析："十大恶俗广告"之首却畅销20年［EB/OL］. ［2017-06-12］. http://www.admaimai.com/news/ad201706122-ad134015.html.

问题：

1.脑白金是怎么"教育"消费者的？

2.脑白金广告的成功符合哪些学习原理？

3.中国保健品市场持续高速增长，受到了哪些因素和政策的影响？

问题讨论提示

学一学

一、消费者的学习

（一）学习概述

1.学习的含义

所谓学习，是指人在生活中，因经验而产生的行为或行为潜能的比较持久的变化。

首先，学习是因经验而生的。习惯、知识、技能、观念以及生活活动，均属于个体的经验。因经验而产生的学习大致有两种类型：一种是经由有计划的练习或训练而产生的学习，如通过接受培训而掌握开车技能，通过参加企业提供的技术指导班而学会操作、保养、维修某种机器等；另一种是由偶然的生活经历而产生的学习，如看到电视里介绍某种化妆方法而予以仿效，看到某人闯红灯造成车毁人亡的场面而意识到遵守交通规则的重要性等。

其次，学习伴有行为或行为潜能的改变。从个体行为的改变，即可推知学习的存在。当某人表现出一种新的技能时，如开车、游泳、打高尔夫球，我们即可推知，学习已经发生了。有时个体通过学习获得的是一些一般性知识，如关于中国的历史或文化、宗教与艺术，这类学习往往不会立即通过行为的变化外显出来，但可能影响着个体的价值观念和将来对待某些事物的态度，即改变人的行为潜能。由于行为潜能不一定马上转化为外显行为，它本身又不能直接观察到，所以在很多情况下，学习对行为的影响往往是潜移默化却又是十分深远的。

最后，学习所引起的行为或行为潜能的变化是相对持久的。无论是外显行为，还是行为潜能，只有发生较为持久的改变，才算是学习。药物、疲劳、疾病等因素均可引起行为或行为潜能的变化，但由于它们所引起的变化都是比较短暂的，因此不能视为学习。当然，学习所获得的行为也并非永久性的，因为遗忘是人所共知或每一个人都会体验到的事实。学习所引起的行为或行为潜能的改变到底能持久到什么地步，要视学习的材料与练习的程度而定。一般而言，以身体活动为基础的技能学习，维持的时间比较长，如骑车、游泳、滑冰等。对于知识观念的学习，学习内容有时会被遗忘或被新的内容所取代，但相对于那些暂时性变化，它们保持的时间还是比较长久的。

2.学习的分类

从消费者行为分析的角度，有两种分类方法是很有意义的。

（1）根据学习材料和消费者原有知识结构的关系，可将学习分为机械学习与意义学习

机械学习是指将符号所代表的新知识与消费者认知结构中已有的知识建立人为性的联系。学习者并未理解符号所代表的知识，只是依据字面上的联系，记住某些符号的词句或组合，是一种生吞活剥式的学习。消费者对一些无意义的外国品牌的学习，很多就属于这种类型。

二维码2-19

意义学习是指将符号所代表的知识与消费者认知结构中已经存在的某些观念建立自然的和合乎逻辑的联系。比如，用"健力宝"作为饮料商标，消费者自然会产生强身健体之类的联想；用"飞鸽"作为自行车商标，会使消费者将自行车与轻盈、飘逸等美好的遐想相联系。消费者对这一类内容的学习，不需要借助外在的和人为的力量，属于意义学习

云南白药牙膏
广告

的范畴。

（2）根据学习的效果，可将学习分为加强型学习、削弱型学习和重复型学习

消费者使用某种商品，如果觉得满意，他可能会对与该商品有关的知识和信息表现出浓厚的兴趣，他对该产品的好感和印象会因此而强化，所以这一类型的学习被称为加强型学习。

削弱型学习则是指通过新的观察和体验，使原有的某些知识和体验在强度上减弱直至被遗忘。消费者使用某种商品后如果不满意，或者通过观察发现别人使用该产品有不好的效果，那么他对该产品的购买兴趣就会减弱。

重复型学习则是指通过学习，学习效果既没有加强，也没有减弱，只是在原有水平上重复而已。

二维码2-20

（二）消费者学习的理论

1.刺激-反应理论

学习等同于刺激与反应之间关系的获得。个体获得这种刺激-反应关系后，经反复练习和强化就会形成习惯：只要原来的或类似的刺激情境出现，习得的习惯性反应就会自动出现。下面我们用经典性条件反射

经典性条件反射
和操作性条件
反射

理论和操作性条件反射理论进行解释。

（1）经典性条件反射理论

经典性条件反射理论是由俄国生理学家巴甫洛夫（Ivan Pavlov）提出的。该理论认为，借助于某种刺激与某一反应之间的已有联系，经由练习可以建立起另一种中性刺激与同样反应之间的联系。这一理论是建立在著名的狗与铃声的实验基础上的。在该实验中，巴甫洛夫发现，当实验助手将食物放入狗的口中时，狗的唾液分泌量开始增加。但随后巴甫洛夫进一步发现，在食物放进狗的口中之前，狗的唾液分泌量就开始增加。最初，狗是在看到食物的时候，唾液分泌量开始增加，后来则发展到未见食物只见到送食物的助手，甚至只听到助手走来的脚步声，狗的唾液分泌量便开始增加。

一般来说，在低介入情境下，经典性条件反射比较常见，因为此时消费者对产品或产品广告可能并没有十分注意，也不太关心产品或广告所传达的具体信息。然而，在一系列对刺激物的被动接触之后，各种各样的联想或联系可能会由此建立起来。需要特别指出的是，在低介入情境下，消费者学到的并不是关于刺激物的信息，而是关于刺激物的情感反应。正是这种情感反应，导致了消费者对产品的学习和试用。

（2）操作性条件反射理论

操作性条件反射理论是由美国著名心理学家斯金纳（Skinner）提出的。斯金纳在20世纪30年代发明了一种名为斯金纳箱的学习装置，如图2-12所示。该理论认为：学习是一种反应概率上的变化，而强化是增强反应概率的手段。如果一个操作或自发反应出现之后，有强化物或强化刺激相尾随，则该反应出现的概率就会增加。经由条件作用强化了的反应，如果出现后不再有强化刺激尾随，则该反应出现的概率就会减弱，直至不再出现。

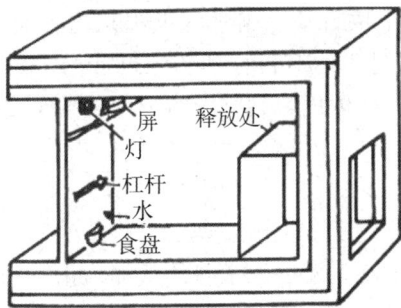

图2-12　斯金纳箱

图片来源：佚名．刺激-反应学习理论［EB/OL］．［2009-03-16］．http://www.pep.com.cn/xgjy/xlyj/xlshuku/shuku15/shuku16/zhang/201008/t20100827_815548.htm.

操作性条件反射理论的基本思想归结到一点，就是强化会加强刺激与反应之间的联系。学习或刺激与反应之间的联系，在很大程度上取决于对强化物的安排（Schedule）。金伯尔（Kimble）发现，如果给予连续强化，即在每次正确反应后就给予强化物，那么个体对正确反应的学习速度很快。但当强化物不再呈现或中止强化时，正确反应的消退速度也很快。相反，如果强化是间断性的或部分的，即不是对所有正确反应而只是对部分正确反应予以强化时，虽然最初对正确反应的学习速度较慢，但在强化物消失后，行为消退的速度也比较慢。

这个发现对营销的启示是，给予顾客奖券、奖品或其他促销物品，在短期内就可以增加产品的销售，但当这些手段消失后，销售量可能会马上下降。因此，企业要与顾客保持长期关系，还需采取一些间断性的强化手段。这个发现所揭示的原理，对解释产品或品牌形象为什么难以改变也颇有启发意义，因为品牌形象是建立在消费者对品牌的间断性体验的基础上的，是消费者在长期的消费体验中，经过点滴积累逐步形成的，因此，构成品牌形象的各种联想和象征的含义也需要经过很长的时间才可能逐步消退。

一般来说，操作性条件反射更适合高介入度的购买情境。因为在高介入度的购买情境下，消费者对购买回报会有意识地予以评价。以购买西服为例，消费者将西服买回家后，很可能会从象征性和功能性两个方面对购买行为做出评价，在此情形下，强化无疑会对消费者产生重要影响。比如，如果有别人对消费者所买的西服予以赞许，或者在某些场合目睹他人穿同样品牌西服时的风采，均会对消费者起到正面的强化作用。在低介入度的购买情境下，除非产品功效远远低于预期，否则消费者不会对购买作太多的评价。因此，在低介入度的购买情境下的满意购买虽然对消费者的行为也具有强化作用，但相对而言，不如在高介入度的购买情境下的作用那么大。

2. 认知学习理论

（1）顿悟学习

德国心理学家柯勒通过观察黑猩猩在目的受阻的情境中的行为反应，发现黑猩猩在学习解决问题时，并不需要经过尝试与错误的过程，而是通过观察发现情境中各种条件之间的关系，然后才采取行动。柯勒称黑猩猩这种类型的学习为顿悟学习（Insight）。在柯勒看来，顿悟是主体对目标和达到目标的手段之间关系的理解，顿悟学习不必靠练习和经验，只要个体理解到整个情境中各成分之间的相互关系，顿悟就会自然发生。

（2）方位学习

继柯勒的顿悟学习实验之后，美国心理学家托尔曼（E.C. Tolman）等人又进行了方位学习实验，并在此基础上发展了学习的认知理论。托尔曼从事的一项最为有名的研究是三路迷津实验。该实验是以小白鼠为对象，关于认识方位学习的实验。实验分预备练习与正式实验两个阶段。在预备练习阶段，先让小白鼠熟悉整个环境，并确定它对自出发点到食物箱三条通道的偏好程度。结果发现，小白鼠选择第一条通道的偏好程度最高。在正式实验阶段，先在A处设阻，结果小白鼠迅速从A处退回，改走第二通路；随后，再在B处将第二通路阻塞，此时小白鼠才改走路程最远且练习最少的第三通路。实验时，以随机方式在A处或B处设阻，以观察小白鼠的反应。结果发现，小白鼠能根据受阻情境，随机应变，选择最佳的取食路径。

托尔曼认为，小白鼠在迷津中经过到处游走后，已掌握了整个迷津的认知地图，其随后的行为是根据认知地图和环境变化予以调整，而不是根据过去的习惯行事。这正如出租车司机在发现塞车严重时会舍弃平时习惯的最直接的路径，而改走预计没有塞车但相对曲折的路径一样。在托尔曼看来，个体的行为并不是由行为结果的奖赏或强化决定的，而是由个体对目标的期待引导的。

3.社会学习理论

社会学习理论又称观察学习理论，由美国心理学家班图纳（A.Bandura）所倡导。不少著作将班图纳的社会学习理论归于认知学习理论之下，但从严格意义上说，班图纳的思想既受认知心理学的影响，又受行为主义心理学的影响，他本人并不能被称为认知心理学家。基于此，似乎可以将其社会学习理论视为认知学习理论与行为主义学习理论的某种融合。班图纳的社会学习理论的一个最显著的特点是强调学习过程中社会条件的作用。

班图纳认为，人的许多行为都是通过观察学习而获得的。所谓观察学习或称替代学习，是"经由对他人的行为及其强化性结果的观察，一个人获得某些新的反应，或使现有的行为反应得到矫正，同时在此过程中，观察者并没有外显性的操作示范反应"。观察学习具有以下特点：第一，观察学习并不必然具有外显的行为反应。第二，观察学习并不依赖直接强化，在没有强化作用的情况下，观察学习同样可以发生。第三，观察学习不同于模仿。模仿是指学习者对榜样行为的简单复制，而观察学习则是从他人的行为及其后果中获得信息，它可能包含模仿，也可能不包含模仿。例如，两辆汽车行驶在公路上，前一辆车不小心撞上了路桩，后一辆车急忙转弯，以避免与前面的一辆车发生碰撞。在这个例子中，后面司机的行为是观察学习的结果，但并不涉及任何模仿的因素。

在观察学习过程中，观察学习的对象被称为榜样或示范者（Model），观察学习的主体被称为观察者。需要特别指出的是，榜样或示范者既可以是活生生的人，也可以是以符号形式存在的人和物。只要能成为观察者观察学习的对象，就可以称为榜样。比如，在学习如何使用计算机时，有关计算机的使用手册或用户指南就是观察学习中所指的榜样。

二、消费者态度

（一）消费者态度的含义及功能

1.消费者态度的含义

态度是个体以特定的方式对待人、物、思想观念的认知系统、情绪反应及行为倾向。态度是一种心理倾向，既可以反映在言语所表达的意见上，也可以反映在行动上。消费者的态度则是指消费者在购买和使用商品的活动中对商品或服务等表现出来的心理反应倾向，是由认知、情感和行为倾向三种要素构成的复合系统。

认知是态度的感知成分，是个人的意识、知识、信念对态度对象的印象。消费者通过外部刺激和主观认识的转变完成对商品或企业的认知。认知直接决定了消费者态度的倾向性。

二维码2-21

鸿星尔克董事长请求网友理性消费

情感是态度的评价成分，是情绪以及喜欢与不喜欢的感觉，它是态度的核心，构成了消费者态度的动力。情感因素多受消费者生理本能和气质、性质等心理素质的影响，因此并不总是具有客观事实的基础。然而，在态度的基本倾向或方向已定的条件下，情感决定了消费者态度的持久性和强度。

行为倾向即行为意图，是对态度对象做出某种反应的意向，并不是真正的行为，而是采取行动之前的一种准备状态。它可以通过言语或非言语的方式表现出来，如对商品或劳务的直接评价与宣传，或实际使用和购买。行为倾向是消费者态度的外在显示和态度的最终体现，行为倾向还是态度系统与外部环境进行交流和沟通的媒介，通过言语和非言语的行为倾向，消费者向外界表明自己的态度。

态度的三种构成成分在一般情况下是相互协调一致的。在消费活动中，消费者只有对商品有了一定的认知，感觉比较满意并产生喜欢或愉快的情感时，才能进行购买准备。但是在有些情况下，态度的三种成分也可能发生背离，呈现反向作用，导致态度与行为不一致。例如，顾客可能对某种商品并不喜欢，但由于营业员的热情服务而完成了购买行为。由此可知，态度中的任何一种成分发生变化，都会导致消费者态度的失调与作用的不完整性。其中，消费者的情感倾向和行为习惯对完整态度的形成具有特殊的作用。例如，消费者对产品风格越是有所钟爱，对其了解就会越多。特别是对名牌商品的存在与发展，消费者的态度更敏感。

2.消费者态度的功能

美国学者班克斯向芝加哥地区465名主妇调查7种商品的偏爱商标、购买意图和实际购买的相互关系。结果表明，在96%的被调查者中，有购买意图的商品商标都包括在他们最喜爱的商标之中。这说明，消费者的态度与购买意图、购买行为成正相关关系。因此，通过调查消费者对某种商品的态度，可以预测该种商品的销售前景或潜力；通过对消费者态度的了解，也可以推断他们的行为状况。

消费者的态度在消费者的购买决策和购买行为中具有以下功能：

（1）导向功能

消费者的态度将消费者的意念直接导向能够满足其需要的商品，使消费需要和购买行为有机地结合，相互衔接和适应。比如新的清凉饮料也许被感知为味道好，如果这种清凉饮料符合消费者的期望，那么消费者就会对清凉饮料形成满意的态度，消费者就会经常喝它。

（2）识别功能

消费者的态度能帮助消费者理解、认识外部世界，并为某种购买决策提供资料。例如，一个人对音响感兴趣，他就可能阅读这方面的杂志，参观展览，并与朋友们讨论，从而知道最新的产品是什么，而且态度的强度还可以影响消费者对商品认识的进程。

二维码2-22

（3）价值表现功能

消费者的态度能反映消费者的价值尺度，是消费者自我表达的驱动力。消费者对商品或服务的态度可以表现出消费者的个性特征、价值观念、生活背景及文化志趣等。例如，某种品牌的衬衣代表高质、高档，购买此衬衣的消费者就是向社会表示这种衬衣的价值，并且表明自己特

认知失调实验

定的社会身份。

（4）自我保护功能

这是指消费者避免出现与自我或其消费意向不一致的状况或力量的倾向，这种功能是消费者对自我内心态度的保护。比如，西方国家的一个早期市场调查表明，20世纪40年代的家庭主妇抵制速溶咖啡，是因为速溶咖啡危及她们自认为是全能持家者的观念，这就是出于消费者态度的自我保护功能。

消费者的态度一般通过购买意向这一中间变量来影响消费者的购买行为，但态度与行为之间有时并不一致。造成不一致的原因，除了主观规范、意外事件以外，还有购买动机、购买能力、情境（如节假日、时间的缺乏、生病等）等因素。比如，很多消费者对"奔驰"汽车的评价很高，但由于没有求名的购买动机或无购买能力，消费者可能会选择其他品牌的汽车。又比如，要赶飞机，时间紧张，那么消费者实际选择的产品与他对该产品的态度就不一定有太多的内在联系。

（二）消费者态度的本质特征

1. 习得性

消费者的态度并不是与生俱来的，而是在后天的环境中形成的。在长期的社会实践活动中，消费者不断学习、总结经验，由直接或间接的经验逐步累积而形成态度。

2. 对象性

态度总是针对某一对象或状态、观念而产生的，因此具有主体与客体的相对关系。态度包含了一个人与某一客观物体之间的关系，如消费者对一个商场的印象、对某一产品的看法等。

3. 稳定性

消费者的态度是在长期的社会实践中逐步积累起来的，因此态度一经形成，便会持续一段时间，保持相对稳定。例如，一些消费者钟爱品牌产品，即已经成为一种比较稳定的消费态度和性格特点。态度持续时间的长短与态度形成时外界作用的强度成正比。

4. 价值性

消费者对商品或服务的态度反映了该商品或服务对人的意义与价值，如实用价值、理论价值、道德价值、社会价值等。价值大，消费者就持积极的态度倾向；反之，则持不积极的态度倾向。从一定意义上说，价值成为决定消费者态度的本质特征，对态度的形成起到了一种基本的综合作用。

5. 内在性

态度不是行为，而是对某一特定行为的一种偏好，因此作为一种内在的心理变量，它是不可触摸、无法被直接观察的，只能从当事人的言行中去揣度。

6. 差异性

态度本身的复杂性以及态度的形成受多种主客观因素的影响与制约，使消费者的态度存在显著的差异性。

7. 调整性

在新的环境或困难的处境面前，态度有时会变化。例如，消费者对某种化妆品开始可能持消极的态度，但由于社会上的流行趋向等诸多因素的影响，消费者可能会发生态度的转变，从而试用该种化妆品。

（三）态度的形成过程与影响因素

态度是后天习得的，是人们在一定的社会环境中不断接触周围事物而逐步形成的。美国心理学家凯尔曼于1958年提出了态度形成的三个阶段：服从、同化、内化。人为了获得物质或精神的报酬，或为了避免惩罚而采取的表面顺从行为称为服从；个体不是被迫而是自愿地接受他人的观点、信念，使自己的态度与他人的要求相一致的行为称为同化；人从内心深处真正相信并接受他人的观点，彻底转变自己的态度，并自觉地指导自己的思想和行动，形成一定的信念、价值观，既理智又附带强烈的情感，称为内化。态度的形成包括从服从到同化再到内化的过程。

消费者的态度在形成过程中会受到许多主客观因素的影响。

1. 态度是消费者接受各种事物的信息后经过加工判断形成的

如果消费者认为信息可以信赖并且和自己原有的倾向或判断一致，就会保持肯定的态度，反之则持否定的态度。态度在某种程度上是在所接受的信息的种类和数量关系中形成的。态度是学习的结果，不仅有早期的学习，还有认知的学习和条件反射的学习。在市场促销活动中，经营者可以采用重复和加强广告宣传的手段来促使消费者对企业和产品形成积极的态度。

2. 消费者的消费需要、消费欲望是影响态度的重要因素

消费者对能满足自己需要与欲望的对象，或是能帮助自己达到消费目标的对象必然会持满意的态度，否则会持不肯定或否定的态度。消费者对名牌商品持肯定态度而对非名牌商品持不满意态度便是例证。心理学研究证明，欲望或者需要的满足与态度的形成成正相关关系。

3. 消费者所属的阶层、文化、家庭等影响态度的形成

较高阶层的消费者一般喜欢格调清新、与众不同或高档的商品，普通阶层的消费者则倾向于大众化的流行性商品。家庭的观念、生活习惯及父母的信仰、价值观也会直接影响家庭成员的价值观念，从而影响他们态度的形成。文化修养和生活方式等也在一定程度上影响消费者态度的形成。

4. 消费者的经验影响消费态度的形成

消费者对商品或服务的经验可能会形成满意的态度或不满意的态度，并通过在学习过程中积累的经验直接影响下一次的购买决策与购买行为。消费者的经验越多，对问题的看法越成熟，态度越明确，越难以改变。

此外，消费者的性格、气质、能力、兴趣、智力等方面的个性特征也直接或间接地影响消费态度的形成。一个人的个性特征决定了其态度体系的基本特点。

（四）消费者态度改变的策略

消费者的态度具有一定的稳定性，但消费者的态度并不是不可改变的。一般来说，消费者受到的刺激越强烈、越深刻，形成的态度越稳固，越不容易改变；态度

形成的因素越复杂，态度越不容易改变；构成态度的三种要素（认知、情感、行为倾向）的一致性越强，态度越不容易改变；态度的价值性（态度的对象对人的价值和意义的大小）越大，对消费者的影响就越深刻，态度越不容易改变。此外，消费者原先的态度与要改变的态度之间差距的大小也直接影响态度改变的难易程度。

【想一想2-4】

穿衣镜的功效

小区建成后，随着住户的陆续入住，物业不断接到投诉。业主们反映的问题主要集中在等待电梯时间太久这一问题上，要求更换电梯，否则就联合起来向媒体曝光。由于电梯的设计是开发商的事，物业部门感觉很无奈，遇到这种事情也不知如何是好，因为更换电梯的成本实在太高了。不过几天后，物业想出了一条妙计，在每一层楼的电梯口处都装上了一面很大的穿衣镜，从此关于等待电梯时间过长的投诉大为减少。

资料来源：王其斌. 只是安装了一面穿衣镜［EB/OL］.［2023-12-19］. http://www.cnii.com.cn/city/2014-12/19/content_1501514.htm.

问题：

仅仅是安装了一面穿衣镜，为什么有如此功效？

态度的改变通常有两种情况：一个是方向的改变；另一个是强度的改变。

1.改变态度的基本功能

改变态度的基本功能是通过使态度的某一功能特别突出，从而调整消费者的态度。态度的基本功能包括效用功能、自我防御功能、价值表达功能和知识功能。消费者对同一产品的喜爱，可能是基于不同的理由，因此可以通过改变态度的基本功能来改变消费者的态度。例如，消费者对名牌手表的喜爱，不是出于手表的效用功能，更主要的是手表带来的身份感和成就感。

2.改变态度的构成

（1）改变认知

改变认知即改变消费者对品牌或产品的信念，具体方法有：①促使消费者对产品有新的积极的评价，这是最常用的策略。这种策略往往需要产品有新的形态，如标志、包装、颜色、功能等。②提高已存在的积极信念的强度。营销人员可以通过改变消费者已存在的积极信念的强度，来影响消费者的态度。③降低已存在的消极信念的强度。

（2）改变情感

在不直接影响消费者品牌信念和行为的条件下先影响他们的情感，促使他们对产品产生好感。一旦消费者以后对该类产品产生需要，这些好感就会导致购买行为。例如，利用经典性条件反射，激发消费者对广告本身的情感，增加消费者对品牌的接触。研究表明，大量的品牌接触能增加消费者对品牌的好感。而对于低度参与的产品，可以通过广告的反复播放，提高消费者的喜爱程度。恐惧的唤起也可以说服消费者产生购买行为。例如，头皮屑带来的烦恼、蛀牙带来的严重后果、脚气患者的不安表情，无不是用恐惧诉求来劝说消费者，从而促使其行为改变。

（3）改变行为倾向

行为能够直接导致认知和情感的形成，如通过发放免费样品、试用等促销方式，引发消费者的行为，以此来改变消费者的态度。

3. 利用依从技术

接受他人请求而行动，使别人的请求得到满足的行为，称为依从。依从技术一般在面对面说服中使用。

（1）登门槛技巧

这是指在提出较大要求前，先提出较小的要求，通过使消费者接受较小的要求，改变消费者对较大要求的态度并相应增加其接受性。

（2）低球技术

这是指先提出一个小的要求，待消费者接受后马上提出一个更大的要求。

（3）留面子效应

这是指消费者拒绝了一个较大的要求后，对较小要求的接受程度增加的现象。

（4）那不是全部技巧

这是指通过附加免费奖励，或者在消费者拒绝购买前通过主动降低价格取悦消费者，以获得消费者的依从。

（5）角色扮演技巧

这是指为自己不相信的某件事花费巨大的力量要比只花费轻微的力量能够引起更大的不协调，更有可能改变态度（说服中的换位思考）。

（6）运用逆反心理

这是指个人用反向的态度与行为对外界的劝导做出反应的现象。

典型案例2-7　　　　　　　　　　　　　　　胖东来出色的危机公关

2023年6月，胖东来超市因一起顾客与员工发生争执事件登上了热搜。尽管这只是一件小事，其起因为多人争抢打折商品，员工未能及时疏导，导致顾客产生误解并进行了激烈的言辞呵斥和辱骂。虽然员工未做出回应，但对于以提供贴心服务而闻名的胖东来来说，这仍被视为一次"重大事故"。

为了妥善处理问题，胖东来立即成立了调查组，并进行了两次公司内部调查。他们非常注重细节，出具了一份长达8页的调查报告，其中包括标题、目录等，逻辑清晰。通过监控和谈话等一系列手段，报告详细记录了事件的起因、经过和结果。6月29日晚，胖东来在其抖音官方账号公开了一份长达8页的调查报告。

首先，胖东来公司承认顾客并没有错。如果顾客感到不满意，那就意味着服务存在问题。因此，胖东来公司向顾客道歉，并提供礼物和500元的服务投诉奖金，以表达对顾客不愉快经历的歉意和补偿。

其次，胖东来公司非常重视员工的权益和尊严。胖东来公司明确表示，尽管尊重顾客，但不会以贬低员工的人格为代价。如果顾客不满意，可以通过特定渠道投诉，但不能当场对员工进行大声呵斥。为了保护员工的利益，胖东来公司决定给予员工

5 000元的精神补偿。此外，那些在调解过程中表现出色的员工也得到了每人500元的礼品奖励，以鼓励他们的积极参与和出色表现。

这种处理方式展示了胖东来公司的公平和公正。一般公司往往只是为了消除负面影响而道歉，让员工承担责任。然而，胖东来公司不推诿也不护短，始终坚持公正原则。一举一动都有理有度，奖罚分明，最大限度地还原了真相。这种公平公正的处理方式既保障了每个人的尊严和权益，也赢得了广大顾客和员工的好感和尊敬。

胖东来公司并非第一次面临危机公关。早些时候，胖东来也迅速应对了东北农嫂玉米事件。在这个事件中，胖东来立即下架了超市内所有的东北农嫂玉米，并进行了内部调查和整改。与其他企业不同的是，胖东来没有隐瞒任何事实，包括进价、加价率等商业秘密都向社会公开。胖东来通过透明度和诚实，向消费者传达了自己的诚意。同时，调查结果和对涉事员工的处理结果也向消费者做出了说明。为了确保消费者的权益，他们还召回退款了所有售出的东北农嫂玉米。尽管这次事件导致胖东来公司亏损，但由于其诚恳态度和迅速反应，公司的声誉稳步上升。

资料来源：作者根据网络相关资料整理.

做一做

实操分析：学习、态度与品牌忠诚。

1.根据背景资料，回答下列问题。

背景资料：一位母亲有一天在报纸上看到"初生婴儿不宜喂食蜂蜜"的报道，联想起她天天给宝宝吃的某品牌的米粉恰好含有蜂蜜，于是她非常担心地打电话到该公司询问。接电话的工作人员不但指责该报道不实，还埋怨这位母亲小题大做，最后用相当自满的口气说："我们的产品没问题。"这位母亲受了一肚子的气。她对该品牌信心大失，不但立刻转换品牌，还逢人就数落该品牌不好。

问题：导致消费者态度变化的原因是什么？你认为如何才能转变其态度？

2.根据背景资料，进行相关调研并提出相应建议。

背景资料：2023年新学期伊始，有多所学校老师在班级群发布通知，从新学期开始，学校食堂不再配菜，所有伙食都是由外面公司配送的预制菜，要求家长们提前付费，自行决定是否让孩子中午在学校用餐。相关通知发出后，众多家长表示质疑和不满，甚至有家长辞职送饭。

那么，家长们为何如此抵触预制菜？馒头、速冻水饺、加热食品都算预制菜吗？预制菜的行业标准是否健全？对此，记者展开了调查。

近日，江西省赣州市蓉江新区多名中小学生家长抱怨，当地给学生统一配送的午餐存在速度慢、质量差、口感不佳等问题。其中一位家长还晒出午餐，称孩子反馈餐食中的肉非常咸，菜叶发黄，腐竹很酸。有几位家长反映，孩子吃完学校餐食后出现了腹泻等情况。

事实上，除了赣州，已有不少地方的学校决定引入或已经引入了预制菜。除了幼儿园、中小学，一些大学食堂也采用了预制菜。近日，有网友表示，武汉大学某食堂一档口直接使用预制菜料理包为学生提供餐食。食堂工作人员甚至不需要用锅加热餐食，直接用开水将料理包烫热后就装盘端给学生。

对于网友的负面情绪，不少人也表示不应将预制菜"一棍子打死"，并非所有的预制菜都是塑料包加热的。

那么，究竟什么才算预制菜？

对此，农视网记者从中国烹饪协会了解到，预制菜有四个概念：即食、即配、即烹、即热。

即食产品，就是开袋立刻可以食用的食品，泡椒凤爪就是非常典型的即食产品。

即热食品，就是已经在工厂里面把炖、卤、炒等都做完了，回去以后用微波炉或者隔水加热就可以食用。比如，梅菜扣肉饭、意面、汉堡、方便面、速冻水饺、速冻馒头、自热火锅等。

即烹食品，就是冷冻、冷藏或常温保存的半成品食材，这类预制深加工食品可直接入锅进行简单的调理及烹饪。如经过浅油炸的小吃、腌制的煎烤肉食、半成品方便菜及需入锅烹饪的料理包等都属于即烹食品的范畴。

即配食品，就是仅经过洗净、分切等初步加工的原料食材。这类食材需自行配菜、调味、烹饪，如净菜生鲜肉、净菜水产海鲜等都属于即配食品。

"预制菜进校园"引发的争议愈演愈烈，教育部9月22日表示，鉴于当前预制菜还没有统一的标准体系、认证体系、追溯体系等有效监管机制，对"预制菜进校园"应持十分审慎态度，不宜推广进校园。预制菜的崛起，是城市效率提升的必然结果，但在带来方便快捷之余，预制菜存在保质期长、口感不佳等问题，如今预制菜正处于分岔路口，在美食的生命力与工业化进程之间寻找平衡。

要求：

1. 调查身边的10个人，了解他们对预制菜的态度：是否关注或听说过预制菜，是否消费（或购买）过预制菜，对预制菜的体验评价如何等。

2. 预制菜不被接受的原因是什么？

3. 数据显示，2019—2021年，我国预制菜市场规模从2 445亿元增至3 459亿元，年均复合增速为18.94%，而在2022年中国预制菜行业市场规模为4 152亿元，增长率为32.4%。如果选择进军预制菜产业，你有什么好的建议和想法？

效果评价

消费者的学习和态度分析的效果评价参考表见表2-5。

表2-5　　　　　　　　　消费者的学习和态度分析的效果评价参考表

序号	评价内容	分值
1	调查信息记录详细，调查结论明确	40分
2	分析思路正确，能运用所学理论	30分
3	建议有针对性，具有可操作性	30分
合计		100分

关键概念

感觉　知觉　阈限　注意　记忆　想象　思维　情绪与情感　意志

挑战自我

一、同步测试

1.心理活动过程除了人的认识过程、情感过程外，还有一个是（　　）。

A.思想过程　　　　B.意志过程　　　　C.行为过程　　　　D.思维过程

2.对人们购买行为的实现有决定意义的心理活动过程是（　　）。

A.认识过程　　　　B.情感过程　　　　C.意志过程　　　　D.决策过程

3.在购物中，谨慎、细致、冷静，善于控制自己，不易受广告宣传的干扰，此类消费者的气质类型最可能是（　　）。

A.胆汁质　　　　B.多血质　　　　C.黏液质　　　　D.抑郁质

4.促使消费者产生重复性购买行为的动机是（　　）。

A.惠顾动机　　　　B.理性动机　　　　C.情绪动机　　　　D.情感动机

5.按需要的对象进行划分，需要的类型有物质需要和（　　）。

A.生理需要　　　　B.生存需要　　　　C.社会需要　　　　D.精神需要

6.消费行为敏感的消费者，其气质类型是（　　）。

A.多血质　　　　B.胆汁质　　　　C.黏液质　　　　D.抑郁质

7.人的基本心理活动和首要的心理功能是（　　）。

A.认识　　　　B.情感　　　　C.情绪　　　　D.意志

8.当我们在感知客观事物时，总是运用过去所获得的知识和经验去解释它们，这就是知觉的（　　）。

A.整体性　　　　B.选择性　　　　C.理解性　　　　D.恒常性

9.消费者对作用于感观的客观事物整体、全面的直接反映是（　　）。

A.感觉　　　　B.知觉　　　　C.想象　　　　D.思维

10.某一感觉器官对刺激物的感受会因其他感觉器官受到刺激而发生变化，这是感觉的（　　）。

A.感受性　　　　B.感觉阈限　　　　C.适应性　　　　D.联觉

11.感觉是由感觉器官的刺激作用引起的（　　）。

A.客观反应　　　　B.主观经验　　　　C.变化　　　　D.反映

12.由经验而产生的行为或行为潜能持续不断地变化为（　　）。

A.学习　　　　B.记忆　　　　C.注意　　　　D.态度

13.频繁的广告宣传符合（　　）理论。

A.经典性条件反射　　B.操作性条件反射

C.信息加工　　　　D.模仿学习

14.追求名牌商品、高档商品或仰慕传统商品的名望，以显示自己的地位和声望，这是一种（　　）购买动机。

  A.求美   B.求实   C.求优   D.求名

15.追求商品的新颖、奇特、时尚，这是一种（　　）的购买动机。

  A.求美   B.求实   C.求新   D.求名

16.受其他人的影响，盲目跟随的购买动机属于（　　）动机。

  A.从众   B.求实   C.求新   D.求名

17.喜欢标新立异，追求新颖奇特商品的消费者属于（　　）。

  A.多血质   B.胆汁质   C.抑郁质   D.黏液质

18.德国心理学家艾宾浩斯的研究表明，遗忘的规律是（　　）。

  A.以匀速迅速地遗忘

  B.以匀速缓慢地遗忘

  C.短时间内遗忘比较迅速，以后则逐渐缓慢

  D.短时间内遗忘比较缓慢，以后则逐渐迅速

19.消费者意志的最终表现是（　　）。

  A.确定购买目的   B.选择购买方案

  C.采取购买行动   D.选择购买方式

20.在购买过程中，由人们的认识、情感、意志等心理过程引起的行为动机是（　　）。

  A.生理性购买动机   B.心理性购买动机

  C.社会性购买动机   D.群体性购买动机

21.消费者的购买行为表现为情绪变化激烈、主观易冲动、脾气暴躁，此种气质属于（　　）。

  A.多血质   B.胆汁质   C.抑郁质   D.黏液质

22.一种以表示信任为主要特征的购买动机是（　　）。

  A.惠顾动机   B.求名动机   C.求廉动机   D.求美动机

23.刚刚能引起差别感觉的刺激之间的最小差别量就是（　　）。

  A.感觉阈限   B.绝对阈限   C.差别阈限   D.知觉

24.影响行为巩固或再次出现的关键因素是行为后所得到的结果，即强化，这是（　　）理论的基本结论。

  A.经典性条件反射   B.操作性条件反射

  C.信息加工   D.模仿学习

25.采用赠送样品等方法促使消费者试用，在试用的基础上，经由产品的独特口味使消费者形成好感，这是对（　　）的应用。

  A.经典性条件反射   B.操作性条件反射

  C.信息加工   D.模仿学习

26.互联网的出现，使人的注意力（　　）。

  A.上升   B.下降   C.不变   D.以上三项都可能

27.互联网的出现，使人的记忆能力（　　）。

A.提高　　　　　　B.降低　　　　　　C.不变　　　　　　D.以上三项都可能

28.互联网时代营销传播盛现"标题党"是基于人们（　　）。

A.信息爆炸的环境　　　　　　B.注意力下降

C.碎片化阅读的趋势　　　　　　D.记忆力下降

29.利用人们喜欢有趣、好玩的心理来吸引消费者消费，这是（　　）的运用。

A.游戏驱力　　　B.群聚驱力　　　C.自恋镜像驱力　　　D.以上三项都是

30.网红经济模式是利用了（　　）的原理。

A.游戏驱力　　　B.群聚驱力　　　C.自恋镜像驱力　　　D.以上三项都是

二、案例分析

故宫为什么能成为现代网红？

如果五六年前提起故宫，人们可能会说那是皇宫禁地，是旅游景点，是副部级文保单位等。但近些年再提起故宫，很多人会先乐一下，然后开始讲各种好玩的事：他们出的朝珠耳机太酷了，"雍正萌萌哒"那套表情包太有意思了，单霁翔院长讲的段子太逗了；技术宅会进一步说：几个 App、H5 都挺有水准的，跟腾讯合作的几个项目都很有趣；年轻粉丝可能还会说：他们请易烊千玺唱歌了……

这可能就是故宫近年来网红化的缩影。短短五六年间，故宫突然"好玩"起来，各种接地气的操作令人目不暇接。不管你是否关注文物、博物馆，都会或多或少感知到故宫的变化。故宫为什么会成为网红？成为网红意味着什么？

一、点、线、面——故宫网红化的三步走

2012年，北京故宫博物院院长单霁翔走马上任，开始了段子化推广。

"越是主要领导来，越要给他看最不好的地方，这样领导的责任心油然而生，就给我们解决很多问题。我们屡屡得逞！"

"我劝他们千万别买故宫的行李牌，买完第一次出差就会丢，因为做得太好了！"

"德国总理默克尔对画册非常感兴趣，每一页都问我，这是什么花，那是什么鸟……我哪儿知道啊！"

网上随便一搜，单院长段子语录数不胜数。务实、善于和媒体沟通、懂经营，这些特点让身为副部级的单院长显得特别接地气，让大众感觉特别亲切。可以说，故宫的网红之路，是从院长网红化开始的，他就是带动故宫走向网红之路的那个"点"。

在单院长的某个段子里，他曾学着网友的口吻，管他的一个员工——故宫文保科技部钟表修复师王津叫"男神"。王津师傅的这个"男神"称号，来自2016年年初的一部纪录片——《我在故宫修文物》。如今我们都爱以豆瓣评分来衡量一部影视作品的水平，《我在故宫修文物》豆瓣评分达到9.3分，几乎是无差别赞誉，顺便带火了以王津为代表的一群故宫修复师。

说起故宫，我们通常想到的是那些精美文物，而事实上，每一件文物后面，都站着一大批精心维护、修复的技师，正因为有了他们，我们才得以在21世纪的今天，看到这些成百上千年前的文物的真实样貌。而这部纪录片适时出现，让我们了解到故宫还有这样一群可爱的人，他们成了带动故宫走向网红之路的那根"线"。

《我在故宫修文物》爆火半年之后，故宫在2016年7月，再次在朋友圈刷屏是因为一个H5——《穿越故宫来看你》（如图2-13所示），主人公是明成祖朱棣，我们如今看到的故宫正是他在位时修建的，他也是故宫的第一位主人。戴着墨镜，跳着hip-hop的朱棣，一路自拍，发朋友圈，在QQ群互动，穿越又呆萌。

图2-13 《穿越故宫来看你》H5

这其实是配合当年故宫联合 Next Idea 腾讯创新大赛做的一次推广，网友对这个推广没有任何不适，而是全盘接受，乐呵呵转发朋友圈，转给朋友们看。因为确实没见过这么玩的，颠覆了人们通常对皇宫禁地，高高在上的皇帝的想象。

《穿越故宫来看你》也是近年来故宫科技化推广的一个缩影。进入移动互联网时代以后，人们的生活与手机息息相关，占有了手机时间，就等于占有了人们的心。让活化的数字内容通过互联网进入大众层面，让年轻人爱上故宫文化，这是故宫主要的着力方向。

为此，他们选择携手腾讯，在"文化破壁"上进行了一系列尝试。腾讯的科技实力和文化属性，赋予了故宫文物以新的生机。通过数字科技助力活化传统文化，也达成了很好的效果。以《清代皇后朝服》和《胤禛美人图》为首期主题，故宫联合腾讯"奇迹暖暖"，打造宫廷服饰皮肤，下载量达到4 000万。通过搭建青年创意大赛平台，故宫开放一系列IP，供青年创意人参与创作，表情设计大赛吸引了嗷大喵、冷兔等优秀画手参与，赛事产出的QQ表情在一个月内下载量就超过了4 000万，如图2-14所示。

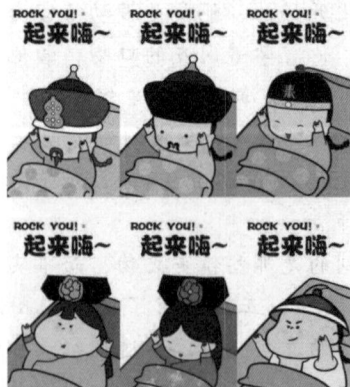

图2-14 故宫表情包

类似的一系列的举措，为故宫文化带来了最广泛的传播，成了带动故宫走向网红之路的那个"面"。

二、思路正——让年轻人喜欢，才是对老物件最好的尊重和继承

近几个月来，故宫因为一件事而再次火了一把，那就是与顶级流量"小鲜肉"易烊千玺挂上了钩。2018年7月，易烊千玺受邀演唱"古画会唱歌"Next Idea音乐创新大赛主题曲《丹青千里》。首发曲上线当日，视频播放量超过3 400万，大赛主题的微博话题阅读量破1.2亿。

消息一出，也有不一样的声音：易烊千玺一个还没上大学的18岁小孩，怎么能和有600年历史的故宫有关系？凭什么是他？

发出这个疑问的，大概是欠缺点历史知识了。《丹青千里》是源于名画《千里江山图》的现代音乐创作。作为中国古代青山绿水的代表作，《千里江山图》无论从画作质量，技艺水平还是重要性来说，都堪称中国历史上最重要的几幅画之一。宋徽宗当年对这幅画视若珍宝，评价远高于后世名气更大的《清明上河图》。

问题来了，如此重要的《千里江山图》，作者是个什么了不起的人物呢？答案是，此画出于当时的画院生徒王希孟之手，而王希孟做此画时正是18岁，与当时的易烊千玺同龄，按现在的说法，是个高中生的年纪。

了解了这层背景，再看《丹青千里》这首歌选择易烊千玺来演唱这件事，是不是就顺遂多了？何止顺遂，简直顺理成章，非他莫属。

如今我们常常感叹，有些"小鲜肉"赶上了好时候，年纪轻轻就一夜成名。殊不知，古代的一夜成名更是"吓人"。王希孟18岁就能在宋徽宗的亲自指点下，完成《千里江山图》这样的旷世名作，可见年龄不能成为衡量人的唯一标准。

而故宫此番与易烊千玺的合作，更深层的原因是：传统文化要想传承好，就得让年轻人喜欢并参与进来。

很多人一提起文物古玩，就觉得这应该是老年人喜欢的，年轻人喜欢这个太"土"，太落伍了。其实，这个想法才真正落伍。历史上无数事实证明，任何事物如果想好好传承下去，只有中老年人喜欢是远远不够的，必须让年轻人喜欢。尊重传统文化不是一句口号，只有年轻人喜欢并乐于"玩"起来，才是对老物件最好的尊重。

而要想让年轻人喜欢传统文化，不能填鸭式强行灌输，或站在那里慨叹"一辈不如一辈""年轻人不懂得珍惜咱们的传统"，而应该扎扎实实想办法，让年轻人先感兴趣，再由兴趣引导，进入到传承传统文化的事业中来。不加引导而妄加指责，那实在强人所难了。

易烊千玺这首《丹青千里》所代表的青年音乐创新大赛，正是这样一个引导年轻人兴趣的平台。故宫开放了《千里江山图》《洛神赋图》《潇湘奇观图》等11幅名画的IP授权，选手根据这些中国传统名画的意境来发挥再创作，融汇古今，是一种独特的尝试，奇妙的连接。

如果有人通过听这些参赛歌曲，了解到故宫有这样几幅精美的画作，继而对古画乃至文物产生了兴趣，打开了解传统文化的一扇窗，则善莫大焉。

三、辐射广——一个故宫，带起了全国的博物馆热

2018 年 8 月 17 日，随着"中国古代书法展""中国古代绘画展""中国古代缂丝刺绣展"对外试运行，辽宁省博物馆新馆正式全面开馆。刚开馆的一段时间，辽博每天都会排起长队，人们争相观看《簪花仕女图》《瑞鹤图》《洛神赋图》等国宝级藏品。

这种景象，让人回想起 2015 年故宫的"石渠宝笈特展"。当时，游客为了一睹《清明上河图》等藏品真容，在故宫排起了惊人的长队，平均要排 8 个小时，才能看一眼《清明上河图》。

"石渠宝笈特展"拉开了国内排队逛博物馆的热潮。此后，每隔一段时间就会有类似事情发生，近来辽博的展览又将这一热潮推向了新的高度。

辽博这次"爆红"，很大程度上归功于电视节目助力。2017 年，中央电视台推出了一档文化类综艺节目——《国家宝藏》，故宫、辽博等九大国内顶尖博物馆均将自己的看家宝贝拿到节目中，通过明星演节目、专家介绍、网友投票等展示形式，将国宝介绍给大众，大大激发了网友对国宝的热情。

随后央视宣布第二季《国家宝藏》即将开启，又有九家博物馆将带着自己的馆藏珍品亮相。这九家博物馆中，有八家与第一季不同，而北京故宫博物院是唯一蝉联坐镇的。这是完全可以理解的，用世俗一些的话讲，故宫是《国家宝藏》这档节目的收视保障，也是观众心中的质量保障。普通观众对省级博物馆可能不太熟悉，但都熟悉故宫，有故宫坐镇，大家就知道，这是一档高规格节目，就有了看下去的动力。在这个基础上，其他博物馆的珍品才能通过这档节目被更多人熟悉和喜爱。可以预见，《国家宝藏》后几季节目可能也都是这种故宫带八个新馆的展现形式。

故宫对全国博物馆的辐射作用还不止于此。辽宁省博物馆从上《国家宝藏》节目，到此次吸引游客排队看展，都少不了一件作品的功劳，辽博镇馆之宝——《洛神赋图》。然而，东晋顾恺之的《洛神赋图》原画早已散失，我们如今能看到的《洛神赋图》都是后世临摹版，据统计，全世界范围内一共有九幅，辽博的这幅是其中唯一的图文并茂摹本。

但其实，故宫也藏有临摹版《洛神赋图》，而且有三个版本，虽然没有图文并茂，但有的成画时间早于辽博那幅，两相对比，可谓各有千秋，是同档次的国宝。然而，故宫没有选择《洛神赋图》作为"参赛"藏品，显然与辽博有默契在，不是要在这里跟你一较高下，而是共同用藏品来把《国家宝藏》这个节目做大做好，使之成为权威的传统文化弘扬平台。这种相互协商、共襄盛举的做法，堪为表率。

《国家宝藏》采用了易于被大众接受的展现形式：每个馆拿出三件藏品，让明星扮成古人，演绎一段与藏品有关的故事。这种活用文物 IP 的方式，如今已被广为采用，腾讯与故宫 2017 年合作的"Next Idea 条漫大赛故宫奖"就是一例。北京故宫博物院开放了《韩熙载夜宴图》《十二美人图》《海错图》等一系列经典 IP 给选手二次创作，以二次元方式呈现"故宫美"。在青年选手脑洞大开的创意条漫中，故宫的传统文化充满了生机，形象也更加鲜活。

"Next Idea 条漫大赛故宫奖"与《国家宝藏》，听起来风格相差很大，但其实核心

思路高度一致，都是以重点藏品IP为由头，进行现代手段的二次包装，以达到传播传统文化的目的。正是由于这些行之有效的手段，才使得近年来游客参观博物馆的热情大为高涨，带起了持续至今的中国博物馆热。

四、目标远——成为网红，为的是让传统文化走进大众生活

如今的故宫，从流量和关注度来讲，已经是名副其实的网红，甚至比绝大多数网红都要"红"。然而，大多数网红的诉求是靠"红"带来经济利益，或者更短浅地讲，"红"就是目的，成为网红就是终极目标。而对故宫来讲，一不缺名，全国谁人不识君？二不缺利，每年仅文创产品收益就超十亿元（2016年数据，如今只多不少），再加上由于游客热情高涨而带来的门票收益增长，故宫肯定是不缺钱的。

其实，故宫本不用如此"辛苦"做推广的。作为全国重点文物保护单位，即使不搞创收，仅靠每年财政拨款，也可以活得不错。也就是说，完成当网红的小目标，而且凭借成为网红赚到不菲收益，都是"捎带手"的"副产品"。

那故宫真正的目标是什么呢？答案也简单，说起来特别正能量：推广传统文化，让传统文化走进大众生活。

很多年来，我们都习惯拿故宫当中国人的"脸面"。故宫是我们心中的圣地，是视野尽头遥遥相望的高峰，是可望而不可即的殿堂。我们好像从来没想过，要"使用"故宫。然而，如今故宫掌门人告诉我们，不仅要使用，还要尽量多用，每天用，"让故宫成为一种生活方式"。

这种转变代表着两个方向：

一是故宫管理者的思路转变，让故宫放下身段，融入生活。这点做得很成功了，成为"网红故宫"就是明证。

二是故宫要用"文化+科技"两条腿走路，将现代科技手法融入深厚的文化底蕴中。这也是与腾讯合作的要义所在。

举个简单的例子，故宫2017年的游客人流量是1 670万人次，平均每天4万多人，这还包括了重复游览的游客。而微信和QQ用户数有多少呢？都是数亿量级，基本将中国网民全覆盖。

这个对比并不会丝毫减损故宫的伟大，而是说一个客观事实：无论故宫如何推广，如何让自己人尽皆知，都注定会有非常多的人，一辈子无缘亲自到故宫游览。即使那些去过故宫的人，也大多是走马观花地"打卡"，满足内心中"我去过故宫了"这样一个心愿，离把故宫当作生活方式还远得很。

资料来源：李岩.故宫为什么能成为现代网红？［EB/OL］.［2018-10-25］.https：//dajia.qq.com/original/category/ly20181025.html.

问题：

1.故宫为什么要成为网红？

2.故宫是怎么一步步引起年轻消费者的注意、成为网红的？

3.试收集一例故宫的IP开发产品，并结合感知觉规律进行点评。

二维码 2-23

从豆浆到维他奶

二维码 2-24

产品创新：向茅台
学习"塔尖战略"

情境训练

大米市场需求分析

一、实训目标

运用消费心理活动规律、消费需要和消费习惯等理论，借鉴企业创新思维，深入分析消费需求，训练商业洞察力，培养创业意识，提高创业能力。

二、背景资料

在姜峰看来，大米市场存在隐性机会：60%的中国人以大米为主食，中国大米年均产量2亿吨，消费量1.9亿吨，但仍然没有强势的大米品牌，即使是市场占有率前三的中粮、益海嘉里、北大荒，市场份额加起来也只有4%，发展空间巨大。而且，随着消费的升级，已经富裕起来的中国消费者不再只满足于低质低价的商品，而是要成为追求高品质的消费者。在食品方面，消费者追求的是有机、无污染、健康。

五常大米最大的问题是假冒！传统的大米供应链非常长。农民收到粮食后，由大集团收购批发，转交给粮商，包装成自己的品牌，最后进入超市。这个过程不仅长而且会加价，有的环节还有可能被掺入便宜的大米，或者是上一年的陈米。

这位涉足鞋类出口贸易十余年的创业老兵毅然决定：跨界入农业。

2015年2月，龙米成立，姜丰带着初衷致力于打造从田间到餐桌的全产业链农产品粮食企业。产品是一个品牌的生命线，想要建立坚固的品牌壁垒，首先就要在产品上下足功夫。姜丰说："所谓的消费升级，并不是把5元一斤的大米卖到20元，而是品质确确实实要好。"姜丰做的第一件事就是回到家乡，包下了一万多亩农田开始种大米，统一管理和种植。在种植方式上，龙米采用古法种植：纯人工原生态种植、人工除草收割、养鸭除虫、有机施肥、确保不使用农药。而且龙米采用稻花香2号集中育苗、稀植，虽然稀植会降低大米产量，但植株间的距离可以让稻苗更好地接受阳光照射。自己种植除了可以保证大米品质外，还可以保证大米的持续供应。在大米一年一季收割完成后，团队会将谷子放入当地冷藏库，根据预估订单量每月脱一次壳，灌装好后运到上海、广州的仓库里，消费者下单后两三天内便可收到货，以保证大米最大程度的新鲜。

姜丰说："好米是活的，光线、空气、外部物质接触都会悄无声息地破坏活性。"而市面上常见的大米包装多为塑料袋、麻袋等，这样的包装不仅在运输上极易造成破损，而且根本无法解决保鲜问题。姜丰从饮料的包装——易拉罐得来灵感。龙米通过和王老吉合作，改造生产线，改造计量、漏斗、罐装、压盖等，采用食品级镀锡铁材质制成易拉罐包装，既造型美观，又满足了密封不透光、不掺假的需求。而且龙米独创瞬时充氮工艺，确保米不氧化、不受潮、不长虫，更长久地保持大米纯正新鲜。易拉罐的包装由日本设计师来设计，从星期一到星期日，一个包装一个故事，"一熊、二鹿、三鹰、四虎、五貂、六鹤、七松鼠"（如图2-15所示），打造专属于龙米的品牌IP，让每日煮饭变得生动有趣。

图2-15　龙米的一周七日包装

此外，每箱龙米采用"7+1"的方式售卖（一周七日，一日一罐，加一罐彩蛋，彩蛋会根据相应的季节推出最合时宜的稻谷）。

这样的售卖方式还可以增加消费者的购买频次。

在销售渠道上，龙米起初坚持网上销售，包括京东、淘宝、微信、工商银行员工福利平台等，减去中间环节，让消费者以最优惠的价格购买。

2015年9月，龙米大米正式通过微信进行销售，6个月时间里，产品积累了10万会员，销售额累计约1 377万元。

2016年10月，龙米又在京东众筹上开启了众筹项目"罐装龙米稻花香，惊艳您的每一顿"。上线一周，众筹金额突破50万元，此后，众筹金额一路飙升至128万元，远远超出原定的20万元众筹目标。

不满于此，姜丰开始开拓新的销售渠道，与线下餐饮店进行合作。龙米与太二酸菜鱼、椰客、世外江湖等10个品牌餐饮连锁店合作，餐厅按照龙米要求的标准买煮饭锅，把米当着消费者的面打开，配水，消费者体验后在网上购买，餐厅即可获得龙米的提成。

此外，龙米还与日日煮、罐头视频、本来生活等20个IP达成战略合作，售卖"稻花香""家家香"系列。

龙米本着"先做精，后做大"的理念，从服务高端到走向大众，力争做举国公认的好大米，惠及更多的消费者。

资料来源：佚名. 卖大米创业故事 ［EB/OL］. ［2021-08-08］. https://www.dzlps.cn/162667. html.

三、实训要求

1.分析龙米家的产品瞄准的是哪类人群，此类人群对大米的需求有哪些特征？

2.利用京东、淘宝、拼多多等电商平台，收集目前市场上的大米品牌，这些大米品牌推出了哪些不同的大米产品？（要求不少于10家）

3.通过调查和网络资料收集，细分大米市场，分析大米市场各类需求，并用思维导图展示。

4.形成小组创业构想（即创业Idea）。

四、实训步骤

步骤一：学生2~4人一组，完成分组。

步骤二：利用电脑或手机查阅主要电商平台上的大米品牌及其产品和价格情况，可用思维导图形式或图表形式呈现。

步骤三：利用电脑或手机查阅有关大米创业的相关新闻、故事、案例等，记录消费者对大米市场的不同需求。

步骤四：先以组为单位，结合龙米家的产品卖点，讨论不同消费者对大米有哪些不同的需求，再进一步分析大米市场空白或营销机会。

步骤五：运用思维导图工具，形成大米市场需求分析图。

步骤六：各小组就大米市场需求分析与创业想法进行比拼。

步骤七：小组互评、组内互评、教师点评。

五、实训成果

大米市场需求分析图。

六、实训评价

从分析的全面性、分类的完整性和新颖性进行评价。

实训成绩=小组互评×20%+组内互评×20%+教师评定×60%

（一）小组互评指标（见表2-6）

表2-6　　　　　　　　大米市场需求分析小组互评指标

序号	评价指标	分值	得分
1	分析的全面性	25分	
2	分类的完整性	25分	
3	分类的新颖性	25分	
4	分类图呈现的美观性	15分	
5	创业设想的可行性	10分	
合　计		100分	

（二）组内互评（见表2-7）

表2-7　　　　　　　　大米市场需求分析组内互评指标

序号	评价指标	分值	得分
1	积极承担组内任务	20分	
2	优质完成分工任务	40分	
3	团队合作意识强	20分	
4	创新创业意识强	20分	
合　计		100分	

情境三

基于群体的消费心理与行为分析

　　小张和小李在选购商品等方面虽然有很多不同，但与同事赵大姐、钱大叔等相比，还是有许多共同之处的，喜欢逛街、看电影、泡吧，喜欢新潮、时尚，不像同事赵大姐、钱大叔那样家庭、单位两点一线，只有需要添置物件时才去商场，选购标准也有很大差异。倒是小李与赵大姐由于都来自四川，在饮食上有较相近的口味。这是因为每个消费者往往将自己归属于不同的群体，受群体性消费心理与行为的影响。不同年龄、不同性别、不同社会阶层、不同区域文化、不同民族以及不同时代对消费心理与行为的影响等，构成了基于群体的消费心理与行为分析。

情境结构

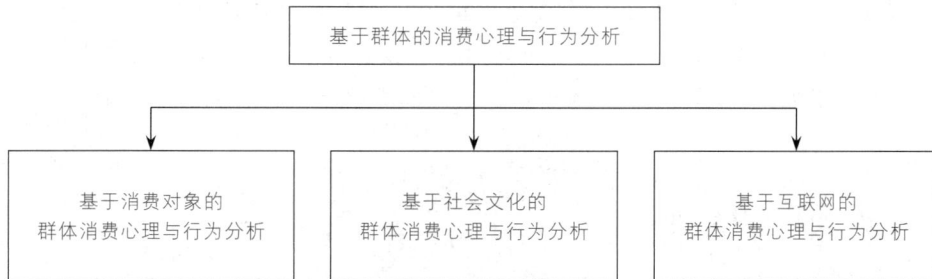

子情境1　基于消费对象的群体消费心理与行为分析

■ 子情境目标

知识目标：熟悉儿童、青年、中年、老年等不同年龄消费群体的心理与行为特征，熟悉不同性别消费群体的心理与行为特征，了解家庭因素以及社会因素造成的不同消费群体的行为差异。

能力目标：能够通过对不同年龄、性别的消费群体的心理与行为分析，掌握他们的购买偏好和需求，设计相应的营销对策；初步掌握对消费群体进行归类分析的方法，能推断分析其他类型的消费群体的心理与行为特征，培养学生对特定消费群体分析的能力。

素质目标：通过消费对象的心理和行为分析，树立用户至上的人本观、义利观，弘扬尊老爱幼的传统美德和职业敬畏感；通过案例讨论，培养团队协作意识，树立正确的价值观，提高自身网络素养。

■ 子情境导入

茅台试图向年轻人破圈，持续向年轻人示好

2022年5月茅台宣布与蒙牛联合开发的茅台冰激凌上市，一个现制的茅台冰激凌球售价39元，一杯预制的茅台冰激凌售价66元，即便价格远超目前市场上高端冰激凌品牌的价格，但依然吸引了不少年轻人尝鲜。2023年5月，茅台冰激凌累计销量近1 000万杯。按均价60元/杯的价格来算，茅台冰激凌一年销售额达6亿元，如图3-1所示。

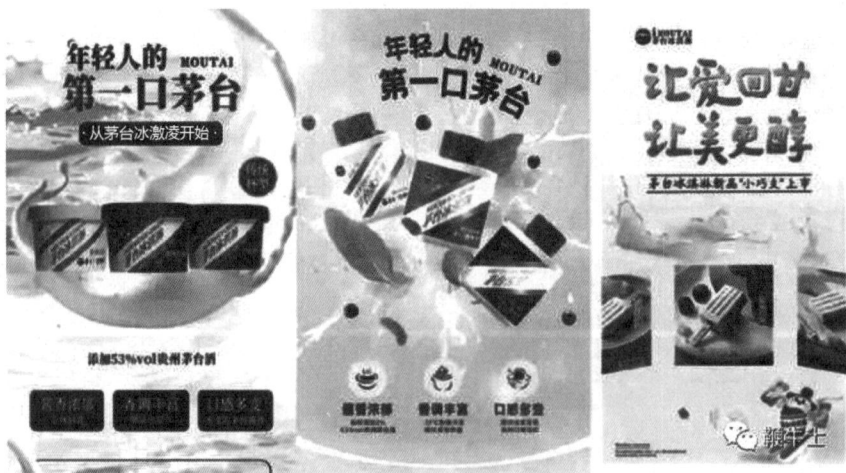

图3-1　茅台冰激凌

2023年9月，茅台与瑞幸咖啡联合推出"酱香拿铁"咖啡。商品介绍显示，酱香拿铁使用白酒风味厚奶，含53度贵州茅台酒，酒精度低于0.5%。商品介绍一并强调，酱香拿铁每杯都含贵州茅台酒。目前酱香拿铁已经在瑞幸咖啡小程序上架，售价19

元，如图3-2所示。对于酱香拿铁的味道，网友们也有不同的看法。有网友认为味道不错，"酱香味十足，体验到了喝茅台酒的快乐""是味道比较淡的酒心巧克力"；但也有不喝白酒的网友表示对这一味道无法接受："酒味太大了""奇怪的味道"。而不管味道如何，此次茅台和瑞幸的联合都赚足了眼球。先是与之相关的多个话题登上热搜，其中#瑞幸回应喝茅台联名咖啡能否开车#一度登上微博热搜第一，阅读量3.4亿，引发240家媒体关注。和瑞幸合作的酱香拿铁第一天就卖了542万杯，当天销售额超1亿元。

图3-2　酱香拿铁

　　火遍全网的酱香拿铁，很多人还没喝到，茅台又出新联名款了。这次是和巧克力品牌德芙一起推出酒心巧克力，如图3-3所示。官方资料显示，此次茅小凌酒心巧克力分为经典酒心和减糖50%的减糖酒心两种系列，其中经典酒心内含丝滑酱香酒心牛奶巧克力和经典醇享酒心黑巧克力两种口味，减糖酒心则含有醇享酱香酒心黑巧克力和阳光海盐酒心黑巧克力两种口味，两个系列4种口味，每颗里面都添加了2%53度的贵州茅台酒，规格分别为2粒20克、12粒120克，减糖口味售价为39元/两粒，经典口味为35元/两粒，茅小凌酒心巧克力历时7个月，经过52个配方探索，5 000多块手工样品的试验制作，最终将茅台酱香与经典丝滑进行了结合。开售当天，酒心巧克力上线就被抢光。

　　近些年，茅台好像突然掌握了流量密码，在花式联名的路上不断狂奔。作为中国白酒顶峰般的存在，频繁以高端酒形象示人的贵州茅台，近两年来频频向"大众"示好。无论是与蒙牛合作的冰激凌，还是与瑞幸合作的酱香咖啡以及与德芙合作推出的酒心巧克力，产品都是大众所能消费得起的产品。在业内看来，白酒企业如此急于跨界破圈的背后，是一种对于失去年轻消费者的担忧。数据显示，仅有11.2%的年轻人喜欢酒精度在30度以上的酒，而在年轻人的酒饮选择中，白酒只占13%，排名在葡萄酒、果酒、威士忌和啤酒之后。

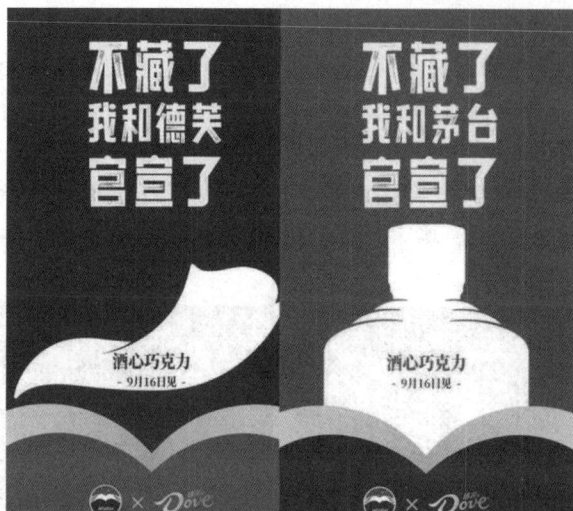

图3-3 茅小凌酒心巧克力

频繁跟大众品牌跨界的背后，贵州茅台也有自己的考量。作为白酒行业老大，贵州茅台近年来正在试图打破其传统、沉稳的商务印象，塑造"时尚化、年轻化"标签。茅台集团曾表示，抓住年轻人，就是抓住茅台的未来。

但在茅台与瑞幸的联名火爆后，后续联名活动逐渐偏离轨道，很多事情超出预想。比如在巧克力的联名活动中，溢价炒作问题十分严重；不少企业看到茅台联名这么火，纷纷开蹭，有些甚至没有经过官方授权。9月底，茅台集团宣布将停止"+茅台"周边产品的开发。作为一个中国传统品牌，茅台要永远年轻，增强企业生命力，就必然要拥抱年轻一代。

目前，茅台已完成了"喝、吃、品、饮、带"的产品矩阵生态布局，即喝茅台酒、吃茅台宴、品茅台冰激凌、饮酱香拿铁、带酒心巧克力。

资料来源：作者根据网络相关资料整理.

问题：

1. 茅台为什么要试图向年轻人破圈？

2. 茅台向年轻人破圈主要瞄准了年轻消费者哪些特点？

3. 你认为中国传统品牌应如何传承创新？试举一成功案例。

问题讨论提示

学一学

一、个体消费者角度的群体消费心理与行为分析

二维码3-1

（一）不同年龄的消费群体的心理与行为特征

1. 儿童消费心理与行为特征

（1）认识商品的直观性

儿童对事物的认识主要由直观刺激引起，对商品的注意和兴趣主要

网购年货体现不同年龄段的消费观

来自商品外观因素，如商品的图案、色彩、造型、声响等，这个特点在低龄儿童身上表现得更为突出。他们最容易被结构简单、色彩明快鲜艳、能活动、带响声的玩具吸引。另外，由于低龄儿童的商品知识及消费经验较少，生活范围局限很大，因此他们不了解商品的销售情况，很难辨别商品的好坏，也不在乎商品使用的效果与社会评价，这就使得儿童对商品的认识有很大的模糊性和直观、表面的特点。例如小天才手表，产品设计充分满足孩子的诉求。比如受《名侦探柯南》影片的影响，孩子们都希望有一块可以翻起盖子瞄准目标的手表，于是小天才二话不说，立马研发出来，如图3-4所示。

图3-4　小天才手表

典型案例3-1　　　　　　　　　　　　　儿童手表市场的"小天才"

早在2013年，市场上就有电话手表了。

2013年6月，奇虎360宣布推出"360儿童卫士"手环，保障儿童外出安全；

2014年12月，搜狗也推出了"糖猫"儿童手表；

2015年6月，步步高创始人段永平凭借其敏锐的商业嗅觉，推出小天才电话手表，发布了首款儿童手表——"Y01经典版"，如图3-5所示。

图3-5　小天才电话手表Y01经典版

这款手表一经推出，就被业内一致唱衰。众人认为小天才除了外表简陋，内在也很让人无语，看着就像是儿童版的微信。更重要的是它的售价高达798元，是当时业界最高水平。

但在市场上，小天才电话手表的销量，却远远地超过了其他的品牌。官网数据显示，2015—2022年，小天才累计销量超过2 000万台，行销至全球100多个国家，在全球智能手表市场中位列第二，其中14岁以下用户的市场份额更是一家独大。

究竟是怎么一回事呢？

1.满足孩子诉求

"电话手表"的设计初衷其实是满足家长的需求，大家也都是站在家长的角度做产品，注重安全、定位、控制等内容，让家长心甘情愿地掏钱。

但是，小天才却不这么干，它将目标客户定为3~14岁的少年儿童，产品设计充分满足孩子的诉求。

抓住孩子的心，才能进一步拿捏家长的钱包，小天才深谙此理。

而且，在小天才诞生之前，市场上的"电话手表"只有语音聊天和定位功能。

小天才入局后，"电话手表"才名副其实。

正是这种以使用者感受为先的理念，让小天才迎头赶上，占据了细分市场的头部位置，从此一骑绝尘。

当竞品们回过神来，开始复制小天才的功能时，它已经在儿童社交领域完成了布局。

2.垄断儿童社交

不要以为儿童就没有社交，他们对于交朋友的渴望比成年人要强烈得多。而小天才是最早发现孩子社交需求的品牌。

基于这一需求，小天才简化了交友流程。

只要互相触碰对方的手表，就可以交朋友，既方便又有趣，如图3-6所示。

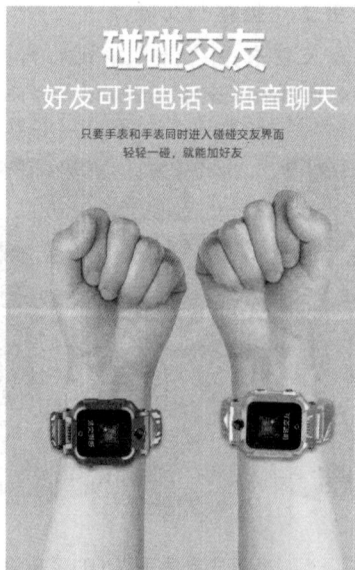

图3-6　小天才电话手表社交

孩子可能对产品的体验没有太大的感触，但他们知道，只有小天才能互加好友，没有小天才的人会被排挤在外。

不管你戴苹果、华为还是小米，都没有用。

有家长感慨道："小天才手表的社交功能真的是护城河，当别的小朋友通过小天才互加好友时，你的孩子在一旁格格不入，你还忍心不给孩子买一个吗？"

绝妙的是，小天才每年都选择在7、8月份推出新品。

更贵、更好看的产品会产生隐性的炫耀价值与身份感，这是孩子之间一场关乎体面的较量。

3. 广告铺天盖地

品牌营销也是小天才市场营销中重要的一个环节。

它通过儿童动画片、儿童电视剧、儿童益智节目等方式循环、重复、高频插播广告来吸引少年儿童，从而加深品牌印象。

这种洗脑方式也让家长在陪伴过程中被动接收产品信息。

当儿童有电话手表相关需求时，家长脑海中第一个浮现的品牌便自然而然地变成了小天才。

不难看出，小天才儿童电话手表的种种玩法，完全瞄准了当代少年儿童的社交需求，这也让小天才的营销有了无限的想象空间。

资料来源：密密. 累计销售2 000万只，"小天才"的营销有多绝［EB/OL］.［2023-07-06］. https://mp.weixin.qq.com/s?__biz=MzIxMDEyODA3Mw==&chksm=8cb073cebbc7fad8f30b12bcae3c6e2b745fc550681e590624c0ebec4f65745ae720f06c62f6&idx=1&mid=2653785704&sn=e4f72bf0105cf7f641a110aa6fcfcaf2.有删改.

（2）使用商品的模仿性

儿童的自我意识水平较低，心理活动、认识与调节能力都处于低级水平。他们对自己、他人以及外界事物的认识往往以别人的行为、思想作为指导，本身缺乏独立的判断分析能力，在行为上表现出很强的模仿性、从众性。在消费活动中，儿童购买欲望的产生或对商品好坏的认识，受别人的消费行为及评价的影响很大，而这些大多来自对周围其他人的模仿，年龄越小，模仿性越强。特别是在学龄前期，其他小朋友拥有某件玩具或用品，常常会诱使儿童产生消费欲望，并以此作为其向父母要求购买的理由。当然，随着年龄的增长，儿童的模仿性消费逐渐被有个性特点的消费所代替，购买行为也开始有一定的动机、目标和意向。

（3）消费情绪的不稳定性

儿童的情绪不太稳定，在对消费品的喜好上也会表现出很大的情绪波动。尤其是学龄前儿童，其消费情绪受周围环境、其他人的评价与情绪的影响很大，缺乏主见，表现出对商品时而喜欢，时而不喜欢，情绪很容易向对立的方向转变。别人喜欢的东西，自己也易喜欢；而别人不喜欢的东西，自己也会厌弃。此外，由于儿童的自我意识较差，因此他们缺乏对感情、行为的控制与调节能力，情绪容易冲动，喜好带有随意性，对商品喜欢与否的情绪也坦率地流露于外表。总之，儿童在消费活动中经常会表现出对商品的喜好不稳定、兴趣易变的特点。

（4）选择商品的模糊性

儿童在购物活动中常常表现出一种捉摸不定、犹豫不决、左顾右盼的心理，他们之所以在购买中表现出这样的心理现象，主要是因为他们年幼，生活知识与经验缺乏，对购物活动生疏，缺乏商品知识和消费经验，不会挑选，加之他们往往都有较强的自尊心，在公共场合有些胆怯，于是在选择商品时常常显得犹豫不决、无所适从。

（5）求新、求奇、求知、好玩、好胜的感情动机较强

儿童在婴幼儿期的需要，主要是生理性需要。但随着年龄的增大，其自我意识会逐步增强，心理活动水平会不断提高，儿童的消费心理也逐步带有一定的"社会性"，其购买行为受求新、求奇、求知、好玩、好胜等感情动机的支配相当明显，而生理性消费动机的支配作用大大减弱。

【想一想3-1】

巴布豆（BOBDOG）以儿童时尚运动为品牌定位，打造满足儿童日常运动保护与时尚穿着的多元化产品，覆盖全品类、全年龄段，现如今已经涵盖了童装、童鞋、洗护、玩具等，2017年还增加了儿童滑步车、洗护用品、早教、睡眠用品、雨衣、雨靴等产业品类，从传统的门店、卖场消费场景，到线上、线下相融合的O2O模式，逐步提升消费者的购物体验，丰富消费者的购物场景。

巴布豆是日本SUNWORD公司于1988年所创造的卡通品牌造型（如图3-7），一经推出便受到消费者喜爱，成为市场上的热点话题。

图3-7　巴布豆品牌造型

1994年，红林公司邀请巴布豆的授权厂商共同集资成立上海巴布豆儿童用品有限公司，在上海设立了第一家巴布豆专柜，之后在北京、天津的百货公司设立了以童装为主的巴布豆专柜，同时通过浙江、江苏、重庆、武汉、福建、广东、深圳等全国各省代理商，将巴布豆推广至中国各地。

2009年，巴布豆（中国）儿童用品有限公司获得了巴布豆全球著作权与商标，相当于买断巴布豆的知识产权，销售网络遍布全国。巴布豆曾先后荣获"上海市著名商标""中国驰名品牌""最受欢迎的卡通品牌""全国市场放心消费品牌"等。

在拓展版图的同时，看到中国面对外来文化的冲击，身为中国的儿童品牌，巴布豆感受到中国的下一代在物质丰足之外，更需要在潜移默化中传承中国文化精神与培

养优良品德，让他们将来带着中国梦迈向世界。

资料来源：作者根据网络相关资料整理.

问题：

1．2009年巴布豆（中国）儿童用品有限公司为什么要买断巴布豆的知识产权？

2．儿童产品设计为什么喜欢用卡通元素？

3．在童年成长经历中，你对哪一个中国传统卡通形象印象深刻？这个卡通形象进行商业化开发了吗？如果没有，你认为可以进行怎样的商业化开发？

二维码3-2

你真的懂小镇青年吗？

2．青年消费心理与行为特征

（1）追求时尚和新颖

青年人的特点是热情奔放、思想活跃、富于幻想、喜欢冒险，这些特点反映在消费心理上，就是追求时尚和新颖，喜欢购买一些新的产品，尝试新的生活。在他们的带领下，消费时尚也会逐渐形成。

二维码3-3

不同年龄的消费观——我在改革开放时代长大

（2）表现自我和体现个性

这一时期，青年人的自我意识日益加强，强烈地追求独立自主，做任何事情时，都力图表现出自我个性。这一心理特征反映在消费行为上，就是喜欢购买一些具有特色的商品，而且这些商品最好是能体现自己的个性特征，对那些一般化、不能表现自我个性的商品，他们一般都不屑一顾。

二维码3-4

江小白这么火，为什么销量还远不及老村长？

（3）容易冲动，注重情感

由于人生阅历并不丰富，青年人对事物的分析判断能力不足，他们的思想感情、兴趣爱好、个性特征还不完全稳定，因此在处理事情时，往往容易感情用事，甚至产生冲动行为。他们的这种心理特征表现在消费行为上，就是容易产生冲动性购买。在选择商品时，感情因素占主导地位，往往以能否满足自己的情感愿望来决定对商品的好恶，只要自己喜欢的东西，会迅速做出购买决策。

典型案例3-2 OPPO，与消费者共成长的品牌定位

准确地找到自己的消费群体，并对消费人群的喜好、经济水平、消费特征、媒介接触习惯等特点做出合理的分析，在准确地把握了这一切之后再去设计产品、制定宣传策略是品牌取得成功的基础。而在此基础上，品牌形象的塑造要伴随自己的品牌拥趸共同成长，给他们留下来的理由。

OPPO的创始人陈明永在一开始推出OPPO系列手机时，就准确地把品牌的消费者定位为"追求时尚的年轻人"。找到自己的准确定位后，OPPO在产品的设计上下了很大的功夫，为了契合年轻人的审美和对时尚的追求，OPPO推出的每一款产品都很大方、简洁时尚，符合年轻人的审美观念。据统计，OPPO的消费者中占比最高的是20到29岁的年轻人，这类年轻人的消费水平在社会上并不算高，所以OPPO手机的价格也属于中等层次，在其目标受众所能接受的范围之内。

当然OPPO的消费者定位并不是一成不变的，它是随着消费者的成长而成长的，

当时追求年轻时尚的青年人群随着时间的变化慢慢进入消费成熟期，对手机的性能和品质有了不一样的要求，他们不再仅仅在乎手机的外表是否简约大方，他们还关注产品的发展理念是否注重质的改变。这一点也体现在OPPO手机代言人的前后变化上，从之前人气十足、颜值爆表的杨洋、杨幂、TFBOYS升级为实力派硬汉张震，并拍摄了以"美因苛求"为主题的视频广告。张震在人物刻画上的投入和精益求精一直被大众所推崇，从年少成名到现在，张震一直坚持着自己的苛影之路。这和OPPO"美因苛求"的理念不谋而合。而且张震的影响人群较之杨洋等当红偶像的粉丝年龄稍大一点，再加上张震本身给人成熟稳重的直观印象，这样OPPO便把自己的目标消费人群逐渐往中青年阶层扩展。同时该广告视频的拍摄风格不同以往，并没有提到手机的性能和某一特点，视频全程都在突出张震拍戏时对自己的严格要求，直到最后才打出了OPPO"美因苛求"的理念，是一则典型的品牌形象广告。这则广告不管是在代言人的选择还是拍摄风格上，都显示了OPPO由注重外表向注重内涵的转变。粉丝经济虽然能在短时间内给品牌带来极大的效益和知名度，但想要长久地站稳市场，单靠粉丝经济的刺激是不可取的。不得不说，OPPO是很聪明的，利用粉丝经济为品牌打开知名度，在手机市场上开拓出自己的一片天地，又恰到好处地适可而止，走成熟稳重的内涵路线，所以OPPO的成功绝不是偶然。

资料来源：李帆，张笑. 从外表到内涵，OPPO如何华丽转身？[J]. 销售与市场（管理版），2017（6）.

3. 中年消费心理与行为特征

（1）购买的理智性胜于冲动性

随着年龄的增长，青年时的冲动情绪渐渐趋于平稳，理智逐渐支配行动。中年人的这一心理特征表现在购买决策心理和行动中，使得他们在选购商品时，很少受商品外观因素的影响，而比较注重商品的内在质量和性能，往往在经过分析、比较以后，才做出购买决定，尽量使自己的购买行为合理、正确、可行，很少有冲动、随意购买的行为，追求性价比。

（2）购买的计划性多于盲目性

中年人虽然掌握着家庭中大部分收入和积蓄，但由于他们上要赡养父母，下要养育子女，肩上的担子非常沉重，有一定的经济压力。他们中的多数人懂得量入为出的消费原则，很少像青年人那样随随便便、无牵无挂、盲目购买。因此，中年人在购买商品前，常常对商品的品牌、价位、性能乃至购买的时间、地点等都进行了妥善安排，以做到心中有数，对不需要和不合适的商品，他们绝不购买，很少有计划外开支和即兴、冲动购买。

（3）购买求实用，节俭心理较强

中年人不再像青年人那样追求时尚，生活的重担、经济收入的压力使他们越来越实际，买一款实实在在的商品成为多数中年人的购买目标和行为。因此，中年人更多关注商品的结构是否合理，使用是否方便，是否经济耐用、省时省力，以切实减轻家庭负担。当然，中年人也会被新产品所吸引，但他们更多关心新产品是否比同类旧产品更具实用性。商品的实际效用、合适的价格与较好的外观的统一，是中年消费群体购买的动因。

（4）购买有主见，不受外界影响

由于中年人的购买行为具有理智性和计划性的心理特征，因此他们做事大多很有主见。他们经验丰富，对商品的鉴别能力很强，大多愿意挑选自己喜欢的商品，对营业员的推荐与介绍有一定的判断和分析能力，对广告一类的宣传也有很强的评判能力，受广告这类宣传手段的影响较小。

（5）购买随俗求稳，注重商品的便利

中年人不像青年人那样完全根据个人爱好进行购买，不再追求丰富多彩的个人生活用品，需求逐渐稳定。他们更关注其他顾客对该商品的看法，宁可压抑个人爱好而表现得随俗，喜欢买大众化的、易被接受的商品，尽量不使人感到自己花样翻新和不够稳重。由于中年人的工作、生活负担较重，工作劳累以后，希望减轻家务负担，因此相对喜欢具有便利性的商品，如减轻劳务的自动化耐用消费品等，这些商品往往能被中年消费群体熟知并促成购买行为。

4. 老年消费心理与行为特征

（1）富于理智，很少有感情冲动

二维码3-5

老年消费群体由于生活经验丰富，因此情绪反应一般比较平稳，很少感情用事，大多会以理智来支配自己的行为。因此，他们在消费时更加仔细，不会像年轻人那样容易产生冲动的购买行为。

阿里招聘老年
体验官

（2）精打细算

老年消费群体一般都有家小，他们会按照自己的实际需求购买商品，量入为出，注意节俭，对商品的质量、价格、用途、品种等都会作详细了解，很少盲目购买。

（3）坚持主见，不受外界影响

二维码3-6

老年消费群体大多有自己的主见，而且十分相信自己的经验和智慧，即使听到商家的广告宣传和别人介绍，也要先进行一番分析，以判断自己是否需要购买这种商品。因此，对这类消费群体，商家在进行促销宣传时，不应一味地向他们推销商品，而应该尊重和听取他们的意见，向他们"晓之以理"，而不能对他们"动之以情"。

深圳拟出台新
规，老年人购买
保健品可以7日
内退货

（4）方便易行

对于老年人来说，他们大多体力不好，行动不便，所以在购物的时候，常常希望比较方便，不用花费很大的精力。因此，店铺应该为他们提供尽可能多的服务，例如接送、免费快递、提供赠品等，以增加他们的满意度。

（5）品牌忠诚度较高

老年消费群体在长期的生活过程中，已经形成了一定的生活习惯，而且一般不会作较大的改变，因此他们在购物时具有怀旧和保守心理。他们对于曾经使用过的商品及其品牌，印象比较深刻，而且非常信任，是企业和品牌的忠诚消费者。

典型案例3-3　　足力健老年鞋的成功启示：代言人的力量与传统电视媒体

AgeClub研究中心分析了电商平台上在售的1 842个老年鞋品牌，评价数在5万以上老年鞋中，除了销售量达到7.2万的19.9元梦兮千层底鞋以外，其余全部来自老年鞋"广告王"足力健，热销产品价格区间在259~299元/双，处于老年鞋中端市场的天花板价位。

AgeClub研究中心认为理解用户是获得老年用户信任并取得长尾效应的重要条件。通过分析足力健的成功模式，我们得出几点启示：

高认知度的代言人与传统电视媒体在老年市场开拓中仍然拥有巨大价值：从数据来看，"银发族"对电视等传统媒体依赖度较高，同时对知名艺人抱有天然的信任度，选择明星张凯丽作为代言人，结合大规模的电视广告宣传，能够在老年群体中迅速建立品牌认知，最大限度影响老年人的消费行为。

低价产品抢占用户心智，高价产品抓住老年消费升级趋势。在老年鞋市场还处于早期阶段，用户对市场品牌缺少认知，没有信任感时，通过低价产品降低老年人的"试错成本"。足力健正是基于对老年人群的了解，入门产品定价为49元的男女基本款老年休闲鞋，结合大量的市场宣传和口碑传播，逐渐积累信任，然后推出259~299元的产品，推动老年消费金额层层升级，如图3-8所示。

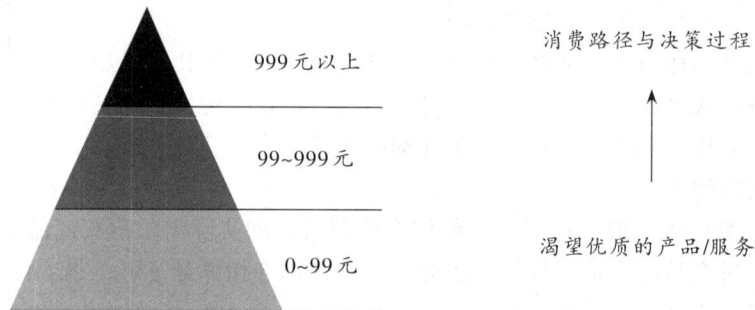

由信任感推动的老年消费金额层层升级

图3-8 老年群体"节省"与"奢侈"并存的非理性消费行为：信任驱动

资料来源：AgeClub. 解构老年消费市场：分析了1.2万条老年鞋数据，我们看到了中国老年消费品的成功逻辑 [EB/OL]. [2019-01-25]. https://36kr.com/p/5164029.

（二）不同性别消费群体的心理与行为特征

1. 男性消费心理与行为特征及其营销规律

男性消费心理是指男性消费者在购买和消费商品时具有的一种心理状态，以及对现实购物的影响。

男性消费者相对于女性消费者来说，购买商品的范围较窄，一般多购买"硬性商品"，注重理性，强调阳刚气质。其特征主要表现为：

（1）注重商品质量和实用性

男性消费者购买商品多为理性购买，不易受商品外观、环境及他人的影响。注重商品的使用效果及整体质量，不太关注细节。

（2）购买商品目的明确、迅速果断

男性消费者的逻辑思维能力强，并喜欢通过杂志等媒体广泛收集有关产品的信息，决策迅速。

（3）强烈的自尊心和好胜心，购物不太注重价格

由于男性消费群体本身所具有的较强的征服欲，因此他们购物时喜欢选购高档气派的产品，而且不愿讨价还价，忌讳别人说自己小气或所购产品"不上档次"，或者被商家认为"拖泥带水"。

典型案例3-4　　　　　　　　　**安踏体育用品营销男女有别**

安踏体育是国内的传统服装企业，定位于大众运动服饰品牌。1991年丁氏父子创业并于1994年创立安踏品牌，2007年安踏在港上市。目前，安踏集团旗下有7个主要品牌，拥有门店超1万家，直接创造就业超过10万人，累计纳税额突破100亿元。2017年为安踏上市十周年，创始人丁世忠提出安踏开启创业新十年。2018年上半年，安踏集团新开334家门店，全新升级的八代店数量已超3 000家，2018年"双11"安踏集团销售额达到11.3亿元。

从近十年安踏体育的业绩来看，2011年的库存危机使得安踏在2012年、2013年的营业额和净利润处于负增长状态。2013年库存危机解除后，安踏经历了一段呈波动缓慢上升趋势的增长时期，并开始朝着零售型公司转变。安踏强调品牌零售转型，安踏集团副总裁李玲表示不仅要做好商品和品牌，更要关注如何把商品卖给消费者，赋予消费者他们想要的价值。

全球时尚搜索平台Lyst公布的2019年欧洲时尚地图显示，体育用品热销，男女下单时间差异明显，女性会在工作日下午5点工作结束时奖励自己，而男性在一天结束的时候——睡觉前适当奖励自己。就购买量而言，除意大利外，几乎所有欧洲国家的男性支出都高于女性。男性平均花费307美元，而女性平均花费226美元。

在中国，据安踏介绍，根据销售数据对比，安踏门店消费数量男女比例为4∶6，但商品成交额男女比例为6∶4。看来，安踏面临的问题，一是如何挖掘女性消费者更大潜力；二是如何进一步优化男性商品结构。

现在，安踏通过智慧设备如门店门口设置的摄像头精准洞察消费者结构，包括男女性别比例、年龄构成，为商品总体结构优化做支撑；通过门店顶部分布的多个摄像头来收集测量门店冷区和热区的数据，对消费者所在不同区域的数据收集，有利于进一步优化商品陈列以及门店动线规划的合理性；通过智能互动屏，利用RFID互动技术来判断商品对顾客吸引力的大小。安踏除了在店铺面积、智能化、快速化方面不断提升之外，还非常注重在音乐系统、灯光系统、消费者休息区域以及试衣间等更多细节上提高消费者体验，调整消费者心理状态。

安踏是街铺起家，标准门店面积在70~100平方米，随着购物中心成为消费者重要消费场景，安踏正逐步加大一二线市场和购物中心及商场的渠道布局，目前商场店占比超33%，一二线城市占比40%以上。安踏的零售之道是价值零售，"在懂你的空间里匹配对的商品和体验"。安踏的价值零售意味着回归商业价值根本，以数字价值分析消费者，以体验价值满足消费者。在国内服装品牌积极探索转型之路时，安踏认为核心在于消费者，了解他们，给他们对的购物空间和好的服务，是线下门店的

重点。

资料来源：根据亿欧网等相关资料整理.

2. 女性消费心理与行为特征

女性消费心理是指女性消费者在购买商品和消费时具有的一种心理状态。女性消费者相对于男性消费者来说，购买商品的范围较广，追求也不同。

（1）追求美感与时髦的心理

爱美与讲究时髦是当代女性明显的特点，其中爱美心理是女性普遍存在的一种心理状态。这种心理反映在消费活动中，就是女性都希望通过消费活动既能保持自己的自然美，又能增加修饰美。在购买商品时，她们特别注意商品包装，重视商品本身的造型、色彩和艺术美，重视商品对人体的美化作用、对环境的装饰作用和对精神的陶冶作用。而时髦心理与爱美心理是互相融通和相互关联的。女性往往以时髦为美，所以也可以说时髦心理是爱美心理的一种具体表现，它最突出的表现是乐于走在时代潮流的前头。女性对时髦商品的追求主要表现在以下几个方面：第一，时髦的色彩。这主要是指服装、布料、家具、鞋帽等的色彩，主要倾向于色彩的新颖不俗和赏心悦目，而且对她们来说时髦的色彩并不一定鲜艳，而是追求与众不同的奇特美。第二，时髦的式样。这是指女性时髦心理对她们的专用品在外观形式上的要求。同时髦的色彩一样，对时髦式样的要求也是新颖不俗、与众不同的美观。第三，时髦的打扮。这是指女性时髦的心理对于自己整体外观的追求，女人爱美心理的最终目的是使自己美，所以女性会为此购买大量的化妆品和饰品。

（2）求实心理

求实心理是一种最基本的心理活动，这在女性特别是主持家务的中年妇女中表现得尤为明显。我国传统文化一直提倡"静以修身，俭以养德"或"成由勤俭破由奢"，在长期低收入、低消费的环境里，女性普遍养成了勤俭持家、精打细算的习惯。另外，虽然现代社会中人们的收入普遍提高，但是与此同时，物价水平也有了很大提高，尤其是房子、子女教育、医疗等方面的花费，已经翻了几番，城市居民普遍有生存的压力。所以，绝大部分女性尤其是工薪阶层的女性，在购物活动中希望所购的物品能最大限度地满足自己的某种实际需求，并具有物美价廉、经久耐用等特点，这就是典型的实惠心理，即"少花钱，多办事"的心理。这种心理的具体表现是：在实施购买时要进行利害得失的衡量，力求做到得失相当，"把钱花在刀刃上"；在购买商品前对所购物品的性能、用途和质量标准有明确的要求，不盲目购物；在购买物品时挑选认真仔细，力求完美，并且希望商家能打折、附带赠品。

（3）消费的情感心理

消费的情感心理不是以追求商品的使用价值，而是以追求商品所象征的情感为主要目的的消费心理表现，其核心是商品的"象征"意义。女人是感情动物，她们的消费行为带有很强的情感性，在购买商品时，常常比较关心商品所包含的情感意义。例如，她们对艺术品、胸针、纽扣、化妆品等特别有感情；认为某种商品对自己特别有价值，或某种商品除了具体的功能，还对自己和亲友有象征意义，如表达了友谊、爱情、亲情，唤起了自己的情感、回忆等，就会特别喜欢。由于这一消费心理的存在，女性在购买活动中，有时会脱离商品的"工具性"或实用价值，而趋向商品的情感功能。具体哪些商品有表达情感的功能，则由女性各自的经历、个性和爱好所决定。

（4）消费的新奇心理

这是以追求商品的流行趋势、新颖、奇特为主要目的的消费心理，其核心是"时髦"与"奇特"。在"人无我有，人有我优，人优我新""物质生活高档次，精神生活高格调，生活规律高节奏，文化生活高结构""在变中求新，在新中求美，在美中求趣"等现代消费意识的影响下，部分经济条件比较优越，尤其是未婚的职业女性，不断打破"新三年，旧三年，缝缝补补又三年"和"一分钱掰成两半花"等传统消费意识的束缚，不断追求商品的奇特性和时髦性。这部分女性在购买商品特别是服装时，尤其注重商品的品牌、款式与流行色调，而不太注意商品的实用性与价格高低。

二维码3-7

潘多拉魔力：我的珠子，你的故事

（5）消费的攀比心理

这是一种以争强斗胜或向别人看齐并胜过别人为主要目的的消费心理，其核心是"胜过她人"。具有这种消费心理的女性虽然不是很多，但也代表了部分女性消费者的心理特点。在购买某种商品时，她们考虑的不是商品的实际价值和迫切需要，而是在虚荣和嫉妒心理的驱动下，为了争强好胜，借以求得心理上的暂时平衡和满足而产生的购买欲望和行为。因此，这种消费心理具有很强的偶然性和情绪冲动性。

典型案例3-5　　　　　　　**女性在汽车消费行业的崛起——吉利汽车**

在早期，多数女性会觉得自己被汽车公司疏远，认为汽车的主要受众群体是男性。但是随着社会的发展，汽车早已不是男人的专属，在汽车消费领域女性占有越来越重要的位置。英国媒体 TI Media 的调查数据显示，40% 的女性自行负责购买汽车，79% 的女性拥有否决购买汽车的权利，然而超过 75% 的女性认为汽车行业并不将其视为消费者。2019 亚布力中国企业家论坛上，戴姆勒大中华区董事长唐仕凯表示："在中国，80%~90% 的车辆选购受到女性意见的影响，50% 的中国家庭收入有女性贡献。"

360 汽车日报认为，近五年，中国女性车主比例从 17% 上升到 29%，增速迅猛。有博主在网络上吐槽现在的汽车品牌对女性太不友好了，潜意识里还是把男性作为唯一的消费群体。比如 4S 店的销售，张口闭口就是汽车术语，变速箱、发动机之类的，女性听完难以理解不说，听了之后也很难对这款车产生兴趣。

越来越多的车企开始拓展女性消费市场，汽车广告创意趋势也逐渐向吸引女性消费者转移，沃尔沃选择林志玲作为 CX40 的代言人，吸引女性消费者；蔚来 ES8 主打的"女王副驾"，取消了副驾驶位的手套箱，增加了腿托和脚托，方便女性休息，并且把它作为车型宣传的重点之一。

吉利集团旗下品牌沃尔沃，为了让汽车对女性更安全，沃尔沃支持研发了世界上第一个女性碰撞试验假人。通过此次公益营销，沃尔沃再次深化了其"安全"的品牌理念，也圈粉无数女性消费者。

某项街头调查显示，与男性注重汽车相关数据指标和性能不一样的是，女性在汽车消费行为上更加感性，比如更加注重颜色和款式，看中品牌或者是凭着感觉选"一见钟情"的汽车。

资料来源：根据网络相关资料整理.

二、组织市场角度群体消费心理与行为分析

（一）组织市场类型

组织市场是指为了自身生产、转售、转租或者用于组织消费而采购的一切组织构成的市场。组织市场包括生产者市场、中间商市场、非营利组织市场和政府市场。

生产者市场指购买产品或服务用于制造其他产品或服务，然后销售或租赁给他人以获取利润的单位和个人。

中间商市场也称转卖者市场，指购买产品用于转售或租赁以获取利润的单位和个人，包括批发商和零售商。

非营利组织泛指所有不以营利为目的、不从事营利性活动的组织。我国通常把非营利组织称为"机关团体、事业单位"。非营利组织市场指为了维持正常运作和履行职能而购买产品或服务的各类非营利组织所构成的市场。

政府市场指为了执行政府职能而购买或租用产品的各级政府和下属各部门。各国政府通过税收、财政预算掌握了部分国民收入，形成了极大的政府采购市场，成为非营利组织市场的主要组成部分。

（二）组织市场购买行为的特点

1.购买者数量少，购买规模大

在组织市场，购买者是企事业单位和机关团体，购买者的数量必然比消费者市场小得多，但每个购买者的购买量都较大。在现代经济条件下，许多行业的生产集中在少数大公司，所需原料、设备和服务的采购也就相对集中。买者有限，但购买数量相当大。

2.购买者区域相对集中

购买者区域上相对集中是由产业布局的区域结构决定的。由于历史和地域资源的原因，产业布局结构各不相同。我国，东北是重工业所在地，华东是纺织、电子、机械加工业发达地区。产业布局形成了生产者购买较为集中的目标市场。

3.需求受消费者市场的影响

企业对生产资料的需求，常常取决于消费者市场对其需求，被称为"衍生需求"，即生产者购买需求归根结底是从消费者对消费品的需求中衍生出来的。

4.需求缺乏弹性

在组织市场，购买者对产品的需求受价格变化的影响不大。在工艺、设备、产品结构相对稳定的情况下，市场资料的需求在短期内尤其缺乏弹性。例如，皮鞋制造商既不会因皮革价格上涨而减少对皮革的需求量，也不会因为价格下降而增加需求量。

5.需求波动大

生产者对于生产资料的需求比消费者对消费品的需求更容易发生波动。消费者需求的少量增加能导致生产者购买的大大增加。这种现象被称为"加速原理"。

6.购买人员较为专业

生产者购买必须符合企业再生产的需要，对产品的质量、规格、型号、性能等方面都有系统的计划和严格的要求，通常需由专业知识丰富、训练有素的专业采购人员负责采购。有的甚至建立了专门的采购委员会，由技术专家、高层管理人员和一些相关人员组成。特别在购买重要商品时，决策往往是由采购委员会中成员共同做出的。

资料链接3-1

大客户采购流程一般可分为六大步骤：

（1）内部需求和立项；

（2）对供应商初步调查、筛选；

（3）制定采购指标；

（4）招标、评标；

（5）购买承诺；

（6）安装实施。

由于客户在采购流程中不同阶段的侧重点不同，销售人员需要针对客户采购的六大步骤，形成一一对应的销售流程六个阶段：

（1）开发阶段：收集客户信息和评估；

（2）销售进入阶段：厘清客户组织和角色，与关键人建立良好关系；

（3）提案阶段：影响客户采购标准，提供解决方案；

（4）投标阶段；

（5）商务谈判阶段；

（6）工程实施阶段。

资料来源：根据百度百科相关资料整理.

7.购买多为直接购买

购买者多数希望直接与供应者打交道。一方面，能够保证供应商按照自己的要求提供产品；另一方面又能与供应商保持密切联系，保证在交货期和技术规格上符合自己的需求。

8.特殊购买方式——租赁

许多生产者以租赁的方式取得设备。这种方式一般适用于价值较高的机器设备、交通工具等，租赁已成为近年来生产者获得生产资料，特别是生产设备的一种重要形式。租赁的形式主要有服务性租赁、金融租赁、综合租赁、杠杆租赁、供货者租赁、卖主租赁等。

在组织市场中，生产者、中间商市场的购买行为与消费者市场的购买行为相比有较大的差异性。

（三）组织市场购买的参与者

组织市场的购买要比消费者购买复杂得多。通常，涉及以下成员：

1. 使用者

实际使用欲购买的某种产品的人员。使用者往往首先提出购买某种所需产品的建议，并提出购买产品的品种、规格和数量。

2. 影响者

企业内部和外部直接或间接影响购买决策的人员。他们通常协助决策者决定购买产品的品牌、品种、规格。企业技术人员是最主要的影响者。

3. 采购者

在企业中组织采购工作的专业人员。在较为复杂的采购工作中，采购者还包括那些参与谈判的公司人员。

4. 决定者

企业中拥有购买决定权的人。在标准品的例行采购中采购者常常是决定者；而在较复杂的采购中，企业领导人常常是决定者。

5. 信息控制者

在企业外部和内部能控制市场信息如何流到决定者和使用者那里的人员，如企业的采购代理商、技术人员和秘书等。因此判断谁是主要的决策者很重要，以便采取适当措施，影响有影响力的重要人物。

（四）影响生产者购买决策的主要因素

1. 环境因素

环境因素即企业外部环境因素，包括政治、法律、文化、技术、经济和自然环境等。

2. 组织因素

组织因素即企业本身的因素。如企业的目标、政策、业务程序、组织结构、制度等，都会影响生产者的购买决策。

3. 人际因素

人际因素主要指企业内部人际关系。生产者购买决策过程比较复杂，参与决策的人员较多，这些参与者在企业中的地位、职权、说服力以及他们之间的关系都会影响购买决策。

4. 个人因素

各个参与购买决策的人，在决策过程中都会掺入个人感情，从而影响参与者对要采购的产品和供应商的看法，进而影响购买决策。

典型案例3-6　　　　　　　　　　北京现代，挺进政府用车及出租车市场

2002年10月16日，由北京汽车投资有限公司和韩国现代自动车株式会社共同出资设立的北京现代汽车有限公司正式成立，它是国务院批准的"不限投资额度、不限

生产车型"的合资汽车生产企业。2004年，中国汽车市场在不断的降价声中前行，上海通用、广州本田等各大公司各显神通，抢占市场，但整体销量仍不尽如人意。相关数据显示，2004年前10个月我国轿车销量同比增长15%，与前两年中国车市超过100%的年增长幅度相比，已是不可同日而语。然而以北京现代为首的市场强者却交出了亮眼的成绩。2004年前十个月，北京现代销量达到11.09万辆，同比增长162%，轿车销售量排名超过上海通用和广州本田，排在一汽大众和上海大众之后，位列第三名，进入了中国汽车企业的第一梯队。

在市场大环境不尽如人意的情况下，是什么让北京现代有如此的业绩呢？除了充分利用其新产品优势外，清晰的市场定位同样功不可没。清晰、灵活的市场策略使北京现代可以在灵活应对纷繁多变的中国车市的同时，集中兵力，在每一目标市场，占据领先。

作为一种流行的汽车消费模式，汽车批量采购多年来被政府机关、出租车公司、大型企业等所采用，以前批量采购的品牌仅局限于红旗、奥迪、桑塔纳等，但现在北京现代的索纳塔等中高档型轿车不但在家庭购车领域风光无限，在批量采购领域也受到政府部门和出租车行业的热捧，在国内市场中的竞争地位日益提升，市场份额逐步扩大。

我们知道，政府公务车虽不局限于某个品牌，但也有着一些严格的限制和具体的规定。相关部门统计表明，价格在25万元以内、排量在2.0升左右的中档轿车占政府采购车辆总数的95%以上。不仅如此，政府用车在性能、外观、内饰、安全等方面的要求也十分严格。一直以来，在公务车市场中，奥迪、红旗等中高档2.0升排量轿车都有良好的表现。要从政府采购这一市场分一杯羹也不容易。

北京现代自其成立之初，就根据中国的市场情况，结合韩国现代"产品技术全球同步"的产品策略，推出了全球畅销的成功车型——索纳塔。该车型是在韩国现代索纳塔第六代基础上改造而来的，是当时世界流行的车型之一，相对一些欧美品牌把本土将淘汰的车型引入中国市场的做法，北京现代可谓把韩国车的精髓奉献给了中国消费者。同时，北京现代更从消费者实际需求出发，结合中国实际路况等具体情况，对引进产品进行改进、完善工艺、提高品质、强化服务，努力打造精品和使用户满意的品牌价值，而绝不是照抄照搬，或者贪大求全，投放多种品牌的车型。在外观上，其独特超前的边缘设计，巧妙地融合了多种鲜明的设计元素，赋予索纳塔一种稳重、大气的感觉，体现公务用车者的尊贵身份，同时也代表了充满创新精神、与时俱进的新时代的政府和企业形象；在内饰上，索纳塔精雕细刻每一个细节，满足消费者显赫和华贵的渴望；在空间上，依据唯美主义和人体工程学原理，给驾乘者提供一个舒适的空间，后备箱398升的超大容量足以傲视同侪；在要求苛刻的制动技术和安全方面，索纳塔更是非同凡响，如前后部内置防撞区，加固了顶、底、门、内外侧的防撞杠等，注重对驾乘者全方位的安全保护。这些极具人性化的设计，完全满足了政府公务用车的需求。

与此同时，北京现代利用地处北京的优势，采用关系营销、体育营销等方式，积极同政府等工作单位联系公关，并积极参与中国的各项公益事业，投资赞助了北京国安足球俱乐部，成立了北京现代足球队，赞助"女足世界杯"、中超联赛、"迷你"足球世界杯、亚洲杯足球锦标赛，投资并与相关部门联合主办了"携手北京现代，共创绿色未来——2004北京现代大学生绿色环保夏令营"活动等，进一步提升了北京现代的品牌知名度与美誉度。这些活动也得到了回报，早在2002年12月新车投产之际，政府采购部门就开始看好北京现代索纳塔车型。北京现代当时共接受订单5000多辆，其中首批交付的政府采购约700辆，此后部分政府机关的采购计划因为索纳塔的缺货而一度搁浅。2003年1月，河北省公安交通管理局采购索纳塔手动挡轿车16辆；2003年7月，索纳塔仅在四川绵阳市政府采购中就一举中标20辆。此外，在要求严格的公安领域，索纳塔也表现出色。北京现代索纳塔中标了2003年北京市公安局警用车采购项目。2004年5月，在"北京-新疆红云杯中国（首都）警察越野追击技术演练赛"活动中，北京现代的5辆索纳塔轿车为参赛车辆担当开道和新闻采访车，与参赛的近80辆越野车辆共同经历了13000多公里的考验，再次印证了这款车型作为首都警用车主力的优秀品质，也因此引起了全国公安系统的多家单位的广泛关注。据有关资料，北京市政府用车中索纳塔数量已达2000多辆。2004年又有河北、安徽等一些地方政府把汽车采购目标锁定在索纳塔轿车身上，汽车采购招标邀请书不断投向北京现代。经过近两年时间的考验，索纳塔轿车凭借强劲的动力、良好的加速性能以及舒适的驾乘感受，受到了公务人员和公安干警的广泛赞誉，营造了北京现代品牌在政府采购领域的良好形象。

在出租车行业市场上，运营的主力军一直是奥拓、桑塔纳、捷达、夏利等普通车型，出于城市发展、树立良好的城市形象的需要，各地出租车更新换代的步伐已逐步加快。一般来说，出租车车型至少要符合以下要求：形象好、性能好、舒适、时尚，同时必须经济、环保、安全可靠。北京现代公司在发展公务车和私家车的基础上，也一直对出租车市场保持高度的关注和研究。

为了打入出租车市场，北京现代不断改良索纳塔车型，为出租车行业量身定做的以液化石油气（LPG）为燃料的专用索纳塔车型，不仅维持了其外观时尚、内部空间大的特点，还突出了人文环保意识，尾气排放指标大大低于普通出租车，达到了我国地方环保要求，也降低了燃料使用成本。与此同时，在使用与维护成本方面，索纳塔也有明显的优势。索纳塔的配件价格较之同级产品低20%以上。据调查，索纳塔出租车一般百公里油费与其他品牌相比要节约5元，按每班300公里计算，每班可节省油费15元，一天可省30元，全年就可省一万多元。同时，配件及维修也相对比较便宜。

2004年年初，北京现代推出了"零距离"售后服务，免费为索纳塔车主提供5大项、20小项的汽车检查等方面的优惠。同时，北京现代还推出了一年4次的免费检测活动，于每季交替的时候进行，并且长年执行。这些优惠活动，为车主们节省了一大笔费用。有关媒体对市场上的帕萨特、新雅阁、君威、索纳塔、马自达6以及蒙迪欧6款同级别的中高档轿车使用成本的调查报告显示，对比5万公里内的保养、燃油、易损件和事故件成本，按从低到高顺序索纳塔排在第二。报告认为索纳塔的确是一款性价比非常高的车。

由于符合行业要求和技术标准，索纳塔迅速进入了出租车市场。2003年年初北京现代索纳塔刚上线2个月，北汽集团就购置了300辆新车，首都出租汽车公司也购进了150辆，并在全国两会期间作代表专用车和警务车使用。两会结束后，这些索纳塔被全部投放到北京出租车市场。在杭州、义乌、宁波、南京等地的出租车市场上北京现代索纳塔受到了空前热烈的欢迎：杭州已经有超过1 500辆索纳塔出租车投入运营，而义乌市在出租车更新换代的工作中全部选定了索纳塔作为其换代车型。截至2004年年底，已经有超过3 000辆索纳塔出租车活跃在全国各地的大街小巷。

北京市政府出租车换型初步方案中，索纳塔车型成为了第一批幸运儿。北京当时6.6万辆出租车中接近50%被替换，索纳塔车型占三分之一以上，低调奢华的索纳塔成为了出租车领域的旗舰车型。

北京现代公司通过认真地分析市场需求，清晰的市场定位赢得了市场，赢得了广大消费者的信任，因此在2004年有如此的成绩是必然的。

资料来源：佚名. 北京现代，挺进政府用车及出租车市场［EB/OL］.［2023-01-27］. https：//www.docin.com/p-1004711437.html.

做一做

1.观察两家以上销售同类型儿童产品商店（百货店、大型商场、专卖店），根据观察分析并总结，尝试回答以下问题：

（1）大型商场的儿童产品区域除陈列儿童产品外，还会摆放什么？

（2）你觉得这样摆放的好处是什么？

2.比一比：

回忆与父母一起外出购物的经历，找一找自己与父母在选购、评价某一物品时的不同想法和表现。

儿女　　　　　　　　　　　父母

3.选择一家女性品牌服装专卖店（如欧时力、秋水伊人等）和一家男性品牌服装专卖店（如雅戈尔、海澜之家等），比较店内布局、商品陈列、客流特点、购买过程等方面的不同。

（1）你选择的女性品牌服装专卖店是：

你选择的男性品牌服装专卖店是：

（2）观察比较：

①店内布局的不同：

女装店：

男装店：

②商品陈列的不同：
女装店：

男装店：

③客流特点的不同：
女装店：

男装店：

④记录购买决策过程中导购与顾客的对话：
女装店：

男装店：

4.对照下面提供的材料，找一找你身边老人发生的同类事件，并分析原因。

资料链接 3-2

为何受骗的多是老年人

利用"赠药"或"免费试用"等促销手段吸引老年人，很多老人到最后因为觉得不好意思，只好购买其产品。

打着高科技的幌子上门推销。老人不能辨别真伪，往往被销售员的巧舌如簧所迷惑。买下这些昂贵的"灵丹妙药"后，由于既没有发票也找不到店铺，出了问题只能自认倒霉。

骗子在社区打着"名医义诊"的名号，让销售人员穿上白大褂充当"名医"，用虚高的检测结果，吓唬老人购买、服用保健品。

采用"免费出游"的促销手段，专车接送老人，免费送顿简餐，让老人过意不去。小小的惠赠后面隐藏的是一把锋利的"宰人刀"。

在酒店开展各种"专家讲座"，老年人不明就里，以为真是关于如何养生健体的知识讲座，结果往往是穿白大褂的"专家"在讲述某某保健品效果如何神奇、获得了多少奖等。

在公园采用会员制的促销手段，吸引老人购买保健品。哄骗老人购买保健品后即可入会，会员有种种好处，会有"专家"密切关注老人的身体状况，并套取老人的电话，以达到日后销售的目的。

在商场门口采用"免费抽奖"的促销手段，让老人得到"优惠购买某保健品"的大奖。

利用老人渴望亲情的心理，经常嘘寒问暖，在熟悉之后采用软磨硬泡的方式，让老人上当。

① 事件记录：

② 原因分析：

■ 效果评价

不同年龄、性别的消费群体的心理与行为分析的效果评价参考表见表3-1。

表3-1　　　不同年龄、性别的消费群体的心理与行为分析的效果评价参考表

评价形式	评价内容	分值
态度	比较前认真回忆（或观察）	20分
能力	观察仔细并能进行一定的归纳总结	50分
	善于与人沟通并能获取有用信息	10分
	记录简洁明了	20分
合　　计		100分

子情境2　基于社会文化的群体消费心理与行为分析

▇ 子情境目标

知识目标：了解社会阶层及其划分方法，熟悉不同阶层消费者的行为差异；了解相关群体及其分类，熟悉参照群体对消费者产生的影响；了解消费习俗的类型与特点，熟悉消费习俗对消费心理及行为的影响；了解消费流行和网络购物兴起对消费心理及行为的影响。

能力目标：能用所学理论解释日常生活中各类消费表现，能结合不同社会文化因素对消费心理与行为进行分析。

素质目标：通过经济发展和消费变迁史，激发民族自豪感，培养家国情怀，树立正确的消费观念；通过案例分析，培养职业敬畏感和工匠精神，建立正确的创业观，增强创新意识。

▇ 子情境导入

褚橙为什么会火？

从烟王到橙王，一个商业传奇的落幕。

2019年3月5日下午，91岁的原云南红塔集团有限公司和玉溪红塔烟草（集团）有限责任公司董事长、褚橙创始人——褚时健去世。

先简单回顾一下褚老波澜起伏的奇迹人生，也是致敬褚老。

1928年，褚时健出生。

1949年，在云南边境参加过游击队，中华人民共和国成立后入党，当过地方干部。

1979年，接任濒临倒闭的玉溪卷烟厂厂长，之后励精图治，打造出了红塔山品牌，把玉溪做成了世界第三、亚洲第一烟草集团。

1994年，到达人生的第一次巅峰，荣获全国十大改革人物之一。

1995年，被检举贪污受贿，后查实受贿数额为174万美元，约1 400万元人民币，随后便被隔离、审查、下马。在此期间女儿不堪压力，狱中自杀。

1999年，法院宣判褚时健无期徒刑。

2001年，无期徒刑减刑为有期徒刑17年，因严重糖尿病保外就医。

2002年，创业种橙子，这一年他已经70多岁高龄。

2004年，获得假释。

2008年，17年减刑为12年。

2011年，刑满释放。

2012年，褚时健开始在北京推广褚橙（如图3-9所示），和电商平台合作，利用社会化营销和自媒体，一炮而红，二次创业成功，到达人生的第二次巅峰。

图3-9　褚橙宣传页

褚橙并不是一夜爆红，而是经过了漫长的沉淀，然后借着互联网的风口，迅速发展，最终到达了一个平衡点。

那么，褚橙为何能够经久不衰，并利用自媒体，从无到有地成就了自己的品牌呢？

可以总结成：起伏的人生，自我IP运营。比如：云南烟王，被查下马；75岁再次创业，85年的跌宕人生；耕耘10载，结出2 400亩"累累橙果"。

这些标签及褚时健的人生经历，都让褚时健和褚橙成为了当时互联网上火爆一时的大IP。

这也使得褚橙在互联网上有了极大的关注度，喜欢褚老的人们也成为了褚橙的粉丝。

褚橙紧盯着水果中"橙子"这个品类的细分市场，那时候的水果品牌市场竞争没有现在这么激烈。

因此，褚橙在这样的背景下一路高歌猛进，迅速打开了市场，并通过微博进行产品销售。

2012年，褚橙就开始利用线上自媒体进行销售。

褚橙产品从传统媒体端发布，通过微博进入自媒体传播，将所有自媒体充分利用来进行传播，主打人群是"80后"，并制订了一整套广告文案和传播方案。

1. 运营自我IP，通过微博宣传

"首先要告诉大家，褚橙是褚时健种的'冰糖橙'。"

随后，《经济观察报》微博在第一时间转发，不到10分钟，万科创始人王石也转发了这条微博。这两条微博有1万多人转发，在当时属于相当高的数据，引起了小小的轰动。

他还引用了巴顿将军的一句话，"衡量一个人成功的标志，不是看他登到顶峰的高度，而是看他跌倒低谷的反弹力"。（如图3-10所示）如果是现在，我想这句话应该会被抖音刷爆。

与此同时，王石周围的一些商界朋友也都迅速转发，使"褚橙"的搜索量获得了迅速的提升。

通过微博的强大宣传力度，在不到一周的时间内，第一车20吨褚橙很快就被销售一空。

与褚橙合作的本来生活网从日均70单，一周之内上升到日均约600单，最高达到近800单，成为当时的爆品。

图3-10　王石微博转发"褚橙进京"截图

之后，褚老迅速调整策略，发现褚橙在通过微博传播的过程中，有一个词被大家反复提到，就是"励志"。这个词语也成了当时人们认识褚橙的一个标签。

这样的销售模式在当时无疑是超前的，也是一个大胆的尝试，而现在利用这样的销售模式并获得成功的案例屡见不鲜。

褚橙，顾名思义就是褚时健种的橙子，这和当下的"IP运营"如出一辙。而这些，都是褚老在2012年就使用过的，不得不佩服褚老的超前观念。

2.有规模、有节奏的线上线下联动

让我们想象不到的是，褚老也玩过社区经济。

一开始，依据褚橙的产品特性，褚橙开始进行社区地推。

褚橙一般选择中高档居民社区，经过长时间的实践，发现社区摆摊试吃的精准度极高，一般情况下，品尝后的顾客只要觉得好，都愿意购买。这也极大地促进了褚橙品牌的树立。

通过第一次成功的线上销售，褚橙接着做中高档社区地推的线下营销传播，并迅速地征服了大部分的社会精英人士。

随后褚橙开始逐步走进餐馆，走进企业，发展自己的渠道以及机构客户。万科褚橙，就是其中成功产品之一。

3.数据分析个性化定制延长自媒体传播时效

在2012年第一次成功的线上营销中，经过团队分析，发现参与传播或者购买的人群以60后的企业家为主。

这些人对褚老的故事比较了解，他们会参与到整个传播中来，并且有很多人把褚橙买回去当作自己企业的礼品和员工福利。

现在的产品，都很注重包装。褚橙主打中高档的市场定位自然也少不了在这方面下功夫。

在经过对产品营销的策略性分析以后，褚橙在实际操作上非常重视包装，当时做这件事情还是比较具有革新性的。

在褚橙做的包装设计（如图3-11所示）上，褚橙把褚老头像做成黑白背景，用他的传奇经历为产品做背书，整个画面只有橙子是亮色。

图3-11　褚橙的包装设计

与此同时，经过在微博上的前期网友互动，褚橙做了12款个性化包装。把一些网络流行语印在包装上，形成一些特别标签，如图3-12所示。每个标签都锁定一个人群，就是12个人群。

图3-12　褚橙的个性化包装

比如："复杂的世界里一个就够了"，是主打"80后""90后"文艺小青年群体的。

当时褚老给韩寒送了一箱褚橙，韩寒就在微博上进行了晒单（如图3-13所示），韩寒周围的朋友以及他的父亲也帮助分享，这成为了当时的一条热门微博。

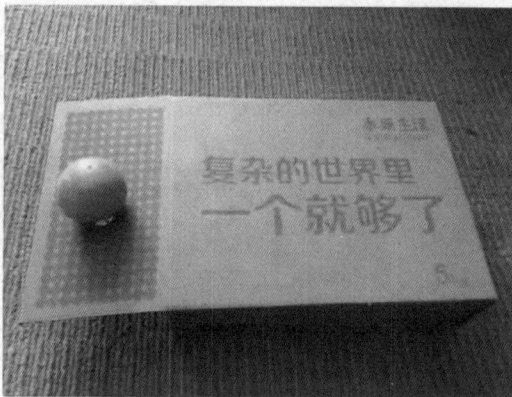

图3-13　韩寒微博晒单褚橙截图

跟雕爷之间的互动是"即便你很有钱，我还是觉得你很帅"，这个时候有人就来揭露真相："你觉得你帅吗？怎么心安理得地收了？"娱乐化的互动和调侃便产生了。

还有一个包装，"我很好，你也保重"，这是2013年王菲跟李亚鹏离婚时王菲送给李亚鹏的一句话。也有人问，把这句话做成包装，会不会有人买？事实证明，在我们公司里就有人买了送给她的男朋友，觉得非常解气。

经过数据分析、市场定位，褚橙通过个性化定制产品延长了褚橙在自媒体上的传播时效，形成了二次、三次乃至更多次的传播，极大地增加了褚橙的品牌价值。

4.打造粉丝经济，让KOL为自己发言

日本知名市场营销学者中岛正之，将消费者群体划分为三类：重度忠诚者，过于服从一个品牌，自己乐在其中，疏于分享；中度忠诚者，品牌传播的最佳推手，也是现在抖音、微博等自媒体火热的粉丝经济雏形；轻度忠诚者，买完产品后，不会进一步关注品牌。

而在褚橙的案例中，意见领袖就是最大的中度忠诚者，并且是这个群体中拥有最大影响力且最具表达能力的人。

他们是交流和谈论品牌最多的人群，观点也能被听众们广为接受，这些听众又可能成为二级传播者，继续扩大效应。

张波（滴滴打车的创始人之一）当时设计了一个视频案例"'80后'向'80后'致敬"，选择的人都是刚刚在社会上有一些冒头的人，经营团队给每个人拍了一段3分钟左右的视频，这些人都是30岁左右的年轻人，他们处在事业转型期，可以通过他们的经历映射褚老的经历。

褚橙瞄准的主力人群是"80后"，选择对象就确定为韩寒。那段时间正是韩寒获得赛车年度冠军的时候，韩寒本身对褚老非常尊敬，他在采访中把褚老作为一个植入，基本上所有的采访他都会提到褚橙。

如果是直接给"80后"讲，可能很多人不理解，但是如果通过韩寒向"80后"

转述，大家都很乐意接受。经营团队当时考虑到要主打年轻人，所以在褚橙上面标注了拼音。

包括刘涛等很多名人都加入了这个狂潮，感觉不来说两句就落伍了。

王石在微博上拥有2 000多万粉丝，"滑翔伞攀高纪录""登顶珠峰年龄最长者"等标签，使王石在微博上话题影响力相当强，影响范围相当广。

而王石，毫无疑问就是褚橙的超级KOL。王石是褚时健的超级粉丝，也是褚橙的粉丝。

褚时健去世当天，王石发微博悼念，如图3-14所示。可以说，主动转发褚橙微博、采购褚橙作为员工福利产品并推出万科褚橙，褚橙KOL级粉丝王石，为褚橙品牌的深入人心，做出了巨大的贡献。

图3-14　王石微博送别褚老截图

资料来源：五五．褚时健的褚橙为什么会火？［EB/OL］．https：//new.qq.com/omn/20190306/20190306B1CX7K.html.

问题：

1.褚橙的目标人群是哪类群体？这类群体的消费心理与行为有何特点？

2.褚橙在推广中利用了哪些KOL？有何作用？

3.你从褚时健波澜起伏的人生和两次创业经历中得到了哪些启示？

4.自媒体时代你认为应如何正确发声？

问题讨论提示

学一学

一、社会阶层对消费心理与行为的影响

社会阶层是一种普遍存在的社会现象，不论是在发达国家还是在发展中国家。产生社会阶层最直接的原因是个体获取社会资源的能力和机会的差别。所谓社会资源，是指人们所能占有的经济利益、政治权力、职业声望、生活质量、知识技能以及各种能够发挥能力的机会和可能性，也就是能够帮助人们满足社会需求、获取社会利益的各种社会条件。产生社会阶层的终极原因是社会分工和财产的个人所有。社会分工形成了不同的行业和职业，并且在同一行业和职业内形成领导和被领导、管理和被管理

等错综复杂的关系。当这类关系与个人的所得、声望和权力联系起来时，就会在社会水平分化的基础上形成垂直分化，从而造成社会分层。每个消费者均处于一定的社会阶层。同一阶层的消费者在行为、态度和价值观念等方面具有同质性，不同阶层的消费者在这些方面存在较大的差异。

（一）社会阶层及其划分

1. 社会阶层的含义

社会阶层是指由具有相同或类似社会地位的社会成员组成的相对持久的群体。

2. 社会阶层的决定因素

吉尔伯特（Gilbert）和卡尔（Kahl）将决定社会阶层的因素分为三类：经济变量、社会互动变量和政治变量。经济变量包括职业、收入和财富；社会互动变量包括个人声望、社会联系和社会化；政治变量则包括权力、阶层意识和流动性。下面主要介绍其中与消费者行为研究关系特别密切的几个因素。

（1）职业

在大多数有关消费者的研究中，职业被视为表明一个人所处社会阶层的最重要的单一性指标。当首次与某人谋面时，我们大多会询问他在哪里高就和从事何种工作。一个人的工作会极大地影响他的生活方式，并赋予他相应的声望和荣誉，因此职业提供了个体所处社会阶层的很多线索。不同的职业，消费差异是很大的。比如，蓝领工人的食物支出占收入的比重较大，而经理、医生、律师等专业人员则将收入的较大部分用于在外用餐、购置衣服和接受各种服务。在大多数国家，医生、企业家、银行家和科学家是非常受尊重的职业。近些年，随着信息产业的迅速发展，与信息技术相关的职业如电脑工程师、电脑程序员、后勤管理经理等职业日益受到社会青睐。

（2）个人业绩

一个人的社会地位与他的个人成就密切相关。同是大学教授，如果你比别人干得出色，你就会获得更多的荣誉和尊重。平时我们说"某某是这个医院里最好的神经科医生"，便是对其个人业绩所作的评价。虽然收入不是表明社会阶层的一项好的指标，但它在衡量个人业绩方面却是很有用的。一般来说，在同一职业内，收入居前25%的人，很可能是该领域内最受尊重和最有能力的人。

个人业绩或表现也涉及非工作方面的活动。也许某人的职业地位并不高，但他或他的家庭仍可通过热心社区事务、关心他人、诚实善良等行为品性赢得社会的尊重，从而取得较高的社会地位。

（3）社会互动

社会学认为，大多数人习惯于与具有类似价值观和行为的人交往。在社会学里，强调社会互动的分析思路被称为"谁邀请谁进餐"学派。这一派的学者认为，群体资格和群体成员的相互作用是决定一个人所处社会阶层的基本力量。

社会互动变量包括声望（Prestige）、联系（Association）和社会化（Socialization）。声望表明群体其他成员对某人是否尊重，尊重程度如何。联系涉及个体与其他成员的日常交往，他与哪些人在一起，与哪些人相处得好。社会化则是个体习得技能、态度和习惯的过程。家庭、学校、朋友对个体的社会化具有决定性影响。到青春期，一个人与社会阶层相联系的价值观与行为已清晰可见。虽然社会互动是决定一个人所处社会阶层的非常有效的变量，但在有关消费者的研究中，这类变量用得比较少，因为这类变量测量起来比较困难而且费用昂贵。

（4）拥有的财物

财物是一种社会标记，它向人们传递了其所有者处于何种社会阶层的信息。拥有财物的多寡、财物的性质决定且反映了一个人的社会地位。对财物应作广义的理解，它不仅是指汽车、土地、股票、银行存款等我们通常所理解的财物，也包括受过何种教育、在何处受教育、在哪里居住等"软性"的财物。名牌大学文凭、名车、豪宅、时尚服饰都是身份和地位的标记。

（5）价值取向

个体的价值观或个体关于应如何处事待人的信念是表明他属于哪一社会阶层的又一重要指标。由于同一阶层内的成员互动更频繁，因此他们会发展起类似和共同的价值观。这些共同的或阶层所属的价值观一经形成，反过来会成为衡量某一个体是否属于此阶层的一项标准。不同社会阶层的人对艺术的理解、对金钱和生活的看法不同，实际折射的就是价值取向上的差异。

（6）阶层意识

阶层意识是指某一社会阶层的人，意识到自己属于一个具有共同的政治和经济利益的独特群体的程度。人们越具有阶层或群体意识，就越可能组织政治团体、工会来推进和维护其利益。从某种意义上说，一个人所处的社会阶层由他在多大程度上认为他属于此阶层所决定。

一般而言，处于较低阶层的个体会意识到社会阶层的现实，但对于具体的阶层差别并不十分敏感。例如，低收入旅游者可能意识到星级宾馆是上层社会成员出入的地方，但如果因五折酬宾而偶然住进这样的宾馆，他对出入身边的人在穿着打扮、行为举止等方面与自己存在的差别可能并不特别在意。在他们眼里，星级宾馆不过是设施和服务更好、收费更高的"旅店"而已，地位和阶层的联系在他们的心目中是比较模糊的。相反，经常出入高级宾馆的游客，由于其较强的地位与阶层意识，对于星级宾馆这种"来者不拒"的政策可能会颇有微词。

3. 社会阶层的划分

（1）科尔曼和雷茵沃特的社会等级分类法

科尔曼和雷茵沃特从职业、教育、居住的区域、家庭收入四个方面测量消费者所处的社会阶层，将美国社会划分为七个阶层。

上层美国人：

① 上上层（0.3%）：靠世袭而获得财富、贵族头衔的名副其实的社会名流。

② 上下层（1.2%）：靠目前业务成就、社会领导地位起家的社会新贵。

③ 中上层（12.5%）：除新贵以外的拥有大学文凭的经理和专业人员。生活以个人事业、私人俱乐部和公益事业为中心。

中层美国人：

① 中产阶级（32%）：收入一般的白领工人和他们的蓝领朋友，居住在"较好的居民区"，力图干"正事"。

② 工人阶级（38%）：收入一般的蓝领工人，收入、学历和工作性质不同但过着典型的工人阶级生活的人。

下层美国人：

① 下上层（9%）：地位较低，但不是最下层的社会成员。他们有工作，不需要福利救济，生活水平只是维持在贫困线之上。

② 下下层（7%）：接受福利救济，在贫困中挣扎，通常失业或做"最脏"的工作。

（2）霍林希德社会地位指数

霍林希德社会地位指数是由职业和教育两个项目组成的。测量由三张表组成，分别是职业等级表（见表3-2）、教育等级表（见表3-3）、社会分层表（见表3-4）。

表3-2 职业等级表

职业名称	得分
大企业的高级主管、大企业业主、重要专业人员	1分
业务经理、中型企业业主、次要专业人员	2分
行政人员、小型企业业主、一般专业人员	3分
职员、销售员、技术员、小业主	4分
技术型手工工人	5分
操作工人、半技术型工人	6分
无技能工人	7分

注：权重为7。

表3-3 教育等级表

学历	得分
专业人员（文、理、工等方面硕士、博士）	1分
四年制大学本科（文、理、工等方面学士）	2分
1~3年专科	3分
高中毕业	4分
上学10~11年（高中没毕业）	5分
上学7~9年	6分
上学少于7年	7分

注：权重为4。

表3-4　　　　　　　　　　　　社会分层表

社会地位	分数区间
上层	11～17分
上中层	18～31分
中层	32～47分
中下层	48～63分
下层	64～77分

注：社会地位得分=职业分×7+教育分×4。

（3）中国社会科学院的划分方法

2004年，中国社会科学院在《当代中国社会阶层研究报告》一书中，提出了"以职业分类为基础，以组织资源、经济资源和文化资源的占有状况为标准来划分社会阶层"，据此划分出十大社会阶层（如图3-15所示）。这十大社会阶层是：①国家与社会管理者阶层（拥有组织资源）；②经理人员阶层（拥有文化资源和组织资源）；③私营企业主阶层（拥有经济资源）；④专业技术人员阶层（拥有文化资源）；⑤办事人员阶层（拥有少量文化资源或组织资源）；⑥个体工商户阶层（拥有少量经济资源）；⑦商业服务业人员阶层（拥有很少量三种资源）；⑧产业工人阶层（拥有很少量三种资源）；⑨农业劳动者阶层（拥有很少量三种资源）；⑩城乡无业、失业、半失业者阶层（基本没有三种资源）。

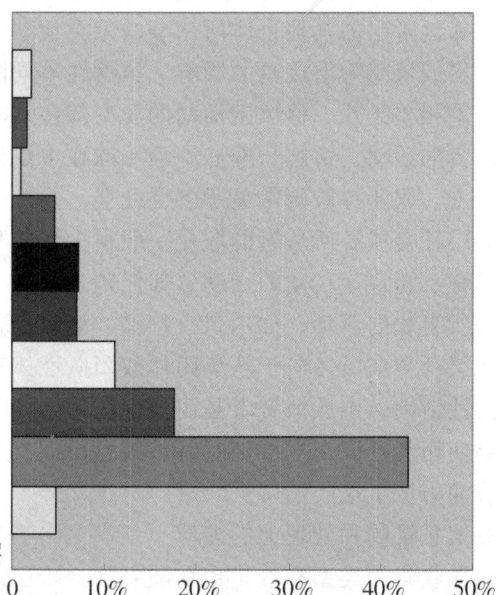

图3-15　我国十大社会阶层分布情况

（二） 不同社会阶层消费者的行为差异

1. 支出模式上的差异

不同社会阶层的消费者所选择和使用的产品是存在差异的。有的产品如股票、国外度假，更多被上层消费者购买；而另外一些产品，如廉价服装，则更多地被下层消费者购买。科尔曼发现，特别富裕的中层美国人将其大部分支出用于购买摩托艇、野营器具、大马力割草机、雪橇、后院游泳池、临湖住宅、豪华汽车或跑车等产品；而收入水平与之差不多的上层美国人则花更多的时间和金钱于私人俱乐部、孩子的独特教育、各种文化事件与活动上。

在住宅、服装和家具等能显示地位与身份的产品的购买上，不同阶层的消费者差别比较明显。例如，在美国，上层消费者的住宅区环境幽雅，室内装修豪华，购买的家具和服装档次和品位都很高。中层消费者一般有很多存款，住宅也相当好，但他们中很大一部分人对内部装修不是特别讲究，服装、家具不少，但高档的不多。下层消费者住宅的周围环境较差，衣服与家具方面的投资较少。与人们的预料相反，下层消费者中的一些人员对生产食品、日常用品和某些耐用品的企业仍是颇有吸引力的。研究发现，这一阶层的很多家庭是大屏幕彩电、新款汽车、高档炊具的购买者。虽然这一阶层的收入比中等偏下阶层（劳动阶层）的收入平均要低30%，但他们所拥有的汽车、彩电和基本家庭器具的价值比后者平均高20%。下层消费者的支出行为从某种意义上带有"补偿"性质。一方面，由于缺乏自信和对未来并不乐观，他们十分看重眼前的消费；另一方面，低的教育水平使他们容易产生冲动性购买。

2. 休闲活动上的差异

社会阶层从很多方面影响个体的休闲活动。一个人所偏爱的休闲活动通常是同一阶层或邻近阶层的其他个体所从事的某类活动，个体采用新的休闲活动往往也是受到同一阶层或较高阶层成员的影响。虽然在不同阶层之间，用于休闲的支出占家庭总支出的比重相差无几，但休闲活动的类型却差别颇大。马球、壁球和欣赏歌剧通常多是上层社会的活动；桥牌、网球、羽毛球在中层到上层社会的成员中颇为流行；玩老虎机、拳击、职业摔跤则常见于下层社会。

上层社会成员所从事的职业一般很少涉及身体活动，因此作为补偿，他们多会从事要求臂、腿快速移动的运动，如慢跑、游泳、打网球等。同时，这类活动较下层社会成员所喜欢的活动，如钓鱼、打猎、划船等较少耗费时间，因此受到上层社会的欢迎。下层社会成员倾向于从事团体或团队性体育活动，而上层社会成员多喜欢个人性或双人性活动。中层消费者是商业性休闲，如公共游泳池、公园、博物馆等公共设施的主要使用者，因为上层消费者一般自己拥有这类设施，而下层消费者又没有兴趣或无经济能力从事这类消费。

3. 信息接收和处理上的差异

信息收集的类型和数量也会随着社会阶层的不同而存在差异。处于最下层的消费者通常信息来源有限，对误导和欺骗性信息缺乏甄别力。出于补偿的目的，他们在购买决策过程中可能更多地依赖亲戚、朋友提供的信息。中层消费者比较多地从媒体上获得各种信息，而且会更主动地对外部信息进行收集。随着社会阶层的上升，消费者获得信息的渠道会日益增多。不仅如此，特定媒体和信息对不同阶层消费者的吸引力和影响力也有很大不同。比如，越是上层的消费者，看电视的时间越少，因此电视媒体对他们的影响相对要小。相反，上层消费者订阅的报纸、杂志远多于下层消费者，所以印刷媒体信息更容易到达上层消费者。

不同社会阶层的消费者所使用的语言也各具特色。艾里斯（Ellis）进行的一系列实验表明，人们实际上可以在很大程度上根据一个人的语言判断他所处的社会阶层。一般而言，越是上层消费者，使用的语言越抽象；越是下层消费者，使用的语言越具体，而且更多地伴有俚语和街头用语。西方很多高档车的广告，因为主要面向上层社会群体，因此使用的语句稍长，语言较抽象，画面或材料充满想象力；相反，那些面向中、下层社会群体的汽车广告，则更多地宣传其功能属性，强调图画而不是文字的运用，语言上更加通俗和大众化。

4.购物场所选择上的差异

人们的购物行为会因社会阶层而异。一般而言，人们会形成哪些商店适合哪些阶层消费者惠顾的看法，并倾向于到与自己社会地位相一致的商店购物。研究表明，消费者所处社会阶层与他想象的某商店典型惠顾者的社会阶层相距越远，他光顾该商店的可能性就越小。另一项研究发现，"客观"与"感知"的社会阶层也会导致消费者在店铺惠顾上的差异。客观上属于中层而自认为是上层的消费者，较实际为上层但自认为是中层的消费者更多地去专卖店和百货店购物。与一直是劳动阶层的消费者相比，从更高层次跌落到劳动阶层的消费者会更多地去百货店购物。同时，中层消费者较上层消费者去折扣店购物的次数频繁得多。

上层消费者购物时比较自信，喜欢单独购物，他们虽然对服务有很高的要求，但对于销售人员过于热情的讲解、介绍反而感到不自在。通常，他们特别青睐那些购物环境幽雅、品质和服务上乘的商店，而且乐于接受新的购物方式。中层消费者比较谨慎，对购物环境有较高的要求，但他们也经常在折扣店购物，对这一阶层的很多消费者而言，购物本身就是一种消遣。下层消费者由于受资源限制，对价格特别敏感，多在中、低档商店购物，而且喜欢成群结队逛商店。

【想一想3-2】

南航是中国第一个购买A380客机的航空公司，A380头等舱的定价出来的时候，很多人都在质疑，价位这么高，会有人买吗？以京沪航线为例，头等舱的价格超过4 000元。然而一段时间后人们发现，头等舱的位置早早被人预订，而经济舱却不怎么卖座。此时，又有人说，A380头等舱的价格定低了。另外，人们也发现，在携程网上无法搜索到春秋航空的低价机票，这种航班甚至连饮用水都不会提供，可是同样卖得非常好。

问题： 同一航线，上述两种机票价格相差10倍以上，但都非常畅销，为什么会这样？

二、参照群体对消费心理与行为的影响

消费者的很多行为都会受到群体及其规范的影响。

(一) 群体的含义与类型

1. 群体的含义

群体（也称社会群体）是指将一定的社会关系结合起来共同活动而产生相互作用的集体。群体人员之间一般有频繁的接触和互动，从而能够相互影响。

从消费者行为分析的角度，研究群体影响至关重要。首先，群体成员在接触和互动过程中，通过心理和行为的相互影响与学习，会产生一些共同的信念、态度和规范，它们对消费者的行为将产生潜移默化的影响。其次，群体规范和压力会促使消费者自觉或不自觉地与群体的期待保持一致，即使是那些个人主义色彩很重、独立性很强的人，也无法摆脱群体的影响。最后，很多产品的购买和消费是与群体的存在和发展密不可分的。比如，加入某一球迷俱乐部，不仅要参加该俱乐部的活动，还要购买与该俱乐部的形象相一致的产品，包括印有某种标志或某个球星头像的球衣、球帽、旗帜等。

2. 群体的分类

（1）群体从组织形成的角度可以分为正式群体与非正式群体。

正式群体是指有明确的组织目标、正式的组织结构，成员有着具体的角色规定的群体，如公司新产品开发小组；非正式群体是指人们在交往过程中，由于共同的兴趣、爱好和看法而自发形成的群体。

（2）群体从其成员接触多少的角度可以分为主要群体和次要群体。

主要群体是指成员之间经常性、面对面的接触和交往，形成亲密人际关系的群体，如家庭、邻里等。次要群体是指人类有目的、有组织地按照一定社会契约建立起来的社会群体，如协会、社团等。

（3）群体从其主动性的角度可分为隶属群体和参照群体。

隶属群体是指消费者实际参加或隶属的群体，如家庭、学校等。参照群体是指这样一个群体，该群体的看法和价值观被个体作为他当前行为的基础。

(二) 参照群体及其功能和影响形式

1. 参照群体及其功能

参照群体是个体在某种特定情境下作为行为指南使用的群体。美国社会学家 H.海曼于 1942 年最先使用"参照群体"这一概念，用以表示在确定自己的地位时与之进行对比的群体。当消费者积极参加某一群体的活动时，该群体通常会作为他的参照群体。也有一些消费者，虽然参加了某一群体，但这一群体可能并不符合其理想标准，此时，他可能会以其他群体作为参照群体。

二维码3-8

粉丝经济崛起，如何撬动5亿粉圈大军？

参照群体实际上是个体在形成购买或消费决策时，用以作为参照、比较的个人或群体。参照群体具有规范和比较两大功能。前一功能在于

建立一定的行为标准并使个体遵从这一标准，如受父母的影响，子女在食品的营养标准、如何穿着打扮、到哪些地方购物等方面形成了某些观念和态度。个体在这些方面所受的影响对行为具有规范作用。后一功能即比较功能，是指个体把参照群体作为评价自己或别人的标准和出发点，如个体在布置、装修自己的住宅时，可能以邻居或仰慕的某位熟人的家居布置作为参照和仿效对象。

2. 参照群体的影响形式

参照群体对消费者的影响，通常表现为三种形式，即规范性影响、信息性影响、价值表现上的影响。

（1）规范性影响

规范性影响是指由于群体规范的作用而对消费者的行为产生的影响。规范是指在一定的社会背景下，群体对其所属成员行为合适性的期待，它是群体为其成员确定的行为标准。

（2）信息性影响

信息性影响是指参照群体成员的行为、观念、意见被个体作为有用的信息予以参考，由此对其行为产生的影响。当消费者对所购产品缺乏了解，凭眼看手摸又难以对产品品质做出判断时，别人的使用和推荐将被视为非常有用的证据。群体在这方面对个体的影响，取决于被影响者与群体成员的相似性，以及施加影响的群体成员的专长性。例如，某人发现好几位朋友都在使用某种品牌的护肤品，于是她决定试用一下，因为这么多朋友使用它，意味着该品牌一定有其优点和特色。

（3）价值表现上的影响

价值表现上的影响是指个体自觉遵循或内化参照群体所具有的信念和价值观，从而在行为上与之保持一致。例如，某位消费者感到那些有艺术气质和素养的人的形象通常是留长发、蓄络腮胡、不修边幅，于是他也留起了长发，穿着打扮也不拘一格，以反映他所理解的那种艺术家的形象。此时，该消费者就是在价值表现上受到参照群体的影响。个体之所以在不需要外在奖惩的情况下自觉依群体的规范和信念行事，主要是基于两方面力量的驱动。一方面，个体可能利用参照群体来表现自我，提升自我形象；另一方面，个体可能特别喜欢该参照群体，或对该群体非常忠诚，并希望与之建立和保持长期的联系，从而视群体的价值观为自身的价值观。

（三）决定参照群体影响强度的因素

1. 产品使用时的可见性

一般而言，产品或品牌的使用可见性越高，群体影响力越大，反之则越小。

2. 产品的必需程度

对于食品、日常用品等生活必需品，消费者比较熟悉，而且很多情况下已形成了习惯性购买，此时参照群体的影响相对较小。相反，对于奢侈品或非必需品，如高档汽车、时装、游艇等产品，购买时受参照群体的影响较大。

3. 产品与群体的相关性

某种活动与群体功能的实现关系越密切，个体在该活动中遵守群体规范的压力就越大。例如，对于经常出入豪华餐厅和星级宾馆等高级场所的群体成员来说，着装是非常重要的。

4. 产品的生命周期

亨顿认为，当产品处于导入期时，消费者的产品购买决策受群体影响很大，但品牌决策受群体影响较小。在产品成长期，参照群体对产品及品牌选择的影响都很大。在产品成熟期，参照群体对品牌选择的影响大，而对产品选择的影响小。在产品衰退期，参照群体对产品和品牌选择的影响都比较小。

5. 个体对群体的忠诚程度

个人对群体越忠诚，就越可能遵守群体规范。当参加一个重要的群体晚宴时，在衣服的选择上，我们可能更多地考虑群体的期望；而当参加一个无关紧要的群体晚宴时，这种考虑可能就少得多。

6. 个体在购买中的自信程度

由于顾客只拥有有限的知识与信息，因此群体的影响力会因为个人在购买这些产品时信心不足而强大起来。但自信程度并不一定与产品知识成正比。研究发现，知识丰富的汽车购买者更容易在信息层面受到群体的影响，并喜欢和同样有知识的伙伴交换信息和意见；知识贫乏的汽车购买者则对汽车相关信息没有太大兴趣，也不喜欢收集产品信息，他们更容易受到广告和推销人员的影响。

三、消费习俗对消费心理与行为的影响

（一）亚文化和消费习俗

1. 文化和亚文化

广义的文化是指人类创造的一切物质财富和精神财富的总和；狭义的文化是指人类精神活动所创造的成果，如哲学、宗教、科学、艺术、道德等。消费行为研究主要关心文化对消费者行为的影响，所以我们将"文化"定义为社会经过一定学习获得的、用以指导消费者行为的信念、价值观和习惯的总和。

文化对于人们行为的约束和评价标准在民族、种族、地域等方面差异颇大，我们称之为亚文化。一般认为亚文化对其成员的影响比社会文化（主文化）还要强。而消费习俗是亚文化的重要组成部分。

2. 消费习俗及其特点

所谓习俗，是指风俗习惯。一般来说，风俗是指历代相沿、积久而成的一种风尚和习俗；习惯是指由于重复或练习而巩固下来的并变成需要的行动方式。习俗也是一种社会现象，它的范围极其广泛，不仅包括政治、生产、消费等方面，也包括思想、语言、感情等方面。而消费习俗则是人们在日常消费生活中，由于自然的、社会的原因所形成的不同地区各具特色的消费习惯，是各类习俗中的一种重要习俗。

（二）消费习俗的特点和类型

1.消费习俗的特点

消费习俗是一个地区或一个民族约定俗成的消费习惯，是整个社会风俗的组成部分，它具有以下特点：

（1）长期性

消费习俗是在漫长的生活实践中逐渐形成和发展起来的，一种习俗的产生、形成和发展，要经过若干年乃至更长的时间。

（2）社会性

消费习俗是在共同的社会生活中互相影响产生的，是社会生活的有机组成部分，带有浓厚的社会色彩。

（3）地区性

消费习俗是在特定地区产生的，带有强烈的地方色彩，和当地的生活传统相一致，是当地的消费习惯。例如，在四川等阴冷潮湿的地区，当地人有吃辣椒的嗜好；西藏同胞的食物主要是青稞、酥油，当地人对砖茶有一种特殊的喜爱。消费习俗的地方性使我国的不同地区形成了不同的地域风情。

二维码3-9

清明节消费习俗

（4）非强制性

消费习俗的产生、流行，往往不是强制颁布推行的，而是一种无形的社会习惯，千百万人的习惯也是一种无形的力量，使生活在这里的人们自觉或不自觉地遵守这些消费习俗，并以此规范自己的消费行为。

2.消费习俗的类型

在人们的社会活动中，由于所处时代的政治经济发展水平不同，民族的文明程度、宗教信仰以及地理位置等不同，消费习俗也千差万别，我们把消费习俗分为以下几种类型：

（1）喜庆性的消费习俗

这是人们为表达各种美好愿望而引起的各种消费需求。例如，各国都有自己的传统节日，如我国的春节、七夕，西方国家的圣诞节等。

典型案例3-7　　　　　　　　　**广东侨乡台山七夕应节食品热销**

七夕是中国传统神话中牛郎和织女鹊桥相会的日子，在台山民间有七夕前一晚"慕仙"拜七姐（七仙女）的习俗。

因台山人慕仙仪式上有"陈瓜果"的需要，导致当地的水果市场七夕前出现销量大涨的现象。当地人多数集中在农历七月初五、初六这两天前来购买应节水果，以香蕉、粉蕉、龙眼、葡萄、番石榴、苹果、水蜜桃、火龙果、哈密瓜、西瓜等需求量最大。也有部分人喜欢购买车厘子、奇异果、莲雾、布林、山竹、西梅、榴莲等进口水果，大部分人会凑齐七个品种。

一地的习俗，带动一方的消费。台山人七夕前慕仙陈瓜果、祭甜品的习俗，让侨乡台山这个有"小广州"之称的小县城催生了"浪漫经济"。

图3-16为白沙镇一家庭举行的慕仙仪式。

图3-16　白沙镇一家庭举行的慕仙仪式

资料来源：李晓春，郭军. 广东侨乡台山七夕应节食品热销［EB/OL］.［2019-08-07］. http://www.chinanews.com/cj/2019/08-07/8919846.shtml.

（2）纪念性的消费习俗

这是指人们为了表达对某人或某事的纪念之情而形成的消费风俗与习惯。这是一种十分普遍的消费习俗，因各国家、民族的不同而形式各异。例如，我国人民在清明节以扫墓祭祀祖先或烈士，在农历五月初五吃粽子纪念战国时期的爱国诗人屈原，西方人吊丧习惯穿黑衣、送鲜花等。

（3）信仰性的消费习俗

这是由宗教信仰而引起的消费风俗与习惯。这类习俗受宗教教义、教规、教法的影响，并由此衍生而成，如由宗教信仰而引起的禁食习惯、服饰习惯或由民间各种神话传说引起的消费形式等。

（4）社会文化性的消费习俗

这是在较高文明程度的基础上形成的消费风俗与习惯。它的形成、变化和发展与社会经济、文化水平有密切关系。例如我国各地的地方戏剧，就是社会文化性消费习俗的定式化表现。

（5）地域性的消费习俗

这是由于地理位置的差别而形成的消费风俗与习惯。不仅国家之间不同，同一国家由于地域不同，习俗也不同。就我国来讲，俗语说"南甜、北咸、东辣、西酸"，就反映了不同地区的消费者有不同的口味与饮食习惯。又如，北方人喜欢吃饺子，南方人爱吃汤圆等。

此外，在城乡之间、地区之间，由于生产劳动、社会生活不同，也形成了各具特色的消费习俗。在城市，人们购物按月计划，随时购买使用，购买活动零星频繁。而在广大农村，则是在不同季节购买较多的、不同的生产性和生活性商品，如春季购买良种、塑料薄膜，夏季购买化肥农药，秋季购买一些中小型农机具。一般来说，农民的生活消费是按年计划的，在农作物收获以后，有了较多收入，则集中购买吃穿用的生活物资。

（三）消费习俗对消费心理与行为的影响

1.消费习俗对消费心理的影响

随着社会的进步，人们的生活方式不断变化，新的消费方式进入了人们的日常生活，这虽然给消费习俗带来了冲击，但是消费习俗对消费心理的影响仍可以时时感觉到。

（1）消费习俗给一些消费者的心理带来了某种稳定性

由于消费习俗是长期形成的，据此而派生出的一些消费心理也具有某种稳定性。消费者在购买商品时，由于消费习俗的影响，会产生习惯性购买心理，往往较长时间地去购买符合消费习俗的各种商品，如青年男女结婚时喜欢购买红色的床上用品、服饰等。

（2）消费习俗强化了一些消费者的心理与行为

由于消费习俗带有地方性，很多人产生了一种对地方消费习惯的偏爱，并有一种自豪感，这种感觉强化了消费者的一些心理活动，如广州人对本地饮食文化的喜爱，各民族人民对本民族服饰的偏好等。

（3）消费习俗使消费心理的变化减慢

在日常生活的社会交往中，原有的一些消费习俗有些是符合时代潮流的，有些是落伍的，但是由于消费心理对消费习俗的偏爱，使得消费习俗的变化比较困难。反过来，适应新消费方式的消费心理的变化减慢了，变化时间也延长了。有时生活方式变化了，但是消费习俗导致的消费心理仍处于滞后状态，迟迟不能跟上生活的变化。

2.消费习俗对消费行为的影响

消费习俗本身的特点决定了它所引起的购买行为同一般情况下的购买行为有所区别，主要表现为以下几个特征：

（1）由消费习俗引起的购买行为具有普遍性

比如，在中国的传统节日——春节里，人们要购买肉类、蔬菜、水果、糕点、服装以及各种礼品。在这期间，消费者的需求要比平时高好几倍，几乎家家如此。这就是由消费习俗的普遍性引起的购买行为的普遍性。

（2）由消费习俗引起的购买行为具有周期性

例如，每年端午节吃粽子、中秋节吃月饼等。随着这些节日的周期性出现，人们也要周期性地购买。

（3）由消费习俗引起的购买行为具有无条件性

一种消费方式、消费习惯之所以能够传承并形成消费习俗，重要的原因是人们的从众心理。每个人都习惯于和别人去做同样的事，想同样的问题。因此，由消费习俗引起的购买行为几乎没有什么条件限制。虽然它引起的消费数量大、花费多，但消费者可以克服许多其他方面的困难，甚至减少其他方面的支出，来满足这方面的消费需求，这就是购买行为的无条件性。

典型案例 3-8 　　　　　　　　　　　　　　　　　　　围炉煮茶

生一炉火，烧一壶茶，放两把干果，烤几颗橘子，与三五好友围炉而坐，喝茶、聊天、烤火。2022年冬天，"围炉煮茶"在中国各大都市成为现象级消费热点，成为年轻人当下最"出圈"的潮流生活方式和社交新宠。

实际上，"围炉煮茶"历史悠久，中国古代称之为茶宴，是朋友间以茶为宴席的一种品茗清谈之举，曾被视为文人骚客社交、寄情抒怀的方式。现今，这一传统吃茶方式的翻红，无外乎其充满仪式感、氛围感的体验过程契合当代年轻人的消费需求，更提供了一种社交新场景。

第三方消费点评网站大众点评的数据显示，2022年11月以来，"围炉煮茶"关键词的搜索量相比2021年同期增长1173%，成都、上海、杭州、深圳、苏州、长沙、广州等地线上销售最热。有关"围炉煮茶"的话题占据各大平台热度榜。以社交平台小红书为例，"围炉煮茶"笔记有6万多篇，不少博主还积极分享"围炉煮茶"拍照角度。

"围炉煮茶"不仅代表新社交方式，也击中了年轻一代对古代又暖又慢生活的向往，为现代生活增添了片刻诗意。为抓住"流量密码"，许多商家开始为兔年春节布局。

记者走访长沙多家茶馆了解到，春节期间，部分商家将推出轻煮岁月、慢煮生活、围炉夜话和慢享新年等系列"围炉煮茶"套餐。"新年的价格是188元一位，现场会布置红灯笼、贴春联、写福字，教茶客包兔子形状饺子。"

也有年轻人开始计划春节在家中实现"煮茶自由"。在多个线上购物平台，"围炉煮茶"所需的陶制茶壶、炭炉、电陶炉、烤网、竹编椅子等装备热销。

资料来源：佚名."围炉煮茶"成中国年轻人社交新宠 催生春节消费新风潮〔EB/OL〕.〔2023-01-08〕. https://www.thepaper.cn/newsDetail_forward_21471888.

做一做

1. 比较工薪阶层（以产业工人为例）与富裕阶层（以私营企业主为例）在通信产品消费方面不同的心理与行为特征。

调查产业工人与私营企业主两类不同的人群，他们在购买手机及通信服务时的区别：

　　　　　　　　　　工薪阶层　　　　　　　　　　富裕阶层

（1）手机品牌选择

（2）手机关注功能

（3）手机价格高低

（4）手机更新状况

（5）手机购买渠道

（6）手机话费支出

……

2. 请比较OPPO与VIVO品牌手机专营店，并尝试回答以下问题：

（1）这两个品牌的手机外观及功能特性一般存在哪些差异？

（2）你认为产生这种差异的原因是什么？

（3）两个手机品牌的消费者主要是哪类人？有何特征？

3.比一比各地在清明、端午、中秋三个传统节日的消费习俗，找一找逐渐消失的传统消费习俗，说明传统消费习俗的营销创新：

（1）将不同地区的3~4人分为一组，互相列举自己家乡在清明、端午、中秋三个传统节日来临时在吃、住、行方面的非常表现。

	地区1	地区2
清明节：		
端午节：		
中秋节：		

（2）3~4人为一组，找一找在日常生活中以前的消费习俗已经消失、改变或淡化的情况。

名称	传统习俗	现在
例：年夜饭	在家吃年夜饭	有些家庭去酒店吃年夜饭

（3）到各大店铺走一走，你会发现临近中秋节，哪些产品在进行促销活动？

进行这些促销的理由是什么？

列举一个你认为促销做得比较好的产品（或企业），简要记录其促销方法。

效果评价

不同社会文化消费群体的心理与行为分析的效果评价参考表见表3-5。

表3-5　　　　不同社会文化消费群体的心理与行为分析的效果评价参考表

评价形式	评价内容	分值
小组互评	认真按要求进行小组讨论	20分
	讨论时发言主动	20分
	能引导其他同学积极参与	10分
个人填写	填写的消费习俗描述正确	20分
	填写的消费习俗与众不同	30分
合　计		100分

子情境3　基于互联网的群体消费心理与行为分析

子情境目标

知识目标：了解互联网带给消费者带来的变化，熟悉互联网时代人与人连接模式的变化，认识互联网时代的群体特征及其影响力，掌握互联网时代的主要群体效应的表现。

能力目标：能够针对互联网时代人与人连接模式的变化，归纳出网络消费者的沟通规律及偏好；初步掌握互联网对消费行为变化的深层次影响；能提出针对不同互联网群体效应的网络营销手段。

素质目标：以互联网应用为主线，科学思辨，保持定力，提高网络意识形态的分辨能力，树立崇高的理想信念；利用案例分析，树立正确的网络观，知网懂网善用网，培养创新创业精神和工匠精神。

子情境导入

吴革：从小米案例看"互联网+"模式的落地

2015年4月6日是小米公司成立5周年的纪念日，短短的五年时间，雷军就把小米做到了一个世界级公司的规模，2014年销量超过6 200万部，2015年的销售目标是1亿部。作为互联网行业的一个实物品牌，小米高居全球50大最具创新力品牌的第3名。2014年年底，还没有上市的小米，市值被评估为450亿美元，成为中国最值钱的私人公司。

3月23日，美国《时代》周刊甚至用长篇幅报道了雷军和小米手机，并用"中国的手机之王"这样的称号高度评价雷军，超过了国内媒体对雷军的评价。

2015年最热门的话题无疑是"互联网+"，然而在大多数行业"互联网+"依然还停留在概念和炒作阶段，缺乏实践应用和成功的案例。对外经济贸易大学国际商学院教授吴革，用了三年时间潜心研究小米公司成功的案例。在他看来，只有从小米的案例中才可以比较系统地解析中国企业如何实现"互联网+"模式的落地。

小米商业模式解析

长期研究商业模式的吴革教授，把商业模式精辟地归纳为三点：赚谁的钱，如何赚钱，如何持续地赚钱。如果用这三条来分析小米的商业模式，就会清晰地看到小米到底是一家怎样的公司。

从赚谁的钱看，小米对自己的目标人群有着清晰的定位，尤其是小米1和小米2。20～25岁，大专以上学历，毕业不到五年，月收入2 000～6 000元，喜欢网购，有自己的消费观，社会地位不高，从事社会底层工作。从人群上看，小米初期定位的就是典型的底层人群。

"小米1、小米2、小米3都是低价高配，2 000元价位的小米手机配置几乎可以和苹果5、三星note3媲美，这样的配置对于底层人群无疑是撒手锏，击中了他们的痛点。"吴革这样形容小米的定位。

低价高配的市场定位让小米无往而不利，小米以低价高配的策略进入了移动电源市场，10 000毫安的移动电源可以卖到69元，小米手环更是卖到79元，要知道市场同类产品的价格高达1 000元。

从如何赚钱看，和传统制造企业不同，小米是典型的轻资产的商业模式。小米不投资制造工厂，却投入巨大的财力和人力在研发环节，是典型的众包方式做研发，MIUI系统每周都会升级一次，目前已经发布了200多个版本。而在生产制造环节，小米却选择最好的原材料和供应商，红米都是富士康生产的，用最好的生产换来的是好的品质和如期完成的产品，貌似成本较高，其实是降低了成本。

小米最初都是通过小米官网直接销售，随着定位的大众化，小米的销售渠道主要分为四类：小米手机官网，淘宝、京东网上商城，苏宁、国美实体店和联通、移动、电信的运营渠道。

小米对售后服务非常重视。第三方做客服很难，服务不好，人员流失率高，所以小米的售后服务都是自己做，小米投入巨资创办了"小米之家"，有1 700个客服席位，2 750人的售后服务队伍，是竞争对手的10倍，优质的服务确保了小米的口碑。

"从研发、生产、销售和服务这四个环节看，小米就是一家典型的轻资产模式的公司，他没有自己的工厂，不自建零售渠道和终端，却把注意力放在两头，即研发和售后服务环节，这就是小米与众不同的地方。"吴革总结。

最后，从如何持续地赚钱看，传统的工商企业主要靠技术、品牌与行业控制力。小米则更注重利用社交网络加强品牌与行业控制力。比如2011年8月，小米1上市，雷军在微博上"炫耀"自己用过56部手机，结果有56万人参加互动，雷军利用自己的影响力让他们成为小米的粉丝；2012年5月，雷军又在微博上抛出一个话题："传说人的灵魂是21克，那为什么不是150克呢？"引发了网友和粉丝的讨论和转发，最后揭晓答案：小米青春版手机的重量是150克。

"手机巨头每年投入百亿美元打广告，但小米却几乎不做广告，小米用社交媒体、自媒体、网络媒体进行营销，代表着非广告时代的来临。"吴革表示。

小米的论坛也是用户极其活跃的地方，每天都会新增20万条帖子，小米会筛选出8 000条反馈给工程师，每个工程师必须回复150条帖子，这等于将管理工作下放到用户和工程师，而粉丝的回赞让工程师也很开心。因此，小米手机30%的功能改进来自粉丝的建议。

转型"互联网+"的启示

雷军关于小米商业模式的七字诀，在业内很有名气：专注、极致、口碑、快。对于很多传统企业而言，转型"互联网+"，小米的案例具有很现实的借鉴意义，可以给传统企业更多的启示，体现在五个层次。

第一个层次是做产品。作为互联网行业的一个实物品牌，小米做产品的战略就是做爆品，单机绝杀市场，靠的是过硬的品质、降低成本和良好的口碑。爆品战略可以把营销更多地凝结在产品中，产品本身就是广告，不需要打广告，这种模式也为复制提供可能。

第二个层次是做人。工业化时代的营销，是推出产品，做广告，打知名度，提升美誉度。而在"互联网+"时代，消费者与企业冰冷的物质关系结束了，营销的做法完全相反，通过情感连接，先有忠诚度，然后才是美誉度，最后形成知名度，小米营销的模式就是强调情感，不强调功能。

第三个层次是复制。创造一个成功的商业模式，然后把这一模式迅速地复制出去，在地产行业，万达广场就是这种模式，不断地把万达的模式复制到全国各个城市。"但是，万达的模式非常复杂，风险大。互联网产品就不同了，可以把产品串起来，交易成本很低。"因此，小米把这种成功的模式很快地复制到小米手环、小米盒子、小米移动电源、小米活塞耳机、小米摄像头、小米智能血压仪、小米家装、小米净水机等领域。

第四个层次是生态系统。小米更厉害的地方在于，小米建立起了一个生态系统，被称为三个小米。一个小米是小米的MIUI系统，包括小米的内容、服务等；一个是小米的硬件，包括小米手机、小米路由器、小米电视等；第三个小米则是小米投资的

1 000家智能硬件公司，这一块还没有完全建立起来。

第五个层次是国际化。目前小米已经进军俄罗斯、印度等国家，据悉，在印度，小米已经获得印度塔塔公司的战略投资。

"很多企业把'互联网+'当成了'+互联网'，这是理念的错误，'互联网+'是化学反应，'+互联网'是物理反应，'互联网+'必须打破原有的格局，小米的案例在这方面提供了很好的样本。"吴革总结。

资料来源：赵政，吴革.从小米案例看"互联网+"模式的落地［N].中国经营报，2015-06-22.

问题：

1.小米的营销模式与传统的营销模式相比有什么不同？

2.互联网对小米手机的推广产生了哪些影响？"米粉"呈现出哪些非同寻常的表现？

3.思考并概括小米成功的主要因素。

4.雷军的小米商业模式体现了什么样的工匠精神？对创业者有何启示？

问题讨论提示

学一学

一、互联网时代消费者连接模式的变化

（一）生产与销售的连接模式的变化

1.传统的连接模式

在消费品市场的供需结构中，需求发生在消费端（即所谓的"C端"），而价值由供给侧的企业（即所谓的"B端"）提供。只有将"需求"和"价值"连接起来，才能真正形成"从需求中来，到需求中去"的"端对端"闭环，才能使顾客需求得到满足、顾客价值得以实现。

传统的连接模式为两座基本上相互独立的"桥梁"：一是顾客认知链，二是产品（服务）交易链。从企业角度看，前者是传播链，后者是流通链。而"传播"的基本特征是大众传播，"流通"的基本特点是从分销到零售多层次交易。

2.互联网背景下的连接：两个桥梁，三个空间

"新桥梁"和"老桥梁"相比，发生了两点变化：第一，大众传播链和流通价值链相互融合产生了顾客交互链。第二，原来的流通价值链分离出了物流服务链。所谓顾客交互链，指企业与顾客互动和合作的过程。和大众传播相比，顾客交互链上，企业（品牌）交互的对象是特定的目标人群，双方交互的形态以反馈式、循环式为主；交互的目的和内容是使顾客对产品（服务）以及品牌的价值、特性产生认知，使交易达成（销售实现），以及构建双方长期合作的伙伴关系。

3.营销模式的差异：3个空间的不同组合

当3个空间并存时，顾客"认知"和"关系"这两种功能不会发生3个空间之间的冲突；但是3个空间的"交易"（销售）功能却会产生摩擦和冲突——即不同销售渠道之间的冲突。电子商务刚刚兴起的时候，有些产品制造商将其理解为具有未来前途的新型通路，在一些电子商务企业的引导乃至裹挟下，在线上以低价吸引流量，使线下渠道利益受到损失（产品销售的利润下降甚至不复存在），从而导致线下渠道资源和顾客资源流失。这对原本以线下销售为主的企业而言，几乎是"颠覆性"的冲击。经过几年的摸索，目前，大部分产品制造商已经开始整体统筹，规划线下、线上通路结构，使两者相互协同并产生最大的效果。为避免线上、线下的渠道冲突，可以将它们适当区隔——要么按目标市场区隔，要么按产品区隔。有的企业将线上价格作为线上、线下全渠道价格的标尺，根据需要进行高或低两个方面的调节；有的企业和通行的做法相反，将相同产品的线上价格定得比线下还高；还有企业利用线上顾客交互途径进行新产品的价格测试。总的来说，虚实通路之间的冲突目前已基本解决。

（二）人与人连接沟通互动频率的变化

现实生活中人与人的交往，除了语言符号外，还有语音语调、面部表情以及身体姿势，但在互联网的虚拟交往中，基本只剩下了语言和符号，我们会发很多表情、符号去传递一些信息，尤其是虚拟化的表情，更是成为一种传播方式。有时只要一个人一出名，他的表情就会被虚拟化，被制作成各种表情包，这就是所谓的网络社会的符号互动论。

典型案例3-9　　　　　　　　　　　　　卫龙辣条

三鹿奶粉、地沟油等事件之后，人们对于食品安全越来越关注，对于食品的品质要求越来越高，零食也渐渐变成了垃圾食品的代名词。但是食品界却出现了一个奇葩——卫龙，那么"垃圾食品"辣条是如何变身食品界的网红的？

1. 脑洞

卫龙走红的过程，就是一个脑洞大开的过程。从最初为辣条洗白，到与暴走漫画的合作，微博段子手的炒作，天猫网站的发货事件，网络上的恶搞系列视频，苹果风，再到"国际奢侈品"。

卫龙秉承着不辣瞎眼不罢休的无厘头精神，与网上年轻人愉快地玩耍着，受众也一再被吸引，主动参与到辣条的口碑传播中，根本停不下来。

无脑洞，不网红，在这个想象力和创造力为王的年代，不搞点让人觉得匪夷所思的事情，出门都不好意思跟人打招呼。

2. 情怀

对于"85后""90"后而言，辣条伴随着几乎所有人的童年，认知强大，接受度高。辣条不单单是美味零食，还是他们童年的记忆、校园的时光、儿时小伙伴以及父母对自己的管教，这个认知基础被唤醒，就容易迸发出强大的市场能量。

由于辣条"不健康"的理念深入人心，多数人在童年时候吃辣条是遭到压抑的，而这种压抑会随着自己的独立和辣条本身形象的提升得到释放，再次转化为市场的能量。

3. 推手

卫龙蹿红，暴走漫画和微博段子手起到了至关重要的作用。

"来包辣条压压惊""容我吃包辣条冷静一下"（如图3-17所示）"怒吃十包辣条"等网络流行语皆是来自这些推手，他们不但是内容制造者，而且是推广的枢纽。暴走漫画为卫龙辣条创造的"蠢贱形象"与夸张的"自傲"形成了强烈的冲突，成为互联网上一个重要的谈资。其创意的主线则是把辣条的普通跟消费体验的夸张形成对比，形成戏剧性，引起"80后""90后"的情感共鸣。

图3-17 卫龙辣条网络流行语

人与人之间的关系，从沟通互动的频率划分，可以分为强联系和弱联系。

1. 强联系和弱联系

强联系，即建立在重要他人基础上的一种人际社交圈，最亲的人离你最近，对你影响最深，然后依次疏远，离你越远的人影响越小。强联系产生于个人与核心家庭成员、挚友、工作搭档、事业合作伙伴和主要客户之间。

弱联系，是指人们由于交流和接触产生联系较弱的人际交往纽带，表现为互动次数少、感情较弱、亲密程度低、互惠交换少而窄。

2. 强联系的衰减与弱联系的增强

过去我们主要跟最亲近的人交流，建立所谓的人际关系网，但在互联网时代，我们可以在网络上认识成千上万与自己的思想、价值观、意志、心理一致的人，这些成千上万的人跟我们都是弱联系，也许我们永远都没法真正地相识、相知，但我们和他们形成了一种互为镜像的关系。我们开始更多地依赖弱联系、网络上的虚拟联系，反而慢慢地疏远了我们最亲、最近的家人和亲人。也就是说，人在互联网群体中，与亲密关系人的纽带减弱了，比如我们与父母的关系。而越来越依赖于跟陌生人建立起这种弱的情感关系，并越来越接受来自互联网群体对个体的影响。

马尔科姆·格拉德韦尔（Malcolm Gladwell）在《引爆点》一书中提出了"个别人物法则"，意思是说，如果你能接触并影响社会中少数具有影响力的人，便可通过他们影响数百、数千甚至数百万的人。这些有影响力的人便是市场营销中所指的关键意见领袖（Key Opinion Leader，简称KOL）。

典型案例3-10   **跳吧App通过KOL收获大量精准粉丝**

跳吧App初期在做App推广的时候，也走了这样一种"笨办法"，抓住你所在领域的KOL，满足他们的需求，邀请他们使用App。其从前期的用户调研中了解到，对于这些舞蹈圈的KOL来说，他们想要的有：健康的线上社交环境、好的艺术交流氛围、得到舞蹈爱好者们的认可。所以跳吧App的推广运营人员，就通过微博、QQ群、微信，以及口碑传播将这群优秀的人聚到一起，于是一个极其活跃的社区诞生了。

这些studio的老师、社团的社长、舞团的核心成员等跳吧App的KOL们常常在社区中分享舞蹈生涯中的点点滴滴，能跟兴趣相投的人，以及这个领域中厉害的舞者聚集到一起，每个人感觉都很棒。

为了进一步促进这些KOL的活跃度，跳吧App还会定期举办一些线下活动（比如舞蹈比赛），让KOL走到现实生活中来交流、比赛。

当跳吧App聚集了舞蹈圈的KOL之后，250定律在舞蹈圈更加明显，基于舞蹈社群已经形成了无数个圈子，KOL辐射了舞蹈学校的学生、学校社团、各大舞团等，最终为跳吧App带来了大量的用户。

资料来源：佚名．7个案例告诉你：注意力经济时代，如何利用KOL推广［EB/OL］．［2023-09-16］．http://www.huodonghezi.com/news-281.html.

二、互联网时代的群体影响力

互联网时代，人不再是个体的人，而是群体的人。个体变成群体后，群体的影响力巨大。

（一）互联网使各种群体成为可能

随着移动互联网时代的到来，用户与商家的距离变得史无前例地近，这使得定制化比以往任何时候都来得现实。利用大数据这一工具使得C2B更加可行。不过，由于数字联通力的影响，消费者的个体性越来越弱，而群体性日益增强。在家里面，你会发现，35岁以上的人大多在看电视，而35岁以下的人大多是低头一族。手机改变了人们的生活，人们的交流变得前所未有的方便。这种紧密的联系使得传统的互联网广告作用越来越弱，而人们更容易受到来自朋友或认识的人的影响。主要表现在三个方面：

1.无组织的组织力量

社交能力是人类的核心能力之一，它在我们生活中的几乎每一个层面都以原因和结果的双重面出现。社会不仅仅是个体成员的产物，也是群体的产物，个人与群体的集中关系、群体内部个人的集合关系以及群体间的集合关系共同形成了一个复杂的网络。新技术使新式群体的形成成为可能。

2.打破了信息的地方局限性

互联网让信息的接受者同时也可以成为信息传播者。因此信息的受众规模扩大了，地方上的局限性也因为网络传播被打破。

3.打破集体性反应需要面对的壁垒

互联网时代人们可以更容易地找到和自己看法与观点相似的人，信息传播的即时性也保证了集体行动的组织更高效，从而改变了公众对与自己利益相关的事件反应的力度、范围和持续时间。

（二）群体影响力的可怕与可敬

　　互联网时代由于传播的便捷性，总是发生这样一种现象：一个事件突然就会成为热点。比如高考，一段时间内，全国范围都在进行和高考有关的讨论，这些事情其实过去也有人讨论，但不会像这个时期这样，很快会形成一种群体共识。那么，形成群体后，群体心理有哪些特征？

二维码3-10

奥康"双十一"
真打折

　　首先，群体中的人特别容易受暗示和轻信盲从。在人的大脑中如果一连串的指令你都同意，那么最后你就更容易去认同一个大的东西，这种心理被称为"登门槛效应"。勒庞在《乌合之众：大众心理研究》中提到"群体永远漫游在无意识的领地，会随时听命于一切暗示，表现出对理性的影响无动于衷，他们失去了一切批判能力，除了极端轻信外再无别的可能"。

　　其次，组成群体之后，群体有时候本身会产生一种母性泛化的特征，出现无原则或不计后果地关爱他人、关爱弱小的倾向。

典型案例3-11　　　　　　　　　　加多宝的悲情营销

　　品牌形象，可谓是企业的"面子"。企业要用什么样的方式，才能树立起生动的品牌形象并进行深度传播呢？

　　2013年2月4日下午2点18分，正在刷微博的丁小佳，看见加多宝凉茶官方微博发出了一则话题为"#对不起#"的微博，内容为："是我们太笨，用了17年的时间才把中国的凉茶做成唯一可以比肩可口可乐的品牌。"

　　这则微博还附了一张图，图中一个外国小孩双眼满是泪水，张开嘴委屈地哭着，大大的红色的"对不起"3个字与加多宝的大红色遥相呼应，如图3-18所示。

图3-18　加多宝微博截图

　　丁小佳觉得这则微博里满是内涵，又图文并茂，不禁笑着迅速转发了。与丁小佳一样转发这则微博的，还有8 205位博友。由于这则微博创意独特，较加多宝其他微博转发及回复率都不同，看着网友们反应不错，加多宝在接下来的时间里，又接连发了相同类型的3则微博。

　　3点07分，加多宝开始暗指竞争对手："#对不起#是我们太自私，连续6年全国销量领先，没有帮助竞争对手修建工厂、完善渠道、快速成长……"

网友"小彪彪彪"却对加多宝十分支持："记得当年第一次看到加多宝的故事的时候，被震惊了！打败可口可乐的民族品牌！顶！"并发起话题"#是谁弄哭了加多宝#"。

3点32分，是谁弄哭了加多宝的真正缘由水落石出："#对不起#是我们无能，卖凉茶可以，打官司不行。"原来，加多宝"哭"的原因，是对1月31日广州中级人民法院下达的一纸裁定的无奈：广东加多宝饮料食品有限公司等被申请人立即停止使用"王老吉改名为加多宝""全国销量领先的红罐凉茶改名为加多宝"或与之意思相同、相似的广告语进行广告宣传。

看着图中泪汪汪的小朋友，不少网友力挺加多宝："支持加多宝！不哭我们都知道！"而加多宝在3点56分，耐人寻味的第四条微博发布："#对不起#是我们出身草根，彻彻底底是民企的基因。"

这4则微博连续"道歉"登场，让"对不起"体在网络中大爆发。不少企业官方微博模仿起加多宝："对不起，是我们太慢，用了15年的时间才做出一款绿色健康的口香糖！""对不起，我们还在打造中国第一租赁平台的路上！"天翼宽带更是出品"真的很抱歉"系列，模仿加多宝的"对不起"，积极邀请客户来个大互动。

面对加多宝这4则有趣的微博，网络中竟然出现神一般回复："没关系，是我们太笨，费了17年的时间才懂得祖宗留下中国的凉茶需要自己细心经营。"并以四张相同样式的图片回应"对不起"。这四则微博是"MADBRIEF疯狂简报"自发制作的。有了"没关系"等回应，网友们更加坐不住了，"二夫人铁公鸡"干脆喊道："何不在一起算了！"更是出现了"无所谓"体、"在一起"体等系列的连锁反应。

在短短的数小时之内，"对不起"一词在微博的热议总量就超过10万，"对不起"系列微博的转发量超过17万条，其中还包括许小年等微博大佬，其微博影响力覆盖粉丝数逾3亿。网友们戏称，随着"对不起"的蔓延，2013年首个网络流行体正式出炉，正式上演加多宝"悲情大戏"。

加多宝虽然输了官司，却赢了人气。"加多宝"通过在微博中向网友们打出的4张"悲情"营销牌，生动刻画了品牌形象，也成为2013年年初一次成功的网络营销案例。

资料来源：海欢. 加多宝悲情营销 微博说声"对不起"［EB/OL］.［2014-08-05］. http://www.glzh.com.cn/projects/jdbbqyxwbs.html.

最后，群体具有匿名性。当个体加入群体时，他的个性会消失，并融入整个集体之中，获得匿名性。这种匿名性会带给一个群体许多特质，其中最为重要的两点就是，群体中的个体所获得的安全感和因此产生的从众倾向。安全感也是个体想要加入群体的重要动力。为了成为群体的一员，和群体处好关系，个体往往会产生强烈的从众倾向。群体被贴上标签以后，个性化会进一步下降。一个有着非常强大的密度及信息联系的群体，群体中的每个人在行为上都保持着不可思议的一致，即群体共识，也叫群体无意识现象。《乌合之众：大众心理研究》中提到"人一到群体中，智商就严重降低，为了获得认同，个体愿意抛弃是非，用智商去换取那份让人倍感安全的归属感"。群体无意识并不依赖于每一个个体，它是由无数个体在同一时间产生的一种智力、信息和思考的融合，然后得出一种具有共识性的思考。这种思考会在一瞬间迸发出来，并且被大多数人所认同。群体无意识导致的结果就是群体中的人根本不会按照纯理性的教条采取行动。如小额信贷、蚂蚁花呗、京东白条等，当群体都用的时候，你也开始使用，这常常使消费者感觉像在花别人的钱，花多了也没意识。

三、互联网的群体效应及其表现与影响

任何一种生物，只要成为群体中一员，都会产生极其强烈的群体效应。

（一）晕轮效应

从研究心理学的晕轮效应出发，探究晕轮效应在市场营销中存在的理论基础，分析晕轮效应对消费者心理的影响，研究得出：在晕轮效应的指导下，在保证商品质量的基础上，扩大商品附属品的投入，可以吸引消费者的目光，产生强烈的消费欲望。企业要想实现可持续发展就必须重视产品的内在和外在的提升，可以用晕轮效应的正面影响力来提高顾客对产品和企业的满意度和品牌忠诚度。

二维码3-11

新时代的中国消费者互动模式

1.晕轮效应的含义

"晕轮"一词源于欧洲中世纪宗教画中天使与圣教徒头上围绕的一圈光环，因此晕轮效应又被称为光环效应。它是指在人际相互作用过程中形成的一种夸大的社会印象，常表现为一个人对另一个人（或事物）的部分特征印象决定了他对对方的总体看法，而看不准对方的本质，形成一种片面的认知。所以晕轮效应也被称为以点概面效应，是主观推断造成认知上泛化、定式的结果。美国著名心理学家爱德华·桑戴克于1920年第一次正式提出了晕轮效应的概念。

2.晕轮效应的特点

（1）遮掩性。只依据掌握的事物个别特征，就推断事物的本质，而忽视其他特征的存在。就像一叶障目，只看见眼前特征鲜明的叶子，而忽视了其他特征和事物的本质。

（2）表面性。晕轮效应往往只存在于初次认知阶段，这时关注点多集中在外在表浅的感性认知上，有时认知也随环境、心情的变化而改变。

（3）弥散性。人的思维意识像月光一样没有具体的界限，是一种向四周过渡、晕染的状态。人的意识在其他因素的影响下，会将事物的优劣放大或缩小，从而影响最终的选择。

3.晕轮效应对消费者心理的影响

在寻找如何提高销售量、增加消费欲的方法的过程中，可采用逆向思维思考这一问题。消费者在购买了所需商品后获得了什么？是功能、心理、价值的满足？想要在同一层次的众多商品中脱颖而出，这就需要着重突出商品某一方面的功能，打造商品的光鲜面，提高商品的关注度，让消费者产生该商品值得信赖的心理。最终目标是将晕轮效应好的方面运用到营销中，首攻消费者心理，继而实现逐步盈利的目的。

在晕轮效应的指导下，以保证商品质量为基础，扩大商品附属品的投入，可以吸引消费者的目光，产生巨大的消费欲望。企业要想实现可持续发展就必须重视产品的内在和外在的提升，用晕轮效应的正面影响力来提高顾客对产品和企业的满意度和品

牌忠诚度。合理地利用晕轮效应在市场中作用的主要策略有以下几点：利用消费者对产品外观、包装和形象上的直观印象打造品牌；在推广上利用明星代言广告和大众传媒进行宣传；选择地段好且店面装饰独特的销售渠道；对产品进行独到的定价；产品的专利保护。随着市场经济的发展，消费者对某个品牌的了解会越来越深入，如果品牌只是靠其表面的优势和光环，而没有内在的质量作支撑的话，消费者对品牌形成的晕轮效应很可能会逐渐消失，品牌也终究会被市场所淘汰。所以，企业要想取得长远发展还是要立足于产品的自身价值，以打造商品的光鲜面，提高商品的关注度为辅，以实现产品的内在价值和外在价值的提升为主。

二维码3-12

支付宝锦鲤

（二）蝴蝶效应

1. 蝴蝶效应的含义

蝴蝶效应（The Butterfly Effect）指在一个动力系统中，初始条件微小的变化能带动整个系统、长期、巨大的连锁反应。

理论由来：20世纪70年代，美国一个名叫洛伦兹的气象学家在解释空气系统理论时说，亚马孙雨林一只蝴蝶翅膀偶尔振动，也许两周后就会引起美国得克萨斯州的一场龙卷风。

蝴蝶效应是说，初始条件十分微小的变化经过不断放大，对其未来状态会造成巨大的差别。有些小事可以糊涂，有些小事如经系统放大，则对一个组织、一个国家来说是很重要的，就不能糊涂。

2. 蝴蝶效应的影响

今天的企业，其命运同样受蝴蝶效应的影响。消费者越来越相信感觉，所以品牌、购物环境、服务态度等这些无形的价值都会成为决定他们选择的因素。所以只要稍加留意，我们就不难看到，一些管理规范、运作良好的公司在他们的公司理念中都会出现这样的句子："在你的统计中，100名客户里，只有一位不满意，因此你可以称自己只有1%的不满意率，但对于该客户而言，他得到的却是100%的不满意"，"你一朝对客户不善，公司就需要付出10倍甚至更多的努力去补救"，"在客户眼里，你代表公司"。今天，能够让企业命运发生改变的"蝴蝶"已远不止"计划之手"，随着中国联通加入电信竞争、私营企业承包铁路专列、南京市外资企业参与公交车竞争等新闻的出现，企业坐而无忧的垄断地位日渐式微，开放式的竞争让企业不得不考虑各种影响发展的潜在因素。精减机构、官员下岗、取消福利房等措施，让越来越多的人远离传统的保障，随之而来的是依靠自己来决定命运。而组织和个人自由组合的结果就是：谁能捕捉到对生命有益的"蝴蝶"，谁就不会被社会抛弃。

2018年4月4日《华盛顿邮报》的一篇报道中写道：电动汽车行业的快速发展会带来一种意想不到的影响，那就是引发饮料行业和便利店行业的衰败，这些都是彼此关联的连锁效应。也许这看起来很奇怪，但这的确是有可能发生的事情。在传统加油站，除了购买汽油之外，大多数人都会进入加油站的便利店去购买饮料和其他商品，其中大部分都属于"冲动消费"。同时报道还指出，如果这种影响真的出现，受影响最大的应该是功能性饮品，因为有63%的功能饮料都是在加油站的便利店内销售的。

典型案例3-12　　　　　　　　　从"核污排放"到"抢盐风波"

　　日本政府于当地时间2023年8月24日下午1点启动福岛核污染水排海，消息一出立即登上各大热搜。韩国更是因此盐价大涨，民众纷纷"举国囤盐"。我国沿海部分地区也刮起了囤盐潮，不少购买食盐的市民表示，虽然知道食盐保质期只有3年，但是看到其他人买了，也就"跟风"囤一些。记者注意到，市民的恐慌一部分是来自微信群，一些微信群已经开始分享"囤盐"信息。此外，股市信息显示，江盐集团（601065.SH）今日触及涨停板，苏盐井神（603299.SH）、雪天盐业（600929.SH）、中盐化工（600328.SH）等快速跟涨。对此，中国盐业协会执行理事长王小青在接受媒体采访时表示，我们国家有严格的食品安全规定，国内的产盐量也满足需求，所以不建议效仿韩国民众囤盐的做法。我国生产食用盐，使用的原料有海盐、井矿盐、湖盐，其所占比例分别为22%、61%、17%。

　　资料来源：佚名.日本核污水入海，上海又现"抢盐潮"[EB/OL].[2023-08-24].https://new.qq.com/rain/a/20230824A08O5800.

（三）羊群效应

1.羊群效应的含义

　　羊群效应是指个人的观念或行为由于真实的或想象的群体的影响或压力，而向与多数人相一致的方向变化的现象。在品牌语境下，指的是当一个群体中一部分人开始关注某个东西的时候，整个群体就像传染一般，所有人都开始关注。羊群效应经常用来描述经济个体的从众跟风心理。羊群是一种很散乱的组织，平时在一起也是盲目地左冲右撞，但一旦有一只头羊动起来，其他的羊也会不假思索地一哄而上，全然不顾前面可能有狼或者不远处有更好的草。因此，"羊群效应"就是比喻人都有一种从众心理，从众心理很容易导致盲从，而盲从往往会导致陷入骗局或遭遇失败。

　　心理学家研究发现，影响从众心理的最重要的因素是持某种意见的人数多少，而不是这个意见本身。人多本身就有说服力，很少有人会在众口一词的情况下还坚持自己的不同意见。在一个群体内，谁做出与众不同的行为，往往有"背叛"的嫌疑，会被孤立，甚至受到惩罚，因而团体内成员的行为往往高度一致。

资料链接3-3

　　法国科学家让亨利·法布尔曾经做过一个松毛虫实验。他把若干松毛虫放在一只花盆的边缘，使其首尾相接成一圈，在花盆的不远处，又撒了一些松毛虫喜欢吃的松叶，松毛虫开始一个跟一个绕着花盆一圈又一圈地走。这一走就是七天七夜，饥饿劳累的松毛虫尽数死去。而可悲的是，只要其中任何一只稍微改变路线就能吃到嘴边的松叶。

　　资料来源：根据百度百科相关资料整理.

2. 羊群效应的影响

在信息不对称和预期不确定的条件下，看别人怎么做确实是风险比较低的（这在博弈论、纳什均衡中也有所说明）。羊群效应可以产生示范学习作用和聚集协同作用。

平时从不化妆的女性在网络的吹捧下可能购入一支她并不需要的口红，平时理智的学者也会跟着流行趋势购买衣物，改变发型，而易受煽动的下沉市场和青少年群体，则更容易跟着群体"舆论"的趋势走。

这也就是为什么各大品牌每年都豪掷千金办发布会，企图打造流行。只要有流行，就不缺乏追逐流行的人。只要有"群"，就不缺乏从众的人。一旦有一个"领头羊"起了示范作用，剩下的"羊"就会无意识地加入队伍。这也就是为什么很多消费品牌愿意请明星作为代言人，因为明星往往是最容易成为"领头羊"的人。因此，营销一直在努力做的一件事情，就是努力利用人们的从众心理打造趋势和流行，使得人们变成失去智慧和独立思考能力的"羊"。

合理地利用羊群效应，可以创建区域品牌，并形成规模效应，从而获得利大于弊的较佳效果，寻找"领头羊"是利用羊群效应的关键。

（四）长尾效应

1. 长尾效应的含义

长尾（The Long Tail），或译为长尾效应，是指那些原来不受到重视的销量小但种类多的产品或服务，由于总量巨大，累积起来的总收益超过主流产品的现象。

"头"（head）和"尾"（tail）是两个统计学名词。正态曲线中间的凸起部分叫"头"；两边相对平缓的部分叫"尾"。从人们需求的角度来看，大多数的需求会集中在头部，这部分我们可以称之为流行。而分布在尾部的需求是个性化的、零散的、少量的，这部分差异化的、少量的需求会在需求曲线上面形成一条长长的"尾巴"，所谓长尾效应就在于它的数量上，将所有非流行的市场累加起来就会形成一个比流行市场还大的市场，如图3-19所示。

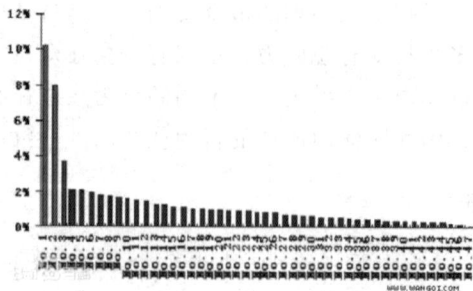

图3-19　长尾效应

资料来源：佚名. 央视招标广告资源的"长尾效应"［EB/OL］.［2007-08-21］. http://ad.cctv.com/20070821/103650_1.shtml.

长尾效应的重点就是：那些零碎的、细小的、分散的、不受重视的需求，它们全部累加起来最后超过了头部的需求，将所有非流行的市场累加起来就会形成一个比流行市场还大的市场。

很多企业往往非常重视坐落在曲线顶端的所谓一级市场或者二级市场，而对蛰伏在需求曲线尾部的更加广阔的市场了解、认识、重视不够。常常形成企业之间对头部的红海之争激烈，对蓝色所代表的更加广阔的蓝海市场却有忽略的现象。

长尾效应最初由《连线》的总编辑克里斯·安德森（Chris Anderson）于2004年发表于自家的杂志中，用来描述诸如亚马逊公司、奈飞公司之类的网站的商业和经济模式。安德森认为，如果商店或分销渠道足够大，那些需求低或销量低的产品可以共同构成一个可以媲美或超过当前畅销商品的市场。

如果撇开互联网经济，实体门店是绝不可能出现长尾效应的，首先，传统实体门店追求短时间的销量，因此实体门店必定会选择当下热门的产品作为销售的主体才有可能保持盈利，即便有部分冷门产品，也无法做到面面俱到。"长尾效应"是互联网时代的衍生物，在庞大的市场中找准自己的定位，不随波逐流，以满足消费者的个性化需求为宗旨，做优做足小众爆款，拒绝同质化、价格战等老旧的竞争手段，善于捕捉市场上的长尾需求，就能开辟属于自己的"商业王国"。

2. 长尾效应的内涵实质

被商业界视为铁律的帕雷托法则，其内涵认为企业界80%的业绩来自20%的产品。根据这一法则，商业经营看重的是销售曲线左端的少数畅销商品。曲线右端的多数冷门商品，被该定律定义为不具销售力且无法获利的区块。但长尾效应却看到了另一层面：广泛的销售面让98%的产品都有机会销售，而不再只依赖于20%的主力产品，这些具有长尾特性的商品将具有增长企业盈利空间的价值。因此，长尾效应的内涵实质是：让人们去关注那些虽然占比少但是总和能量巨大的方面。

长尾效应另一层内涵实质则是：关注更加精准的点，做出差异化。比如在大家都去关注找什么流量明星来做宣传时，你观察到受众是独自在一线城市打拼的白领女性，那么这个时候与其按照市场的普遍做法，不如另辟蹊径，寻找同样的白领女性来做活动的宣传主角，反而更容易让受众产生共鸣。这样的宣传方式不同于利用明星自带流量，而是更加关注目标群体的情感点和需求点，这样的策划就和市场普遍做法产生了差异化。

典型案例3-13　　　　　　　**唯品会：时尚零售尾巴的长度**

传统时尚零售行业由于长期存在信息不对称的状况，导致了巨大的商品溢价空间，也推高了消费者的消费成本，同时形成了过季产品的大量积压，这是传统时尚零售业面临的顽疾。唯品会是一家专门经营大幅折扣名牌商品的B2C企业，它执行的闪购模式其实并不复杂，核心就是帮助品牌商处理过季尾货，同时在互联网上利用限时特卖的方式，刺激和调动消费者的冲动型消费。

因为专营折扣商品，唯品会一度被业内人士诟病为清理库存的下水道，而实际上时尚零售库存价值巨大。定位于时尚的行业有两大特点不容忽视，一个是产品的个性化特别强，另一个是产品的时效性特别强。用时尚衡量商品，一方面导致过时产品容易惨遭"淘汰"厄运，另一方面个性化的时尚选择让过时产品也有可能咸鱼翻身，在质量过硬的条件下，平民消费者对于时尚零售折扣产品还是会产生极大的个性化需求。

　　唯品会定位于品牌特卖，填补了为有时尚化个性需求的消费者集中提供打折商品的市场空白，同时还为众多时尚品牌商提供了一个体面地处理库存的平台，从而保证了货源的足够供给，真正将时尚的两大特性巧妙运用。2012年，中国服装品牌的库存危机浮出水面，品牌供应商和唯品会之间的互利共赢关系更加紧密。而更为重要的是，时尚零售业的库存问题本就是一个常态问题，一个品牌设计、采购、生产、流通的时间很长，一般需要12~18个月，周期如此长，因此库存会永远存在，这就意味着处理时尚零售尾单是一个巨大的市场。可以说，唯品会选择"时尚品牌特卖"这片蓝海是其成功的关键因素。创立于2008年的唯品会，成立5年多来实现了爆炸式的增长，从上市破发受质疑到现在被业界称为"中概股之王"，唯品会可以说是中国最不可思议的电商之一。

　　资料来源：白箐莲. 长尾效应（二）：几个经典案例告诉你"长尾理论"怎么赚到钱！［EB/OL］．［2016-08-24］. http://blog.sina.com.cn/s/blog_4ab6f2310102x0g2.html.

做一做

　　1.统计你手机上最近一个月的聊天记录（微信、QQ或其他社交平台或购物网站），与你父母、曾经的同学、现在的同学、其他朋友聊天的条数分别是多少？聊天中，语言、语音、表情的条数分别又是多少？结合强联系、弱联系以及互动方式，总结你的沟通互动状况。

　　与你父母、曾经的同学、现在的同学、其他朋友聊天的条数分别是（　　　）、（　　　）、（　　　）、（　　　）。

　　聊天中，语言、语音、表情的条数分别（　　　）、（　　　）、（　　　）。

　　你的沟通总体状况描述：

　　2.试列举一则你生活中听到或碰到的互联网的群体影响力事件。

　　3.查找一个利用晕轮效应（或蝴蝶效应、羊群效应、长尾效应）的营销实例并分析。

效果评价

　　基于互联网的群体消费心理与行为分析的效果评价参考表见表3-6。

表3-6   基于互联网的群体消费心理与行为分析的效果评价参考表

评价形式	评价内容	分值
个人填写	统计的聊天记录具体并分析正确	30分
	群体影响力事件列举准确、描述具体	30分
	查找营销实例描述具体、群体效应判断准确	40分
合　计		100分

关键概念

家庭生命周期 社会阶层 群体 参照群体 消费习俗 消费流行 强联系
弱联系 晕轮效应 蝴蝶效应 羊群效应 长尾效应

挑战自我

一、同步测试

1.下面消费群体的消费过程更理智的是（　　　）。

A.少年消费群体　　B.青年消费群体　　C.中年消费群体　　D.老年消费群体

2.当某些人的消费行为被他人认可并羡慕时，便会产生仿效和重复他人行为的倾向，从而形成（　　　）。

A.消费者暗示　　B.消费者模仿　　C.从众行为　　D.消费习惯

3.对商品有使用习惯，对品牌的忠实度高的消费群体是（　　　）。

A.少年消费群体　　B.青年消费群体　　C.中年消费群体　　D.老年消费群体

4.心理活动的独立性较差，消费动机主要源于生理性需要的消费群体是（　　　）。

A.儿童消费群体　　B.少年消费群体　　C.青年消费群体　　D.老年消费群体

5.从社会下层的消费行为开始，逐渐向社会上层推广，从而形成消费流行的方式称为（　　　）。

A.滴流　　　　B.横流　　　　C.倒流　　　　D.递流

6.日本人一般喜欢吃生鱼，而欧美人则不喜欢，其消费态度的差别主要源于（　　）因素的影响。

A.信息加工　　B.消费习俗　　C.经验　　D.需要

7.（　　）是指一个地区或一个民族约定俗成的消费习惯，是社会风俗的重要组成部分。

A.消费流行　　B.消费习惯　　C.消费习俗　　D.感性消费

8.追求商品的高档化、求新立异的消费动机更强烈的消费群体是（　　　）。

A.女性消费群体　　B.农民消费群体

C.文教科研人员消费群体　　　　　D.经营管理人员消费群体

9.消费更追求表现个性的消费群体是（　　　）。

A.少年消费群体　　　　　　　　B.青年消费群体

C.中年消费群体　　　　　　　　　　　D.老年消费群体

10.从年龄差异上看,时间消费心理较强的群体是(　　　)。

A.少年儿童　　　　　B.青年　　　　　C.中年　　　　　D.老年

11.消费者受群体规范影响的主要心理原因是(　　　)。

A.仿效心理　　　　　B.学习心理　　　　　C.攀比心理　　　　　D.追随心理

12.端午节赛龙舟属于(　　　)消费习俗。

A.喜庆类　　　　　B.纪念类　　　　　C.宗教类　　　　　D.文化类

13.最具有民族特色的消费文化是(　　　)。

A.艺术消费文化　　　　　　　　　　　B.精神消费文化

C.节日消费文化　　　　　　　　　　　D.饮食消费文化

14.一般黑种人爱穿浅颜色的衣服,白种人爱穿花衣服,黄种人爱穿深色的衣服,造成这种差异的原因是(　　　)。

A.教育差异　　　　　　　　　　　　　B.社会文化差异

C.个人喜好不同　　　　　　　　　　　D.市场差异

15.在不同的消费群体中,市场新产品和时尚商品的消费带头人主要是(　　　)。

A.少年消费群体　　　　　　　　　　　B.女性消费群体

C.青年消费群体　　　　　　　　　　　D.中年消费群体

16.科尔曼和雷茵沃特的社会等级分类法从(　　　)四个方面综合测量消费者所处的社会阶层。

A.职业、教育、居住的区域、个人收入

B.职业、道德、居住的区域、个人收入

C.职业、教育、居住的区域、家庭收入

D.职业、道德、居住的区域、家庭收入

17.心理学把"流行"解释为以某种目的开始的社会行动,是使社会集团的一部分人在一定时期内能够一起行动的(　　　)。

A.时尚　　　　　B.消费潮流　　　　　C.消费现象　　　　　D.心理强制

18.消费习俗具有(　　　)。

A.骤发性　　　　　B.变动性　　　　　C.短暂性　　　　　D.非强制性

19.(　　　)是具有相同或类似社会地位的社会成员组成的相对持久的群体。

A.社会阶层　　　　　B.相关群体　　　　　C.参照群体　　　　　D.向往群体

20.霍林希德社会地位指数从(　　　)两个方面来综合确定消费者所处的社会阶层。

A.职业和教育　　　　　　　　　　　　B.居住的区域和个人收入

C.居住的区域和家庭收入　　　　　　　D.地位和财富

21.一件小事也可以在互联网上传播,引起轰动的效应,这一现象被称为(　　　)。

A.羊群效应　　　　　B.蝴蝶效应　　　　　C.钟摆效应　　　　　D.长尾效应

22.网络购物与传统购物表现在消费心理与行为上的不同是(　　　)。

A.消费行为更加简单　　　　　　B.消费更有计划性

C.对商品认知更加真实　　　　　D.购后评价影响更大

23.亚马逊网上书店成千上万的商品书中，一小部分畅销书占据总销量的一半，而另外绝大部分的书虽然个别销量小，但凭借其种类的繁多积少成多，占据了总销量的另一半，这是典型的（　　　）。

A.羊群效应　　　B.蝴蝶效应　　　C.钟摆效应　　　D.长尾效应

24.消费者成为群体后容易出现的心理特征是（　　　）。

A.容易受暗示　　　B.个性化　　　C.理智　　　D.自我约束

25.受传者在接收信息活动中将认知对象的某种印象不加分析地扩展到其他方面去接受，从而得出全部好或全部坏的整体印象的倾向，这就是所谓的（　　　）。

A.羊群效应　　　B.蝴蝶效应　　　C.钟摆效应　　　D.晕轮效应

二、案例分析

西安奔驰车主维权事件始末

2019年2月25日，投诉人某女士与西安利之星汽车有限公司（简称"利之星4S店"）签订了分期付款购买全新进口奔驰CLS300汽车的购车合同；3月27日，提车后某女士因认为发动机存在问题与利之星4S店自行协商退换车辆，未果。此后，她多次与利之星4S店沟通解决，却被告知无法退款，也不能换车，只能按照"汽车三包政策"更换发动机，该女子被逼无奈，到店里维权。2019年4月9日，投诉人到利之星4S店继续和店方协商，要求利之星4S店签订退车、退款书面协议；4月11日，"奔驰女车主哭诉维权"的视频在网络上流传成为事件舆情热度的第一个高峰。该视频在网络上流传后，迅速引发舆论关注。西安当地成立由工商、质监、物价部门组成的联合调查组，调查涉事门店汽车质量问题。

2019年4月12日，维权的奔驰女车主接受陕西某媒体采访时又提出问题，由于是贷款买车，当时利之星4S店还收取了她12 575元的金融服务费。维权的奔驰女车主质疑为何这笔收费不能刷卡也不能开发票，只能微信转账。奔驰极力推荐奔驰金融，这笔费用没有开发票，而且钱还是以微信的形式转入到他们某一个人的私人账户。

2019年4月13日，维权的奔驰女车主称，"坐机盖"一事发酵后，利之星4S店员工打电话给自己，希望其不要接受媒体采访，与利之星4S店"口径一致"，并称会"保护我"。涉事企业发布声明令舆情热度再起，达到第二个高点。北京梅赛德斯-奔驰销售服务有限公司通过其官微就"奔驰车主哭诉维权"一事首次发表声明，但网民表示"并不买账"。

2019年4月14日上午，官方回应、车主的8点诉求、车主与涉事企业高管协商录音曝光，再次推高舆论关注度。西安市互联网信息办公室在其官方微博发布消息称，涉事4S店涉嫌质量问题已被立案调查，市场监管部门责成尽快退车、退款。同时，网民点赞车主向联合调查组提出的8点诉求有理有据、合情合理，更反衬出车主与店方高管谈话录音中店方的态度傲慢、店大欺客，进一步助推事件與情热度。

事件处理结果：2019年4月16日晚，据西安市市场监督管理局消息，哭诉维权的西安奔驰女车主和西安利之星汽车有限公司达成换车补偿等和解协议。

事件后续：

4月16日，针对"西安奔驰车主哭诉维权"事件，北京梅赛德斯-奔驰销售服务有限公司发表第二份声明称，将对相关经销商的经营合规性展开调查。结果明确前，立即暂停该授权店的销售、运营。

4月17日，200多名奔驰车主到西安各奔驰4S店，要求退还之前4S店收取的金融服务费。

2019年5月10日，国家市场监督管理总局对奔驰公司提出了具体整改要求。

2019年5月27日，西安高新区市场监管部门通报有关涉嫌违法案件调查处理结果：西安利之星汽车有限公司存在销售不符合保障人身、财产安全要求的商品，夸大、隐瞒与消费者有重大利害关系的信息误导消费者两项违法行为，被依法处以合计100万元罚款。

2019年9月11日，北京银保监局对梅赛德斯-奔驰汽车金融有限公司做出行政处罚。根据《中华人民共和国银行业监督管理法》第四十六条的规定，因其对外包活动管理存在严重不当，给予合计80万元罚款的行政处罚。

9月21日消息，企查查显示，"奔驰女维权"事件当事方之一——西安利之星汽车有限公司法定代表人发生变更，公司原董事长、法人颜健生从公司退出，康拉德·蒂尔·亨里克接替其出任公司新任董事长、法人。

资料来源：根据网络相关资料整理.

问题：

1.从互联网群体心理角度分析西安奔驰车主维权事件为什么会持续发酵？

2.结合群体效应，你认为北京梅赛德斯-奔驰销售服务有限公司应如何重视并开展整治工作？

3.如果你是"奔驰维权车主"，你会如何开展维权？

二维码3-14	二维码3-15

华为手机发展史：十年再造一个新华为手机	"双十一"大数据：北京市民花86.28亿元，女性消费大爆发

情境训练

我为家乡共同富裕献良策

一、实训目标

结合所学知识，通过为家乡产品开拓更大市场的方案设计，学会对产品目标人群消费需求进行深入分析，提高市场分析能力和商业洞察力，助力家乡共同富裕，彰显青年人的使命担当。

二、背景资料

对于竹子，古代文人墨客从不吝溢美之词，古诗文当中也留下了大量咏竹的诗词，苏轼更是说：宁可食无肉，不可居无竹。竹子，更是中华民族气节的象征，代表着谦虚、有气节、刚直不阿，不怕威逼利诱，坚持自我等。受中国人偏爱的竹子，其实不只是一种文化的代表，更能撬动起一个大产业。

竹笋作为是江南美食之材，过去甚至有"居不可无竹，食不可无笋"之说，而且自古被当作"菜中珍品"。除了鲜笋的常规做法，也可以进行精深加工，让竹笋产品走上各大商超货架。如桃江竹笋将其加工成为玉兰片、笋干、榨笋、烟笋等众多产品，大大提高了竹笋的附加值。此外还可以挖掘其康养价值：一是竹笋和竹叶性甘、微寒，能清热祛痰、解毒、利尿，都可制作成有食疗价值功能饮料；二是提取竹子的竹叶黄酮、叶绿素铜钠盐、游离氨基酸、竹膳食纤维等元素，打造竹保健医用产品。

通过竹子的深加工，可以发展竹刻字、竹雕画、竹根雕、竹扇、竹编制品等传统竹工艺品，竹编画、竹地毯、竹挂件、竹首饰盒、竹烟酒包装盒等新型竹工艺品，竹电脑机箱、竹键盘、竹车内饰板等以竹代塑产品，竹醋液及竹炭竹醋液香皂、竹炭竹醋液洗发香波、竹炭竹醋液洗面奶、沐浴露等竹系列洗漱用品，等等。这也需要引入竹工艺大师、美学创客、美院等，从编制手法、设计等各个体系和环节对村民进行培训和教学，提高竹产品的工艺性。并在竹编产品中加入流行设计元素，赋予原本简单的竹编产品更多的艺术感，以此提高产品的价值。

除了卖竹产品，也可以依托竹子卖生活、卖文化、卖美学。以大面积的竹林为生态背景，盘活乡村闲置宅基地等资源，发展集制作、加工、教学、体验、生活度假等于一体的竹主题乡村旅游。游客可在此听风赏竹，以竹为媒修身养性，溯源竹文化。

从竹子种植、加工向生活度假延伸，竹子产业的市场潜力非常广阔。数据显示，到2020年国内竹产业产值达到3 000亿元，到2030年将有望突破10 000亿元。

资料来源：佚名. 没想到村子里的竹林，还能打造成为亿元产业！[EB/OL]. [2020-08-21]. https://www.sohu.com/a/414291590_120086998.

下面是一个关于竹产品的创业案例。

"通过线下线上的方式，把原汁原味的竹产品销售到五湖四海，就像麦当劳一样遍地开花！"近日，大学刚毕业的李邦瑞信心满满地说，要尽自己所能，将宜宾的竹产业、竹文化推广出去。

2018年，结合宜宾竹产业的快速发展，李邦瑞和同学开创了竹海家筵川菜竹食文化创意产业项目。通过设立线下"研发中心、体验中心、销售中心"三大中心，从竹食品源头上着手，输出管理和业务人才，准备把竹海"全竹宴"推广到全国各地。

放弃高薪　传媒学子回乡做起了"厨师"

2018年5月7日，在长宁县下长镇水云居山庄内，23岁的李邦瑞正在为准备加入

"竹海家筵"项目的农户开展培训。李邦瑞强调最多的是，食材源头需在竹海获得，从而保证新鲜。

李邦瑞去年从四川传媒学院毕业后，很快在成都一家医疗器械公司谋到了一份高薪工作。去年底，当他的许多同学还在为找工作发愁时，李邦瑞在父母的支持下做了一个大胆的决定：回乡创业把"竹食品"推广到全国。

李邦瑞和高中同学缪梦燚谈到创业时一拍即合，于是，两个年轻人以宜宾五星级农家乐水云居为基地，开始进行竹宴菜品研发和竹文化打造。

"去年农历腊月二十九，我们把'竹海家筵'商标申请了下来。"李邦瑞说，创业的想法很简单，就是要做地道的"竹海美食"。今年4月，李邦瑞成功拿下家乡竹食文化创意产业项目，有了政府的资金支持。

目前，"竹海家筵"已经吸引了长宁县谷禾田现代农业专合社等前来投资经营。

致力推广　让宜宾竹产品走向全国

"长宁竹林面积大，有天然优势。我们从小就开始吃竹笋、竹荪、竹燕窝，有'芙蓉竹荪'等川菜，这些在其他地方是不可复制的。"缪梦燚说，目前已经有100多户农户和20多个专合社，初步与"竹海家筵"达成合作意向，供应竹产品。

"竹海家筵"以长宁县水云居山庄作为首个"竹海家筵"品牌线下载体，设立线下"研发中心、体验中心、销售中心"三大中心，搭建电商平台、专合社和农户合作平台，大力开发竹类食品、生态肉牛、珍稀水产、林下土鸡、竹工艺品等特色旅游商品，形成实体与网络、线上与线下互动的营销体系。

"把'竹海家筵'打造成'互联网+竹食文化'线上线下美食体系，并将其转化成带动宜宾贫困山区精准扶贫和实现宜宾地方经济社会双发展的重要载体。"李邦瑞说，虽然创业的道路才开始，在资金和技术等方面还存在许多尚待突破的地方，但他相信自己的事业很有前景，"宜宾竹产业资源优势一定能够走出一条康庄大道"。

资料来源：佚名. 宜宾95后小伙回乡创业 要打响"竹海家筵"品牌［EB/OL］.［2018-05-10］. http://www.ybcmw.com.cn/bwkb/jdkb/2018-05-10/186620.html.

三、实训要求

选择家乡一种竹产品，结合目标人群需求分析，设计一份该产品市场可行性分析报告，报告主要但不限于以下几方面内容：项目概述、市场分析、竞争分析、产品分析、产品供应资源分析、市场营销可行性分析（产品开发、销售模式、渠道、推广与促销等）、投资效益分析。文字排版见情境一"情境训练"的实训要求。

四、实训步骤

步骤一：布置任务。

教师说明实训的目的、任务、要求、应提交的成果、考核方式等。

步骤二：分组。

教师将全班分为3~4人一组，形成若干个实训项目小组。尽量考虑区域共性，便于选题策划。

步骤三：确定项目产品。

组长召集讨论，讨论家乡竹林经济情况，确定具体主打竹产品。

步骤四：调查收集资料。

通过网络、电话采访等形式，分工收集该产品各类市场资料和政策法律等相关资料。

步骤五：讨论与策划。

根据收集的各类资料，讨论该产品的创新开发、销售模式、销售渠道、推广与促销方法等。

步骤六：形成报告与交流PPT。

分工完成该产品市场可行性报告和交流汇报的PPT。

步骤七：小组交流。

小组在全班进行交流共享。

步骤八：小组互评、组内互评、教师点评。

先在组内进行互评，再在小组间开展互评，最后由教师进行点评。

五、实训成果

"××产品市场可行性分析报告"电子文档及PPT各一份。

六、实训评价

实训成绩=小组互评×70%+组内互评×30%

（一）小组互评指标（见表3-7）

表3-7　　　　　　　　我为家乡共同富裕献良策小组互评指标

序号	评价指标	分值	得分
1	数据分析详细	20分	
2	项目设计新颖	20分	
3	营销设计创新	20分	
4	内容全面，有实际指导意义	20分	
5	PPT制作精美，表达有感染力	20分	
合　计		100分	

（二）组内互评（见表3-8）

表3-8　　　　　　　　我为家乡共同富裕献良策组内互评指标

序号	评价指标	分值	得分
1	积极承担组内任务	20分	
2	优质完成分工任务	40分	
3	团队合作意识强	20分	
4	开拓创新意识强	20分	
合　计		100分	

基于决策的消费心理与行为分析

　　小张和小李虽然都喜欢逛街（或网购），但两人在购物时表现出明显的不同。小张容易受到商场（或网店）促销、导购员（或客服）推荐等因素的影响，常常冲动地买回一堆流行的、优惠的商品；而小李则不容易被商家的促销打动，显得比较理智、有计划。不同消费者的购买行为有不同的类型、受购买环境不同程度的影响、有不同的购买决策过程，这些便构成了基于决策的消费心理与行为分析。

情境结构

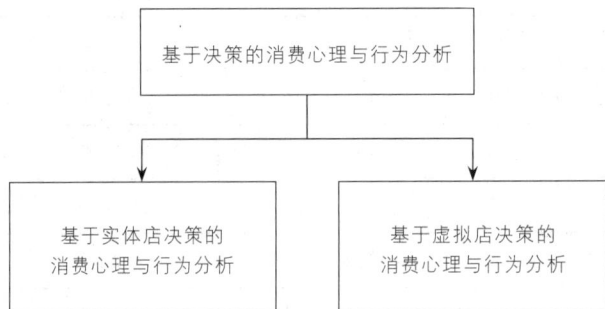

子情境1　基于实体店决策的消费心理与行为分析

子情境目标

知识目标：熟悉实体店（线下）购物的消费者购买行为的类型及特点；掌握消费者的五阶段购买决策过程，了解终端各因素对消费者心理与行为的影响。

能力目标：能区分或识别实体店（线下）购物的消费者不同的购买行为，采取有效的接待方法；能结合消费者的不同购买决策过程提出有效的营销对策；能识别终端环境中各种营销方法，并学以致用。

素质目标：通过购买决策过程分析，树立以顾客为中心的人本观，增强服务意识和市场意识；培养健康的生活方式，树立正确的消费观。通过案例和资源学习，增强传承和弘扬中华优秀传统文化的自觉，增强文化自信。

子情境导入

海尔：三翼鸟智慧场景店

三翼鸟是海尔智家2020年独创的场景品牌，2021年调整为：集家电、家居、家装、家生活于一体的智慧家庭场景品牌，满足全屋空气、全屋用水、智慧厨房、智慧阳台、智慧卧室等一站式定制智慧家服务。

潮流地标，全场景打造沉浸式智慧生活体验

2023年2月11日，全球首个4.0智慧家庭体验中心——海尔三翼鸟广州体验中心001号店在天河区正式开业。

珠江新城是中国300米以上摩天建筑最密集的地区，其东侧的广发证券大厦，是当地标志性建筑之一。如今，老地标又添新风采，以"梧桐"为设计理念的海尔三翼鸟广州体验中心001号店，正在成为新的潮流生活打卡地。三翼鸟广州体验中心001号店集智慧能力、场景方案和沉浸式体验于一体，给用户带来的不仅是智慧生活方案的升级，更是体验的升级。

刚一走近，大气独栋建筑映入眼帘，跟以往的001号店均不同，该店独立承接，不依赖于任何现有的家居、商场渠道。2 200平方米的超大空间，集结了海尔三翼鸟"1+3+5+N"全屋智慧全场景解决方案，并且融入了上千家生态方共同满足用户对智慧生活的畅想。

与潮流的外观交相辉映的是店内的智慧生活体验。从大厅进到2楼，眼前就是"梦中情屋"，一居室的智能体验样板间，囊括了厨房、客厅等多个智慧生活体验区，智慧回家、智慧烹饪、私人影院等场景款款心动；3楼采用"4+2+N"的创新性"场景盒子"设计，充分利用空间，自由穿梭其中，尽显智慧生活细节；4楼则把家装焕新的材料、工艺、系统解决方案等专业展示空间结合艺术、工坊等方式呈现，成为一个独特的生活角，可参与性更强；5楼则将最佳景观位置打造成高端私人会所，还邀请米其林厨师在高端明厨内现场制作。

数字化门店，打破时空限制提升服务效率与质量

但凡线下门店，用户逛店的时间、体验的内容都有限制。如何打破限制？海尔三翼鸟广州体验中心001号店通过打造数字化门店，实现线上线下一体化，让用户"不必到店胜似到店"。用户体验到底有何不同？

首先，真正不受时间、空间限制。用户想改造阳台，除了去线下实景体验，还可以在线上体验更多、更全的场景。即使晚上10点，用户依然可以在家通过线上App与门店沟通想法，省心高效。

其次，不同用户有不同想法，数字化能增强门店的个性化定制能力。用户想改造厨房，门店的设计工具就可以根据用户需求给出设计图。用户想花时间深入了解不同场景方案，店内实现了无人跟随的智能讲解，让用户更自在地沉浸式体验。

最后，针对用户对家装过程不透明、节点繁杂的疑虑，海尔三翼鸟4.0智慧家庭体验中心实现了顾客数字化、运营数字化、企业管理数字化和商业模式数字化。这样一来，用户不管什么时间对哪一环节有疑问，门店都能及时反馈，不仅能让用户同步了解施工进度，还能为用户全周期智慧生活高效服务。

三翼鸟广州体验中心001号店，通过全流程数字化运营体系的赋能，改变了过去交易即结束的传统模式，真正实现了集交易、交付、交互于一体，开启了全新的交互无盲点、价值无终点的数字化新体验。

生态融合，生态无边界，共创新未来

从1.0到4.0的升级，见证海尔三翼鸟以用户需求为基点，持续提升用户生活体验，不断升级引领行业。1.0阶段，用户要的是场景不是单品，海尔三翼鸟上海体验中心001号店初步尝试智慧家庭成套方案；2.0阶段，用户不想家电、家装几头跑，海尔三翼鸟北京体验中心001号店带来颠覆性物联网智慧家庭场景体验，海尔三翼鸟青岛体验中心001号店则全面打造定制化可展可销的智慧家庭场景，从让用户选择到为用户定制；3.0阶段，用户需要全流程服务，海尔三翼鸟南京体验中心001号店场景、生态、渠道持续升级，整合生态联盟为用户带来一站式定制体验。

进入4.0阶段，海尔三翼鸟广州体验中心001号店通过打造数字化门店和沉浸式智慧生活体验，加速推动智慧生活入户。并且，围绕用户衣食住娱打造了最先进的智慧生活体验，构建了智慧生活聚能环，升级全场景方案和创新交付标准体系，让用户能又快又好地实现最理想的智慧生活。

生态融合，构建智慧生活聚能环。该店融入了上千家生态方，并与60多位包含黑标设计师在内的设计师团队达成合作，一同为用户提供最新的产品、最专业的方案、最严谨的模块施工标准，持续迭代行业体验最好的定制服务。这不仅是产业的融合，还包括了场景的融合、服务的融合以及空间的融合，共同为华南地区用户提供定制化智慧生活服务方案，实现共创共赢。

从1.0到4.0，是海尔三翼鸟的成熟，也是智慧家庭成果的深度落地。全球首个4.0智慧家庭体验中心的开业，标志着海尔三翼鸟形成了智慧家庭线上线下体验标准，助力亿万用户离智慧生活更近一步。

除了体验中心场景成果，三翼鸟全国门店也再次拓展和升级，与用户之间的距离

越来越近。据海尔智家三翼鸟市场总经理张华军介绍："三翼鸟的门店距离用户非常近。我们并不需要在每个城市都建立一个4 000至5 000平方米的超级大门店，而是采用'1+N+X'模式，将门店开在离用户最近的地方。"

迄今，三翼鸟已在全国布局2 900多家三翼鸟店、赋能3 000多家专卖店、1 000多家量子小店，从城市、街道再到社区，从家电服务、生活服务到筑巢设计，都有着三翼鸟的身影，满足着用户不同的个性化需求。

资料来源：佚名.全球首个！海尔三翼鸟4.0智慧家庭体验中心广州开业［EB/OL］.［2023-02-11］.https://baijiahao.baidu.com/s?id=1757501582594475232&wfr=spider&for=pc；佚名.三翼鸟三周年：场景广落地、门店数字化、服务再升级［EB/OL］.［2023-09-29］.https://elec.it168.com/a2023/1005/6823/000006823778.shtml.

问题：

1.海尔三翼鸟的线下门店有哪几种类型？

2.分析海尔三翼鸟体验中心城市布局及其合理性。

3.海尔三翼鸟广州体验中心设计和布局有何创新和独到之处，并分析其合理性。

问题讨论提示

学一学

一、消费者购买行为的类型

受内外部因素的影响，消费者的购买行为各异，从不同的角度看有不同的类型。

（一）按购买目标的确定程度，消费者的购买行为可分为确定型、半确定型和不确定型

1.确定型

确定型消费者的购买行为简洁明确，在进入商店前，消费者就已经有了明确的购买目标，这类消费者对自己所购商品的信息了如指掌，在实施购买的过程中，会向营业员提出明确的要求。一般来讲，确定型消费者除了自身性格等方面的因素外，其过去购物的经验以及对商品信息的充分了解是明确购物目标的重要前提。

2.半确定型

半确定型消费者对所需购买的商品已有大致的目标，但对商品的具体要求没有完全确定，他们往往带着初步设想到商店购物，最后的购买决定要经过挑选或咨询后才能完成。这类消费者在现实购买中比较普遍，他们大多缺乏过去消费的经验，并且缺少相关的商品知识和信息。

3.不确定型

不确定型消费者对所需购买的商品没有明确目标。这类消费者进入商店主要是参观、游览。当碰到能够吸引他们的商品时，他们会表现出极大的兴趣，甚至购买。这种"走过路过"的消费者被业内称为潜在消费者。

【想一想 4-1】

一位女士在某商场的购物过程为：因为原有的手机丢失，先到通信器材柜经营业员介绍买了一款新推出的手机；然后到摄影器材柜准备挑选一部数码相机，虽经营业员详细讲解，但因为没有使用经验，还是决定下次找个懂行的朋友一起来购买；最后在日用品自选超市买了某种著名品牌的洗发水。

问题： 这位女士表现出的三次购买过程，分别属于什么购买行为类型？

（二）按购买行为表现的特征，消费者的购买行为可分为习惯型、理智型、感情型、冲动型、经济型、从众型、疑虑型和随意型

1.习惯型

习惯型消费者购买行为的特点是喜欢根据过去的购买经验、使用习惯来购买商品。其购买行为的习惯会集中反映在对商品品牌、商店、消费方式等方面。因此，他们会长期惠顾中意的商店，或长期使用某个品牌。这类消费者对信任、偏好的商品会不加考虑，决策果断，成交速度快，且不受时尚风气的影响。

2.理智型

理智型消费者购买行为的特点是冷静，即消费者在走进商店之前已广泛收集了所需购买商品的信息，经过缜密分析和思考后才做出购买决定。这类消费者善于思考，具有一定的商品知识和以往购物的经验。

3.感情型

在购买商品时带有浓厚的感情色彩，这是感情型消费者购买行为的显著特点。这类消费者对感情的体验深刻，具有特别丰富的想象力和联想力，审美感觉也比较敏感，因此这类消费者在选购商品时，往往容易受到外界环境因素的影响。基于审美的需求，他们对购物的环境有一定的要求。

4.冲动型

冲动型消费者购买行为的特点是在购物时对外界环境的刺激比较敏感，情绪不易自控，容易冲动购买。一旦接受了外界刺激，这类消费者的心境就会发生转变。除了缺乏商品知识外，自身性格直率、为人豪爽是引起冲动型购买的主要原因。

5.经济型

购买商品时多从经济和价格等方面考虑是经济型消费者购买行为的特点。这类消费者由于各方面原因的作用，他们在购物时往往对价格、质量、效果特别敏感，因此对商品要反复挑选。

6.从众型

从众型消费者购买行为的特点是易受他人购买倾向的影响，对商品一般不进行仔细分析、比较，从众心理较强。这类消费者一般经济条件较好，缺乏商品知识和主见。

7.疑虑型

疑虑型消费者购买行为的特点是行动谨慎、迟缓，体验深刻而疑心大。这类消费

者对外界缺乏应有的信任，往往有过上当受骗的经历。他们在选购商品时从不冒失仓促地做出决定，挑选时间长。

8. 随意型

随意型消费者购买行为的特点是缺乏购买经验，购买心理不稳定，大多属于新购买者。

（三）按在购买现场的情感反应，消费者的购买行为可分为沉静型、谦和型、健谈型、反抗型、激动型

1. 沉静型

沉静型消费者购买行为的特点是在购买过程中其感情不外露，行为把握得当，对所需购买的商品有自己的主见，这类消费者在选购商品时很少受外界因素影响。

2. 谦和型

谦和型消费者在购买过程中，愿意听取营业员的相关介绍和意见，为人谦和、友善，做出购买决定较快。这类消费者一般具有一定的文化修养，选购商品比较快，对营业员也比较放心。

3. 健谈型

健谈型消费者购买行为的特点是思维比较活跃，较易接近，容易沟通。这类消费者喜欢与人交谈，在选购商品时，能很快与营业员亲近，愿意与他人就所选购的商品交换意见。

4. 反抗型

反抗型消费者购买行为的特点是在购买过程中不愿听取不同意见，尤其是对营业员的介绍持有戒心。这类消费者往往对营业员持不信任的态度，甚至有逆反心理，营业员过于详细地介绍商品反而不想购买。

5. 激动型

激动型消费者购买行为的特点是情绪容易激动，易受个人心情和外界环境的影响。这类消费者在选购商品时以自我为中心，甚至用命令的口气提出要求；一旦得不到满足或稍有差池，就会与营业员发生争吵。

（四）按购买者在购买过程中的介入程度和品牌间的差异程度，消费者的购买行为可分为复杂的购买行为、减少不协调感的购买行为、广泛选择的购买行为、习惯性的购买行为

1. 复杂的购买行为

消费者选购价格昂贵、购买次数较少、冒风险和高度自我表现的商品时，其行为属于复杂的购买行为。由于对这些产品的性能缺乏了解，因此为慎重起见，他们往往需要广泛收集有关信息，并经过认真学习，产生对这一产品的信念，形成对品牌的态度，进而慎重地做出购买决策。

2. 减少不协调感的购买行为

当消费者高度介入某项产品的购买，但又看不出各品牌有何差异时，就会对所购

产品产生失调感。因为消费者在购买一些品牌间差异不大的商品时，虽然他们对购买行为持谨慎的态度，但他们的注意力更多地集中在品牌价格是否优惠、购买地点是否便利上，而不会花很多精力去收集不同品牌间的信息并进行比较，而且从产生购买动机到决定购买之间的时间较短。因此这种购买行为容易产生购后的不协调感，即消费者购买某一产品后，或因产品自身的某些方面不称心，或得到了其他产品更好的信息，从而产生了不该购买这一产品的后悔心理或不平衡心理。为了改变这样的心理，追求心理平衡，消费者广泛收集各种对已购产品的有利信息，以证明自己购买决定的正确性。

3. 广泛选择的购买行为

广泛选择的购买行为又称为寻求多样化的购买行为。当一个消费者购买的商品品牌之间差异很大，但可供选择的品牌很多时，他们并不会花太多的时间选择品牌，也不会专注于某一产品，而是经常变换品种。比如购买饼干，他们上次买的是巧克力夹心饼干，而这次想购买奶油夹心饼干，这种品种的更换并不是对上次购买的饼干不满意，而是想换换口味。

4. 习惯性的购买行为

消费者有时购买某一商品，并不是因为特别偏爱某一品牌，而是出于习惯。比如醋，这是一种价格低廉、品牌间差异不大的商品，消费者购买它时，大多不会关心品牌，而是靠多次购买和多次使用而形成的习惯去选定某一品牌。

二、消费者购买行为理论与决策模式

（一）消费者购买行为理论

1. 习惯建立理论

习惯建立理论认为，消费者的购买行为实际上是一种习惯的建立过程。消费者在内在需要的激发和外在商品的刺激下，购买该商品并在使用过程中感觉不错，那么他可能再次购买并使用。如果多次购买和使用给他带来愉快的经历，购买、使用和愉快的多次结合，最终在他身上形成了固定化的反应模式，即消费习惯建立。每当产生消费需要时，消费者就会想到这种商品，并随之产生相应的购买行为。

2. 信息加工理论

信息加工理论不是某一种理论的名称，而是一类理论的统称，它把人看作一个信息处理器，而人的消费行为就是一个信息处理的过程，即信息的输入、编码、加工贮存、提取和使用的过程。假设的前提为"人是理性的"，商品信息引发了消费者有意或无意的注意，这样大脑就开始对所获信息进行加工处理，这个过程包括知觉、记忆、思维和态度，从而决定了其购买行为。

3. 风险减少理论

风险减少理论认为，消费者的消费行为就是想方设法寻求减少风险的途径，消费者对可能存在和发生的风险的心理预期会影响到他的购买行为。

4.边际效用理论

边际效用理论认为，消费者购买商品的目的就是要用既定的钱最大程度地使个体的需要得到满足，换句话说，就是要以最小的投入换取最大的产出，以一定的钱买来尽可能多的商品，从而达到总效用和边际效用的最大化。

（二）购买决策模式

广义的消费者购买决策是指消费者为了满足某种需求，在一定的购买动机的支配下，在可供选择的两个或者两个以上购买方案中，经过分析、评价、选择并且实施最佳的购买方案，以及购后评价的活动过程。它是一个系统的决策活动过程，包括需求的确定、购买动机的形成、购买方案的抉择和实施、购后评价等环节。研究消费者的购买决策模式，对于更好地满足消费者的需求和提高企业市场营销工作效果具有重要意义。国内外学者、专家对消费者的购买决策模式进行了大量研究，并且提出了一些具有代表性的典型模式。

1.购买决策一般模式（S-O-R模式）

购买决策的一般模式是S-O-R模式，即"刺激（Stimulus）-个体（Organism）-反应（Response）"。该模式表明消费者的购买行为是由刺激引起的，这种刺激来自消费者身体内部的生理因素、心理因素和外部的环境。

菲利普·科特勒提出了一个"刺激-反应"的简单模式，如图4-1所示。该模式说明消费者的购买行为不仅会受到营销刺激，还会受到其他刺激。而不同特征的消费者会产生不同的心理活动过程，消费者的决策过程产生了一定的购买决定，最终形成了消费者对产品、品牌、经销商、购买时机、购买数量的选择。

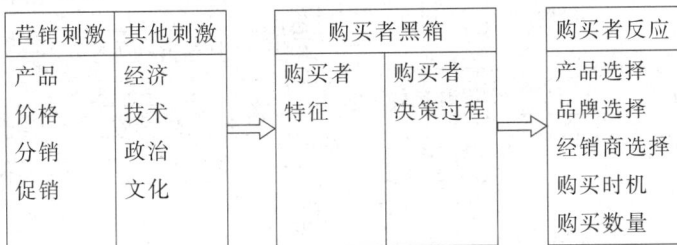

营销刺激	其他刺激	购买者黑箱		购买者反应
产品	经济	购买者特征	购买者决策过程	产品选择
价格	技术			品牌选择
分销	政治			经销商选择
促销	文化			购买时机
				购买数量

图4-1 "刺激-反应"的简单模式

2.尼科西亚模式

尼科西亚于1966年在《消费者决策程序》一书中提出了尼科西亚模式，如图4-2所示。该模式由四大部分组成：第一部分，从信息源到消费者的态度，包括企业的态度和消费者的态度两个方面；第二部分，消费者对商品进行调查和评价，并形成购买动机的输出；第三部分，消费者采取有效的决策行为；第四部分，消费者购买行动的结果被大脑记忆、贮存起来，作为消费者以后购买的参考或反馈给企业。

3.恩格尔模式

恩格尔模式又称EBK模式，是由恩格尔、科特拉和克莱布威尔在1968年提出的，如图4-3所示。其重点是从购买决策过程着手进行分析。该模式分为四个部分：①中枢控制系统，即消费者的心理活动过程；②信息加工；③决策过程；④环境。

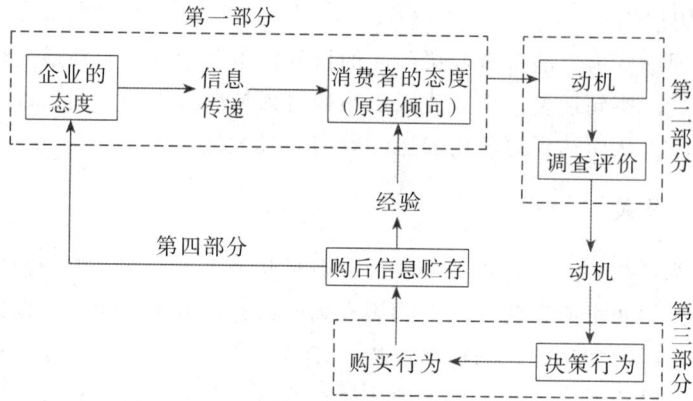

图4-2　尼科西亚模式

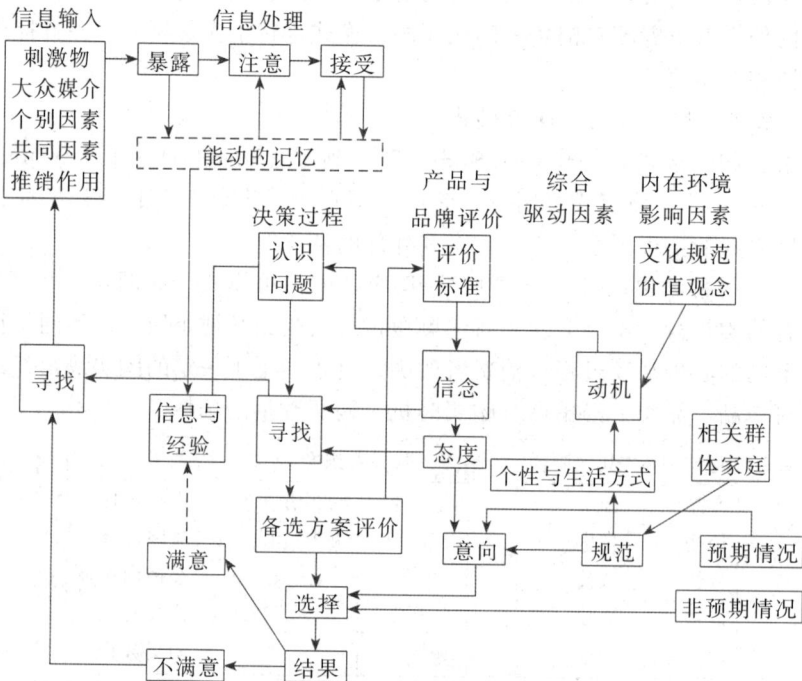

图4-3　恩格尔模式

恩格尔模式认为，外界信息在有形和无形因素的作用下，输入中枢控制系统，即对大脑引起、发现、注意、理解、记忆的与大脑存储的个人经验、评价标准、态度、个性等信息进行过滤加工，形成信息处理程序，并在内心进行选择评估，同时对外部探索进行选择评估，从而产生决策方案。在整个决策评估选择的过程中，同样要受到环境因素，如收入、文化、家庭、社会阶层等的影响。最后完成购买过程，并对购买的商品进行消费体验，得出满意与否的结论。此结论通过反馈又进入中枢控制系统，形成信息与经验，进而影响未来的购买行为。

4.霍华德-谢思模式

霍华德-谢思模式是由霍华德与谢思合作于20世纪60年代末在《购买行为理论》一书中提出的，如图4-4所示。其重点是从以下四个因素考虑消费者的购买行为：

①刺激或投入因素；②外在因素；③内在因素；④反应或产出因素。

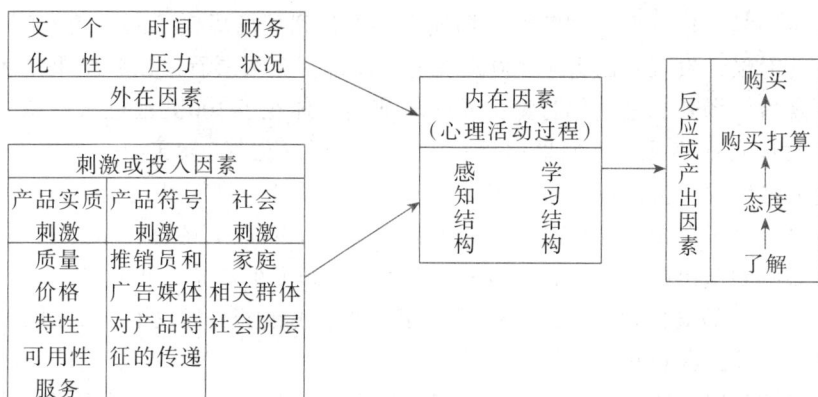

图4-4 霍华德-谢思模式

霍华德-谢思模式认为，刺激或投入因素和外在因素是购买的刺激物，它通过唤起和形成动机，提供各种选择方案的信息，影响购买者的心理活动（内在因素）。消费者受刺激物和以往购买经验的影响，开始接受信息并产生各种动机，对可选择的产品产生一系列反应，形成一系列购买决策的中介因素，如选择评价标准、意向等，在动机、购买方案和中介因素的相互作用下，产生某种倾向或态度。这种倾向或态度又与其他因素，如购买行为的限制因素相结合，产生购买行为。购买结果形成的感受信息会反馈给消费者，影响消费者的心理和下一次购买行为。

三、心理账户对购买决策的影响

心理账户（Mental Accounting）是2017年诺贝尔经济学奖得主芝加哥大学行为科学教授理查德·塞勒（Richard Thaler）最早在1980年提出的概念，用于解释个体在消费决策时为什么会受到"沉没成本效应（Sunk Cost Effect）"的影响。心理账户是行为经济学中的一个重要概念，即由于消费者心理账户的存在，个体在做决策时往往会违背一些简单的经济运算法则，做出许多非理性的消费行为。

（一）心理账户的概念

心理账户也被称为心理会计、心智账户、心理分账、心理核算。它是一种个人、家庭或组织机构在心理上对经济活动结果进行关注、编码和评估的认知操作系统。

心理账户一开始用于解释沉没成本效应，塞勒认为人们之所以受到沉没成本的影响做出不理性行为，是因为人们内心深处将过去已经投入的成本和以后即将产生的投入合并到同一个心理账户里进行综合考虑，他将这种人们心理上的内隐账户系统称作"心理账户系统"。

塞勒进一步认为，不论是个体、家庭还是集团组织，在决策的时候总是会被一个或多个这种内隐的主观的心理账户系统所影响，同时这些心理账户系统所遵守的记账方式和潜在运算规则往往与理性运算规律是相悖的，所以心理账户会使人们的决策违背最为简单的理性法则。

经典的"演出实验"向我们揭示了心理账户的存在和影响。演出实验假设了两个场景，场景一是：你打算去剧院看一场演出，准备到现场买票，票价是300元，在你到达剧院的时候，发现自己丢了300元现金，你是否会买票看演出？结果是大部分人会再买票观看。场景二是：你打算去看一场演出，你花了300元已经买好票，在你到达剧院的时候发现票丢了，如果你想看演出，必须再花300元买票，你是否会买票？这时候绝大多数的人就选择不再购买了。卡尼曼教授和特维斯基教授认为：以上情景中，现金是一个子账户，演出是另一个子账户，两个账户不互通。你丢了300元的现金，不会影响到演出账户的支付预算；而你丢了300元的门票，再重新买一张就会觉得超过了该账户的支付预算，总觉得是花了600元钱看了一场仅值300元的演出，感觉不值得，所以放弃观看。

行为经济学家把这种主观的心理分账，称为心理账户，也就是消费者在决策时根据不同的决策任务形成相应的心理账户。卡尼曼认为，心理账户是人们在心理上对结果（尤其是经济结果）的分类记账、编码、估价和预算等过程。而这也就解释了我们日常生活中总是看到有的人愿意花5 000元买一个包包，却不愿意花199元参加学习培训；有的人愿意花4万元买一个马桶，但不愿意花4万元出国旅行。每个人不同的心理账户导致了不同的消费决策。

（二）心理账户的作用过程

要知道心理账户如何影响消费者的消费决策心理，必须先了解心理账户发生作用的过程。心理账户的影响过程主要包括三个阶段。

第一阶段：将感知到的收益或损失合并到某个账户中。

第二阶段：对这些收益和损失进行心理编码、标记和相应的收支分析。

第三阶段：对账户进行结算并关闭。

例如：某人刚从赌场赢了1万元，走出赌场后，去五星级酒店请朋友大吃一顿，还开了一瓶3 000元的红酒。但是这个人平时从来没买过这么贵的红酒，也未曾有过如此奢侈的消费。为什么会有这样的行为，就是因为这个人建立了一个意外之财的心理账户，并把赌场得到的收益存入了自己的意外之财账户，而之后产生的消费也从这个心理账户支出，当意外之财花完后该心理账户也就关闭了，相应的"非理性"消费行为可能也就暂时停止了。

1996年特维斯基提出，心理账户是一种认知幻觉，这种认知幻觉会影响消费市场和金融市场，使人们失去对价格的理性关注，产生非理性决策行为。而在市场营销决策活动中，则要利用心理账户的存在和影响，合理挖掘消费者的消费欲望，刺激消费者的消费行为。

（三）心理账户的特征

1. 非替代性

我们每一个人都有两个账户，一个是经济学账户，一个是心理账户，心理账户的存在影响着我们的消费决策。经济学账户中，每一元钱是可以替代的，只要绝对量相同。但在心理账户中，我们对每一元钱并不是一视同仁的，而是视不同来处、去往何处采取不同的态度。也就是说人们会根据财富来源与支出划分成不同性质的多个分账户，每个分账户有单独的预算和支出规则，金钱并不能容易地从一个账户转移到另一个账户。塞勒将这种金钱不能很好转移，不能完全替换的特点称为"非替代性"。同时塞勒教授在研究中还发现金钱非替代性的一些表现。

（1）由不同来源的财富而设立的心理账户之间具有非替代性

一般来说，人们会把辛苦挣来的钱存起来不舍得花，而如果是一笔意外之财，可能很快就花掉。正常人不会拿自己辛苦赚取的10万元去赌场赌博，不过如果是赌马赚来的10万元，去赌场的可能性就高多了。一个人会对辛苦赚来的项目报酬有严谨的储蓄和投资计划，但是对意外获得的钱却有不同的态度。

我国学者李爱梅和凌文辁教授的进一步研究表明：不同来源的财富有不同的消费结构和资金支配方向。对绝大多数的人来说，对不同来源的收入有如下的支配倾向：

奖金收入最主要的支配排序为：①储蓄；②人情花费；③家庭建设与发展开支。

彩票收入最主要的支配排序为：①人情花费；②储蓄；③享乐休闲开支。

正常工资收入最主要的支配排序为：①日常必需开支；②储蓄；③家庭建设与发展开支。

（2）为不同消费项目而设立的心理账户之间具有非替代性

消费者在日常的消费行为中，每一次的消费都是为了实现不同的目的，因此消费者为不同的消费项目设立了不同的心理账户，为不同心理账户预留的资金不能很容易地从一个心理账户流向另一个账户。

王小姐非常中意商场的一个包包，价格为5 800元，她觉得贵而舍不得买。在王小姐过生日的时候，老公买了这款包包作为生日礼物送给了王小姐，王小姐非常开心。

不管谁买包包都是花了同一个家庭的钱，为什么同样的钱以不同的理由开支感觉不同？研究表明：自己花钱购买包包，属于生活开支，5 800元太贵了，而作为生日礼物属于情感开支，因此人们愿意接受昂贵的礼品却未必愿意自己去买昂贵的物品。如果我们的营销人员能找到合适的产品定位和消费理由，激发消费者心甘情愿地使用其他的心理账户里的资金购买原不舍得购买的东西，定能大大增加商品的销售额。

同样，在家庭的支出中也普遍存在这样的消费心理。世界知名的金融分析机构标准普尔公司（Standard & Poor's）曾调研全球十万个资产稳健增长的家庭，这些家庭都有一个共同的特点，那就是过去30年家庭资产一直在稳步上升。于是标准普尔公司深入分析总结他们的家庭理财方式，最终提炼出一张成功理财的寻宝"地图"——标准普尔家庭资产象限图，简称标普资产象限图（如图4-5所示）。标普资产象限图根据资金用途把家庭资产分为四个类别，分别为要花的钱、保命的钱、生钱的钱和保本升值的钱，四类资产的占比分别为10%、20%、30%和40%。

（3）不同存储方式导致心理账户的非替代性

如果我们已经确定了某笔资金的使用目的，也就是将这个账户里的资金固定化，那么在此之后，我们也一般不会将这笔钱用于临时消费。也就是说固定账户和临时账户具有非替代性，人们的感觉是不一样的。

图4-5 标普资产象限图

资料来源：互融CLUB. 什么是投资？怎样配置家庭资产？精辟！［EB/OL］.［2016-03-01］. http://www.sohu.com/a/61282147_348837.

例如，李先生每月省吃俭用在工商银行存了一笔30万元的资金用于今后买房，但是他临时又因为工作需要买一辆车。王先生就选择在建设银行按揭了3年贷款买了一辆20万元的车子，为什么不直接用利息不高的那30万元存款买车呢？这说明固定账户和临时账户在消费者心里是不同的。

2. 享乐主义编辑

塞勒根据卡尼曼前景理论中价值函数概念归纳出心理账户的三个基本特性，即参照点依赖、损失厌恶和敏感性递减。心理账户理论认为在实际生活中，人们并不会追求理性效用的价值最大化选择，而是追求感觉上的满意最大化选择，所以这三个基本性质被统称为享乐主义编辑。

（1）参照点依赖

得与失都是比较出来的，即使拥有同样的东西，一旦在比较中觉得比别人差，便怅然若失，而若是比起别人更有优势，则会为所拥有的感到兴奋。所以，农村里的"万元户"通常比城镇里的"百万元户"更容易拥有幸福感。因为在城镇，与你的周围相比较，都是"百万元"大户，没有优势感，而在农村"万元户"极少，你的"万元户"幸福感则体现出来了。

不难看到，所谓的损失和获得，一定是相对于参照点而言的。卡尼曼称之为参照点依赖。根据参照点依赖原理，一般人对一个决策结果的评价，是通过计算该结果相对于某一参照点的变化而完成的。人们看的不是最终的结果，而是看最终结果与参照点之间的差额。一样东西可以说成是"得"，也可以说成是"失"，这取决于参照点的不同。例如：如果你在上海想买一个二手房，面积是100平方米，去年房东报价800万元，今年房东报价500万元，于是你感觉很合适，愿意买，因为你的参照点是去年的房价。

（2）损失厌恶

一般而言，收益增多的确可以改善我们的生活，而重大的损失则可能会导致我们丧失生命，从生物学的角度来看，损失厌恶的最大意义在于帮助我们规避风险，实现生命的延续，因此对生物而言，损失比收益的意义更重要。根据塞勒以及前辈卡尼曼等人的研究，损失厌恶指的是人们面对同样数量的收益和损失时候，更倾向于避免损失。换句话说，人们对损失的厌恶感，是大大超过对收益的喜爱感的，同样数量的损失带来的痛苦，要比同样数量的收益带来的快乐大2~2.5倍。

比如，当消费者在服装店挑衣服时，我们的营销人员可以说这样一句话："喜欢就试试吧。"在试穿之后，如果消费者发现比较合身，再加上营销人员的一番夸奖，很多消费者难免就会产生一定的感情，好像已经拥有了这件衣服。这个时候，损失厌恶就发挥作用了。如果不买，就等于失去了它。这时候，消费者损失厌恶程度越高，就越可能会自愿地买下它，且最终接受的价格往往就会比心理价格要更贵。

（3）敏感性递减

无论是损失还是收益都呈现出敏感性递减的情况，即随着损失或收益的变大，人们的心理感知度增速逐渐减缓。例如：当拿到自己人生的第一份工资时，是何等的高兴，后面就慢慢淡了；当炒股赚到自己第一个100万元，高兴至极，可是以后赚到自己的第二个、第三个100万元就不会那么高兴了。

正是因为敏感性递减的规律，我们常可以在股市中见到如下场景，人们总是在同一天卖出亏损股票，而在不同的日子里卖出盈利股票，这是因为人们在无意识的情况下利用心理账户的敏感性递减规律减少消极感知、增加积极感知而采取的决策。因此，营销人员必须注意不要让"痛苦"分阶段，既然痛苦不可避免，就应让痛苦一次到位，剩下的全都是好的。售房也是这样，售楼合同书一定要清晰，将所有的成交流程、费用列清，我们千万不要采取"先钓鱼再上钩"的策略，让客户一步一步地感受痛苦。

3.灵活性

心理账户的运算和分类是十分灵活的，账户的设立、结算和关闭受个人自我控制的影响，不同年龄、不同学历和不同的经济状况都会对心理账户的灵活性产生不同的影响。

心理账户虽然会受到非替代性的影响，但是它同时也是一种十分灵活的机制，可以根据具体情况进行灵活的调节，但无论是非替代性还是灵活性，心理账户运行机制追求的都不是理性最大化，而是主观满意最大化。

例如，买一个奢侈品，每个人情况不一样，可能调用不同的账户，并且不同账户之间也可能相互转化。因此，营销人员是存在能动性的，可以想方设法地引导不同心理账户之间进行转化，同时也应该注意研究不同人群的心理账户的不同。

（四）心理账户的应用

心理账户广泛地影响个人、家庭和企业。因此在市场营销的策划上，我们应善用消费者的心理账户，对消费者进行引导，影响消费者的决策行为。

1.要努力引导消费者转变心理账户

消费者的"情感维系账户"最容易被激发购买欲望，因为人们对于情感的投入往往多于日常生活中的其他开销。比如结婚纪念日、爸妈的生日、情人节等，都是人们维系情感的重要节日。商家应把握机会，营造节日气氛，将某些商品的支出从人们的"生活账户"转移至"情感账户"。

例如，送礼账户的预算一般会高于自用账户。如果要买一瓶酒，你买来自己喝的预算可能是500元，但是送给他人的预算可能是1 000元。在营销过程中，很多商家都会引导客户将某产品放入高预算的心理账户中，让客户心甘情愿地消费更多。

典型案例4-1　　　　江小白：你以为我们喝的是酒，其实我们喝的是友情！

在中国酒业市场，酒业品牌不断地被洗牌，而能够占据一席之地并不断地被更多人所熟知的江小白，从成立到今天也不过几年。在短短几年内就能够取得成功，江小白的营销和文案是关键！凭借着微博营销、走心文案、自由混饮、同城约酒等新颖玩法，江小白迅速在年轻人心目中打响了知名度，成为酒业市场中一颗耀眼的明星。

江小白走心文案："最想说的话在眼里，在草稿箱里，在梦里和酒里。"

虽然在白酒市场已经拥有了一定的影响力，但面对残酷的竞争，江小白丝毫不敢松懈，它一直不断挖掘品牌的多种可能。跨界营销对于品牌双方来说，是一件两全其美的事情，而江小白在跨界方面，一直都走在前列。

江小白在每一瓶酒上都印着煽动性的金句，这些金句都是极具煽动性的情感句子，能够深深地打动人心。这就是巧妙地应用了心理账户的原理，把原本喝酒消费变成了情感消费。

资料来源：佚名. 江小白广告文案及营销案例盘点分析［EB/OL］.［2018-08-09］. http：//www.51ebo.com/repstation/4771.html.

2.可通过营销策略关闭客户原有的心理账户

很多商家会开展以旧换新的活动，这其实是利用折扣形式让剩余的产品价值转化清空。消费者就更容易关闭掉原先的心理账户，为新商品建立一个新的心理账户。

例如，花了3 000元买了手机，刚用一年，新款手机出现，但是旧手机仍有使用价值，客户难以做出购买新产品的决定（因为客户不想关闭旧商品的账户，不然总觉得没有用完剩余价值）。商家通过以旧换新的活动，能很好地让客户放弃旧产品剩余的使用价值（因为在客户看来，旧商品的使用价值已经转化成了折扣），从而促进新产品的销售，这比直接打折促销更加吸引人。

3.调节消费者心理账户的预算

消费者通常有为不同消费支出账户设置心理预算的倾向。商家可以通过价格策略，来调节消费者的心理预算。《怪诞行为学》中有一个著名案例：教授拿着一本杂志的定价表让学生们做选择，定价表的内容是电子版50美元、印刷版100美元、电子版加印刷版100美元。80%的学生选择了最后一种。而当教授去掉中间项，重新提问时，情况则发生了很大变化——大部分人选择了电子版。很显然，消费者对于一本杂志的心理预算可能只有50美元，然而商家改变定价策略以后，就会对消费者的选择产生影响。

4.增加消费者心理账户的数量

通常"心理账户"的开支分为生活必需开支、家庭建设开支、个人发展开支、情感维系开支、享乐休闲开支等。每一项开支里又有不同的细分账户，如享乐休闲开支中可能包括旅游、看电影等。每一种产品的创新，都有可能打开消费者新的"心理账户"。因此营销人员在营销活动中必须创新产品的卖点和定位，为消费者找到合理的消费理由。现在很多的节日，其实是商家策划出来的，如"双11"电商节、"6·18"年中庆等。

5. 改变心理账户的金钱主观感知

资金如何进入心理账户系统取决于它是如何被感知和标记的，而且这也是进入心理账户的第一步。金钱首先要被编码和评估才会被存储或支配。丹尼尔·卡尼曼提出，用户在感知价格的时候，是从三个不同的心理账户进行评价的：最小账户——不同方案优惠的绝对值；局部账户——优惠本身相对于原价的相对值；综合账户——总消费账户。

人们对于绝对值优惠和相对值优惠是有不同感知的。例如，一本39元的书，如果打5折你会感觉非常便宜；但如果价值1 000万元的房子，与其说打98折，不如说优惠20万元。对于高价的商品，采用绝对值优惠会让消费者觉得更便宜，而对于相对低价商品，相对值优惠则会让消费者觉得更便宜。

当绝对优惠不大时，消费者容易启动局部账户来评估优惠本身的吸引力。例如，你要买一款价值500元的移动硬盘，这时你得知开车20分钟，可以便宜100元，你会愿意为了省100元钱过去购买吗？调查显示，大部分人都愿意。而当你要购买一款价值10 000元的笔记本电脑，开车20分钟可以便宜100元，你是否还愿意为了省100元钱过去购买，结果是大部分人不愿意。同样是帮你省下100元钱，为什么会有两种不同的结果。这主要还是心理账户在感知这些商品的优惠时调用了不同的账户，前者你会感觉获得了20%（100 / 500）的优惠，而后者你会感觉只获得了1%（100 / 10 000）的优惠。这就是最小账户（都是100元）和局部账户（20%对比1%）的差别。因此商家在营销活动中必须考虑在绝对优惠不大的情况下，商品原先的价格处于什么水平，是否会调动消费者对相对优惠的比较，使优惠活动无效甚至成为累赘。

6. 通过对比提高客户感知的交易效用

交易效用是决定人们感知得失的关键。在实际的生活中，买到的商品会被消费者感知为收益，而相应支出的货币则被感知为损失。只有交易效用是正的时候，交易才能够成交。交易效用是消费者对一笔交易所感知到的主观价值，人主观感受的交易效用是可变的，所以商家一定要让客户感觉占到了便宜。

正是交易效用的存在，导致了市场上一些产品不论其价格超出其成本多高，总是会有大量的消费者。很多商品采用饥饿营销，限量发售，故意营造供不应求的市场假象，导致消费者上调其愿意支付的价格。例如，一件衣服原价99元无人问津，如果后面加一个零变成990元，然后再打五折，仅限一天，可能很快就会卖出去了，此时消费者还可能感觉占了很大的便宜。

在生活中，商家在销售贵重商品的时候，可以强调商品的日均价格成本或者趁机推销其他较便宜的相关产品，利用对比来改变消费者对价格的感知，产生正向的交易效用，令消费者觉得交易划算而产生更多的购买。例如，常见的商家广告中常有这样的广告词：每天只要1块钱，就可以学习顶级商学院价值10万元的课程；每天只要199元，豪车开回家等。

7. 让消费者的支付和消费相对分离

科学研究发现，大脑的不同部分对不同的刺激在不同时间表现是不同的，在大脑框架中，把偏好作为潜在收益，把价格作为潜在成本。因此预先或延迟的支付可以将购买行为和消费行为由即时、同步的变为非即时、不同步的，这种分离就减少了消费者在心理账户里所感受到的心理成本，也减少了人们消费时损失厌恶所带来的消极感知。

例如，一些酒类制造商利用会员直销的形式，如果消费者以几万元钱买酒，会给予很大的折扣并成为会员，这样客户感觉不是在消费，而是在投资，大大提高了心理收益，感觉喝酒是占了很大的便宜（一边喝酒一边赚钱）。而在消费时，并不能很直接地感受到损失，消费起来就更随意。这种销售策略，也是利用了心理账户理论，不仅把商品卖给了消费者，还大大降低了消费者的消费感知。

现在我们生活中常见的信用卡、支付宝花呗等提前消费的支付工具就是最有效地将支付行为与购买行为相分离的工具。研究发现，现金支付会增强我们对金钱所有权的感知，而信用卡的支付方式则会让我们感觉支付成本更低，从而使得我们对开销的感知度降低，对货币支出也相对更淡漠，最终导致信用卡的消费额度提高。

支、付分离常见的例子还有话费包月、会员年卡制度、会员卡充值等，这些策略都是通过改变消费者心理账户作用过程中的第一步感知，从而给商家创造更多的利润。

四、终端（购买环境）对购买决策的影响

终端一般是指市场销售的最后一环，即与消费者接触的终端店铺，是渠道的组成部分。商家通过终端才能实现商品价值的转化，因此做好终端的营销非常重要。在对终端的控制中，不仅要考虑终端营销环境对购买决策的影响，还要考虑终端营销服务对购买决策的影响。

（一）店址

商店选址是指对商店经营地点的选择。商店选址是一个综合决策问题，是一项大的、长期性的投资，由于资金投入量大，投入后不易变动，而被认为是零售商战略组合中最缺乏灵活性的要素。同时，商店选址也影响着企业对其他战略的制定，如经营目标和经营策略的制定，所以商店位置的重要性是不可低估的。因此在筹建商店时，应慎重而科学地选择店址。

商家在选择商店的经营地址时，首先要考虑店铺设置的区域以及该区域的环境是否能达到基本要求；其次要考虑店铺应具体设在哪个地点、哪个方位；最后要从市场营销的角度出发，权衡顾客需求与商业利益。

名创优品开店选址

名创优品由曾经的"十元店"阿呀呀升级，2020年营收超百亿，正式在纽交所上市！2024年9月23日，以约63亿元的价格收购了永辉超市29.4%的股份。名创优品实力雄厚，目前全球门店总数已达到7474家。在中国大陆，名创优品门店数为4538家，海外市场同样表现出色，门店总数为2936家，国际影响力日益增强。

名创优品的开店选址有哪些秘诀？

一、核心商圈是唯一选址标准

名创优品第一家店选址在广州市花都区建设路步行街，临近火车北站，周边是大片居民区。周边消费者收入水平和购买力不足，门店效益极低，销售额只达到预期的1/3。后来，名创优品修正了选址错误，改变了选址策略。每个城市，都选择人流最密集的步行街、黄金地段商业区。名创优品的选址原则是只选择核心商圈。因为核心商圈能为名创优品提供强大的信任背书，消费者普遍认为核心商圈的商场不可能卖假货，因为商场对进驻的商家都有一定的标准和要求。当名创优品达到一定规模，具备品牌效应和势能后，进驻商场还能获得低租金、好位置等好处。

名创优品的店铺分为A+、A、B、C四个等级，不同等级的店铺选址要求如下：

A+级：一二线或旅游城市、特大步行街

A级：大型购物中心

B级：大型商城综合体店

C级：二类商圈、三类商圈

名创优品在2024全球品牌战略升级成果发布会上表示，名创优品今后将形成MINISO LAND、势能店、主题店、旗舰店/次主力店、常规店、MINISO GO、MINISO快闪店等七大店铺形态。其中，MINISO LAND是"超级IP+超级门店"模式的最新升级，将分为全球级（壹号店）、国家级、城市级门店。10月27日，名创优品MINISO LAND全球壹号店在上海南京东路正式开业，该门店试营业首月业绩近千万元。全球级门店主要选择在全球商业的"十字路口"开出。MINISO LAND全球壹号店除了落地上海南京东路外，还将在美国纽约时代广场、伦敦牛津、巴黎香榭丽舍大街、新加坡樟宜机场不断拓展。而国家级门店将选取一线、新一线城市，城市级门店主要围绕省会城市开出。

二、精准客群画像分析

名创优品有自己独特的用户画像：主要服务于消费品位较高且对价格有一定敏感性的年轻人。人口密度和消费能力是名创优品在其他国家和地区店铺选址的主要依据。

资料来源：作者根据网络资料整理.

1.区域与选址心理

为了提升商店的客流量，在区域的选择上，商家应考虑以下几种心理：

（1）商场集聚心理

俗话说"店多隆市"，选择同类商品的销售比较集中的商业区，消费者的购买目标很明确，有助于提高店铺人气。商店选址首先要了解人口是否密集，顾客人数是否足以形成市场，规模性的目标顾客群是否存在。而商店林立的商业街，由于商家聚集，就会形成一个规模大、密度高的顾客群。商店经营具有明显的"马太效应"，即当消费者在一处营业环境购买商品或消费时，他们可能同时会在附近游览、观光或消费，并可能产生购买行为。很多顾客有浓厚的从众心理，人越多，认为商品越吸引人，购买兴趣就越高。但营业环境形成马太效应的条件，一般是这些营业单位的地理位置接近、营业性质比较接近或者互相兼容，消费者才有可能在这个商业圈内保持持续消费的动机。所以，人口密集、商家聚集是设置商场理想的区域特征。

（2）购买便捷心理

让消费者在最短的时间内购买到所需的商品。这主要取决于商店所在地的交通条件。交通条件越方便，消费者购买商品越方便；反之，交通条件越差，消费者购买商品的难度越大。虽然目前随着网购的盛行和送货服务越来越完善，很多企业可以为消费者提供送货上门等服务，但还是不能完全解决商品运输的问题，无法很好地吸引消费者进店挑选，而这才是多数商店的主要客源。因此，选址要选择交通较为便利、进出道路比较通畅、商品运输安全省时、主要顾客购买路程不远或乘坐公共汽车站数不多且不必换车的地方。

（3）最佳地段心理

商场的最佳地段主要是指客流量最大的场所，一般包括城市的商业中心、火车站、长途汽车站、公交站点附近、商业步行街、大学校园门口、人气旺盛的旅游景点、大型批发市场门口和大中型居民区等。此外，在一条商业街内，在两端购物的人要明显少于其他地段。例如，上海南京路上的第一百货商店生意兴隆、享誉全国，而它正好处在南京路的1/3处，部分学者认为，此处接近数学上的黄金分割点，消费者从外滩到达此处时，购物的欲望恰好达到最高。

【想一想4-2】

问题：在我们学校，哪个区域属于最佳地段？

2.商品与选址心理

通过研究商品与消费心理之间的关系选择合适的经营地址，是提升商店目标客户数量的重要方式。

（1）商品性质与消费心理

营业地点的选择与主营商品和潜在的客户群息息相关，各行各业均有不同的特性和消费对象，商业繁华区并不是唯一的选择。例如，中小型发廊可以将店址选在居民区附近；酒吧、茶坊等行业则应将店址选在闹市区；销售日常生活用品的超市则适合落址于较靠近居民区中间的地段；销售黄金饰品、钢琴等贵重物品可以选择与高档商店相毗邻。

（2）商品价格与消费心理

商业企业选址必须考虑该区域的人口密度、人口数量及购买力。不同区域所聚集或吸引的消费者对商品价格的敏感度不同，同时由于受到整体销售环境、促销活动和商品本身的影响，消费者也表现出不一样的消费心理，因此应根据消费者对商品价格的需求选择店址。进入繁华的闹市区购物的消费者对商品的心理价位较高，购买力也较强，因此该地区较适合商品档次较高、价格偏贵的商店选址，即销售高档文化艺术类商品、豪华生活消费品的商场应设在高收入顾客群生活地或商业街。而在较为偏远地区或者居民生活区，消费者心理价位较低且购买力较弱，消费者往往不愿意在此花较多的钱购买档次高的东西，因此适合商品价格较低的商店选址。

（3）消费习俗与消费心理

消费习俗是指一个地区或一个民族约定俗成的消费习惯，商场选址要根据商品的特性，考虑人们消费习俗的差异，因地而异。比如北方毛皮商店兴盛，南方则不宜开设；西南部地区的贵州、四川等地广设辣味食品专营店，而在其他地区则不宜多设。

3. 商场类型与选址心理

（1）业态分布与消费心理

业态是指服务于某一顾客群或某种顾客需求的销售经营形态，是目标市场进一步细分的结果。商店选址，并非闹市、商业区就好，而应该遵循"合适就好"的原则。日用品店或便利店可以设置于居民小区或学校附近，土特产店、快餐店、旅游纪念品店可以设置于车站附近，工艺品店、书画店等应选择其他类似店聚集的地方，大型综合市场等则要选择交通方便、车位较多的地方。

（2）竞争环境与消费心理

商场周围的竞争环境是影响顾客心理的重要因素，是商场选址心理的重要组成部分。商场选址时要充分考虑竞争对手的情况，商圈内的竞争对手不宜过多，同类商品专营商店最好不要超过3家；同时考虑业种、业态分布情况，或与周围其他商品类型相协调，或能起到互补作用，或有鲜明特色。但同类型小型专业化商家毗邻设店，也可形成特色街，吸引人气，满足消费者到特定商业街购物持有的特定心理预期。

二维码4-1

主题式体验正席卷购物中心

（3）配套场所与消费心理

消费者在商场购物时要求获得配套服务，因此配套服务和设施是否完善，直接决定了商场的竞争力。例如，大型综合购物中心除了应配有相应面积的停车场外，还必须配备餐饮、娱乐场所，让顾客享受一站式购物体验。

（二）门面装潢

1. 招牌

招牌是商场的牌号，是商场名称的艺术制作，是顾客寻找和识别商家的标记，一般要求引人注目、通俗易懂。常见的形式有幌子、灯笼、木牌匾、金属牌匾、灯箱、霓虹灯、招贴画等。

招牌的首要问题是命名，好的名字便于消费者识别、注目、记忆，能适应和满足消费者方便、信赖、好奇、慕名、吉利等心理需要，从而吸引消费者。

店名应具备以下三个特征：一是容易发音，容易记忆；二是能突显商店的营业性质；三是能给人留下深刻的印象。

店名要有特色，但不能离题太远，通过店名能使顾客知道你所经营的商品是什么。也就是说，食品店的名称要像食品店，服装店的名称要像服装店等。

【想一想4-3】

徐文长以奇猎客

明朝万历年间，绍兴城里新开了一家点心店，徐文长常常光顾。一次，店主央求他给写一块招牌，徐文长一挥而就，并嘱咐店主不得改动。谁知招牌一挂出来，立刻门庭若市，原来大名鼎鼎的徐文长竟然没有写"心"字中心的一点，绍兴城的人都来看热闹，点心店的生意也就格外兴隆。

可是名声卖出去以后，店主就开始偷工减料，点心的质量每况愈下，生意也渐渐不景气了。一天，一个顾客对店主说："'心'缺一点还叫'心'吗？难怪生意不好！"店主于是用黑漆在"心"中间补了一点，可生意并未好转，反而更加萧条了，店主摸不透其中奥妙，来请教徐文长。

徐文长说："'心'无一点，引人注目，又使人有空腹的感觉，来吃点心的人就多。加上一点，变成了实心肚子，谁还要来吃？做生意不可过分贪心。现在你把'心'上那个黑点改成红的，生意还会兴隆。"

店主恍然大悟，照办了，果然灵验。

问题：

1.故事中的徐文长利用了消费者的什么心理？

2.招牌命名还可以采用什么样的心理方法？

2.招牌命名的心理方法

（1）与经营特色或经营商品属性相联系，如1元饱，标榜经济实惠。

（2）与服务精神或经营理念相联系，如24小时超市、平价商场。

（3）引发联想，使人愉悦的命名法，如如家快捷酒店、阳光酒家。

（4）运用逆反，以贬寓褒的命名法，如天津狗不理包子店。

（5）以人命名，让顾客产生敬慕、兴趣和信任感，如陆羽茶叶店。

（6）利用谐音，幽默风趣的命名法，如168市场、拎壶冲茶庄。

（三）橱窗设计

橱窗一般是指商店临街的玻璃窗，用来展览样品。美观得体的橱窗设计能增强顾客的购买欲望，是影响零售业绩的主要因素之一。橱窗是商店的"眼睛"，店面这张"脸"是否迷人，这只"眼睛"具有举足轻重的作用。橱窗是一种艺术的表现，是吸引顾客的重要手段。走在任何一个城市的商业街，都有无数的人在橱窗前观望、欣赏，他们拥挤着、议论着，像是在欣赏一幅传世名画。

商店橱窗设计要遵循三个原则：一是以别出心裁的设计吸引顾客，切忌平面化，努力追求动感和文化艺术色彩；二是可通过一些生活化的场景使顾客感到亲切自然，进而产生共鸣；三是努力给顾客留下深刻的印象，通过本店橱窗的巧妙展示，使顾客过目不忘，将商品印入脑海。

1. 橱窗的构造形式

橱窗的构造形式根据结构的不同，一般分为封闭式、半封闭式和敞开式三种。

（1）封闭式橱窗

封闭式橱窗大多为场景设计，展现一种生活形态。橱窗后背装有壁板与店堂隔开，形成单独的空间。橱窗底部要高出人行道 30 ~ 60 厘米，以行人的平视线角度为基准，结合卖场的实际规模而定。封闭式橱窗多为大商场或专卖店所用，可显示商场或专卖店的宏大气派。

（2）半封闭式橱窗

半封闭式橱窗的后背与店堂采用半隔绝、半通透的形式隔开。半封闭式橱窗大多通过背板的不完全隔离，体现"犹抱琵琶半遮面"般的吸引功效。

（3）敞开式橱窗

敞开式橱窗没有后背，直接与卖场的空间相通，人们可以透过玻璃将店内情况尽收眼底。敞开式橱窗将产品形态或者生活形态完全展现给消费者，亲和力强。国外的商店多采用这种形式。

2. 橱窗的设计方法

（1）专题式设计

专题式设计是以某种与商品有关的专题为主题，选择和布置商品，既突出了商品，又具有丰富的内涵，通过各种相互独立而又互为联系的方式形成一个整体，从而细致深刻地表现主题。专题式设计通常以一个广告专题为中心，围绕某一特定的事情，组织不同类型的商品进行陈列，向顾客表达一个主题，如世界杯陈列等。

采用专题式设计的橱窗是以一个特定专题为中心，围绕某一特定事件，组织不同的科室、销售组等针对不同类型的商品进行陈列、展示，向消费者传达一个诉求主题。一般有节日陈列、事件陈列和场景陈列等形式。

（2）系列式设计

系列式设计就是在一个面积较大的橱窗里，摆放一系列的各类商品，既可以是同质同类的，也可以是不同质不同类的，主要为大中型店铺所使用。

（3）综合式设计

综合式设计是将许多联系不是很紧密的商品同时摆放在一个橱窗里，通过巧妙的设计，组成一个完整的橱窗广告。如结婚用品综合展示以"结婚用品"为内容的橱窗广告，把橱窗布置成婚礼的场面，整个陈列以红色为基调，在橱窗的中央装饰一个"囍"字，这样就可以把床上用品、家具、家用电器、玻璃器皿、服装鞋帽、日用百货等商品统统陈列在一起。由于商品之间的差异较大，设计时一定要谨慎，不要显得杂乱。综合式设计的陈列法有三种：横向陈列、纵向陈列以及单元陈列。采用综合式设计的橱窗单从商品上看并无直接联系，各不相干，但在某一专题下能把它们联系起来，并给人以联想，从而激起新的购买欲望。

（4）情感式设计

通过各种形状、色彩、机理等造型要素，将情感融入设计作品中，使消费者在欣赏、使用产品的过程中激发联想、产生共鸣，获得精神上的愉悦和情感上的满足，如对品牌内涵的联想，对使用品牌感觉的联想。

（5）特写式设计

特写式设计是运用不同的艺术形式与处理方法，集中介绍某一商品，适用于新产品、特色商品的广告宣传，主要有单一商品及商品模型的特写陈列。

橱窗陈列在设计上要注重"创意"，注意设计的人格化和情节性。要利用商品和道具的特点，营造一种能够引起顾客好感的气氛，并在这种气氛中，使商品的特点得到有效展示。

（四）商品陈列

商品陈列是一项非常重要的工作。有魅力的商品陈列，能够刺激消费者的购买欲望。同时，规范化的商品陈列方法可以使企业形象统一化，使连锁管理达到标准化、简单化。商品陈列决定着顾客对店铺的第一印象。使卖场整体看上去整齐、美观，是卖场陈列的基本思想。陈列还要富于变化，不同陈列方式相互对照效果的好与坏，在一定程度上左右着商品的销售数量。

1. 商品陈列的原则

为了更好地刺激消费者的购买欲望，商品陈列应注意以下六个原则：

（1）便于顾客挑选，应依据商品的类别、款式、品牌、性质等分类陈列。

（2）商品正面朝向消费者。

（3）商品显而易见，应让消费者看到更多产品，新产品陈列在显眼位置，并配备促销牌。

（4）消费者伸手可取，即保证拿及放回原处都方便。

（5）陈列商品应丰富，应合理利用空间，尽可能展示更多的商品。

（6）先进先出，避免上架较早的商品出现过期现象。

2. 商品陈列的形式

常用的商品陈列形式有以下几种：

（1）分类陈列：按商品的档次、性能、特点和消费对象分类陈列。

（2）综合陈列：将主要商品一并陈列。

（3）专题陈列：结合某一特定事件或节日，集中陈列应时的连带性商品。

（4）特点陈列：采用烘托对比的方法，突出陈列一种商品。

（5）季节陈列：商品陈列随季节变化而变化。

（五）色彩与照明

1. 色彩

心理学的实验证明，在感知事物、认识形象上，色彩起着重要的识别作用，并使人产生不同的心理感觉。为此，商场应该选择一种有代表性的颜色，作为营业场所内商场标识、建筑物装饰、包装袋、员工服饰等多方面的主色调，以形成商场特有的色彩形象。

商店在色彩的运用中，要考虑四个原则：一是"适时"，即颜色要适合商品销售的季节；二是"适品"，即商店的装饰色应该与商品相协调，不应造成不和谐之感；三是"适所"，即店内色调应与商店风格相一致，否则会影响商店的形象；四是"适人"，即充分考虑目标顾客对色彩的偏好和敏感程度。

在超市各产品展区的运用上，可以采用不同的颜色，突出不同产品的特色。如面包区采用黄色调，令人想到烤得金灿灿、香喷喷的面包；熟食区采用橙色调，橙色引发人的食欲；肉类区采用红色调，生肉在红色背景下会越发显得新鲜；水产区采用蓝色调，海鲜在这种色调的映衬下才够鲜。

2. 照明

光线强弱对购物环境的影响极大，合理而巧妙地运用照明设备营造购物环境，是有效的手段之一。明亮夺目、五光十色的照明，能调动起顾客的购买欲望。光线暗淡，商场会显得沉闷压抑；而光线过强，又会使顾客感到晕眩，售货员精神紧张，易出差错。

店堂照明可分为自然照明、基本照明、特殊照明等。

（1）自然照明

自然照明能够使消费者准确地识别商品的色泽，方便消费者挑选比较商品，使消费者产生真切感与安全感，不至于因灯光的影响，使商品的色泽产生差异而购买到不如意的商品。因此，在采光方面，要尽可能地利用自然光源。

（2）基本照明

基本照明是指满足一定区域范围的光照亮度，不需要起到装饰作用的照明要求。由于售货现场规模、建筑结构的形式不同，自然采光所占比例不大，而随着照明技术的进步，人工采光灯光设计在售货现场设计中的地位日益重要。先进的灯光设计能够增加店容店貌的美观度，能够突出商品特色，从而吸引消费者参观选购，刺激消费者的购买欲望。

因此，在研究售货现场的灯光设计时，要以方便消费者选购、突显商品为主，灯具装置和灯光光源均要符合这一要求，可灵活采用不同的人工采光方式，如安装暗射灯光，能使整个售货现场光线柔和；采用聚射灯光，可突出显示陈列的商品，使消费者在一个柔和、愉悦的氛围中挑选商品。

（3）特殊照明

特殊照明是为了突出部分商品的特性而布置的照明。有效的特殊照明能够凸显商品的特色，更好地吸引顾客的注意力，激发顾客的购买欲望。

（六）气味与音响

1. 气味

气味也能用来创造适宜的销售氛围，合适的气味能刺激客户购买商品。一些气味（如橘子或爆米花的气味）几乎可以被品尝，一些香味可以引起愉快的反应。礼品商店里的香味蜡烛或面包店里小甜饼的气味与商店里的商品是相宜的，可以创造出合适的气氛。

2. 音响

音响是零售店创造氛围、吸引购物者的工具之一。音响包括花店或园艺商店里的风铃声或汩汩流淌的水声、电子品商店里的电视伴音或立体声，以及体育用品商店里的体育竞赛广播声等。用音乐来促进销售，可以说是古老的经商艺术。在商场中，适度的背景音乐可以调节消费者的情绪，活跃购物气氛，给购物环境增加生机，还可以缓解消费者紧张的心理。

音响的作用包括以下三种：第一，吸引顾客对商品的注意，如电视、音响、磁带的播放。第二，指导顾客选购商品。商场向顾客播放商品展销节目，传递优惠出售信息，可引导顾客选购。第三，营造特殊的氛围，促进商品销售。

根据时间的不同，商场会定时播放不同的背景音乐，这不仅会给顾客以轻松、愉快的感受，还会刺激顾客的购物兴趣。开始营业的早晨播放欢快的迎宾乐曲；临打烊时播放轻缓的送别曲；在气候变化时，播送提示，为顾客提供服务。

商场内有各种声音，但并不会都对营业环境产生积极影响，也会有一些噪声，如柜台前的嘈杂声、机械的声响，都可能使顾客感到厌烦。有些声音虽然可以采用消音、隔音设备消除，但也不能保证消除彻底。因此，可以播放背景音乐缓解噪声。要选择旋律轻柔舒缓的背景音乐，以营造温馨的气氛，不要播放节奏强烈的打击乐等，以免影响顾客情绪，打乱售货员的工作节奏。

（七）温度与卫生

1. 温度

适宜的温度对购物者情绪和欲望有着良好、直接的影响。

商场内顾客流量大，空气易污浊，为了保证空气清新，应注意通风设施的建设。营业场所的温度对顾客和商品保管都有影响，商场也应考虑空调设施的建设。一般而言，空调本身只有通风和调节温度的功能，但有的空调设备还有空气净化、灭菌等功能，用空调来改善营业场所的环境质量，可为顾客提供一个舒适、清新的购物环境。

商场的空调应遵循舒适性原则，冬季应达到暖和而不燥热，夏季应达到凉爽而不骤冷，否则会对顾客和售货人员产生不利的影响。如冬天商场内暖气太足、温度过高，顾客从外面进店都穿着厚厚的棉衣、羽绒服等，在商场内待不了几分钟就会感到燥热难耐，急于离店；夏天空调冷气太强，顾客从炎热的街上进入商场，会受到冷风刺激而不适应，抵抗力弱的顾客还会伤风感冒。

2. 卫生

商场是一个公共场所，人来人往，顾客很多。如果环境卫生不好，地面布满灰尘、纸屑，就不能留住顾客。购物环境卫生包括营业场所卫生、商品卫生、营业员个人卫生。保持地面清洁、窗明几净、商品整洁，为消费者创造一个整洁的购买环境，是文明经商的要求。在营业现场，每天的卫生工作要定人定时，经常打扫，将废旧包装物及时清理收回；陈列用具、展示的商品要每天擦拭；营业员要着装整洁，讲究个人卫生。

典型案例4-3 冷柜位置变化带来的惊喜

一位高中生在7-11便利店打工，由于粗心大意，在进行酸奶订货时多写了一个0，使原来每天只需要3瓶的酸奶变成了30瓶。按规定，应由这位高中生自己承担损失，这意味着她一周的打工收入将付诸东流。

这逼着她想方设法把这些酸奶赶快卖出去，冥思苦想中她灵机一动，把销售酸奶的冷柜移到盒饭销售柜旁，并制作了一张POP，上面写着"喝酸奶有益健康"。令她喜出望外的是，第二天早晨，30瓶酸奶不仅销售一空，而且出现了断货。谁也没有想到这位高中生对冷柜位置的小改动带来了7-11便利店新的销售增长。从此，在7-11便利店中，酸奶的冷藏柜同盒饭销售柜摆在一起。

通过以上案例可以看出商品摆放的重要性。如果我们能时刻注意思考货品的陈列助销问题，那么销售便会常常给我们带来意外的惊喜。由此可见，购物环境对消费心理有着重要的影响。

（八）营销服务对购买决策的影响

不同的销售员有不同的销售业绩，这说明消费者的购买决策会受销售员对产品的理解程度、介绍水平和服务态度的影响。对于大宗商品或者价格比较高的商品，产品的售后服务更是对消费者购买决策有重要影响，很少有人去买没有售后保障的贵重商品。

1.营销服务心理

营销服务是指各类企业为支持核心产品所提供的服务。企业的营销服务是由售前、售中、售后服务构成的体系。美国哈佛商业杂志发表的一项研究报告指出，公司利润的25%～85%来自再次光临的顾客，而吸引他们再来的因素，首先是服务质量的好坏，其次是产品本身，最后才是价格。

二维码4-2

一个真实的汽车
销售实例

（1）营销人员的言谈与消费心理

营销人员在提供服务时，应非常注意自己的言谈。服务时以普通话为主，如果顾客是本地人，也可说方言；要发音准确，吐字清晰，语气亲切；用词要简练，抓住要领，口语化且形象化；不能失口，要注意什么话该说和什么话不该说。

（2）营销人员的行为举止与消费心理

营销人员的行为举止主要是指其在接待顾客的过程中的站立、行走、表情、动作。站姿要正确，不要有小动作，如两腿抖动；不要神态紧张，表情僵硬；眼睛要平视，不要总盯住顾客的一个部位。

2.营销服务三阶段的心理

（1）售前服务与消费者心理

所谓售前服务，是指通过精心研究消费者心理，在消费者未接触商品之前，提供一系列服务，从而激发消费者的购买欲望。开展这些服务项目，可以使许多潜在的消费者变成真正的消费者。

售前服务要做好三件事：一是做好市场调查与预测；二是提供适销对路的商品；三是做好宣传，加强引导消费。营销之父菲利普·科特勒把消费者在购买之前的心理活动称为"神秘的暗箱"。经营者只有打开"暗箱"，洞悉消费者的心理活动，才能在市场中占有一席之地。在售前环节，需考虑的消费者心理主要包括以下几方面：顾客认知商品的欲望、顾客的价值取向和审美情趣、顾客的期望值、顾客的自我意识。

在这个过程中，营销人员应为消费者建立档案，把握消费者的心理需要，最大限度地满足顾客需要。可以采用公关广告宣传、提供服务咨询和多种便利措施、开通业务电话和改善销售环境等方法激发消费热情，促使顾客认知接受商品，引导消费行为。

二维码4-3

国外汽车试驾营销10个经典案例

（2）售中服务与消费者心理

售中服务是指在商品买卖的过程中，直接或间接为销售活动提供的各种服务。售中服务主要包括介绍商品、充当参谋、交货与结账。

在售中环节，消费者心理受到价格、柜台服务、商品包装、商品名称与商标、店容店貌的影响。主要有以下几种心理：希望获得详尽的商品信息；希望寻求决策帮助；希望受到热情的接待和尊重；追求方便快捷。

在这个过程中，营销人员应以热情的态度积极接待消费者，为有需要的消费者提供详尽的产品信息，积极主动地解决消费者在选购商品时可能出现的各种问题。

（3）售后服务与消费者心理

售后服务是生产企业或零售企业为已购买商品的顾客提供的服务。售后服务主要包括两个方面：一是提供知识性指导及咨询服务，通过"三包"服务使顾客产生安全感和信任感；二是帮助顾客解决安装与运输大件商品等常常使顾客感到为难的问题，为顾客提供方便。

在售后环节，消费者容易出现评价心理、试探心理、求助心理、退换心理等几种心理。

在这个过程中，营销人员可以通过一些具体的售后服务来赢得消费者的正面评价，避免退换货、抱怨、诽谤等购后负面行为的产生。例如，提供有关商品保养的知识，提供维修、更换和退货服务；以电话回访和人员回访的方式了解消费者的需求和想法；一旦发生消费者投诉事件，要妥善处理。

典型案例4-4　　　　　　　　　海底捞极致服务的背后，到底是什么？

2018年9月26日，火锅界的老品牌海底捞在中国香港上市，开盘涨5.62%，股价报18.80港元，市值达996亿港元，成为香港史上入场门槛最高的新股。

海底捞此次上市并不意外，因为在过去的几年里，人们一提到火锅店的服务体验，大家的第一反应都是海底捞，海底捞不仅做好了服务，还努力把服务做到了极致！

有人说海底捞给消费者的服务体验是整个餐饮行业里面最佳的，那么海底捞的服务究竟能做成什么样子呢？为什么会得到如此高的评价呢？

小编先说一下自己的个人体验，作为超级爱吃火锅的我，去过的火锅店自然不在少数，比如海底捞、麻辣空间、蜀大侠、小龙坎以及大龙燚等，但讲到服务，那必定是海底捞做得最好。

就简单的服务细节来说，围裙只是基础，客人手机会有专门的真空袋包装，服务员会主动给长头发的女顾客提供橡皮筋，甚至还会在等餐的过程中提供美甲、擦鞋等服务。

这些或许看起来还是有些平淡，不至于到舒心的程度，但是海底捞的服务可是堪称"逆天"的，我们再来看看海底捞都有哪些"逆天"之举。

一网友反馈，在吃海底捞前因为喂流浪猫而被叮了好多包，结果服务员听闻后二话不说就跑到附近药店买了风油精和止痒药膏送给她，令她感动不已。

还有一网友反馈，海底捞竟然在她儿子睡觉的时候搬来了婴儿床！真的是床！

完全没有开玩笑，由此可见，海底捞努力地为顾客解决好每一个在就餐时遇到的问题，在不断地创新服务方式，为消费者提供最佳的服务体验。

这时可能就有餐饮人会发出疑问，在就餐高峰期，服务员连最基本的服务都很难搞定，更别说实现极致的服务，海底捞是怎么能做到最好的呢？

海底捞之所能给顾客提供优质的服务体验，本质是因为海底捞的高压考核政策，海底捞将店面分为三个等级，每三个月考核一次，会有15个神秘人组成考评团，针对服务质量、服务员的敬业程度、食物质量及餐厅环境进行考评。

连续两次被评为C级的店，店长将会被取消店长资格，并失去相应权益。所以，这一制度虽然看似不近人情，但确实保证了高效服务的执行。

一般刚刚起步或者初有规模的餐饮店很难做到如此有条不紊地发展，也很难提高服务员的使用率，提升服务质量。

这时，就不妨借鉴打造微信点餐小程序的餐饮店，在顾客的整个就餐过程中，服务员只需要引导顾客通过微信扫码下单即可，下单成功后订单会直接打印至厨房，富余出来的时间服务员就可以全心全意地为顾客服务了。

再加上，微信小程序近些年不断更新，更利于餐饮店的发展和推广，打造专属自家店铺的微信点餐小程序现在已经是智慧餐饮人的首选。

资料来源：智铺子. 海底捞极致服务的背后，到底是什么？[EB/OL].［2018-09-26］. https://baijiahao.baidu.com/s？id=1612667230995944199&wfr=spider&for=pc.

五、消费者购买决策的过程

消费者在各种主客观因素的影响下，形成动机导致了购买行为。消费者在购买商品前、购买中和购买后都会有一系列的行为，这不是孤立的现象，而是一个动态的现象。不同的学者对消费者的购买决策过程有不同的归纳，但大致都离不开以下五步：认识需要、收集信息、评价方案、决定购买、购后评价，如图4-6所示。

认识需要 → 收集信息 → 评价方案 → 决定购买 → 购后评价

图4-6 消费者的购买决策过程

（一）认识需要

当消费者意识到对某种商品有需要时，购买过程就开始了。消费者的购买需要来自消费者发现现实状况与自己想达到的目标之间存在差距，这种消费需要可以由内在因素引起，也可以由外在因素引起。这种需要上升到某种程度时，就成了一种动机，促使消费者购买某种产品来获得满足。

消费者的始发动机多样，主要可以分为以下几类：

1. 消耗

某些正在使用的物品耗尽了，需要购买新的，如日常用的柴、米、油、盐快用完了需要重新购买，电池用完了需要换新的等。

2. 对现有产品不满意

如衣服旧了或款式过时了。

3. 收入变化

消费者的收入增加，可能使消费者产生更多的需求。

4. 环境变化

新环境下会产生新的需求，如搬了新房子的人可能需要添置新的家具等。

5. 新产品

技术的发展使新产品层出不穷，这也刺激了消费者的购买欲望。

6. 配套产品

如因购买了剃须刀具，而要购买配套的刀片等。

总之，消费者认识到购物需要和动机的产生是购买决策的开始，对购买决策和购买行为有重要的影响，因此在这一阶段，企业必须通过市场调研，发现促使消费者认识到需要的具体因素。企业的营销活动应致力于做好以下两项工作：第一，发掘消费驱动力，如很多企业通过开发和升级产品不断刺激消费者去购买新款的产品；第二，规划刺激、强化需要，如糕点店或饭店将食物摆到街上，刺激来往的行人进店购买或消费。

（二）收集信息

在多数情况下，消费者还要考虑买什么品牌的商品、花多少钱、到哪里去买等问题，需要收集信息，了解商品信息。消费者收集信息对于消费决策有多方面的意义，通过收集信息，可以帮助消费者知晓新的产品，扩大需求的种类和范围，了解社会发展的潮流；了解更多的商品知识，扩大产品的选择范围；纠正对商品的错误认识，降低决策的风险。

消费者寻求的信息一般有产品质量、功能、价格、已经购买者的评价等。企业的营销任务就是设计适当的市场营销组合，尤其是产品品牌广告策略，宣传产品的质量、功能、价格等，从而使消费者最终选择本企业的产品。消费者的信息来源通常有以下四个方面：个人来源、商业来源、公共来源和经验来源。

1. 个人来源

个人来源包括家庭、朋友、邻居、同事等，如亲友、同事等讲述对某个产品的体验和购买经历等。

2. 商业来源

商业来源包括广告、销售商、产品包装等，如电视广告、网络广告和产品包装上的说明书等。

3.公共来源

公共来源包括大众媒介，如消费者协会的调查报告、专家的评述等。

4.经验来源

经验来源包括以往的购买经验，如过去因购买某款产品得到的经验或者教训。

通常，个人来源和经验来源是可信度比较高的信息来源，商业来源和公共来源则是影响面比较广的信息来源。

（三）评价方案

消费者进行比较评价的目的是识别哪一种品牌、类型的商品最符合自己的需要。消费者对商品的比较评价，是根据收集的资料，对商品属性做出的价值判断。消费者对商品属性的评价因人、因时、因地而异，有的评价注重价格，有的评价注重质量，有的评价注重品牌或样式等。企业营销首先要注意了解并努力提高本企业产品的知名度，将其列入消费者比较评价的范围内，这样才可能被选为购买目标。同时，还要调查研究人们比较评价某类商品时考虑的主要方面，并突出进行这些方面的宣传，从而对消费者的购买选择产生重大影响。

（四）决定购买

消费者对可供选择的商品进行评价并做出选择后，就会形成购买意图。在正常情况下，消费者通常会购买他们最喜欢的品牌，但有时也会受以下两个因素的影响而改变购买决定：

1.他人态度

他人态度的影响力取决于三个因素：一是他人否定态度的强度，否定态度越强烈，影响力越大；二是他人与消费者的关系，关系越密切，影响力越大；三是他人的权威性，他人的权威性越强，影响力越大。

2.意外事件

消费者修改、推迟或取消某个购买决定，往往是受已察觉风险的影响。已察觉风险的大小，由购买金额的大小、产品性能的优劣程度以及购买者自信心的强弱决定。企业营销应尽可能设法减少这种风险，以推动消费者购买。

消费者的购买意图向购买决策转化的过程如图4-7所示。

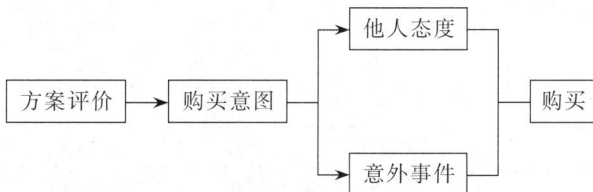

图4-7 消费者的购买意图向购买决策转化的过程

（五）购后评价

消费者购买商品后，购买的决策过程还在继续，他要评价已购买的商品，对产品的评价会影响消费者下次购买时的产品评估和选择。若消费者感到满意，他会选择再次购买或告诉他人；若消费者感到不满意，他可能不会再次购买，甚至告诫他人不要购买。消费者是否满意主要取决于消费者对产品实际价值与期望价值之间的比较。当产品的实际价值高于或等于消费者的期望价值时，消费者就会感到满意；当产品的实际价值低于消费者的期望价值时，消费者就会感到不满意，而不满意则会导致一系列对企业不利的私下行动或公开行为，从而给企业带来无尽的负面影响，如图4-8所示。因此，企业应致力于提升产品的实际价值，让消费者尽量感到满意。

图4-8　消费者购后评价流程

做一做

1. 采访一位耐用消费品的购买者，了解其购买决策中的心理斗争，按表4-1做记录。

2. 采访一位正在某终端购买电视（或电脑、手机等电子产品）的顾客，了解该消费者选购该类产品的评价标准以及选择来该店购买的原因，列举该终端吸引顾客购买的实例。

表4-1　　　　　　　　　　　　消费者购买记录表

消费者的基本信息	性别：	年龄：	职业：	欲购买的产品名称：
消费者欲购买该产品的原因				
消费者如何认识到自己的该项需要	内部刺激：		外部刺激：	
消费者选择该产品的途径	个人来源：	商业来源：	公共来源：	购买经验：
消费者初步选定的产品	产品一：	产品二：	产品三：	产品四：
	产品五：	产品六：	产品七：	产品八：
消费者选择留下的产品	产品一：	产品二：	产品三：	产品四：
	原因：	原因：	原因：	原因：
消费者选择放弃的产品	产品一：	产品二：	产品三：	产品四：
	原因：	原因：	原因：	原因：
消费者最终评估选择的产品	产品名称：		原因：	
决定购买过程中出现的其他状况	他人态度1：	他人态度2：	意外事件1：	意外事件2：
最终购买的产品	产品名称：		原因：	
消费者对产品的体验及评价				

（1）顾客特征记录：

（2）终端名称、规模等基本情况简介：

（3）该顾客选择产品的评价标准及其重要性排序。
① 产品的评价标准。

② 重要性排序。

（4）该顾客选择来此店购买的原因：

（5）该店吸引顾客的成功购买的三个实例：
①

②

③

效果评价

基于决策的消费心理与行为分析的效果评价参考表见表4-2。

表4-2　　　　　　　　　　基于决策的消费心理与行为分析的效果评价参考表

序号	评价标准	分值
1	认真按要求独立完成访谈和观察	20分
2	善于与人沟通并能获取有用信息	30分
3	记录简洁，条理清楚	20分
4	观察认真，描述的实例有针对性	30分
合　计		100分

子情境2　基于虚拟店决策的消费心理与行为分析

子情境目标

知识目标：了解消费者互联网购物的特点，熟悉网络消费者特征和购买类型；掌握互联网购物的消费行为模式，了解互联网背景下影响消费者购买的因素。

能力目标：能根据网购消费者的行为特点和影响因素，采取有效的网店营销策略；能利用新媒体开展有效的网店营销。

素质目标：围绕网店运行，树立正确的网络观、义利观，培养自身的理性消费意识；利用互联网开展案例和情境训练，加强创新思维培养，提高职业规划和创新创业能力，激发民族自豪感。

子情境导入

银泰百货：数字化升级驱动消费新活力

近年来，百货业的日子并不好过，发展瓶颈期持续已久。有报告显示，2017年，全国重点城市共有55家知名百货店关停，在连续6年的关店潮中，一些老牌的外资百货公司也不得不撤离。

与此相反的是，银泰百货2019年的同店销售额实现了18%的增长，增长速度为10年来最高。

这种逆势增长的背后是什么在驱动？我们可以从宁波银泰百货（东门银泰店）在新一轮商业重构中，借着对新零售路径的探索，实现生机勃发的"逆生长"的成功实践中见微知著。

1. "数字化门店"已全面成型

作为阿里布局"新零售"的重要一步，东门银泰店早在2017年完成初步改造后，就引发了众多关注。面对传统百货"旧城改造"般复杂的局面，东门银泰店选择从"人、货、场"的重构入手，重新定义"商场"。

如今两年过去了，银泰模式的"数字化门店"已全面成型，实现了最难环节"货"的重构。"截至目前，整个东门银泰店的商品数字化程度已经超过90%，也就是说在架销售的近2万个SKU，绝大部分已上翻至线上，并且都做到了线上线下同价。"东门银泰店店长王倍静告诉记者。

记者在东门银泰店逛了一圈，随机选择了MO&CO、DAZZLE、乐卡克、马拉丁、新秀丽等几个品牌，进行了同款对比，线上线下在折扣前后的价格均做到了一致。在看中和试穿了合适款式后，可以直接买单，如果想"空手道"无负担购物，也可以在银泰自有App"喵街"上下单，享受配送服务。

"银泰线上线下的货源是同一来源，商场的工作人员只需一键操作，线上订单就能自动流转至最近的线下门店，由即时物流的配送员上门取货。在实现销售的同时也拉动在线货物销售和配送，达到了坪效的最大化。"王倍静表示。

数字化门店成型后，每一个品牌专柜都变身收银台，平均58秒处理一笔交易，排队在银泰成为"过去式"；通过"喵街"App，消费者可以实现在家"24小时躺着买"，享受与在实体店同样的商品和服务；配送服务保障3公里内两小时送达，店内所有商品提供免费配送服务等。

2. 定位是家庭消费群体

与同在天一商圈的天一银泰店有所不同，东门银泰店的定位是家庭消费群体。在以服务为中心的"场的重构"中，东门银泰店围绕自己的目标客群，进行生活场景的精准化服务。

"我们目前会根据后台数据，研究和提供更多与生活场景强关联的服务。比如我们的 VVIP 可以在"喵街"App 上预约上门除螨服务、床品清洗护理、美食课堂服务等。之所以会选取这些服务，是考虑到消费者比较难以自行解决，如果我们恰好能为会员提供并且是免费的，无疑会击中需求，有利于增加顾客黏性。"

在品牌优化上，侧重家庭消费的定位，也促使东门银泰店更加注重货品角度的深度挖掘。"我们尤其重视品牌新品的宁波首发式，今年以来，新秀丽的王者荣耀系列、乐卡克的龙珠系列都在东门银泰店首发。乐卡克的龙珠系列在全国只有上海、武汉、宁波三地首发，宁波的首发式就在东门银泰店。"

与此同时，一些新职业也在银泰出现，提供更为多元化的服务。银泰联合天猫、淘宝共同发起"淘柜姐"项目，一线柜姐变身"淘柜姐"。门店导购能在线上通过短视频带货，服务不临柜的消费者，通过视频带货一样能取得分佣。

3.实现顾客商场"双向交互"

在构建数字化会员方面，东门银泰店取得的进展尤为显著。

据统计，阿里会员与银泰会员实现互通后，"手淘"App 与"喵街"App 一同成为银泰会员获得会员权益的端口。目前，银泰数字化会员已近百万，其中，东门银泰店的数字化会员已达 10 万，初步实现了可识别、可触达、可洞察、可运营。

"具体展开而言，数字化改变了银泰和会员的交互方式，实现商场和顾客的双向交互，顾客通过 App 可以对门店、商品实时反馈、实时评价。"

在传统零售中，消费是单向的，商户和消费者的交集很少。现在通过联动会员数字化，实现顾客互动和客户画像。技术支持下，顾客进入商场后，产生的消费轨迹、动线、热力图都是可识别的，可以为运营方提供经营决策参考，这是一个链路循环，最终指向人与货的精准匹配，以及效率的提升。

2019 年 5 月 9 日，中国连锁经营协会发布的"2018 年中国连锁百强"显示，银泰百货以 30.5% 的 2018 年销售增长率，在全国所有百货商店中排名第一。作为银泰百货中第一批进行改造的东门银泰店，这家曾经的传统百货，正不断改造自我，为自身的生存发展找到一条可行的道路。

资料来源：史娓超. 宁波东门银泰"数字化门店"已全面成型［N］. 宁波晚报，2019-08-22.

问题：

1.银泰百货是如何进行数字化转型的？

2.银泰百货数字化转型满足了哪些互联网消费的特点？

3.结合互联网消费发展，你对银泰百货的创新变革有何建议？

4.中国的互联网消费领域创新不断，哪些"中国经验"已被海外商家借鉴？

问题讨论提示

学一学

一、消费者互联网购物的特点

新时期网络环境下的消费者行为在很大程度上决定着网络消费的发展趋势，如果企业想要在网络经济快速发展的时代更好地适应日趋激烈的网络市场竞争环境，就必须具体地分析消费者互联网环境下购物的特点，以便采取适合企业的营销对策。消费者互联网购物的特点有以下几点：

（一）互联网购物常态化

随着移动网络和新媒体技术的快速发展，消费者利用手机等设备搜索各类信息，通过网络查找商品信息进行购买商品的方式已经不是新鲜事。网络购物已经成为越来越多消费者主要的购物方式。尤其是年轻的一代，成长于互联网的时代，已经习惯于互联网的购物模式。因此我们在营销中必须特别注重互联网渠道的构建和消费者互联网购物的心理研究。

（二）消费个性化回归加速

随着互联网的飞速发展，消费市场呈现多元化趋势，消费者能够根据不同的需求做更多个性化的选择，每一个消费者都是单独的个体，都需要表现自己的个性，而互联网的便捷和强大也使得消费者的个性化需求得到满足有了更多可能。所以消费者的个性化消费行为必将加速回归。

（三）消费产品价格相对低

伴随着消费市场多元化发展，产品的质量与服务得到提高，相同质量的产品消费者会选择价格低廉的。网上的商品降低了经销商、代理商、实体店铺等运营成本，所以网络购物产品的价格会低一些，网络经济迅速发展起来。

（四）消费者主动性变强

现代社会具有不确定性，在社会分工专业化的今天，为了降低购买的风险，消费者会主动通过各种途径了解商品各方面信息进行分析比较来确定是否购买。消费者通过这些可能不够准确和充分的分析比较，从心理上获得安慰，在一定程度上降低其购买的风险感，增强消费者对产品购买的主动性。

（五）对购物便捷化要求更高

随着人们生活节奏的不断加快、现代物流技术的快速发展，许多商家在网络上通过微信、微博、淘宝等新媒体技术平台销售产品，使消费者可以更加全面地了解网络市场上产品的信息，明确自身的消费目标并选择最为合适、便捷的消费方式。所以消费者在进行消费购买商品时，除了要求质量和价格外，对方便快捷和节省时间等方面有了更高的要求。而移动互联网技术和手机平板设备的普及，更是打破了台式电脑携带不便的限制，让人们随时随地利用手机分享商品、购物，感受独特的手机购物体验。

（六）注重购物的乐趣性

对网络购物的消费者而言，购物不仅仅是为了满足实际的需求，还可以通过购物获得更多的商品信息、发表个人对商品的看法、结识志趣相投的朋友等。所有这些都能增强消费者购物的愉悦感。此外，灵活的支付方式以及快捷的上门送货服务也可以让消费者体验到传统购物模式无法获得的乐趣。

（七）互联网购物的无边际性

网络消费与传统消费在交易空间和购买环境上大不相同。网络消费通常是在互联网技术所构成的虚拟购物空间或互联网网页中进行的，消费者的购物行为不再被空间限制。网络消费是一种没有时间、空间限制的购物行为，为人们提供了更为自由的发展空间。随之而兴起的产品如淘宝、京东、亚马逊，使消费者足不出户就可以享受国际品牌。

资料链接4-1

互联网消费八大趋势

CBNData发布的《2018中国互联网消费生态大数据报告》（以下简称《报告》）显示，"80后"是中国互联网消费的中坚力量，但"90后"的消费力正迎头赶上，线上人均消费持续走高，成为本轮消费升级的重要驱动力，二线及以下城市的"小镇青年"群体消费潜力巨大；作为互联网时代的原住民，以"90后"为代表的年轻消费群体不再具有整齐划一的特征，他们的职业观、生活观和消费观更为个性，展现出兴趣优先、注重体验、理性消费等多元特征，而这些都影响着互联网消费的未来走向。《报告》总结出年轻消费者推动下的互联网消费八大趋势。

1. 原创消费大众化

在产品多元、选择多样的当下，那些有理念、有个性、有设计感的原创品牌尤其受到"90后"年轻消费者的喜爱。《报告》显示，2018年中国线上的原创产业较上一年增长33%，其中"90后"贡献达40%，消费金额同比增长近50%。原创服饰方面，2018年"90后"对国潮服饰的消费金额贡献达65%，较2017年激增450%。原创文创产品成为文艺"90后"新宠，以北京故宫博物院为代表的博物馆文创产品尤其火热，"90后"消费占比快速提升，最近一年"90后"博物馆类文创产品消费规模增幅超200%。

2. 内容付费多元化

"斜杠青年"居多的"90后"有很强的学习欲望，愿意不断学习不同领域的知识，提升自我，也愿意为有价值的内容买单。

3. 颜值经济爆发

"90后"对"美"的极致追求，为以颜值为切入点的商品与商业模式带来更多市场。从护肤、彩妆到医美、健身，全面引爆颜值经济下各个领域的产品与服务升级。《报告》显示，"90后"是线上美妆消费的主力人群，消费贡献超越了"80后"，并开始涉足高端"贵妇品牌"，人均消费额快速提升。年轻人的颜值追求也不止于脸，对好身材的执念让他们成为运动健身市场的主要消费者。在线运动平台Keep的数据显示，瘦腿和翘臀是女生的健身诉求，而男生则更想要腹肌和胸肌。

4. 粉丝经济迭代

移动互联网时代，明星与大众的距离被显著拉近，产品代言、街拍路透、直播种草等，明星的影响力正在全方位渗透到年轻人中。粉丝社区App "Owhat" 创始人丁杰表示，追星将越来越成为年轻人的生活方式，他们通过娱乐资讯和明星结交朋友，引发社交话题。《报告》指出，年轻消费者更愿意为明星同款支付溢价，明星各品类跨界周边带动了粉丝经济不断升温。"90后"尤其喜欢购买明星同款，其中女性贡献了3/4的消费。商家尤其是运动品牌商家顺应趋势，纷纷通过明星合作款来推广产品，板鞋、休闲鞋、跑步鞋和运动T恤等品类最为常见，且均呈现出"90后"消费者更愿意为明星同款支付溢价的趋势。

5.宠物消费升级

作为独生子女的一代，"90后"对陪伴的情感诉求一定程度上推动了宠物经济的发展。《报告》显示，"90后"在宠物商品上的消费增速几乎是整体人群的两倍，购买品类主要集中在猫粮及狗粮，其中猫粮的消费占比连续三年快速提升，可见撸猫已经成为潮流。他们也注重和宠物的情感交流，和爱宠一起穿亲子装、为爱宠买生日蛋糕庆生也成了他们生活中必不可少的一部分。

6.社交消费"圈子"化

随着消费社交化趋势愈加明显，在年轻人群中，消费已然成为社交生活的副产品。而在这一趋势中，基于熟人关系的泛社交圈子已经无法满足年轻人需求，追星圈、跑步圈和旅游圈等愈加细分的社交圈层，正在产生更大的影响力。以追星为例，追星社交App的出现为广大粉丝提供了便利的线上交流平台，"Owhat"用户中最大的群体是"90后"，人数占比超六成。跑步圈中的各类活动使都市跑步人不再孤单，"90后"正在越来越多地参与跑步App组织的新型社交圈，悦跑圈数据显示，"星座挑战""距离挑战"等主题深受"90后"跑者欢迎。

7.租经济深入渗透

新租赁经济正在进入全面发展的快车道，从租房租车，到租衣服租包，刻板印象中喜欢冲动消费的小年轻们，也越来越偏爱"以租代买"的轻生活。他们认为这种方式更经济环保，也更潮、更时尚。不但住的地方可以租，穿的用的也可以租。服饰租赁平台衣二三数据显示，"90后"用户占比达46%，日常和通勤穿着的租衣更为普及，人均每月租衣次数达3.6次。值得注意的是，不同于传统租赁经济，"信用租赁"通过芝麻信用"免押"模式，赋能商家，降低年轻人体验全新生活方式的门槛。在使用芝麻信用免押租物、租房、租车的用户中，"90后"占比均超过50%。

8.懒人经济全面展开

当"90后"年轻人群成为消费主力军，懒已不再是传统意义上好逸恶劳的贬义词，他们的"懒"文化与优质生活需求正在催生更多的业态，让这届年轻人不再以懒为耻。《报告》显示，年轻人"懒吃"的追求，为外卖、速食、手机点单等新产品和新服务带来更大的市场。而且除了吃，看病也可以足不出户，线上问诊App"丁香医生"的用户中近2/3是"90后"，且用户黏性大，打开频次远高于其他年龄段。《报告》指出，他们的消费追求也激励着更多的公司在服务"懒人"上，不断推陈出新，由此形成了一个良性的商业闭环，"智能科技+互联网"将会是日后市场的动力和方向。

资料来源：佚名.CBNData：2018中国互联网消费生态大数据报告［EB/OL］.［2018-12-24］，http：//www.199it.com/archives/811231.html.

二、网络消费者的特征

（一）网络消费者的主体特征

消费者所具有的影响消费者网上购物行为的相关特征，称为网络消费者主体特征，主要表现在四个方面，如图4-9所示。

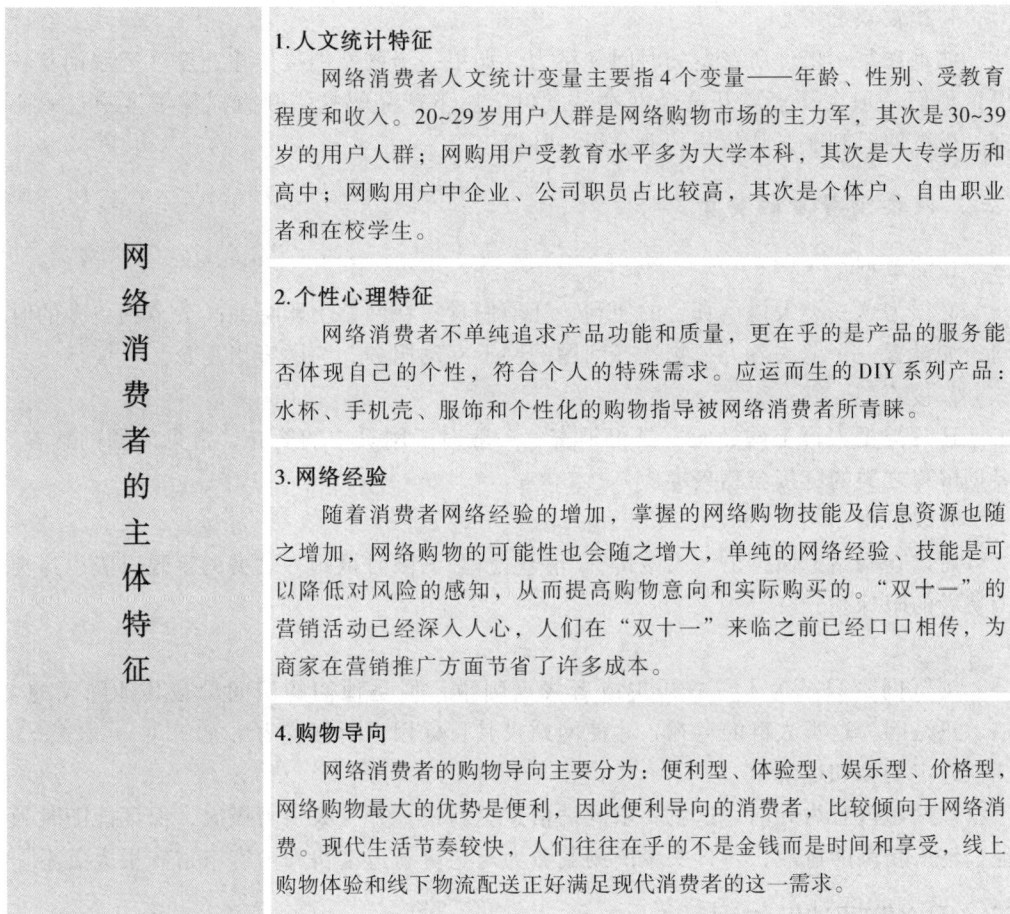

网络消费者的主体特征

1.人文统计特征

网络消费者人文统计变量主要指4个变量——年龄、性别、受教育程度和收入。20~29岁用户人群是网络购物市场的主力军，其次是30~39岁的用户人群；网购用户受教育水平多为大学本科，其次是大专学历和高中；网购用户中企业、公司职员占比较高，其次是个体户、自由职业者和在校学生。

2.个性心理特征

网络消费者不单纯追求产品功能和质量，更在乎的是产品的服务能否体现自己的个性，符合个人的特殊需求。应运而生的DIY系列产品：水杯、手机壳、服饰和个性化的购物指导被网络消费者所青睐。

3.网络经验

随着消费者网络经验的增加，掌握的网络购物技能及信息资源也随之增加，网络购物的可能性也会随之增大，单纯的网络经验、技能是可以降低对风险的感知，从而提高购物意向和实际购买的。"双十一"的营销活动已经深入人心，人们在"双十一"来临之前已经口口相传，为商家在营销推广方面节省了许多成本。

4.购物导向

网络消费者的购物导向主要分为：便利型、体验型、娱乐型、价格型，网络购物最大的优势是便利，因此便利导向的消费者，比较倾向于网络消费。现代生活节奏较快，人们往往在乎的不是金钱而是时间和享受，线上购物体验和线下物流配送正好满足现代消费者的这一需求。

图4-9　网络消费者主体特征的四个方面

资料来源：佚名. 互联网客户特性分析（二）：消费者主体特征［EB/OL］.［2018-11-15］. https://baijiahao.baidu.com/s? id=16171970262666616626&wfr=spider&for=pc.

（二）网络消费者的心理特征

网络消费者的心理与以往的消费者相比呈现出新的特点和发展趋势，主要体现在以下几方面：

1.注重自我

具有自己独特的见解和想法，对自己的判断能力也比较自信。个性化明显，江小白和薯小帅就是抓住客户这一特点进行了精准营销。

2. 有较强的分析判断能力

不会轻易被舆论左右，对各种产品宣传有较强的分析判断能力，因此企业要加强自身文化建设，以诚待人，小米手机的"为发烧而生"恰恰成为了小米手机的营销突破点。

3. 有强烈的求知欲

对未知领域报以永不疲倦的好奇心，AI探索未知世界的奥秘，深受年轻消费者的喜爱。

4. 比较缺乏耐心

注重在某一事件所花费的时间和精力。如果一个网站链接传输速度、客服回复较慢，他们一般会马上离开这个网站。支付宝旗下产品蚂蚁借呗就抓住了客户这一心理，借款即时到账，从信贷行业分得一杯羹。

（三）网络消费者的类型

1. 简单型

必须为这一类人提供真正的便利，让他们觉得在网站上购买商品会节约更多的时间，如设置一个解决各类礼物选择问题的网上互动服务，为顾客出主意。

2. 接入型

这一类型人群上网经验不是很丰富，一般对于网页中的简介、常见问题的解答、名词解释之类的链接会感兴趣。

3. 议价型

可以在网站上面打出"大减价""清仓处理""限时抢购"之类的字眼以吸引这类消费者的眼球。

4. 冲浪型

浏览网页只是为了寻找乐趣或者找点刺激，但是他们的访问量是其他网民的4倍，正是因为这类人群的存在，才使网站投其目标用户所好成为可能。

5. 定期型和运动型

以网站内容为导向，这就要求网站信息更新快，并且吸引力极大，保证能随时为他们注入新鲜的血液，今日头条的浏览量大与它更新速度快和内容丰富有很大关系。

三、网络购买决策过程

（一）AIDMA模式

AIDMA模式是美国广告学家E.S.刘易斯在1898年提出的消费行为理论，直到今天，部分信息技术不发达的国家和地区的消费行为仍与此理论契合。此理论认为，大多数购买行为的产生会经历5个阶段，如图4-10所示。

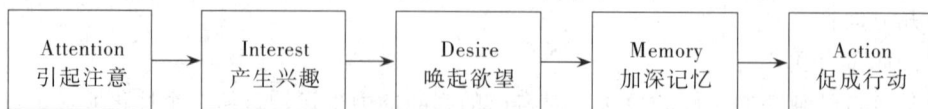

| Attention 引起注意 | → | Interest 产生兴趣 | → | Desire 唤起欲望 | → | Memory 加深记忆 | → | Action 促成行动 |

图4-10　AIDMA模式行为阶段

这个理论完全符合网络1.0时代的消费者决策行为，信息单向流动所催生的消费模式，其中A（引起注意）、I（产生兴趣）、D（唤起欲望）、M（加深记忆）均为消费者被动接受广告或推销后产生的反应，只有A（促成行动）是消费者产生的主动行为，此理论提出的意义在于结合心理学充分分解了消费行为的动因，使企业有的放矢地在AIDM四个节点上进行优化加工，提高广告的转化率。

（二）AISAS模式

网络2.0时代，信息爆炸，人们越发倾向于发出自己的声音、抛出自己的观点，同时技术也在不断地进步，硬件处理能力随摩尔定律成指数增长，海量存储技术允许更多数据的产生，于是论坛、博客、SNS、微博、抖音等大批涌现，打破一言堂，为人们提供发声的平台。因此消费者和消费者、消费者和商家之间也就有了更多的互动。这个加入互动要素的消费行为理论被我们称为AISAS模式，该模式表明通过新媒体产生消费决策会经历5个阶段，如图4-11所示。

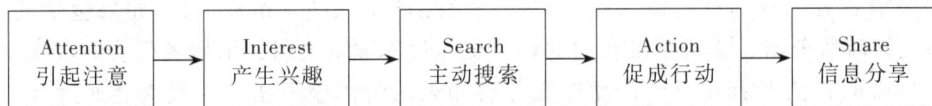

图4-11　AISAS模式行为阶段

与刘易斯的经典理论相比，加入互动后的新消费模式更加注重消费者的主观行为，其中S（信息分享）、A（促成行动）、S（主动搜索）都是消费者主观能动性的表现，经典理论中的D（唤起欲望）、M（加深记忆）由S（主动搜索）覆盖，其区别在于经典理论D、M步骤为企业所传播的信息"能不能"使消费者在潜意识中产生欲望并加深记忆，而新模式认为消费者会在产生兴趣后通过技术手段主动搜索商品，获取全面的商品信息与评价，新模式中的这个步骤在整个购买过程中可以起到决定性作用，往往消费者在搜索之后就会做出是否购买的决策。

AISAS模式对经典理论的另一大补充是互动手段带来的"分享"机制（如图4-12所示），也正是由于分享这个动作的存在，打破了原模式的单向递进，消费者可以从AISA这前四个步骤中的任一步骤直接跳至分享，引起注意或产生兴趣后跳至分享的目的可以是咨询求助，搜索后跳至分享的目的可以是分享经验，使自己的搜索工作成果不至于石沉大海。

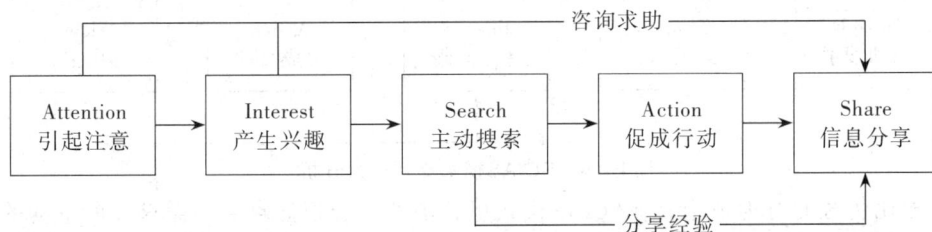

图4-12　AISAS模式交互行为分析

分享的意义更在于可以发起下一轮消费行为，我们看到朋友买到的商品及他对商品的评价，如果恰好我们有需求或有潜在需求，那么便会直接激发出购买欲望，迅速做出购买决策。

（三）移动互联时代的 SCIAS 模式

随着移动互联网技术和手机等移动设备的普及，移动电子商务的时代早已到来，消费者的消费模式又有了一些变化，有学者将其概括为 SCIAS 模式，这种模式要经历5个步骤，如图4-13所示。

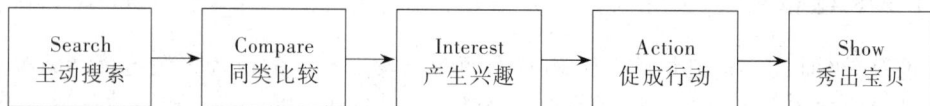

图4-13　SCIAS模式行为阶段

消费者首先搜索需求品类或目标商品（Search），可通过线上线下的各类搜索引擎、电商网站进行搜索；通过品类搜索进行同类商品或服务的主动比较（Compare），若直接在电商网站搜索目标商品，也会收到同类商品的推送消息；主动了解、比较之后如果消费者仍认为存在需求则会对某一商品产生兴趣（Interest）；如果包括硬件、网络、站端服务器、支付系统在内的整个交易过程顺畅无阻，消费者就会完成购买行动（Action）；消费者在得到产品或服务后如果认为体验不错，一般就会通过社交媒体秀出宝贝（Show）。

秀出来之后的结果分为三类：与大多数读者的需求不符，不产生任何实际影响，不增加品牌认知或好感度；恰好与读者需求相符，二人又认识（强关系），则有可能直接促成读者的消费决策（Action）；如果二人是弱关系（如通过微博传播），读者有此类需求，则会由 Show→Interest→Compare→Action 完成购买动作（如图4-14所示）。

相比在经典理论中信息单向流动的大环境下产生的 AIDMA 模式，我们可以看出SCIAS 模式的传播方式与目前移动互联网的信息传播方式一样——没有"终点"，在完成首次交易动作之后又会由于强弱关系的差别产生多种结果，这会给企业在各个环节的信息加工带来更多挑战，因为他们需要考虑更多的需求场景，制造更多的完美闭环以提高转化率。

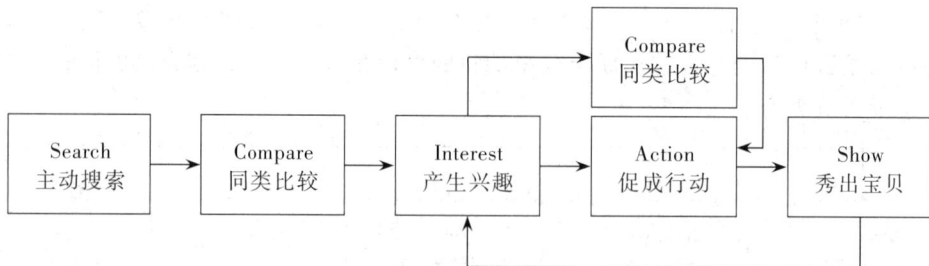

图4-14　SCIAS模式交互行为分析

相比传统的行为理论，在 SCIAS 模式里，消费者会根据自身的需求开展主动的搜索。消费者甚至在不明确是否有确切的商品和服务的情况下，基于对搜索引擎和网络的信任直接给出相应的消费标准，通过搜索得到相关商品的推荐或是消费策略。因此传统的广告对消费者的消费决策影响越来越小，而一些综合型的导购类、分享型网站得到更多消费者的青睐。此外随着无线运营公司定位服务的发展成熟，一种基于定位服务的 LBS 模式（Location Based Services）兴起，可以根据消费者的定位，为消费者提供精准的周边消费信息，包括周边的美食、停车场、交通、娱乐等多方面的详细信息。

四、网店（购物体验与评价等）对消费者购买决策的影响

网店虽然是一个虚拟的平台，但是对消费者来说也是一个消费场所，如实体店一样，网店所营造出来的场景和环境等都会对消费者对购物的决策产生巨大的影响。营销人员在打造网店的过程中，应该注意以下因素的影响。

（一）网络购物的感知价值

二维码 4-4

消费者感知价值是顾客在感知到产品或服务的利益之后，减去其在获取产品或服务时所付出的成本，从而得出的对产品或服务效用的主观评价。当消费者的感知利益高于其购买成本时，购买行为就会发生。结合网络购物环境下的消费特点，网络购物的感知价值包括满足消费者个性化的需求、为消费者提供方便快捷的购物方式、满足消费者追求新奇的动机、为消费者提供更便宜的商品等。此外，由于网络购物的特性，消费者购买后的效应会大大扩大，即当消费者对网络购物体验满意时，其往往会在短时间内重复进行购买；反之，他们很可能不会再度光顾这家网络店铺，甚至会终止网络购物行为。

变味了的汽车之家

因此营销人员应从产品的个性化、服务等方面考量产品或网店能否满足消费者的需求，给消费者提供足够的价值。

（二）网络商店的吸引力

如同实体店铺一样，网络商店的吸引力也会引发消费者的潜在购买需求。网络商店的吸引力主要来源于以下方面：一是网页设计的美观度和方便度；二是商品信息的全面性；三是网店的信用水平；四是网店的知名度；五是价格因素。

1.网页设计的美观度和方便度

二维码 4-5

用户访问网站，第一印象不是内容，而是网站的美观度，因此网站设计要充分吸引访问者的注意力，让访问者产生视觉上的愉悦感。在网页创作的时候我们就得将网站的整体设计与网页设计的相关元素结合起来。与网站内容相对应的网页设计要具有很好的美观度，让用户愿意阅读相应内容，同时提高用户黏性，让用户能翻看更多的页面。

电子商务领域决定消费者行为的20个重要因素

2.商品信息的全面性

相对于实体店来说，消费者在网店购物更加难以准确掌握的是商品信息，因此营销人员在网店销售中更应该全面地展示商品的信息，最大程度地减少消费者的疑虑，展现商品的优势。因此网店要注重多方面的信息的展示，如：商品功能、商品质量、规模优势、店铺售前售后服务、快递服务等。

3. 网店的信用水平

信用等级是信用（资信）评估机构根据企业资信评估结果对企业信用度划分的等级类别，它反映了企业信用度的高低。在网络购物的环境下，消费者面对繁多的店铺和商品，往往喜欢寻找信用水平高的店铺购买以降低自己的购买风险。因此网购平台的信用评级系统也应运而生，如淘宝网就对会员购物实行评分累积等级模式，每在淘宝网上购物一次，至少可以获得一次评分的机会，分别为"好评""中评""差评"。卖家每得到一个"好评"，就能够积累1分，中评不得分，差评扣1分。250分以内的积分用红心来表示，251分到10 000分用蓝色钻石来表示，10 001分至500 000分用蓝色皇冠表示，500 000分以上用金色皇冠表示，如图4-15所示。

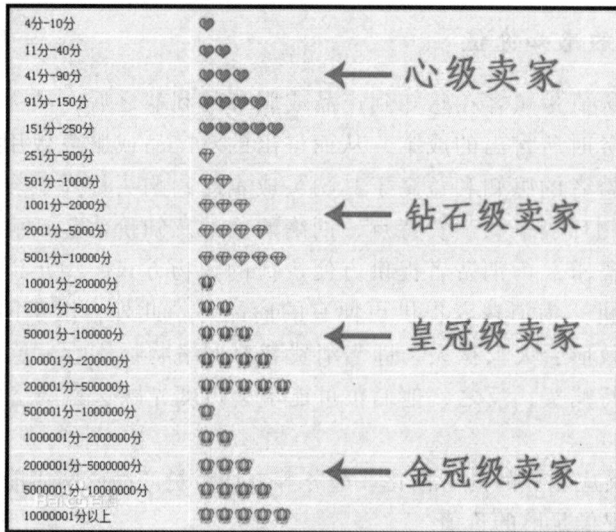

图4-15 淘宝信用等级

资料来源：根据百度百科相关资料整理．

4. 网店的知名度

在网络购物环境下，网店的知名度决定你是否能被消费者注意到并主动搜索。因此很多的商家会格外注意店铺的搜索引擎优化，使自己的店铺排在靠前的位置。但是对网店知名度的打造还要依赖长期的努力，如利用多种渠道宣传店铺、开展促销活动、坚守产品质量，做到口碑营销。

5. 价格因素

商品价格是消费者非常敏感的心理因素，尤其是在网络购物的情况下，消费者对高质低价的要求更高。因此在确定网店中商品价格之前，店铺可以先考察一下同行类似产品的价格。然后，在本店商品独特功能和价格之间找到平衡点，合理措辞，凸显高性价比，而不至于让顾客觉得昂贵。

资料链接4-2

有趣的电商消费心理

网站设计：93%的消费者认为，网站的视觉感受是一项关键因素，会让他们决定是否在网站上进行消费。52%的购物者会放弃访问网站，而且再也不会访问，仅仅因为不喜欢网站的整体外观；42%的用户会根据网站设计来决定对该网站的印象。

视频展示：96%的消费者认为视频对做出线上购买决策非常有帮助。在电商网站首页，将图片替换成视频之后，用户转化率可以提升12.62%；73%的消费者如果在购买某个产品或服务之前就看过相关视频，那么他们做出购买行为的可能性更大；58%的消费者认为制作产品或服务视频的公司更值得信赖。

网站可用性：76%的人表示，网站最重要的特质就是易于使用。提升网站可用性，比如升级网站导航和信息流，可以带来83%的投资回报，在支付页面删除强制注册要求之后，客户消费可以提升45%。

网站登录速度：73%的移动互联网用户一旦遇到网站速度过慢，就不会访问，亚马逊发现，他们的网站页面加载时间每增加100毫秒，销售量就会下降1%；近65%的全球互联网消费者表示，如果一个网站登录时间超过3秒，他们便会离开，网站加载时间每增加1秒，客户满意度便会下降7%。

支付选择：在商户网站的支付页面上使用网上支付工具（比如支付宝、PayPal等）后平均交易量提升30%；使用线上支付的电商，付款率比不使用线上支付的电商高出70%；亚马逊在推出"Login and Pay"功能之后，平均付款时间减少了70秒，用户转化率提升了34%。

支付安全：61%的线上购物者认为，如果电商网站没有安全认证，他们就不会在上面购物。数字化服务网站Blue Fountain Meida上增加了VeriSign数字证书和Symatec SSL认证后，销售量提升了42%；在加入"全额退款保证"标识之后，VWO客户转化率提升了32%。

放弃"购物车"的原因：56%的消费者表示，在支付环节如果发现自己被收取了额外费用，会放弃购买。2014年，线上消费者放弃"购物车"的总金额大约有4万亿美元。基于33项研究发现，线上购物车的平均放弃率达到68.63%，36%的线上消费者在支付环节放弃购买，因为他们在其他地方找到了更实惠的价格。

退货政策：只有58%的消费者认为，目前线上购物退货非常便捷。63%的美国消费者会在线上购物之前查看电商的退货政策；如果电商提供免费退货服务，48%的消费者会购买更多商品。

客户服务：57%的线上消费者更愿意拨打专门客服热线，76%的美国消费者认为，客户服务是体现电商品牌价值的重要指标。27%的"千禧一代"年轻人表示，一旦电商的客户服务体验糟糕，他们就不会再去访问该网站了；而"婴儿潮一代"（20世纪50年代出生）这一比例为13%。

实时聊天：68%的美国消费者体验过电商网站上的实时聊天服务。实时聊天服务至少将B2B客户转化率提升了20%，提供实时聊天服务的电商网站，"回头客"比例可达63%。

客户评价：拥有商品评价服务的电商网站，销售量可平均提升18%。77%的消费者表示，自己在线上购买商品之前会先看相关评论；27%的移动客户会在实体店使用智能手机上网阅读相关商品的评价；44%的消费者表示，商品评价除了必须具备相关性之外，时效性也很重要，最好能在一个月之内。

客户推荐：添加客户推荐的电商网站，用户转化率可以提升34%。29%的消费者认为客户推荐对电商构建可信度非常重要，将客户推荐放置在引导页，用户转化率可以提升50%。

客户参与：只要品牌推出一款新产品或服务，参与客户量会提升6倍；当品牌推出促销优惠时，参与客户响应量会提升7倍；当品牌直接联系客户时，参与客户满意度会提升4倍。

移动商务：如果电商网站不支持移动设备，75%的智能手机用户会放弃访问。70%的购物者会使用移动设备搜索价格更优惠的商品；38%的购物者在自己的移动设备上兑换优惠券。全球消费者在自己的移动设备上购买至少四分之一日常商品的比例只有40%，相比而言，中国消费者的这一比例为80%，印度为65%。

优惠券和打折：40%的消费者愿意接受直接打折，而不是通过客户忠诚积分项目或礼品卡等方式；68%的消费者非常认同数字优惠券对于电商品牌有着积极的影响；40%的用户会在移动设备上寻找兑换优惠券。

免费物流：无条件免费物流是消费者购物的第一准则。提供免费物流服务的订单，购物金额比不提供免费物流服务的高出30%，47%的购物者表示，如果他们发现电商网站不提供免费物流则会放弃购买。

社交媒体：75%的线上购物者会使用社交媒体，其中43%会利用社交媒体搜索新产品。37%的线上购物者表示，电商公司的社交媒体行为并不会对他们购买商品起太大作用；只有7%的线上购物者表示，自己在做购买决策时会关注公司博客里的内容。

资料来源：佚名. 21张图片告诉你65个有趣的电商消费心理［EB/OL］.［2016-03-15］. http：//www.ebrun.com/20160329/170654.shtml.

（三）用户评价（网络口碑）

用户评价是用户购买或体验某一产品后对此做出的判断，即购后反馈。互联网时代的用户评价不再只是影响邻居和朋友，而是影响全世界的网民。产品页面上用户评价的数量越多说明产品的销量越高，同时说明这个商品的人气越旺，众多商品累加起来就显示出商城的人气。用户评价是商城里面最重要的内容之一，很多消费者虽然对介绍和价格都能接受但是往往会因为看不到用户评价而犹豫不决并最终放弃购买。

鉴于用户评价对提高消费者的购物信心的重要性，目前各网上商城的用户评价已逐渐细分为第一方用户评价、第二方用户评价和第三方用户评价。第一方用户评价是指各电子商务网站自己做的用户评价，比如京东、凡客、当当上的用户评价；第二方用户评价是指专门做用户评价的网站比如大众点评和口碑网；第三方用户评价是专门为各电子商务网站提供用户评价服务的专业服务公司。

通常，交易型的网站会鼓励消费者将自己亲身经历的产品使用感受写在网上，或者网站上会提供一些独立的机构对产品做出的评价。淘宝要求购买商品的用户在评论以后购物流程才算结束，并且淘宝借此来维护商家的信誉体系。随着网络技术的发展，除交易型网站会提供消费者之间的交流平台外，虚拟社区、微博、抖音等新兴媒体也成为第三方评价的载体，为消费者网络购物提供重要的参考。来自有经验消费者的第三方评价可以有效地帮助消费者分辨产品，使消费者对产品属性有更深入的了解。对于关注评论的其他消费者来说，这些来自第三方的评价很可能左右他们的购买决策。

资料链接4-3

你怎么看商家引导用户评价商品之法？

1.购物体验驱动用户评价商品。10个极度友好的购物体验，可能只有2个用户去评价商品，但是10个极度不友好的购物体验，可能会有10个用户去评价商品。

2.性格、社交体验驱动用户评价商品。电商消费升级，越来越多的用户追求展示自我的需求及社交性需求。

对于此类用户，通过赞和评论来提高评价的优先级，对于高赞评价和评论，系统提高评价显示的优先级。

自我展示、炫耀的评价：平台提供多样化的展示方式，让用户来生产内容，展示自己的评价，提供商家未展示的细节，作为商品信息的延展存在。

3.利益驱动用户评价商品。对于大部分普通用户来说，在一次一般的购物体验中，能让他们热衷于评价的可能只有"利益奖励"了，如追求好评返现的评价、追求积分奖励的评价。有的商家设置榜单，优秀评价上榜，并且可以获得商家的奖励。

4.同理心、认同感。人类是群体性生物，认同感会促使用户产生商品评价或者评论别人的欲望。

5.其他。基于用户的"懒"产生的需求，如默认好评、语音评价，以节省用户发表评价的时间。

2019年正式实施的《中华人民共和国电子商务法》第三十九条规定："电子商务平台经营者应当建立健全信用评价制度，公示信用评价规则，为消费者提供对平台内销售的商品或者提供的服务进行评价的途径。电子商务平台经营者不得删除消费者对其平台内销售的商品或者提供的服务的评价。"

资料来源：佚名.分析：电商产品有必要让用户去评价每一个商品吗？[EB/OL].[2019-02-08].http://www.100ec.cn/detail--6436469.html.

（四）社会因素

社会因素主要指网络购物所得到的认同感。如果消费者网络购物后得不到身边朋友的认同，他很可能不会再选择网络购物的形式，哪怕他对整个购物过程持认可态度；相反，如果其网络购物经历得到了大家的认同，他不仅会重复网络购买行为还会成为其传播者。调查数据显示，受朋友的影响而选择网上购物的人数最多，其次是网络广告和其他媒体的广告。由此可见，社会因素对消费者网络购物也会产生重要的影响。

资料链接4-4

揭秘网红美食博主李子柒的营销方式

李子柒何许人也？简单地说，就是一个网红，但又可以说是网红界的一股清流，是一个以个人人格魅力为特色的短视频生产者。在2018年8月17日（农历七月七日）这天，她的同名天猫店铺正式开业。而在店铺上线3天之后，这个仅有五款产品的店铺销售量破15万、销售额破千万元。为何能产生如此傲人的成绩呢？

小编曾在一次刷微博时，无意点开了一个网友转发的李子柒的视频，原因是被视频的古色古香、纯净的画面所吸引。相信很多喜欢看李子柒视频的人都是因为她做的美食视频和其他美食视频不一样，她把现代社会缺失的"田园牧歌式生活"打造成视频的最大"卖点"，并与美妙的背景音乐相结合，融入美食的制作过程中，吸引许多向往美好生活的人关注。

（一）李子柒营造了自己的"粉丝经济"

粉丝经济泛指架构在粉丝和被关注者关系之上的经营性创收行为，是一种通过提升用户黏性并以口碑营销形式获取经济利益与社会效益的商业运作模式。

现在，互联网突破了时间、空间上的束缚，粉丝经济被宽泛地应用于文化娱乐、销售商品、提供服务等多个领域。商家借助一定的平台，通过某个兴趣点聚集朋友圈、粉丝圈，给粉丝用户提供多样化、个性化的商品和服务，最终转化成消费，实现盈利。

李子柒凭借着自己美食视频的特色之处，已经收获了1 357万的微博粉丝关注，每更新一条微博，都会获得成千上万条评论，这就是她的网店开张后有那么多人关注，并且店铺上线3天后销售量就破15万的原因。

（二）李子柒巧妙借助视频营销

视频营销利用精细策划的视频内容实现产品营销与品牌传播的目的，是"视频"和"互联网"的结合，具备二者的优点。

文字、图片、音频、视频这四种形式中，很显然，视频将前三种形式都涵盖了，它将文字、图片、声音三者立体展现出来，形成了形式丰富多样的视频，这种立体表现形式对人的视觉和大脑感官冲击力，并不是图文广告所能比拟的。

所以一个内容价值高、观赏性强的视频，在让顾客全方位了解你产品的同时，也会锁住顾客的心，与照片、文字、音频相比，视频更能造成人的情绪化反应，更能引起用户的情感共鸣。

李子柒属于网红，网红依赖于自媒体，而大多数自媒体都是免费的，因此推广产品时成本很低。网红经济是依托庞大的粉丝群体进行定向营销，将粉丝转化为购买力的过程。李子柒店铺的成绩，归根到底是网红经济的体现。

资料来源：佚名. 揭秘网红美食博主李子柒的营销方式［EB/OL］.［2018-09-19］. http://dy.163.com/v2/article/detail/DS005F1V0518X2ET.html.

做一做

1.调查一个你比较喜欢的网店，按照网店的影响因素记录并分析该网店吸引消费者的策略，并填写在表4-3中。

表4-3　　　　　　　　　　网店影响因素及营销情况记录表

网店名：

主营业务：

请写出该网店在以下方面最突出的做法

网店重要营销因素	（一）网络购物的感知价值	你在该店购买的产品： 产品是否有特色，主要特点是： 网店的服务如何：	
	（二）网络商店的吸引力	网页设计的美观度	
		使用的方便度	
		商品信息的全面性	
		网店的信用水平	
		网店的知名度	
		价格因素	
	（三）第三方评价	用户对网店的评价：（好评数、中评数、差评数等） 找出对你最有影响的一句评价：	
	（四）社会因素	记录你在购买该店的产品后朋友对你的评价及对你的影响	

总结：
分析该网店成功的原因

2.调查消费者的分享平台及方式，并填写在表4-4中。

表4-4　　　　　　　　消费者分享平台、分享方式及预产生的效果

分享平台	分享方式	预产生的效果

效果评价

网店及消费者调查效果评价参考表见表4-5。

表4-5 网店及消费者调查效果评价参考表

序号	评价标准	分值
1	认真按要求独立完成调查和记录	20分
2	善于发现值得记录分析的关键点	30分
3	记录简洁，条理清楚	20分
4	分析到位，有启发性	30分
合　计		100分

关键概念

确定型购买行为　不确定型购买行为　半确定型购买行为　复杂的购买行为　习惯的购买行为　寻求多样化的购买行为　减少失调感的购买行为　五阶段购买决策　终端　心理账户　AIDMA模式　AISAS模式　SCIAS模式

挑战自我

一、同步测试

1.消费者购买决策内容中的"What"在5W1H理论中是指（　　　）。

A.了解消费者需要什么、知道什么、购买什么

B.了解哪些人购买、消费这些产品和购买决策中的"购买角色"问题

C.了解消费者在哪里购买

D.了解消费者在哪里使用

2.消费者的购买决策过程主要有五步，其中（　　　）是消费者购物行为的开始。

A.收集信息　　　　　B.评价方案　　　　　C.认识需求　　　　　D.购买决策

3.消费者通过查阅消费者协会的调查报告获得有关产品的信息属于信息的（　　　）。

A.个人来源　　　　　B.商业来源　　　　　C.公共来源　　　　　D.经验来源

4.消费者在购买时还会受到意外因素的影响而改变决定，以下不属于意外因素的是（　　　）。

A.购买金额大小　　　　　　　　B.产品性能优劣的评价方案

C.购买者的自信心被削弱　　　　D.身边朋友的告诫

5.当消费者对产品的购买评价为不满意时，可能采取的后续行为是（　　　）。

A.抱怨　　　　　　　　　　　　B.要求退货

C.诉诸舆论或对簿公堂　　　　　D.以上都有可能

6.消费者进店之后会明确告诉营业员需要什么，对自己要购买的商品非常了解，这类消费者从购买目标的确定程度来看属于（　　　）。

A.确定型　　　　　B.不确定型　　　　C.半确定型　　　　D.习惯型

7.消费者不喜欢仓促地做出决定，喜欢谨慎缓慢地挑选商品，对商品较缺乏信任，挑选时间长，这类消费者从购买行为表现特征的角度来看属于（　　　）。

A.理智型　　　　　B.经济型　　　　　C.疑虑型　　　　　D.感情型

8.消费者会根据财富的来源与支出将消费行为分成不同性质的多个账户，进行单独的心理预算和支配，是心理账户理论的（　　　）特性。

A.非替代性　　　　B.享乐主义编辑　C.灵活性　　　　　D.需求性

9.当绝对优惠不大时，消费者一般调动（　　　）心理账户。

A.最小　　　　　　B.局部　　　　　　C.综合　　　　　　D.最大

10.把七夕打造成中国的情人节，实际上是商家利用（　　　）方式进行的营销。

A.引导消费者转变心理账户　　　　　B.调节消费者心理账户的预算

C.增加消费者心理账户的数量　　　　D.通过对比提高客户感知的交易效用

11.某商店将地址选在有多路公交设置站点的公交站附近，主要是为了迎合消费者的（　　　）。

A.最佳地段心理　　　　　　　　　　B.购买便捷心理

C.商场聚集心理　　　　　　　　　　D.不确定

12.考虑商品价格和商店选址之间的心理联系，如果你要开设一家售卖高级箱包的商店，适合将商店设在（　　　）。

A.学校附近的街道　　　　　　　　　B.商业区的高端产品区域

C.偏远的城郊街道　　　　　　　　　D.居民区的社区商店

13.为商店取名时应该做到（　　　），这样才能更好地让消费者记住。

A.容易发音，容易记忆　　　　　　　B.能突显商店的营业性质

C.能给人留下深刻印象　　　　　　　D.以上皆是

14.在橱窗设计时，运用不同的艺术形式与处理方法集中介绍某一商品，这属于（　　　）。

A.综合式设计　　　B.情感式设计　　　C.专题式设计　　　D.特写式设计

15.在商品陈列时，按商品的档次、性能、特点和消费对象分类，这属于（　　　）。

A.分类陈列　　　　B.综合陈列　　　　C.专题陈列　　　　D.特点陈列

16.在商店的装潢上，为了让顾客吃完饭后有立即离去的冲动，而不会流连餐桌，影响餐桌的周转率，最适合使用（　　　）色粉刷内部墙面。

A.蓝　　　　　　　B.黄　　　　　　　C.红　　　　　　　D.白

17.为了突出部分产品的特色而采用的照明，我们称之为（　　　）。

A.自然采光　　　　B.基本照明　　　　C.特殊照明　　　　D.人工照明

18.商店内的音响会对消费者产生影响，不同时间或事件可以播放不同的音乐来引导顾客，早上开店时最适合播放（　　　）歌曲。

A.欢快的迎宾　　　　　　　　　　　B.悲伤的爱情

C.低缓的送别　　　　　　　　　　　D.吵闹的摇滚

19.销售人员应关注购物环境中的卫生情况，购物环境卫生包括（　　）。

A.场所卫生　　　　　　　　　　　B.商品卫生

C.营业员个人卫生　　　　　　　　D.以上皆是

20.营销人员在提供服务时，应非常注意自己的行为举止和言谈，以下做法错误的是（　　）。

A.以普通话为主，如果顾客是本地人，也可说方言

B.用词简练明白，抓住要领，口语化又形象化

C.发音准确，吐字清晰，语气亲切

D.为了拉近和顾客的关系，想说什么就说什么

21.消费者在购买过程中希望获得详尽的商品信息，这属于营销服务三阶段中（　　）的消费心理。

A.售前服务　　　　B.售中服务　　　　C.售后服务　　　　D.不一定

22.营销人员可以通过一些具体的售后服务来赢得消费者的正面评价，避免退换货、抱怨诽谤等购后负面行为的产生，以下做法正确的是（　　）。

A.提供商品的保养知识

B.提供维修、更换和退货服务

C.电话回访消费者有何反馈和需求并予以解决

D.以上做法都正确

23.售前服务要做好的三件事不包括（　　）。

A.市场调查与预测　　　　　　　　B.提供适销对路的商品

C.搞好宣传，加强引导消费　　　　D.记录消费者使用商品的感受

24.与实体店一样，消费者点开网店时产生的对网店的第一印象主要是来源于（　　）。

A.网店页面设计是否美观，操作是否方便

B.商品信息是否全面

C.网店信用水平是否很高

D.商品价格是否便宜

25.为了最大程度地减少消费者对网店商品信息的疑虑，如是否是自己需要的商品等，网店营销者应该注重对（　　）的展示。

A.网店商品价格　　　　　　　　　B.网店知名度

C.第三方评价　　　　　　　　　　D.商品信息的全面性

26.AISAS模式与经典理论最大的不同是引入了（　　）机制，打破了传统消费决策模式的单向传递。

A.网络　　　　　　B.分享　　　　　　C.比较　　　　　　D.评价

27.移动互联网时代的SCIAS模式中最后一个"S"是指（　　）机制。

A.Search主动搜索　　　　　　　　B.Show秀出宝贝

C.Share信息分享　　　　　　　　D.Sale促进销售

二、案例分析

盒马鲜生为何成功？五大新零售"模式溢价"功不可没

作为最热门的新零售尝试，盒马鲜生的思路对传统零售有什么启示？

品牌溢价：引入国外品牌

从商品品牌看，通常可以分为传统的品牌商品、自有品牌商品和国外品牌商品，这里最大的溢价并非来自传统的品牌商品，而是自有品牌商品和国外品牌商品。

自有品牌要求零售商清楚了解消费者特征，并整合生产厂家资源做出自己的自有品牌，进而形成超高溢价；而国外品牌就是看你能否以消费者能接受的价格提供网上不好找的商品。因此无论是自有品牌还是国外品牌，都对企业的供应链体系有着极高的要求。

从盒马鲜生的思路看，自有品牌商品不太多，但是国外品牌商品数量还是很多的，这是可以成为一个溢价点的。

便利溢价：引入便利店模式

上面的思路一般用于常见的快消品，比如饮料、奶制品、零食等，那么对于生鲜类商品，这个思路就要有一定改动。

对蔬菜水果来说，"无品牌"商品是最为常见的，这就类似于传统的菜市场了，不仅溢价低、损耗率也很惊人，通常只能作为早上吸引老头、老太太的"磁石商品"。可惜，最后都是被他们"薅了羊毛"，得到的只有虚拟的繁荣而已。

当你面对年轻消费者的时候，情况会有一些改观，比如他们信奉"颜值即正义"，希望能有高品质的蔬菜水果。

于是，盒马鲜生的蔬菜水果都是包装好的，这样直接人为降低损耗的同时，还把"便利"引入进来，变成了"为便利付费"，相当于把便利店的盈利模式给引进来了。

不过，对于收入不菲、追求"格调"的年轻一代，便利店早已深入人心，那点"小小的溢价"他们根本就不在乎。同时，很多菜品都是有"二维码铭牌"的，可以追溯整个生产运输过程，这就是在便利中加入了"安全和放心"的溢价了。

体验溢价：引入"高端"餐饮模式

快消品、生鲜蔬菜之外，还有一种"高档"商品一般零售商不敢碰，那就是"高端"的鱼、虾、蟹。

所谓"高端"，不仅是价格，还包括来源、新鲜程度等方面。这类商品看着很好看，更是聚客利器。客人再拍几张照片发朋友圈、发微博，也算一种 UGC 了。

不过，问题也很严重，买回去怎么做啊？一只阿拉斯加帝王蟹，怎么做？如果做出来还不如普通的螃蟹，这就尴尬了，这时候消费者家里的爸爸、孩子再吐槽两句做饭的妈妈，估计就没有下次购买了。

上海城市超市的总裁崔轶雄提出过要教育消费者，比如可以做个视频教消费者怎么做这个牛排、怎么用这个食材做出味道来。

不过，正如消费者在电视上看大厨"手把手教你做菜"，然后自己做出来的东西还是不太像一样，消费者很难一次成功，并且消费者在吃完大虾和螃蟹后还得收拾一堆东西。

这里，我们犯了一个经验主义错误，简单地说，这一切一定要在家里发生吗？对，所以这种情况下，消费者的选择应该是附近的餐厅。不过，餐厅太贵了，还不知道东西行不行啊！

所以，这里就出现了盒马鲜生的逻辑，就是消费者支付一定制作费，店里给做好，消费者可以在店里直接吃，这和去海鲜类的餐馆没什么差别了！相当于把"高端"餐饮也给引入了店内，餐饮可是现在大型店铺的聚客利器啊。

把需求、潜在需求直接变成体验，这也算是盒马鲜生的"体验溢价"了。

社会性溢价：引入家庭、社区模式

现在已经不是一个开个店就能顾客盈门的时代了，店铺必须和消费者有连接，甚至互动，比如孩子王就是社会性溢价的典型案例。

盒马鲜生也做到了社会性溢价：它是一种典型的家庭模式，爸爸妈妈完全可以带着孩子来看鱼、看虾、看蟹，然后来吃一顿。或者说，本来今天晚上就是要在盒马鲜生吃一顿的。

这个逻辑的核心就是把消费者以家庭模式吸引到店，这可比妈妈或者爸爸一个人来店内买东西要"不理智"多了。资料显示，盒马鲜生的人均消费为200元，要注意一个不错的餐馆通常人均消费也就是100多元。

第二是社区模式，3千米以内免费送货，最快30分钟送达！这正是中国特有的"公寓"住宅模式的溢价点，如果一趟送货的目的地是一栋十几层的公寓里的几家人，那么这就是上上电梯就可以搞定的了，配送成本摊得薄薄的。

生鲜30分钟送达，这里还免去了传统隔日送达中的储存、配送成本问题，只需一人一车，就可以"使命必达"了，储藏成本也被摊得薄薄的，而且还拉近了消费者和店铺的距离——未来甚至还可以"快递"别的商品，带来更多的服务可能。

新零售溢价：引入"绝不作死"模式

从传统零售看，美国沃尔玛这类的零售店都是在郊外，因为那个时代满足的是"囤积需求"，沃尔玛的"天天低价"就是极强的吸引力。我要是囤2箱水的话，每瓶水贵5毛钱，这2箱水就贵不少，所以就是低价走量。

在这种传统逻辑下，似乎库存就是王道，反正地价也便宜，消费者也是成箱地囤，没货才是尴尬。

所以，在消费者有确定需求的情况下，保持"较高库存"算是一种"临界状态"，是一种"薛定谔的零售作死模式"，也作死也不作死，或者说，这其实是时代的产物。在那个没有网络、只有实体店的时代，这个逻辑是没问题的。

但是，现在实体店不是唯一的商品来源，这相当于直接把传统的"库存多也不怕"的思路给否决了，这时候，高库存就慢慢成了"作死"，所以我们就能看到很多零售商由于库存太多而不堪重负、苟延残喘。

要注意的是，上述情况基于一个基础假设，叫作消费者的需求基本是可预期的、较为确定的，如果这个假设被打破，那就是"作大死"模式了，例子特别多，常见的就是百货店和服装品牌，赶不上潮流，做出来的衣帽卖不出去不说，一旦过季，丢在奥特莱斯都没人要。

从"薛定谔的零售作死"模式，到高库存的"作死"模式，再到不了解消费者且高库存"作大死"模式，零售行业这些年基本演绎了一遍。而新零售的核心就是"绝不作死"模式。

很简单，新零售也是满足消费者需求。

资料来源：王子威. 盒马鲜生为何成功？五大新零售"模式溢价"功不可没［EB/OL］.［2023-04-25］. https://baijiahao.baidu.com/s? id=1598697362196356248&wfr=spider&for=pc.

问题：

1.盒马鲜生在营销环境的布局上关注了哪些方面？采用了哪些营销策略？

2.试从服务心理的角度评价盒马鲜生的营销服务策略。

3.你认为还可以如何利用移动互联网时代的消费决策模式进行营销策略的改进？

二维码4-6

家居新零售征服者——NOME

二维码4-7

宜家餐厅：家居卖场界的"餐饮业黑马"

情境训练

O2O店铺开店策划

一、实训目标

通过实训使学生了解消费者在O2O（线上线下）店铺进行消费时可能受到的影响因素，提高基于决策的消费心理与行为的分析能力，培养学生创业意识和团队合作意识。

二、实训资料

很多人都有这样的梦想：到一个有人情味的城市，开一家温馨的小店，等待那个对的人出现，从此温暖一生。种些花草，卖一些精致的小玩意儿，磨磨咖啡泡泡茶，看窗外的行人来来往往，等一季花开花落……

2020年7月16日，商务部等七部门联合印发《关于开展小店经济推进行动的通知》，该通知明确：通过开展小店经济推进行动，培育一批试点城市，推动社区、批发市场、商圈、特色街等小店聚集区转型升级，推进电商平台、物流企业、商贸企业、中央厨房等"以大带小"、赋能小店，加快发展以"产品优、服务好、环境美、营销广"为标准的特色小店，并要求地方加强联动，全国一盘棋。至2025年，形成小店集聚区1 000个，达到"百城千区亿店"目标。

截至10月，全国共有8 000多万家小店，带动就业约2亿人。小店不仅为我们的衣食住行提供便利，成为居民消费最基本的场所，也是一个城市经济的毛细血管，为城市正常运转提供新鲜的血液与动力。

资料来源：鲲澎中国. 你有没有开一家小店的梦想？［EB/OL］. ［2020-10-19］. https: //baijia-hao.baidu.com/s?id=1680961218963929547&wfr=spider&for=pc.

三、实训要求

选择一个行业和产品类别进行O2O店铺（线上线下结合、线下50平方米左右）的开店策划，策划的内容包括但不限于店址的选择、门面装潢、产品品类品质、商品陈列、色彩与照明、气味与音响、温度与卫生、销售服务、店铺推广等。文档排版要求参见情境一的"情境训练"。

四、实训步骤

步骤一：布置任务。

教师说明实训的目的、任务、要求、应提交的成果、考核方式等。

步骤二：分组。

教师将全班分为3~4人一组，形成若干个实训项目小组。分组以学生自愿的原则进行自由组合，但尽可能引导有相似开店意愿的学生组合在一起，引导小组之间预开设的店铺有一定的差异性，以便实训交流时可以学习到不同类型的店铺及其设计创意；在能力上最好能有互补性，以便能较好地完成开店策划中的绘图、文字撰写、活动策划、实训表演等不同的任务形式。

步骤三：确定项目主题。

要求各小组选出负责人，确定店铺主题，设计店铺的名称、标识等，明确下一步的店铺环境设计方向。

步骤四：小组讨论。

根据选定的主题，各小组按照项目要求，分别从消费心理与行为分析的角度进行店址的选择、店铺内外部环境的设计、经营策略设计等方面讨论，形成小组开店思路。

步骤五：完成策划方案。

小组分工完成O2O店铺策划方案，并制作PPT。

步骤六：小组汇报交流。

各小组就策划方案进行PPT汇报展示和交流讨论。

步骤七：实训评价。

老师和同学对实训和演示中的问题进行提问，项目组学生进行解释和回答。其他小组和老师根据开店策划文本、表演和回答进行最终的评价。

五、实训成果

"××××O2O店铺开店策划方案"电子文档和PPT各一份。

六、实训评价

学生的实训评价由老师和学生共同完成：

实训成绩=开店报告×30%+小组互评×30%+问题回答×10%+组员互评×30%

（一）小组互评指标（见表4-6）

表4-6　　　　　　　　　O2O店铺开店策划小组互评指标

序号	评价指标	分值	得分
1	开店策划方案的全面性	25分	
2	开店策划方案设计的新颖性	25分	
3	开店策划方案呈现的美观性	25分	
4	开店策划方案落地的可行性	25分	
合　计		100分	

（二）组内互评（见表4-7）

表4-7　　　　　　　　　O2O店铺开店策划组内互评指标

序号	评价指标	分值	得分
1	积极承担组内任务	20分	
2	优质完成分工任务	40分	
3	团队合作意识强	20分	
4	创新创业意识强	20分	
合　计		100分	

综合训练

训练项目

选择一类熟悉的产品，完成对该类产品的消费心理与行为分析报告。

训练要求

1. 自行组建 3 ~ 4 人的小组。

2. 确定调查问卷。

3. 收集不少于 30 份的问卷。

4. 撰写消费者行为分析报告。

5. 制作汇报 PPT。

6. 上交消费心理与行为分析报告合订本。

范　例

眼霜消费者心理与行为调查分析报告

学校：浙江工商职业技术学院

班级：电商1722、电商1723

调查小组成员：徐萌萌 李慧敏 周嘉琪

时间：2023年6月10日

眼霜消费者调查问卷分析报告

随着国民收入水平的不断提高，越来越多人开始在意自己皮肤的年龄状态，各种护肤产品出现在人们的生活中。从最初的雅霜、片仔癀、珍珠粉，到现在各种品牌的日霜、晚霜、眼霜、化妆水、润肤乳等，不仅成为女性的生活必需品，男性在日常生活中也无法缺少护肤品。本次问卷调查是为了调查护肤品中比较特别的一位——眼霜在人们生活中的地位、使用情况以及未来的期望。具体情况如下：

一、基本情况分析

本次共收集数据样本63份，其中男性21人，女性42人，如图综-1所示。

选项	小计	比例
A.男	21	33.33%
B.女	42	66.67%
本题有效填写人次	63	

图综-1　调查样本男女性别比例

被调查者以18~23岁、大专学历、年收入2.5万元以下、学生为主，如图综-2所示。

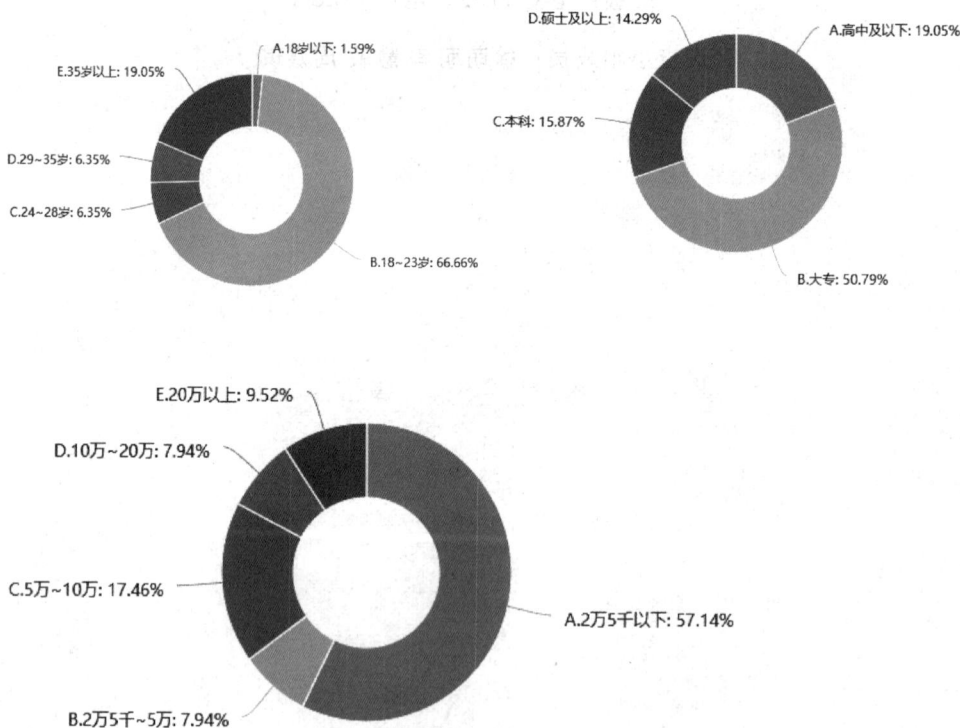

图综-2　调查样本年龄、学历、收入状况

二、分类分析

1.不同年龄对于眼霜诉求分析

18~28岁消费者为眼霜的主要消费群体（由于本次调查中18岁以下被调查者数量过少，对18岁以下消费者诉求不进行分析），商家可宣传眼霜的功效并且分享眼部肌肤自测方法，通过网络、大V推荐等方式推荐价格为200~500元的功效好、质量可靠、天然成分的产品。

根据图综-3分析得知，在18~23岁被调查者中，40%被调查者不使用眼霜，21%被调查者使用其他功效眼霜，20%被调查者使用祛黑眼圈眼霜，5%被调查者使用祛皱纹眼霜，4%被调查者使用祛眼袋眼霜；在24~28岁被调查者中，75%被调查者使用其他功效眼霜，25%被调查者使用去皱纹眼霜；在29~35岁被调查者中，50%被调查者使用祛黑眼圈眼霜，50%被调查者使用祛细纹眼霜；在35岁以上被调查者中，42%被调查者使用其他功效眼霜，25%被调查者不使用眼霜，8%被调查者使用祛黑眼圈眼霜，9%被调查者使用祛眼袋眼霜，16%被调查者使用祛细纹的眼霜。

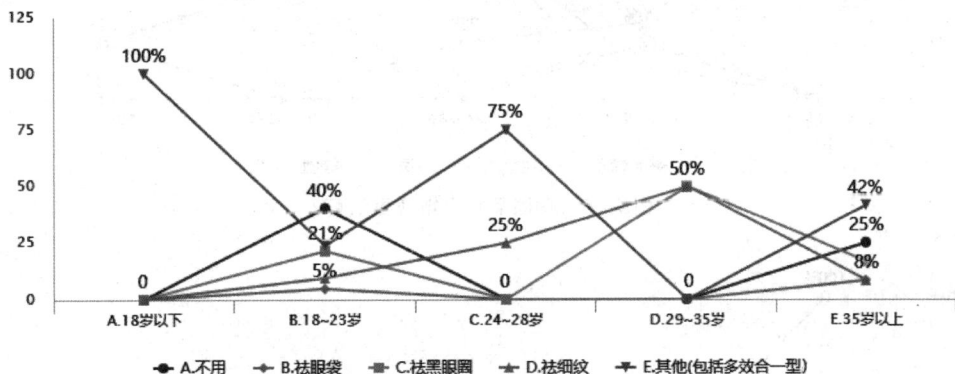

图综-3　您目前使用的是哪种功效的眼霜？

由此得出，使用其他功效眼霜者较多。由于年轻人熬夜状况比较普遍，18~23岁消费者选择祛黑眼圈眼霜较多。28岁以上的消费者中，大多数都会根据自身情况选择相应的眼霜，随着年龄的增长，对于祛细纹的眼霜需求也逐渐提高。

根据图综-4分析得知，24~28岁消费者选择欧莱雅、雅诗兰黛两大比较火热的品牌眼霜的居多，而其他年龄对品牌的追求并不是特别强烈。

根据图综-5分析得知，18~23岁消费者对眼霜生产国家并没有特别的偏好，24~28岁消费者更信任欧美品牌的眼霜。可以看出，欧美品牌眼霜还是占据着中国绝大部分的眼霜市场，中国自己的品牌正在逐步崛起，而国人对于韩国品牌眼霜的需求量在逐渐减少。

根据图综-6分析可知，合适的功效是购买眼霜非常重要的一个原因，而24~28岁消费者购买眼霜更多是由于他人的推荐，对于品牌知名度不怎么看重。

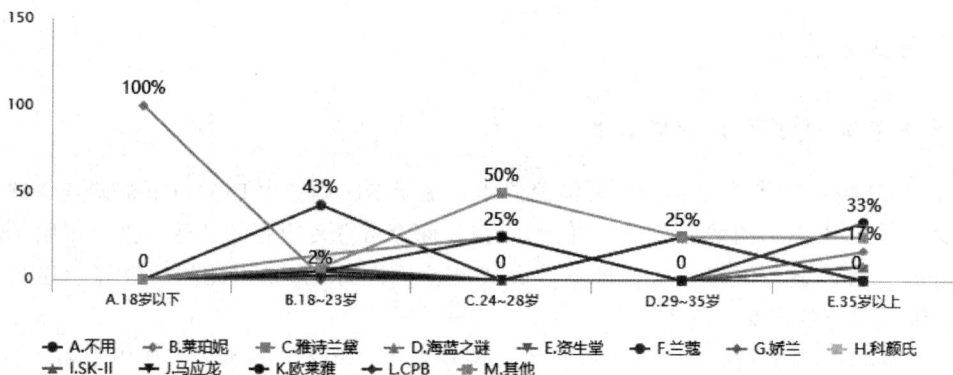

图综-4　您现在使用哪种品牌的眼霜？

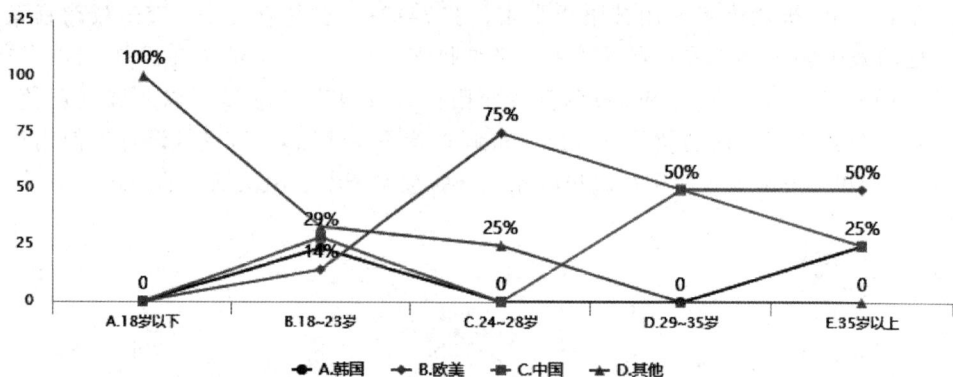

图综-5　哪国品牌眼霜您更认可？

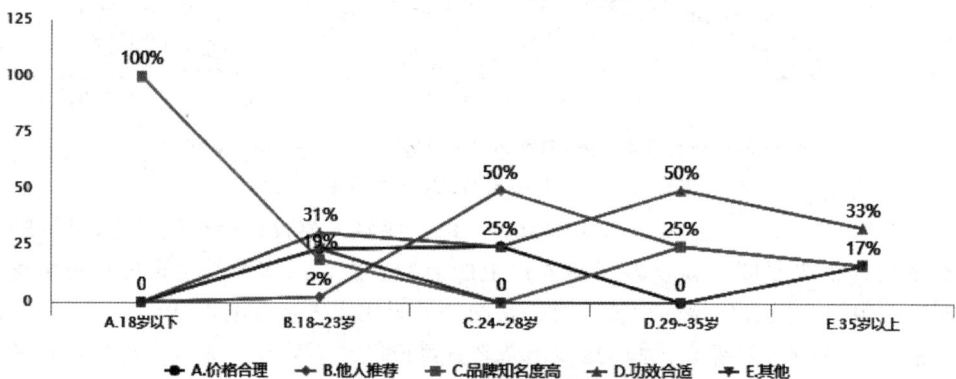

图综-6　您为什么购买这款眼霜？

根据图综-7分析得知，24~28岁的消费者以网上购买为主，还有一小部分为代购，而其他年龄阶层的消费者以专柜购买为主要手段。

根据图综-8分析得知，大多数消费者能接受的眼霜价格为100~300元，29~35岁的消费者能接受眼霜价格为100~500元，35岁以上消费者对价格要求比较模糊。

根据综-9分析得知，绝大多数消费者认为眼霜支出占护肤品总支出的20%以下为可接受范围、50%以上为不可接受范围，年龄的增长会使眼霜占护肤品支出的权重有所增加。

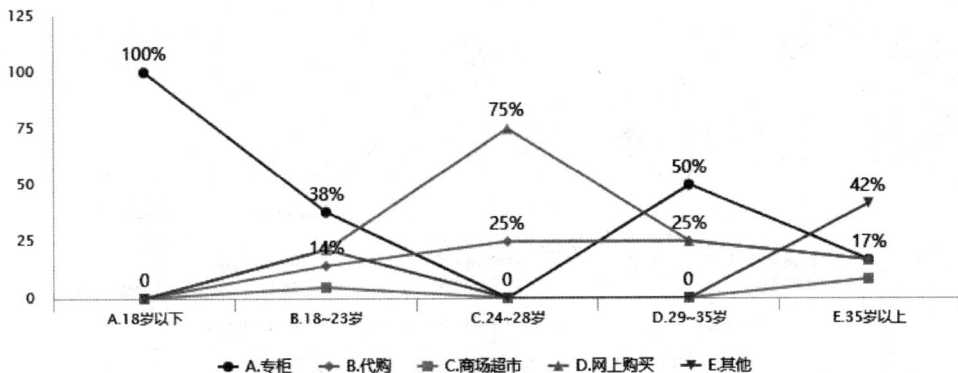

图综-7　您一般通过什么渠道购买?

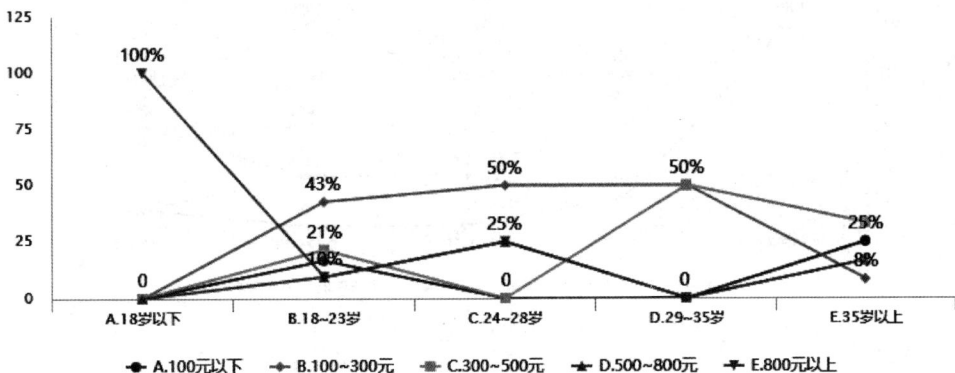

图综-8　您可以接受什么价格的眼霜?

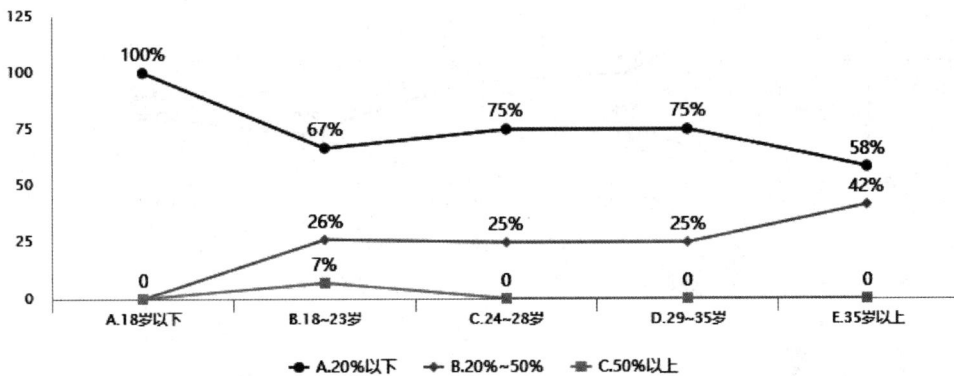

图综-9　眼霜占您平时护肤品支出的比例是?

　　根据图综-10分析得知,24~28岁的消费者主要通过网络广告了解产品的,网络广告也成为消费者了解产品的主要渠道。29岁以上的消费者了解产品的渠道比较多样。

　　根据图综-11、图综-12、图综-13分析得知,功效是消费者的第一诉求,其次为质量,接下来为价格,最后是包装等其他方面。另外在购买眼霜时,消费者有很大概率会搭配其他产品一起购买。同时消费者对于眼霜的价格太高、功效单一以及假冒伪劣等问题有比较大的担忧。

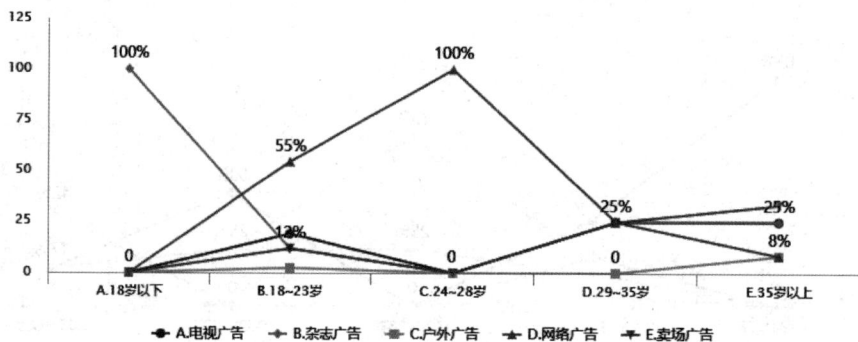

图综-10　您一般通过什么渠道了解眼霜？

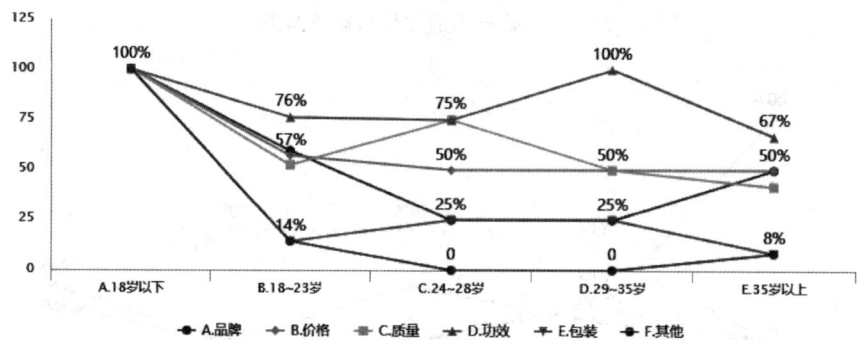

图综-11　您购买眼霜主要考虑哪些因素？

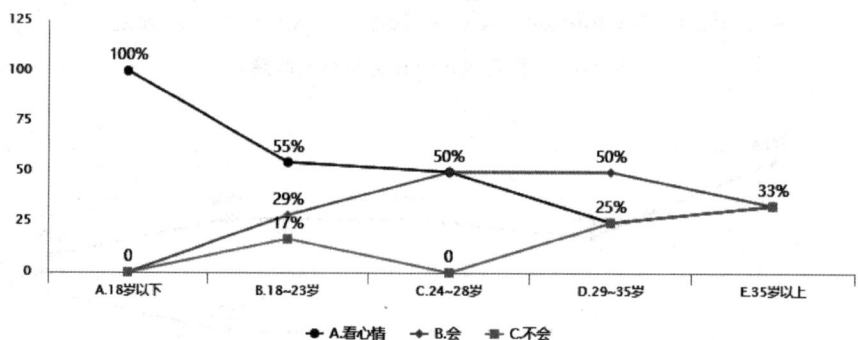

图综-12　您购买眼霜会搭配其他产品吗？

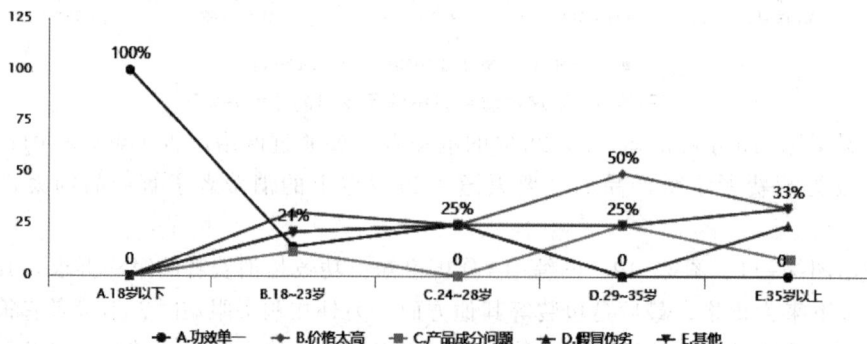

图综-13　您认为市场上的眼霜存在什么缺陷？

根据图综-14、图综-15、图综-16、图综-17分析得知，消费者更偏爱天然物质和天然配方，认为眼霜是否是纯天然成分是一件很重要的事，并且29岁以下消费者更偏爱管装，而29岁以上消费者更偏爱瓶装。同时，直接打折促销更能吸引消费者。

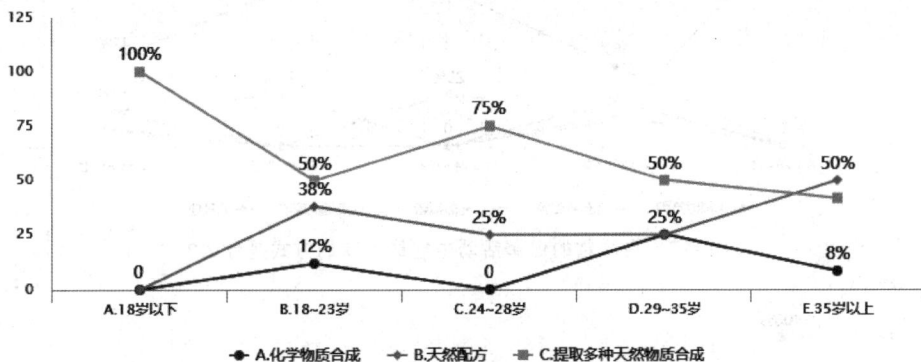

图综-14　您通常使用的是哪种眼霜？

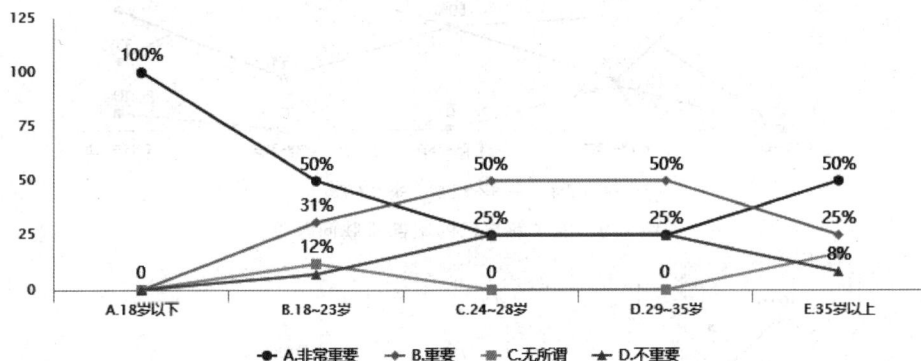

图综-15　您认为在购买眼霜的时候，纯天然成分是否是重要标准？

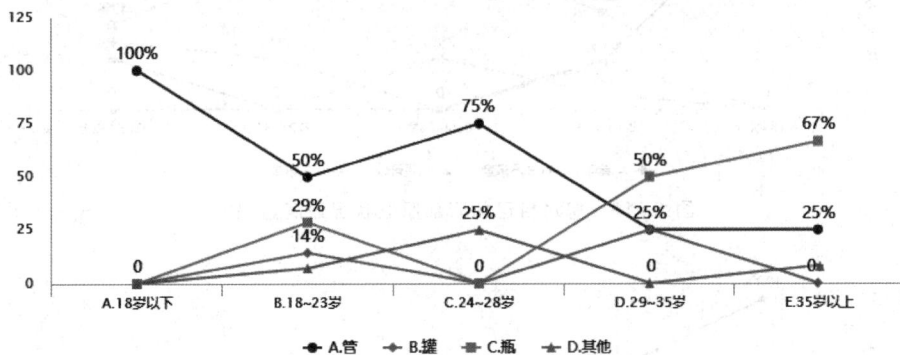

图综-16　您偏向于哪种包装？

根据图综-18、图综-19、图综-20、图综-21分析得知，只有小部分消费者不了解自己的眼部情况，绝大多数消费者觉得自己的眼部情况还可以。一般而言，随着年龄的增长，消费者使用眼霜更规律和频繁。绝大多数消费者对于眼霜还是有所了解的，并且愿意坚持使用。

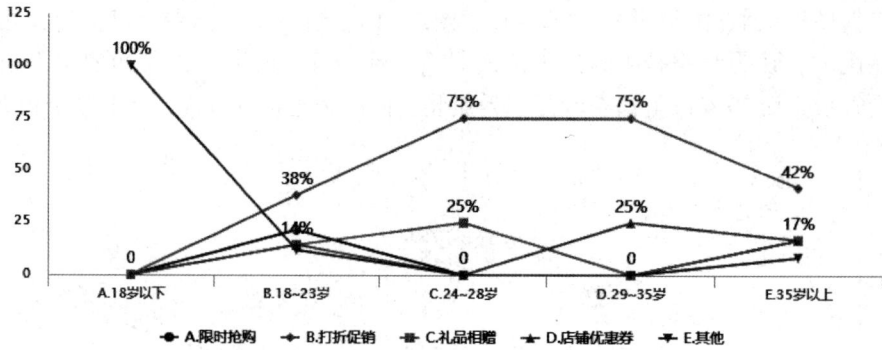

图综-17 在眼霜的促销活动中您最喜欢的方式是什么？

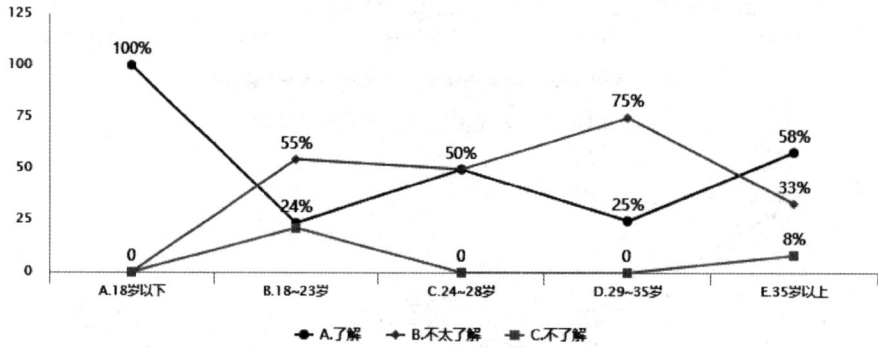

图综-18 您了解自己的眼部肌肤问题吗？

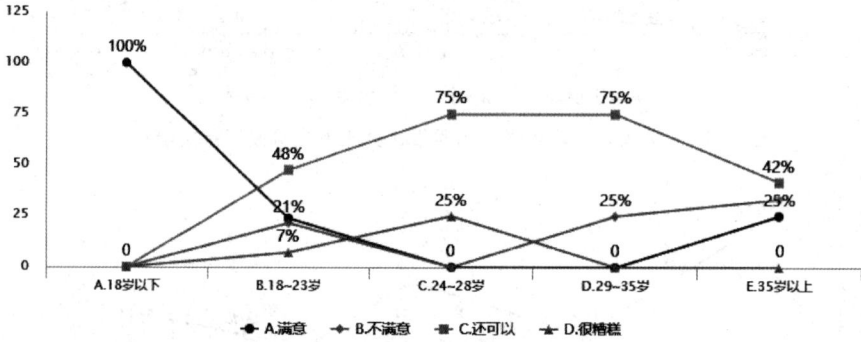

图综-19 您对自己的眼部肌肤状况还满意吗？

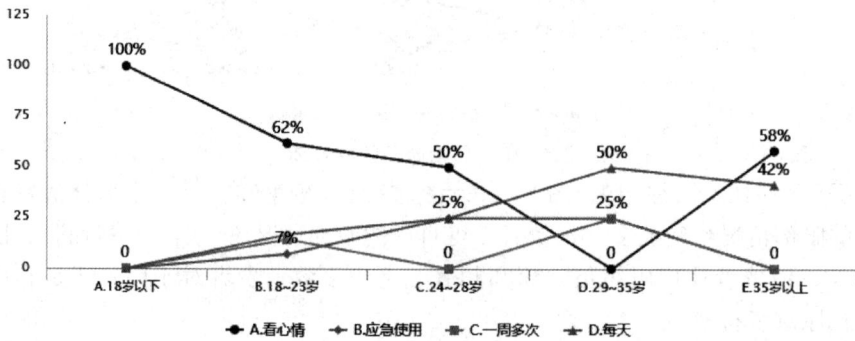

图综-20 您一般多久使用一次眼霜？

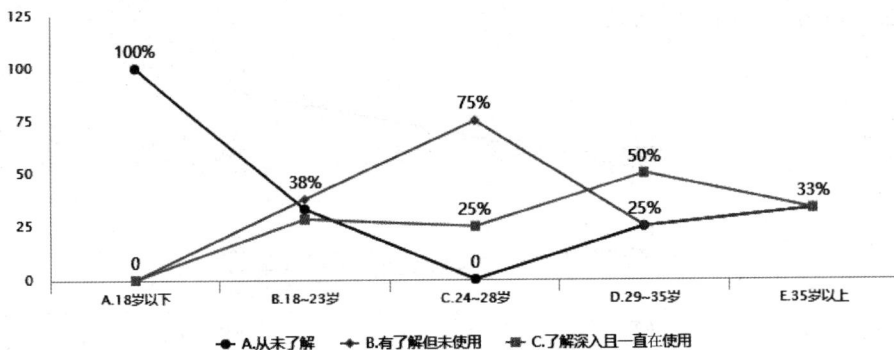

图综-21　您是否了解使用眼霜的重要性？

2. 性别对于使用眼霜的影响

　　针对男性消费者，可推出一些祛黑眼圈、眼袋的瓶装眼霜，选择专柜销售，并且配备专门的人员来口头推荐搭配产品。对于女性消费者，可推荐祛细纹的眼霜产品，选择网络销售，制作精致的店铺、产品页面，推荐可配套的产品链接。

　　根据图综-22、图综-23、图综-24分析得知，女性对于各种类型功效的眼霜都有涉及，但是男性却对祛细纹的眼霜没有什么兴趣；男性购买的主要途径为专柜，而女性购买途径较多；女性更喜欢管装，而男性更偏爱瓶装。

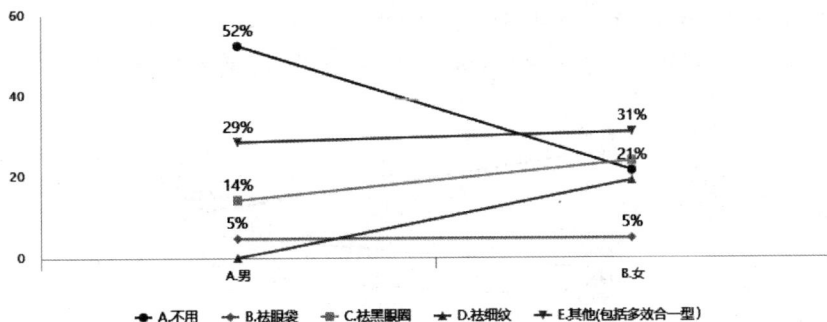

图综-22　您目前使用的是哪种功效的眼霜？

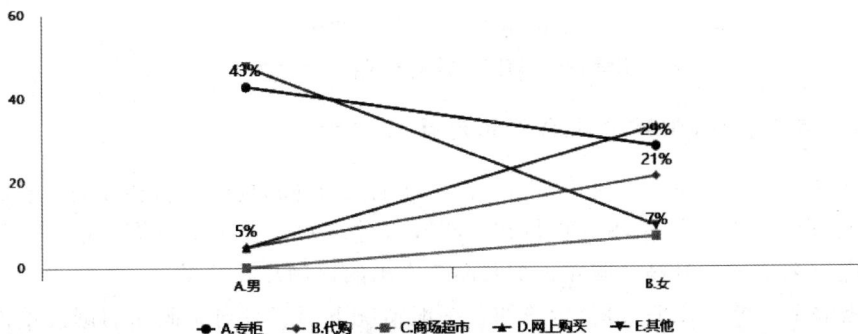

图综-23　您一般通过什么渠道购买？

　　根据图综-25、图综-26分析得知，女性更偏爱打折促销的优惠方式，而男性对于优惠的方式并不是特别在意；女性对于是否搭配其他产品一起购买一般有自己的明确想法，而男性不确定因素较大。

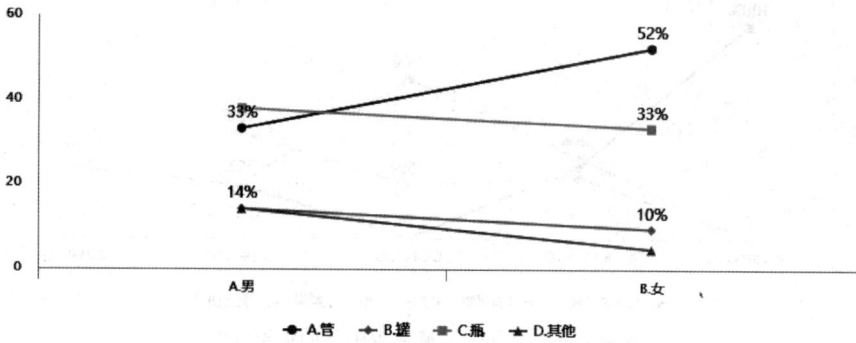

图综-24　您偏向于哪种包装？

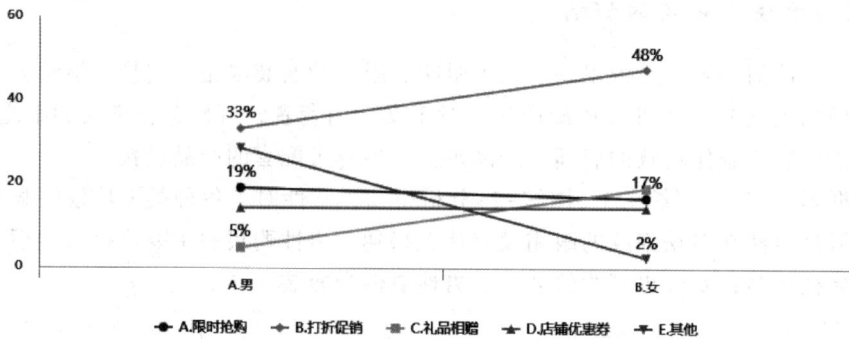

图综-25　在眼霜的促销活动中您最喜欢的方式是什么？

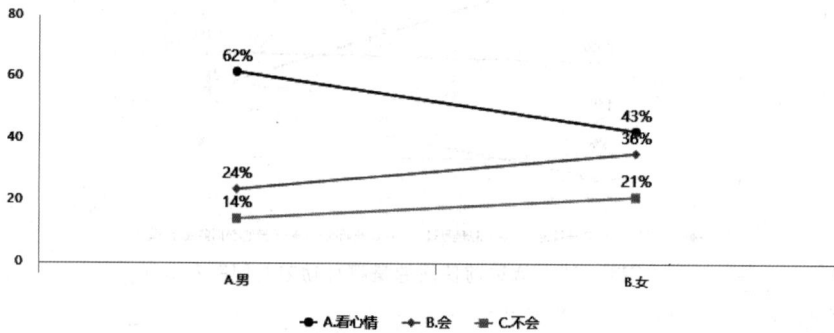

图综-26　您购买眼霜搭配其他产品吗？

3. 收入、学历和职业对于眼霜价位选择的影响

收入越高、学历越高、越需要与客户会面的人群越可能选择价格高的眼霜。

根据图综-27、图综-28分析得知，年收入越高的人群对于高价眼霜的接受力越强，但是随着收入的升高，眼霜占护肤品总支出的比例却降低了。

根据图综-29、图综-30分析得知，一般情况下消费者对于眼霜的可接受价格为100~500元，但一定程度上学历越高对于高价格眼霜的接受力越强，同时学历越高，眼霜的护肤品支出占比越高。

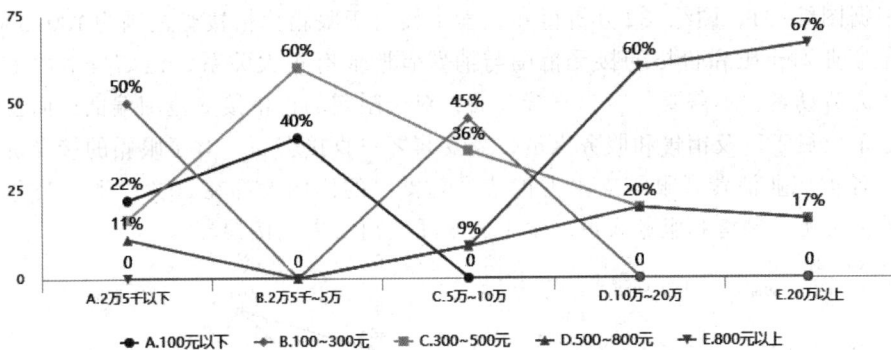

图综-27　您可以接受什么价格的眼霜？

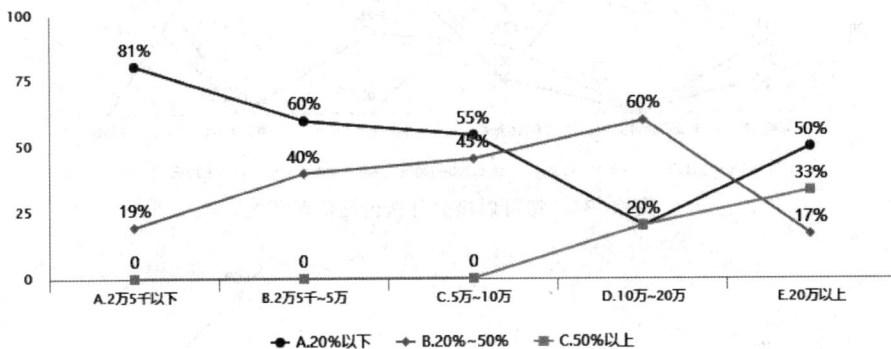

图综-28　眼霜占您平时护肤品支出的比例是？

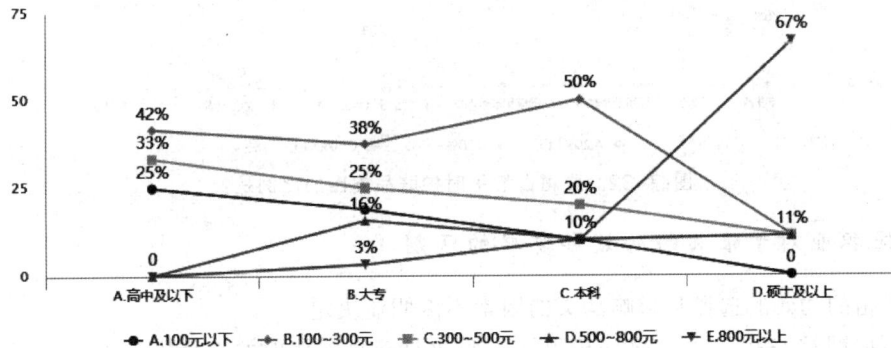

图综-29　您可以接受什么价格的眼霜？

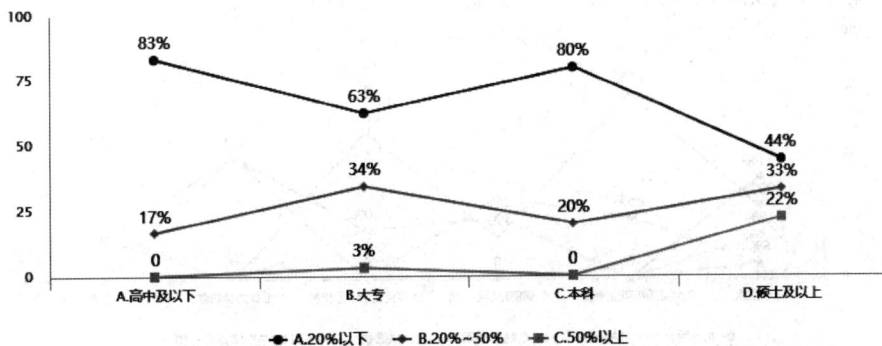

图综-30　眼霜占您平时护肤品支出的比例是？

　　根据图综–31、图综–32分析得知，学生族对于眼霜价格接受范围为100~300元，而其他职业对于眼霜价格的接受范围与消费者职业有很大关系，比如技术性工作人员、体力劳动者，不需要与客户直接会面，对于眼霜的价格接受范围偏低；而公务员和事业单位员工以及销售和服务人员，需要与客户直接会面，对于眼霜的接受价格比较高。各类职业消费者眼霜支出占护肤品总支出的比例大都在20%以下，公务员和事业单位员工、销售和服务人员、学生族眼霜支出所占比例偏高。

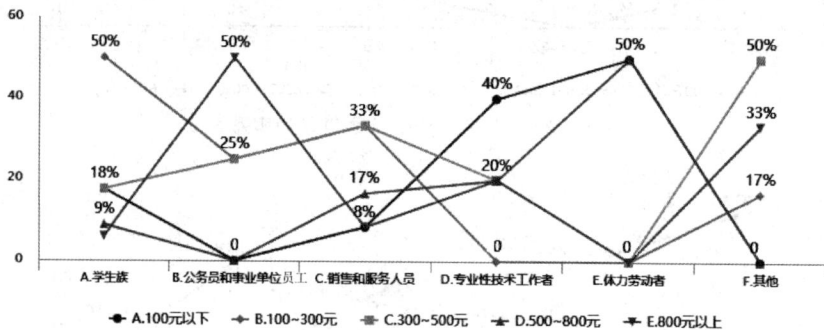

图综–31　您可以接受什么价格的眼霜？

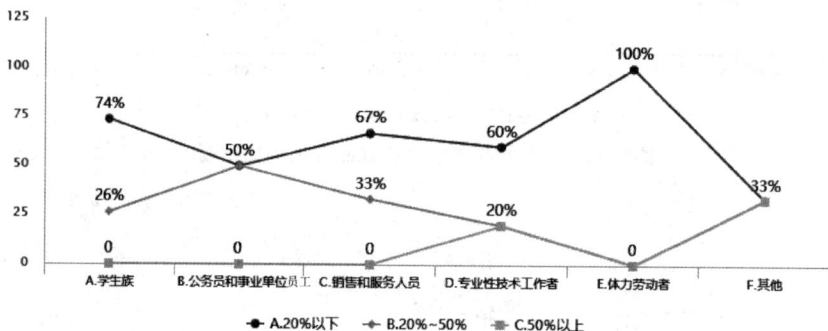

图综–32　眼霜占您平时护肤品支出的比例是？

4. 不同职业对于眼霜的功效和要求的区别

　　眼霜的功效的选择和影响购买的因素不由职业决定。

　　根据图综–33、图综–34分析得知，职业对于眼霜功效的选择影响不大，职业对购买眼霜主要考虑因素的影响也并不明显。

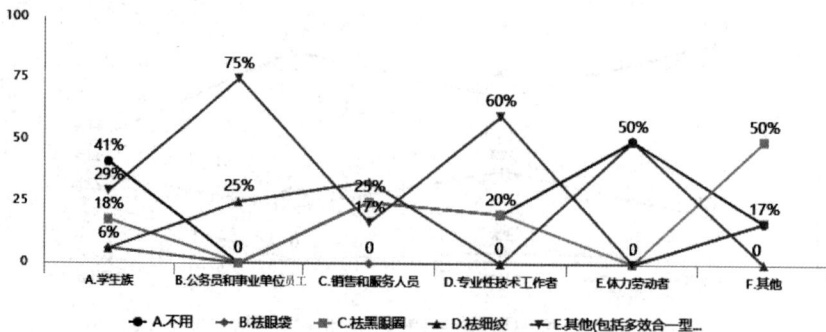

图综–33　您目前使用的是哪种功效的眼霜？

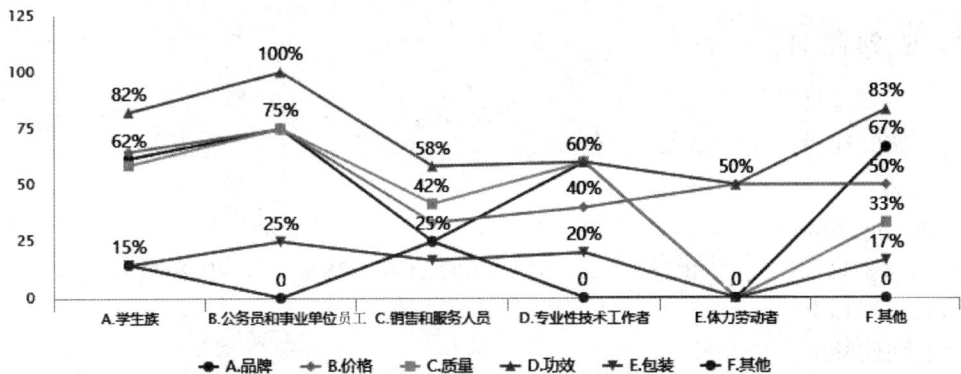

图综-34　您购买眼霜主要考虑哪些因素？

三、总结归纳及建议

（1）眼霜的购买需求与年龄、性别、职业有很大关系。年龄在24~28岁之间的消费者为购买主力人群，女性为主要群体，需要与客户直接会面的消费者为主要群体。

（2）眼霜购买价格、占护肤品总支出比例与收入、年龄、学历、职业有关。收入越高的消费者，对高价眼霜接受度越高，眼霜支出占护肤品总支出比例越小。年龄越大、学历越高、需要直接与客户会面的消费者，对高价眼霜接受度越高，眼霜支出占护肤品总支出比例也越大。

（3）功效是影响眼霜产品售卖的最重要的因素，绝大多数消费者在意眼霜是否是天然成分。

（4）相较于女性消费者，男性消费者对于眼霜各项指标了解程度低，并且更愿意专柜购买，对于各类活动的形式也不是很在意，在实体店推荐产品时比较容易购买。

（5）厂商可以推出一些更平价、效果相对更好的眼霜，通过大V的推荐，让24~28岁并不是很在意品牌的眼霜主要消费群体更满意。

范例附录

一、基本情况

1.您的性别：

A.男   B.女

2.您的年龄：

A.18岁以下   B.18岁～23岁   C.24岁～28岁   D.29岁～35岁

E.35岁以上

3.您的学历：

A.高中及以下   B.大专   C.本科   D.硕士及以上

4.您的年收入：

A.25 000元以下   B.25 000元～50 000元

C.50 000元～100 000元   D.100 000元～200 000元

E.200 000元以上

5.您的职业：

A.学生族   B.公务员和事业单位员工

C.销售和服务人员   D.专业性技术工作者

E.体力劳动者   F.其他

二、主体问题

6.您是从什么时候开始使用眼霜的？

A.18岁以下   B.18岁～24岁

C.25岁～30岁   D.30岁以上

7.您目前使用的是哪种功效的眼霜？

A.不用   B.祛眼袋   C.祛黑眼圈   D.祛细纹

E.其他（包括多效合一型）

8.您现在使用哪种品牌的眼霜？

A.不用   B.莱珀妮   C.雅诗兰黛   D.海蓝之谜

E.资生堂   F.兰蔻   G.娇兰   H.科颜氏

I.SK-II   J.马应龙   K.欧莱雅   L.CPB   M.其他

9.哪国品牌眼霜您更认可？

A.韩国   B.欧美   C.中国   D.其他

10.您为什么购买这款眼霜？

A.价格合理   B.他人推荐   C.品牌知名度高

D.功效合适   E.其他

11.您一般通过什么渠道购买？

A.专柜   B.代购   C.商场超市

D.网上购买   E.其他

12.您可以接受什么价格的眼霜？

A.100元以下   B.100元~300元   C.300元~500元

D.500元~800元   E.800元以上

13.眼霜支出占您平时护肤品支出的比例是?

A.20%以下   B.20%~50%   C.50%以上

14.您一般通过什么渠道了解眼霜?

A.官方广告   B.销售人员推荐

C.网红及明星推荐   D.其他

15.您购买眼霜主要考虑哪些因素?(多选)

A.品牌   B.价格   C.质量

D.功效   E.包装   F.其他

16.您购买眼霜会搭配其他产品吗?

A.看心情   B.会   C.不会

17.您认为市场上的眼霜存在什么缺陷?

A.功效单一   B.价格太高   C.产品成分问题

D.假冒伪劣   E.其他

18.您通常使用的是哪种眼霜?

A.化学物质合成   B.天然配方   C.提取多种天然物质合成

19.您认为在购买眼霜的时候,纯天然成分是否是重要标准?

A.非常重要   B.重要   C.无所谓   D.不重要

20.您偏向于哪种包装?

A.管   B.罐   C.瓶   D.其他

21.在眼霜的促销活动中您最喜欢的方式是什么?

A.限时抢购   B.打折促销   C.礼品相赠

D.店铺优惠券   E.其他

22.您了解自己的眼部肌肤问题吗?

A.了解   B.不太了解   C.不了解

23.您对自己的眼部肌肤状况还满意吗?

A.满意   B不满意   C.还可以   D.很不满意

24.您一般多久使用一次眼霜?

A.看心情   B.应急使用   C.一周多次   D.每天

25.您是否了解使用眼霜的重要性?

A.从未了解   B.有了解但未使用   C.了解深入且一直在使用

26.您对眼霜功效的提高有什么更好的建议?

主要参考文献

［1］张俊利. 基于互联网经济时代下消费者心理与行为研究［M］. 长春：吉林人民出版社，2020.

［2］江林. 消费者心理与行为［M］. 6版. 北京：中国人民大学出版社，2018.

［3］王水清，杨扬. 消费心理与行为分析［M］. 2版. 北京：北京大学出版社，2016.

［4］于惠川，林莉. 消费者心理与行为［M］. 北京：清华大学出版社，2012.

［5］贾妍，陈国胜. 消费心理应用［M］. 北京：北京大学出版社，2015.

［6］齐常华，林楠，岳文. 消费心理学［M］. 北京：清华大学出版社，2010.

［7］肖涧松. 消费心理学［M］. 北京：电子工业出版社，2017.

［8］王健. 消费心理学［M］. 北京：中国传媒大学出版社，2010.

［9］何静，陈豪. 消费心理与行为分析实务［M］. 成都：西南财经大学出版社，2022.

［10］李凤燕. 新编消费心理学［M］. 北京：清华大学出版社，2007.

［11］刘志友，聂旭日. 消费心理学［M］. 大连：大连理工大学出版社，2007.

［12］单凤儒. 营销心理学［M］. 4版. 北京：高等教育出版社，2018.

［13］马义爽，王春利. 消费心理学［M］. 北京：首都经济贸易大学出版社，2002.

［14］喻国华，何同善，周雪晴. 消费心理学［M］. 北京：中国科学技术出版社，1996.

［15］赵小明. 互联网心理学［M］. 北京：经济管理出版社，2017.